新编国际经济与贸易专业系列教材

国际贸易

INTERNATIONAL TRADE

燕秋梅 刘 宏 主编

首都经济贸易大学出版社
Capital University of Economics and Business Press
·北 京·

图书在版编目（CIP）数据

国际贸易/燕秋梅，刘宏主编．—北京：首都经济贸易大学出版社，2015.6
（新编国际经济与贸易专业系列教材）
ISBN 978 -7 -5638 -2346 -8

Ⅰ．①国… Ⅱ．①燕… ②刘… Ⅲ．①国际贸易—教材 Ⅳ．①F 74

中国版本图书馆 CIP 数据核字（2015）第 064759 号

国际贸易
燕秋梅　刘　宏　主编

出版发行　首都经济贸易大学出版社
地　　址　北京市朝阳区红庙（邮编 100026）
电　　话　（010）65976483　65065761　65071505（传真）
网　　址　www. sjmcb. com
E - mail　publish@ cueb. edu. cn
经　　销　全国新华书店
照　　排　北京砚祥志远激光照排技术有限公司
印　　刷　北京建宏印刷有限公司
开　　本　710 毫米 ×1000 毫米　1/16
字　　数　448 千字
印　　张　25.5
版　　次　2015 年 6 月第 1 版　2018 年 7 月第 1 版第 2 次印刷
书　　号　ISBN 978 -7 -5638 -2346 -8/F · 1328
定　　价　40.00 元

图书印装若有质量问题，本社负责调换

《新编国际经济与贸易专业系列教材》
编审委员会

总　序

21 世纪是一个经济日益全球化的世纪。国际贸易的规模日益扩大，国际投资的领域空前拓展，国际商务合作的形式日益多样。历史上从未有过任何一个时代像今日中国这样迫切需要迅速融入全球化的潮流，迫切需要国际经贸领域的人才。

作为北京市重点学科的首都经济贸易大学国际贸易学专业，自建立以来一直是培养高层次国际经贸人才的摇篮。作为重要的教学研究成果，以前我们也陆续出版了一些本领域的专业教材，并且受到了广大读者的欢迎。当前，在全球化与地区经济一体化并存、国际经济秩序重构、多边体制面临挑战的背景下，中国怎样从贸易大国向贸易强国迈进，是我们每一个经贸人责无旁贷的使命，新的贸易与投资规则、新的双边、多边关系需要对原有知识体系做出相应的调整，需要把新的贸易安排与新的知识点写入教材。为了适应新时期我国经济发展的需要，培养更多更好的国际经贸领域的专业人才，我们在原有教材的基础上，根据教育部教学改革的要求，吸收近几年国内外学科发展的最新成果，反映国家对外经贸的最新变化趋势，组织中青年骨干教师编写了《新编国际经济与贸易专业系列教材》。本系列教材第一批共计 6 本，包括：《国际贸易》《国际贸易结算》《外贸函电》《国际服务贸易》《国际技术贸易》《国际贸易单证实务》。

本系列教材在结构、内容、形式等方面，都根据方便学生学习和教师授课的原则而设计，不仅理论与实务并重、知识新、内容全，而且各章后均附有复习思考题、练习题，有的还附有开篇案例和习题参考答案。本系列教材可作为高等院校国际经济与贸易专业及其他相关专业的教材，同时也可作为广大外经贸领域工作者系统学习对外经贸知识的参考书。

《新编国际经济与贸易专业系列教材》编审委员会

2015 年 1 月

前　言

在中国成为世界第一大出口国、第二大进口国和世界第二大经济体的今天，越来越多的国内企业更广泛、更频繁地参与到国际经济贸易活动之中，这就需要大量既懂国际贸易理论与政策，又熟练掌握国际贸易实务操作的应用型人才。为了适应中国对外经济贸易发展的需要，提高经济类专业学生从事经贸活动的能力和水平，培养适合中国对外贸易发展所需要的应用型创新人才，我们编写了《国际贸易》这本理论性与实用性并重的教材。

本教材是结合我国高等教育培养要求，为高等院校涉外经济专业的教学编写的教材。本教材反映国际贸易领域的最新动态和发展变化趋势，反映国际贸易的最新做法，选用了国际贸易领域发生的典型案例，注重实证资料的新颖性。教材涵盖的知识内容广泛，内容体系完整，逻辑性强，理论表述深入浅出，简明易懂，有利于学生掌握。同时，本书的编排符合教学要求，每章附有启发性的习题与案例，注重实用和可操作性，有利于提高学生分析、解决问题的技能。

本教材在编写时，参阅了国内外具有代表性的相关教材，获取了大量相关信息，借鉴了不少国内外学者的有关研究成果，并得到首都经济贸易大学出版社领导和田玉春编辑的大力支持和热心帮助，在此，向相关作者及辛勤的编辑工作者深表谢意。由于笔者水平有限，编写时间仓促，书中的疏漏和不当之处，欢迎广大读者和专家批评指正。

参加本教材编写的人员有：燕秋梅、刘宏、倪江飞、王少辉、李树英、徐金燕。全书由燕秋梅修改定稿。

编　者

2015 年

目录

第一部分 基础篇

第二部分 理论篇

第三部分 政策措施篇

第四部分 实践篇

第五部分 实务篇

第一部分　基础篇

第一章　国际贸易导论

学习目标和要求

本章的学习要点是国际贸易的相关概念、国际贸易的主要分类及含义、国际贸易的产生、国际贸易的发展及其在各阶段所显示的特点。通过本章的学习，要求能够正确理解国际贸易、国际贸易额、国际贸易量、对外贸易、对外贸易依存度、贸易差额、贸易条件等基本概念，掌握转口贸易和过境贸易的区别，正确看待国际贸易地理方向的集中与分散，正确认识对外贸易依存度的高低对一国经济的影响。

引导案例

中国钢管已成为国际贸易摩擦的“重”中之“重”

我国钢铁行业现已成为国际贸易摩擦的“重”灾区，从近年国外对华钢铁行业的贸易救济调查来看，钢管类产品又是“重”中之“重”。据中国贸易救济信息网统计，截至2010年5月底，国外对华钢铁产品发起贸易救济调查86起，其中涉及钢管类产品44起，占比51.2%。美国、欧盟、加拿大、印度等国家和地区频繁的贸易救济调查使我国无缝钢管出口急剧下降，甚至到了出不去的地步。造成这种现状的原因，除了国际贸易领域贸易保护主义抬头的影响外，主要是我国钢管产能过剩、出口依存度高以及出口企业无序竞争所致。什么是出口依存度？出口依存度高意味着什么？出口企业的无序竞争与贸易地理方向又有什么关系？通过这一章的学习，我们将找到上述问题的答案。

第一节 国际贸易学的研究对象与研究内容

一、国际贸易的内涵

国际贸易是指世界各国或地区之间进行的商品和服务的交换活动,是各国之间劳动分工的表现形式,反映了世界各国在经济上的相互联系与依赖。

国际贸易的概念有广义和狭义之分。广义国际贸易的贸易对象包括货物和服务;狭义国际贸易的贸易对象仅指有形货物,而不包括服务。由于目前在国际贸易中仍以货物贸易为主,因此本书中所出现的国际贸易均使用其狭义概念。

另外,国际贸易和国内贸易虽然都属于流通范畴,都是商品与服务的交换,都以取得利润和经济效益为目的,但是二者无论在性质上还是业务运作上,有很大区别。

首先,国际贸易的难度大于国内贸易。国际贸易涉及本币与外币、国内市场与国际市场等问题,其涉及面比国内贸易要广。而且国际贸易所涉及的国际货币的结算与支付、国际贸易规则与惯例、国际货物运输与保险等问题,在国内贸易中也不存在,因此,国际贸易比国内贸易要复杂。另外,参与国际贸易活动的贸易双方因其经济体制、贸易政策、汇率制度、宗教信仰、语言文化、风俗习惯和法律制度等不同,使双方对交易活动中一些问题的认识也不同,从而使交易争端解决难度远远大于国内贸易。

其次,国际贸易的风险大于国内贸易。国际贸易活动所面临的信用风险、商业风险、汇兑风险、运输风险、政治风险等远比国内贸易大,这就要求从事国际贸易活动的人员要具有更丰富的业务知识。

最后,国际贸易和国内贸易的基础不同。国内贸易的基础是国内的生产条件、社会分工和专业化,国际贸易的基础则是国际的生产条件、国家间的分工和专业化。因此,二者的运行规律不同。

二、国际贸易学的研究对象和内容

国际贸易学是一门部门经济学,是从理论层次上探讨国际贸易的模式与规律性等问题的学科。国际贸易学的研究对象是国际上商品和服务交换活动的运动规律、特点、规则和发展趋势,分析国家或地区间商品和服务交换过程中带有普遍性和本质性的问题，探讨与商品和服务的国际交换有关的贸易政策，揭示国际贸易动态变化的原因与结果。

从理论上讲，国际贸易学的核心内容主要是对以下四个基本问题的解释和分析：一是国际贸易所得与利益分配；二是国际贸易的原因与模式；三是国际贸易均衡与贸易条件；四是国际贸易政策选择及其福利效应。

本教材从国际贸易社会实践的需要出发，为方便学生全面系统地了解国际贸易，教材涉及以下的内容：

（一）国际贸易发展的一般规律

国际贸易是社会生产力发展到一定阶段的产物。随着社会生产力的不断发展，国际贸易从形式到内容都在不断发生变化。把握国际贸易的一般发展规律，有助于推动国际贸易的发展，带动世界经济的繁荣。

（二）国际贸易的基本理论与学说

在社会经济发展过程中，理论与实践一直相互影响、相互作用。理论是对实践的总结，同时又服务于实践，使实践有新的发展。在国际贸易发展的各个时期，经济学家们对国际贸易发展中的各种矛盾和规律进行了研究探讨，他们纷纷著书立说，形成了国际贸易的理论体系。学习和研究那些有代表性的贸易理论，对我们把握和解决国际贸易实践中的问题有重要意义。

（三）国际贸易的政策与措施

国际贸易政策与措施是国际贸易理论在现实中的运用，它关系着国际贸易所得与利益分配，同时它也是构成国际贸易环境的重要组成部分。因此，研究探讨国际贸易政策类型、国际贸易政策工具、国际贸易政策的影响以及国际贸易政策实践等问题，对国际贸易的参与国和从事国际贸易活动的人员来说非常重要。

（四）国际贸易的自由化实践

第二次世界大战以后，在关税与贸易总协定（GATT）和世界贸易组织（WTO）的主导下，国际贸易政策和体制不断向减少限制、扩大开放、实现自由贸易的方向发展，从保护贸易逐步走向了管理贸易。在这个过程中，各国经济随着对外开放程度的加深，增加了对其他国家的依赖，最终促使各国经济融为一体，形成经济一体化。今天，区域经济一体化、生产要素的跨国流动已成为各国经济交流中十分重要的组成部分。把握区域经济一体化的发展和生产要素国际流动的趋势对推动国际贸易自由化的发展大有裨益。

（五）国际贸易实务

国际贸易的理论与政策指导和服务于国际贸易实践，国际贸易的运行要遵循有关的国际法则。研究国际贸易适用的法律和国际惯例，懂得常用的国际贸易方式，熟知国际贸易的运行工具和贸易合同磋商的环节，有利于国际贸易的学习者和研究者全面系统地掌握国际贸易。

第二节　国际贸易的产生与发展

国际贸易是在一定历史条件下产生和发展起来的。国际贸易的产生必须具备两个基本条件：一是要有用于交换的剩余产品；二是要有各自为政的国家实体。

一、国际贸易的产生

从根本上说，社会生产力的发展和社会分工的扩大是国际贸易产生和发展的基础。

原始社会初期，人类处于自然分工状态，当时由于社会生产力水平很低，人们依靠集体劳动、分配得到的生活资料非常有限，只能简单维持自身生存的需要。这时的社会，既没有可供交换的剩余产品，更没有私有制和国家，因而也不可能存在国际贸易。

原始社会中后期，出现了三次社会大分工。第一次社会大分工是畜牧业和农业的分工。牲畜的驯养和繁殖使生产力得到了发展，社会开始出现了少量剩余产品，于是在氏族公社、部落之间有了原始的、偶然的物物交换。第二次社会大分工是手工业和农业的分工。手工业的出现，产生了以交换为目的的商品生产。商品生产和商品交换的不断扩大，最终导致了货币的产生，于是商品交换逐渐变成了以货币为媒介的商品流通。商品流通的发展扩大，又引发了第三次社会大分工。第三次社会大分工是商业和手工业的分工。这次大分工使社会出现了专门从事商品交易活动的商人。随着生产力的发展，以后又逐渐产生了私有制、阶级和国家。于是在原始社会末期奴隶社会初期，当商人的交易活动超出国界时，出现了早期的国际贸易。

二、资本主义生产方式确立前的国际贸易

（一）奴隶社会的国际贸易

奴隶社会的基本特征是奴隶主占有生产资料和奴隶。建立在这种生产关系基础上的国际贸易，也必然反映出这一制度的特点。公元前2000多年前，由于水上交通便利，地中海沿岸的各奴隶社会国家之间出现了贸易活动，腓尼基、迦太基、亚历山大、希腊、罗马成为当时的贸易中心。从贸易的商品构成来看，主要有两类商品：一类是奴隶，另一类是奴隶主和贵族享用的香料、宝石、象牙、金银饰物和毛皮等奢侈品。奴隶社会由于自然经济占统治地位，生产力水平低下，所以商品生产在整个社会中的地位和作用微不足道，进入交换领域的商品十分有限。再加上生产工具落后、交通运输工具简陋，使这一时期的国际贸易无论在内容上还是在范围上都受到了很大的限制。

（二）封建社会的国际贸易

从生产力发展水平看，在封建社会自然经济仍占统治地位，农业在各国经济中依然发挥着主导作用，商品生产处于从属地位，因而国际贸易的规模依旧十分有限，但比起奴隶社会有了一定发展。

封建社会初期，国际贸易的主要商品仍然是奢侈品。西方国家用呢绒、酒等换取东方国家的丝绸、香料、珠宝等物品。手工业品在国际贸易中的比重有了明显的上升。这一时期的国际贸易地理范围比奴隶社会有很大程度的扩大。当时地中海东部、君士坦丁堡、威尼斯和北非的亚历山大成为西方的国际贸易中心。公元11世纪以后，随着意大利北部和波罗的海沿岸城市的兴起，国际贸易的范围逐步扩大到地中海、北海、波罗的海和黑海沿岸。在东方，中国、印度、伊朗等国家的对外贸易发展迅速。中国在西汉年间张骞出使西域，开辟了“丝绸之路”；唐朝盛年，中国又开始了同印度、伊朗、阿拉伯、日本、高丽等国进行海上贸易；明朝年间，郑和七次下西洋，向许多国家传播了中国的火药、指南针和手工业技术，同时也把这些国家的土产和优良种子输入中国，扩大了中国与海外诸国的贸易交往。

封建社会末期，随着城市工场手工业的发展，劳动生产率得到提高，商品生产和商品交换进一步发展，资本主义因素开始孕育和生长。15～16世纪的“地

理大发现”以及“新航线”的开辟,使人类生存和发展的空间连成了一片,人类的商业活动开始具有全球性。

“地理大发现”的结果,使西欧国家纷纷走上了向亚洲、美洲和拉丁美洲扩张的道路,西欧国家通过对殖民地采取暴力、掠夺、欺骗和奴役等方式进行贸易,把广大的殖民地国家卷入到国际贸易中,使国际贸易的范围和规模空前地扩大。在对殖民地的贸易中,欧洲殖民者在非洲的大西洋沿岸、亚洲和南美等地发展了以奴隶劳动为基础的种植业。殖民地农业的发展增加了对欧洲工业品的需求,殖民地成为欧洲国家工业发展的原料来源和商品销售市场。同时,“地理大发现”还导致国际贸易中心的转移,伊比里亚半岛上的里斯本、塞维利亚、大西洋沿岸的安特卫普、阿姆斯特丹、伦敦等地逐渐取代了威尼斯、亚历山大和君士坦丁堡,成为国际贸易中心。国际贸易的商品结构也发生了变化,工业原料和城市居民消费品在国际贸易中的比重上升,烟草、可可、咖啡等开始进入国际商品的流通领域。

封建社会末期,国际贸易虽然较以往有了很大发展,但由于机器大工业尚未建立,交通工具还不完善,因此国际贸易的规模、范围和商品种类仍受到很大限制。

三、资本主义生产方式确立后的国际贸易

18 世纪中叶英国爆发了工业革命,标志着人类社会发展中资本主义生产方式的正式确立。资本主义生产方式确立以后,在国际贸易领域形成了资本主义国家一统天下的格局,之后国际贸易的发展可分为资本主义自由竞争时期、向垄断资本主义过渡时期、两次世界大战时期和第二次世界大战结束至今四个阶段。由于第二次世界大战后国际贸易随着世界政治经济形势的变化发生了巨大变化,为便于展开论述,这一阶段的国际贸易将在下一个问题中专门论述。

(一)资本主义自由竞争时期的国际贸易

资本主义自由竞争时期开始于 18 世纪 60 年代的英国工业革命,完成于 19 世纪 70 年代欧美国家工业社会的形成。这一时期欧洲国家先后发生了工业革命和资产阶级革命,完成了工场手工业向机器大工业的过渡,使人类生产力出现了一次质的飞越。机器大工业的建立和发展,使社会生产力水平有了巨大的提高,社会产品大大增加,可供交换的产品空前增多,真正的国际分工开始形成,从而为国际贸易的发展提供了雄厚的物质基础。同时,大工业使交通运输和通信联络发生了巨大变革,相对“缩短”了世界各国在空间上的距离,极大的

便利和推动了国际贸易的发展。

在资本主义自由竞争时期，国际贸易的显著变化具体表现为：

1. 国际贸易的增长速度快。机器大工业的建立使社会生产规模空前扩大，受其影响国际贸易量显著增加。在1840年以前，绝大多数年份的世界工业生产增长速度超过国际贸易的增长速度，但自1840年起，国际贸易的增长速度开始超过世界工业生产的增长速度。1800~1870年，国际贸易量增长了10多倍，其年均增长率从1780~1800年的0.27%增加至1860~1870年的5.53%，增长了5.26%。

2. 英国处于国际贸易的中心地位。英国作为工业革命的先驱，最早建立起机器大工业生产体系，到19世纪30,40年代，英国基本完成了工业革命，不仅成为工业强国，而且成为"世界工厂"，垄断了国际贸易。1870年，英国在世界贸易中的比重达22%，远远超过了法国、德国和美国（见表1-1）。一位英国学者曾这样描述英国当时的地位："事实上，世界的1/5是我们的自愿进贡者。北美大平原和俄国是我们的谷物种植园；芝加哥和敖德萨是我们的谷仓；加拿大和波罗的海诸国是我们的森林；我们羊群的牧场在澳洲；我们的牛群在美洲；秘鲁把它的白银提供给我们；加利福尼亚和澳洲把自己的黄金提供给我们；中国人为我们种茶；印度把咖啡、茶叶和香料运到我们的海岸；法国和西班牙是我们的葡萄园；地中海沿岸是我们的果园；我们从北美合众国以及其他国家获得棉花[①]。"可见，当时整个世界成了英国大工业的销售市场和原料产地。英国在世界工业和国际贸易中的垄断地位，使伦敦成了国际金融中心，英镑成为世界货币，直接影响着全世界的信用系统。

表1-1　主要资本主义国家在世界贸易中的地位

年份 / 国家	1750年(%)	1780年(%)	1800年(%)	1850年(%)	1870年(%)
英国	13	12	33	21	22
法国	10	12	9	11	10
德国	11	11	10		13*
美国		2	5	10	8

*为1872年数据。

资料来源：①1750年、1780年、1800年数据来源于：W. W. Rostow. The World Economy: History and Prospect. University of Texas Press, 1978.

②1850年、1870年数据来源于：梵亢等．主要资本主义国家经济简史．北京：人民出版社，1973:351.

---

① 转引自：陈同仇、张锡嘏．国际贸易．北京：对外经济贸易大学出版社，1998:49.

3. 国际贸易商品结构发生了变化。在这之前的大宗商品交易，如香料、茶叶、丝绸、咖啡等的交易，虽然从绝对量上看是增加的，但其在国际贸易中所占的份额已经下降。以蒸汽机技术为标志的第一次工业革命引发了纺织业为主导的产业发展，从而使这一时期的纺织品贸易迅速增长。18 世纪时，纺织品贸易主要表现为欧洲国家输入中国和印度手工生产的棉布，到了 19 世纪则是英国和其他欧洲国家大量输出机器生产的棉布和毛纺织品；同时，由于工业发展的需要、运输条件的改善及运输费用的降低，使 18 世纪时还不太发达的谷物贸易开始成为国际贸易中的大宗商品；随着机器生产的发展，国际贸易中煤炭、钢铁、机器等商品的贸易也有了很大的增长。由于机器大工业的生产需要大量的原料，所以这个时期初级产品的贸易增长迅速并在国际贸易中占有重要地位。

4. 国际贸易方式和组织形式有了进步。随着贸易规模的扩大，国际贸易方式发生了很大变化。商品交易所、样品展览会以及期货交易逐步取代了现场看货交易。1848 年美国芝加哥出现了第一个谷物交易所；1862 年伦敦成立了有色金属交易所；19 世纪后半叶，在纽约成立了棉花交易所。另一方面，对外贸易的经营组织日趋专业化，出现了许多专门经营某一类商品的贸易企业。同时，运输业、保险业、银行业等在国际贸易中也得到广泛运用，出现了专门的运输公司、保险公司等，国际信贷关系也逐步发展起来，各种票据开始广泛流行。

（二）向垄断资本主义过渡时期的国际贸易

这一时期是指 19 世纪中叶到第一次世界大战爆发前。19 世纪 70 年代，爆发了以电动机的发明和使用为标志的第二次产业革命，使工业的生产规模空前扩大，导致了生产和资本的积聚和集中，为主要资本主义国家从自由竞争阶段向垄断阶段过渡奠定了物质基础，也使国际贸易出现了新的变化。

1. 国际贸易增长速度下降。19 世纪 70 年代的产业革命使欧美资本主义国家的重工业比重逐步增加，并取代轻工业居于主导地位。产业革命推动了世界经济的增长，也促进了国际贸易的继续扩大。但由于垄断高价和垄断带来的市场分割，使国际贸易的增长速度与资本主义自由竞争时期相比明显下降。如 1840 ~ 1870 年，国际贸易量增长了 3. 4 倍，但 1870 ~ 1900 年国际贸易量只增长了 1. 7 倍，1900 ~ 1913 年国际贸易仅增长了 62% 。而且 1870 年后，国际贸易的增长速度开始落后于世界工业的增长速度。这表明产业革命带来的生产能力的扩大和市场之间的矛盾日益显著，各资本主义国家争夺海外市场的斗争越来越尖锐。

2. 国际贸易格局发生了变化。19 世纪 80 年代以后，资本主义各国的经济实力发生了重大变化。随着美、德两国对外贸易的扩大与发展，英国在世界贸易中的地位逐渐下降。1870 年，英国在世界贸易中所占的比重为 22%，到 1880 年已下降至 16%，1913 年更下降至 13%。不过截至 1913 年，英国的贸易量仍占国际贸易的第一位。另外，这一时期，除了欧洲以外，北美、非洲、拉丁美洲的国家在国际贸易中的比重也在增加。

3. 初级产品和制成品的贸易稳步增长。这一时期，初级产品和制成品在国际贸易中所占比重稳定增长，1876～1913 年，世界初级产品贸易增加了 2.1 倍，制成品贸易增加了 2.2 倍。产业革命带来的世界工业的迅猛发展，在初级产品的贸易中，体现为资本主义国家对矿产原料需求的增加，矿产原料在初级产品贸易中所占的比重上升、农业原料的比重下降。在制成品的贸易中，金属产品、化学品、纸张、玻璃器皿的出口增加，纺织品出口所占的比重则有所下降。

（三）两次世界大战时期的国际贸易

1914～1945 年，垄断资本主义国家为争夺销售市场和原料产地，发动了两次世界大战。两次世界大战使世界经济和国际贸易的发展受到很大冲击。加上 1929～1933 年世界经济大危机的困扰，各主要资本主义国家的经济和贸易都陷入了衰退和萧条之中，世界经济和国际贸易的发展极其缓慢。这一时期国际贸易的变化主要是：

1. 国际贸易发展处于停滞状态。1914～1918 年的第一次世界大战期间，国际贸易缩减了 40%；一战结束后，在世界生产周期性高涨的影响下，国际贸易出现了增长，但随后发生的 1929～1933 年的世界经济大危机，又使国际贸易水平大幅度下降，结果整个 30 年代，国际贸易量一直没有达到 1929 年的水平；1939～1945 年爆发的第二次世界大战，再次使国际贸易受到重创，在此期间国际贸易量缩减了 17%。

2. 美国在国际贸易中的地位不断上升。美国通过实施贸易保护政策，国内工业生产迅速发展，其工业生产能力逐渐赶上并超过了英国。工业的增长必然带来贸易的扩大。两次世界大战期间，欧洲在国际贸易中的比重显著下降，美国的比重却有较大的提高。1913 年，欧洲在国际贸易中的比重几乎占2/3，但是到 1937 年则下降至1/2；北美 1913 年在国际贸易中所占的比重为13.2%，到 1937 年增加至 15.5%。第二次世界大战开始后，美国更是大发战争财，从而使其在国际贸易中的地位不断上升，而欧洲国家受战争的困扰，在国际贸易中的地位进一步下降。

3. 战争使国际贸易商品结构出现了变化。两次世界大战期间,在国际贸易商品结构中,虽然初级产品所占比重仍高于工业制成品的比重,但是受战争的影响,初级产品内部结构和工业制成品内部结构发生了变化。在初级产品贸易中,矿产原料和石油所占比重增加,农业原料的比重继续下降;在工业制成品贸易中,机械产品和武器贸易比重增加,纺织品贸易比重持续下降。

四、第二次世界大战后国际贸易的新发展

第二次世界大战结束以后,世界政治经济形势发生了一系列深刻的变化。战后初期,受民族解放运动的影响,亚、非、拉一大批发展中国家纷纷从殖民地与半殖民地中解放出来,相继独立并开始致力于国家的经济建设。这期间发生的以原子能、电子计算机、人工合成新材料、空间技术和遗传工程为代表的科学技术革命使世界生产力水平得到了极大的提高,推动了国际分工的深入发展,扩大了国际贸易的商品流量。同时,生产国际化使跨国公司获得了迅速发展,其内部贸易和外部贸易成为国际贸易的一个重要组成部分。在凯恩斯宏观经济理论的指导下,发达国家政府加强了对经济的宏观调控,国际经济协调机制得到增强,地区贸易集团的地位不断提高,区域集团化贸易日益活跃。受上述因素的综合影响,战后,国际贸易的发展呈现出以下特点。

(一)国际贸易增长波动较大

第二次世界大战后,国际贸易发展异常迅速,1950~1973 年,国际贸易年均增长率达到 10.3%,超过年均增长率为 5.2% 的世界工业生产增长速度。1973 年以后,因受世界经济衰退的严重影响,国际贸易增长速度明显减慢。1975~1980 年,世界出口贸易量年均增长率只有 4%,大大低于 70 年代以前的增长水平。进入 80 年代,国际贸易的发展呈现前半期增长缓慢、后半期迅速恢复的特征,整个 80 年代世界商品贸易量年均增长 5%。20 世纪 90 年代以后,世界格局的变化虽使国际贸易的增长起伏较大,但总的来看,国际贸易仍处于一个新的增长期,国际贸易的增长速度高于世界经济的增长速度。

(二)国际贸易商品结构发生重大变化

这一时期国际贸易商品结构的变化,既表现在工业制成品和初级产品两大部门产品贸易的相对比重的升降上,同时也表现在工业制成品和初级产品贸易

的内部结构上。首先,从1953年起,工业制成品在国际贸易中所占的比重明显超过了初级产品所占的比重,国际贸易商品结构走向高级化。其次,工业制成品贸易内部的商品结构发生变化,机械设备产品、化工产品和高技术产品在国际制成品贸易中的比重不断提高,纺织、服装等劳动密集型产品的比重则有所下降。最后,在初级产品贸易中,石油等燃料所占比重急剧上升,几乎占世界初级产品贸易的一半,食品、农矿原料等初级产品比重则明显下降。

(三)国际贸易地理方向有所改变

第二次世界大战后国际贸易地理方向的变化主要表现为:

一是发达国家作为一个整体在国际贸易中占据主导地位。发达国家相互间的贸易增长很快,发达国家和发展中国家的贸易往来则相对减少。

二是在发达国家中,美国的贸易地位虽有衰落,但始终是全球最大的贸易国。

三是在发展中国家里,石油输出国和新兴工业国外贸增长突出。中国2007年外贸进出口总额超过德国,成为全球仅次于美国的第二大贸易国、发展中国家的第一大贸易国。

四是冷战结束后,东西方关系趋于缓和,中国、俄罗斯以及东欧国家实行开放的经济政策,东西方经济交往增多,东西方贸易从停滞走向活跃。

五是区域经济一体化组织发展迅速,国际贸易越来越集中在集团内部进行。据资料统计,欧盟区域内的贸易已经升至对外贸易总额的80%,北美自由贸易区内部贸易比例也达54.9%。集团内部贸易的快速发展,导致区域贸易集团在整个国际贸易中的地位不断提高。

(四)跨国公司的发展推动国际贸易的快速增长

第二次世界大战后,跨国公司的建立和发展成为世界经济发展的重要特征。目前国际贸易的1/3是在跨国公司内部进行的,1/3是跨国公司之间进行的,1/3是在国家间进行的。因此,跨国公司在国际贸易中处于举足轻重的地位,跨国公司的不断发展促进了国际贸易的迅速增长。

(五)国际贸易协调机制的作用增强

第二次世界大战后,关贸总协定的缔结和世界贸易组织的建立,对国际贸易政策和体制的调整、贸易自由化的推动和多边贸易体制的确立,起了十分重要的作用。21世纪初,世界贸易组织启动新一轮谈判,各成员方都力图通过国际协调和干预,使国际贸易更加规范有序。国际贸易协调机制作用的增强,有利于国际贸易的顺利发展。

第三节　国际贸易的分类与基本概念

一、国际贸易的分类

国际贸易所涉及的范围和内容极为广泛,根据国际贸易的外部特征,一般分为以下几种类型。

(一)按商品形态分为货物贸易和服务贸易

1. 货物贸易(Commodity Trade),也被称为有形贸易,是指物质商品的进出口。按照联合国1950年编制并于1960年、1974年和1994年先后进行修订的《国际贸易标准分类》(SITC)的划分,国际贸易中的商品分为10大类、63章、233组、786分组、1 924个基本项目。10大类商品为:0类是食品及主要供食用的活动物;1类是饮料及烟草类;2类是燃料以外的非食用粗原料;3类是矿物燃料、润滑油及有关原料;4类是动植物油及油脂;5类是未列名的化学品及有关产品;6类是主要按原料分类的制成品;7类是机械及运输设备;8类是杂项制品;9类是没有分类的其他商品。其中0~4类商品称为初级产品,5~8类商品称为工业制成品。在《国际贸易标准分类》中,商品目录编号采用5位数。第1位数表示类,第2位数表示章,第3位数表示组,第4位数表示分组,第5位数表示项目。联合国的《国际贸易标准分类》曾被100多个国家使用过,但是目前关于商品标准分类使用更为广泛的是1983年海关合作理事会协调制度委员会制定的《商品名称及编码协调制度》(简称《协调制度》,HS)。《协调制度》将商品分为21类97章,第97章留空备用,章以下设1 241个四位数的税目,5 019个六位数的子目。四位数的税目中,前两位数表示项目所在的章,后两位数表示项目在有关章的排列次序。我国于1992年开始采用这一分类标准。

2. 服务贸易(Service Trade),也被称做无形贸易,是指国家之间出售或购买服务的交易。在世界贸易组织制定的《服务贸易总协定》(GATS)中,它被定义为"从一个参加方境内向任何其他参加方境内提供服务;在一个参加方境内向其他参加方的服务消费者提供服务;一个参加方在其他任何参加方境内通过

提供服务的实体介入而提供服务;一个参加方的自然人在其他任何参加方境内提供服务”。根据上述定义,服务贸易有下面四种形式:

(1)过境交付,即服务提供者和消费者都不跨越国境。如,通过网络进行的国际远程教育、国际医疗、在线游戏等方面的服务。过境交付在服务贸易中所占比重约35%。

(2)境外消费,即服务消费者到服务提供者国内接受服务。如,中国公民到美国旅游、留学等。这对美国的服务提供者而言,是在国内从事服务的出口。境外消费在服务贸易中所占比重约15%。

(3)商业存在,即服务企业用到国外开办服务场所的方式提供服务。如,美国的会计师事务所到中国开办分支机构提供相应的服务。商业存在在服务贸易中所占比重50%左右。

(4)自然人移动,即一国的自然人到服务消费者所在国或第三国提供服务。如,中国公民到美国讲学、行医等。目前自然人移动在服务贸易中所占比重非常小。

国际服务贸易通常又分为要素服务贸易和非要素服务贸易。要素服务贸易指一国向他国通过提供劳动、资本、技术及土地等生产要素的服务而从国外得到报酬的活动。它包括对外直接投资和间接投资的收益、侨民汇款及技术贸易的收入。非要素服务贸易是狭义的服务贸易,它是指通过提供符合定义的“服务”而获取外汇收入的交易,如国际运输、旅游、教育、工程咨询和会计等。在实际活动中,国际服务贸易分为商业、通信、建筑及工程、销售、教育、环境、金融、健康与社会、旅游、文化与体育、运输及其他等12大类155个项目。

货物贸易因要办理通关手续,故其金额显示在一国的海关统计上,同时它也是国际收支的主要构成部分;服务贸易不经过海关办理手续,其金额不反映在海关统计上,而显示在一国国际收支表上。

(二)按货物移动方向分为出口贸易、进口贸易和过境贸易

1. 出口贸易(Export Trade),也称输出贸易,是指将本国生产和加工的商品输往国外市场进行销售。

2. 进口贸易(Import Trade),也称输入贸易,是指将外国生产和加工的商品输入本国市场销售。

出口贸易和进口贸易是每笔贸易的两个方面,对卖方而言是出口贸易,对买方而言则是进口贸易。此外,在国际贸易中,一国对从外国进口的商品不经

任何实质性加工,就向外出口时,称为复出口;反之,一国的产品销往别国后,未经加工又被该国重新购回时,称为复进口。

3. 过境贸易(Transit Trade),又称通过贸易,是指贸易货物从甲国出口经过丙国国境向乙国输送销售,对丙国来说不具有贸易货物的所有权,所以称为过境贸易。过境贸易分直接过境贸易和间接过境贸易两种。如果过境贸易货物不经过境国海关保税仓库存放,完全是为了转运的过境,称为直接过境贸易;而由于种种原因,如商品需要分类包装、出现暂时转运困难、购销当事人的意愿中途发生变更等,把货物先存放在过境国海关仓库,尔后再转运出境的过境,称为间接过境贸易。开展过境贸易有利于吸引人流、物流和信息流。

(三)按交易对象分为直接贸易、间接贸易和转口贸易

1. 直接贸易(Direct Trade),是指商品生产国与商品消费国不通过第三国而直接买卖商品的行为。对生产国而言,是直接出口;对消费国而言,是直接进口。在直接贸易中,贸易双方交易的货物既可以直接从生产国运到消费国,也可以通过第三国的国境转运到消费国。

2. 间接贸易(Indirect Trade),是指商品生产国与商品消费国通过第三国而间接进行的货物买卖行为。在间接贸易中,贸易双方交易的货物既可以直接从生产国运到消费国,也可以通过第三国的国境转运到消费国。

3. 转口贸易(Entrepot Trade),也称中转贸易,是指在商品生产国与商品消费国通过第三国进行的贸易中,对第三国而言就是转口贸易。第三国虽然分别同商品生产国和商品消费国签订进口合同与出口合同,但不一定参与商品的实物转移,贸易货物可以直接从生产国运到消费国去。

转口贸易与间接贸易的区别在于研究的角度不同。间接贸易是从生产国的角度看,有关商品是通过第三国销往进口国的。转口贸易是从中间商的角度来看,本国既不是生产国,也不是进口国,只是从事有关商品的转口贸易业务。在通常情况下,转口商以较低的价格购买目标商品,有时还辅以一定程度的加工或包装,而后以较高的价格转手出售,赚取手续费和加价利润。由于这种贸易既不受本国经济周期的影响,又有助于分散经营风险和汇率风险,所以很多贸易公司都愿意开展转口贸易。

转口贸易与过境贸易的区别在于:转口贸易有第三国的商人参与商品的交易过程,而不论货物是否经由第三国运送,过境贸易则无第三国的商人参与;转口贸易以盈利为目的,过境贸易通常只收取少量的手续费,如印花费;转口贸易

是间接贸易的主要表现形式，而过境贸易属于直接贸易。

（四）按清偿工具分为现汇贸易和易货贸易

1. 现汇贸易（Spot Exchange Trade），也称自由结汇贸易，是指以货币作为清偿工具的贸易，其特点是通过银行逐笔支付货款以结清债权债务。目前作为清偿工具的货币主要有美元、欧元、日元等。

2. 易货贸易（Barter Trade），又称换货贸易，是指经过计价以货物作为清偿工具的贸易。它的特点是：进口与出口相结合，贸易双方既是卖方又是买方；易货贸易合同往往是短期的；贸易双方所换货的总金额相等，在货款清偿时，既可以是逐笔支付平衡，也可以是定期综合平衡。

与现汇贸易相比，易货贸易虽然可以缓解国家外汇短缺、进口支付能力不足的矛盾，但是，由于这种贸易形式在现实应用中受贸易双方对对方商品需求程度的影响，双方的进口和出口要求保持平衡，而且货价不是由市场竞争来决定，是贸易双方通过谈判来确定的，对于其中一方往往缺乏合理性，所以在国际贸易中易货贸易是不常用的贸易方式。

（五）按统计标准分为总贸易体系和专门贸易体系

总贸易体系和专门贸易体系是贸易国家记录货物进出口和编制海关统计的两种统计方法。这两种体系的区别在于货物进出口是以国境还是以关境为界线。理论上说，一国的关境和国境应该是一致的，但在实际中由于有些国家的境内设有自由贸易区、自由港等经济特区，所以这些国家的关境实际小于其国境。而有些国家由于和其他国家结成关税同盟，因此其关境又大于国境。

1. 总贸易体系（General Trade System），也称一般贸易体系，是以一国的国境为标准划分货物进出口的统计方法。凡是进入该国国境的商品一律列为进口，凡是离开该国国境的商品一律列为出口。总进口额加上总出口额就是一国的总贸易额。目前采用总贸易体系的国家和地区约有 90 多个，包括日本、英国、加拿大、美国、澳大利亚和中国等。

2. 专门贸易体系（Special Trade System），又称特殊贸易体系，是以一国的关境为标准划分货物进出口的统计方法。这种统计方法把从外国进入本国关境的商品以及从本国保税仓库中提出后进入本国关境的商品列为进口。如果外国商品虽已进入国境，但仍暂时存放于海关的保税仓库之内，或只是在免税的自由经济区流通，则不被统计为进口。从国内运出关境的本国产品，以及进口后经加工又运出关境的商品，列为出口。专门进口额加专门出口额称为专门贸易额。德国、意大利、法国、瑞士等80多个国家采用这种统计方法。联合国所发表的各国对外货物贸易额的统计数字，一般均注明是按何种贸易统计体系编制的。

二、国际贸易的基本概念

（一）国际贸易与对外贸易

1. 国际贸易（International Trade），是指世界各国（或地区）之间进行的商品和服务的交换活动，是各国之间分工的表现形式，反映了世界各国在经济上的相互依靠。国际贸易是从世界范围来看各国的对外贸易，它是世界各国对外贸易的总称。

2. 对外贸易（Foreign Trade），是指一国（或地区）与其他国家（或地区）之间所进行的商品和服务的交换活动。它是从某一个国家（或地区）的角度看待其与他国（或地区）发生的交换活动。一些海岛国家或地区，如英国、日本、菲律宾等国，也常把这种交换活动称为海外贸易（Oversea Trade）。

国际贸易与对外贸易既有角度上的不同，也有范围上的联系。随着国际贸易在规模上的不断扩大，其本身的内涵也在不断地变化。

（二）对外贸易额和对外贸易量

1. 对外贸易额（Value of Foreign Trade），也称对外贸易值，是指以货币金额表示的一国一定时期内的进出口规模，是衡量一国对外贸易状况的重要指标。一定时期内一国从国外进口的商品的全部价值，称为进口贸易总额或进口总额；一定时期内一国向国外出口的商品的全部价值，称为出口贸易总额或出口总额；一国的进口总额加上其出口总额就是该国的进出口贸易总额或外贸总额。贸易额一般用国际上通用的货币表示，也可以用本币表示。联合国编制和发表的世界各国对外贸易额的统计资料是用美元表示的，中国也用美元表示。把世界上所有国家的进口总额或出口总额用同一种货币换算后加在一起，即是世界进口总额或世界出口总额。由于从世界范围来看，一国的出口就是另一国的进口，所以在统计整个国际贸易额时，为避免重复计算，不能简单地把世界各国和地区的出口额与进口额相加。通常是把各国的出口额之和作为国际贸易额。由于各国一般按离岸价格 FOB 价(只计成本,不包括运费和保险费)来计算出口额,按到岸价格 CIF 价(成本加保险费加运费)来计算进口额,因此,世界出口总额总是小于世界进口总额。

由于对外贸易额经常受到价格变动的影响,所以,当国际市场商品价格发生明显变化时,贸易额就无法准确地反映一国对外贸易的实际规模,更不能将不同时期的对外贸易额直接进行比较。以日本向美国出口小轿车为例,1993 ~ 1994 年,日本对美国的小轿车出口情况如表 1 – 2 所示:

表 1 – 2　日本向美国的小轿车出口

时间(年)	价格(万美元/辆)	贸易数量(辆)	贸易额(万美元)
1993	6.7	1000	6700
1994	5.8	1100	6380

从贸易额变化看,1994 年日本向美国出口的小轿车比 1993 年减少了 320 万美元,但从出口的实际数量看,1994 年日本对美国小轿车的出口实际增加了 100 辆。可见,当进出口商品价格发生变化时,贸易额不能真实反映贸易规模。

为了反映进出口贸易的实际情况,就需要用引入价格指数的方法来表示贸易规模,即对外贸易量。

2. 对外贸易量(Quantum of Foreign Trade),是指以某年的价格为不变价格计算出各年商品进出口价格指数,再用各年的进出口贸易额除以各年商品进出口价格指数,得出按不变价格计算的贸易量。具体计算公式为:

对外贸易量 = 贸易额/进出口商品价格指数 × 100

其中:

进出口商品价格指数 = 计算期进出口商品价格/基期进出口商品价格 × 100

进出口商品价格指数剔除了价格变动的影响,使对外贸易量能够准确地反映一国对外贸易的实际规模及其变化情况。在对外贸易量的计算公式中,分子是贸易额,分母是相对数,所以贸易量仍然是一个用金额表示的贸易指标。贸易量既解决了不同计量单位商品无法相加的问题,又避免了贸易额受价格变动的影响,因此,很多国家在表示贸易规模时,除了统计贸易额外,还统计贸易量。

(三)对外贸易商品结构和国际贸易商品结构

1. 对外贸易商品结构(Composition of Foreign Trade),是指一定时期内一国进出口贸易中各种商品的构成情况,通常以各类商品在一国对外贸易中所占的比重来表示，它可以反映一国的经济发展水平及产业结构的变化等情况，包括出口商品结构、进口商品结构和进出口商品结构。

2. 国际贸易商品结构（Composition of International Trade），是指一定时期内各类商品在整个国际贸易中的构成，通常以各类商品在国际贸易中所占的比重来表示，即各大类商品的出口额与整个世界出口贸易额相比，通常是以初级产品和工业制成品两大类分别占世界贸易额的比重来表示。为便于分析比较，各国一般以联合国《国际贸易标准分类》（SITC）为标准公布对外贸易商品结构和国际贸易商品结构。国际贸易商品结构可以反映出世界经济发展水平、产业结构状况和科技发展水平。

（四）对外贸易地理方向和国际贸易地理方向

1. 对外贸易地理方向（Direction of Foreign Trade），又称对外贸易地区分布或对外贸易国别结构，是指一定时期内世界各国、各地区、各国家集团在一国对外贸易中所占的地位，通常以它们对该国的进出口额占该国进出口总额的比重来表示，可分为对外贸易进口地理方向、出口地理方向和进出口地理方向。对外贸易地理方向可以表明一国出口商品的流向和进口商品的来源，表明该国与其他国家或地区的经济联系程度。一国对外贸易地理方向通常受经济互补性、国际分工的形成、需求偏好和贸易政策的影响。一国对外贸易地理方向过于集中，容易引起本国外贸企业的恶性竞争；反之，一国对外贸易地理方向过于分散，又会提高本国外贸企业的交易成本。

2. 国际贸易地理方向（Direction of International Trade），又称国际贸易地区分布，是指在一定时期内世界各洲、各国或各个区域集团在国际贸易中所占的地位，通常用它们的出口额、进口额或进出口额占世界出口总额、进口总额或进出口总额的比重来表示。由于各洲、各国政治经济发展的不平衡性，所以它们在国际贸易中所处的地位也不一样，到目前为止，发达国家在国际贸易中一直处于主导地位。

（五）贸易差额

贸易差额（Balance of Trade），是指一国在一定时期内出口总值与进口总值的差额。当出口总值大于进口总值时，出现贸易盈余，称为贸易顺差或出超；当出口总值小于进口总值时，出现贸易赤字，称为贸易逆差或入超；当出口总值等于进口总值时，称为贸易平衡。贸易顺差通常以“+”表示，贸易逆差以“-”表示。虽然一国的贸易差额处于顺差比较好，但并不是顺差越大越好，对一国来说，在贸易差额上应保持平衡略有结余。

在国际贸易中，一国在同一种商品上往往既有出口又有进口。在一定时期内，如果某种商品的出口额大于进口额，则称该商品为“净出口”；如果某种商品的进口额大于出口额，则称该商品为“净进口”。一国如果某种商品持续出现净出口，表明该国该种商品在国际市场竞争中处于优势地位；反之，则处于劣势地位。

（六）贸易条件

贸易条件（Terms of Trade）又称贸易比价或交换比价，是指一国对外贸易中的出口商品价格指数和进口商品价格指数的比率，表示一个单位的出口商品可以换回多少进口商品。它在一定程度上反映出一国对外贸易的价格优势、竞争能力和贸易利益的变化。其计算公式为：

$$贸易条件 = 出口价格指数/进口价格指数 \times 100$$

以一定时期为基期，基期的贸易条件为100，再计算出比较期的贸易条件，然后与基期相比，如果大于基期100，表明贸易条件比基期有利；如果小于100，表明贸易条件比基期不利，交换效益不如基期；如果等于100，表明贸易条件与基期相比没有发生变化。

（七）对外贸易依存度

对外贸易依存度（Degree of Dependence on Foreign Trade）又称对外贸易系数，是指一国在一定时期内的对外贸易总额在其国内生产总值（或国民生产总值）中所占的比重，它是衡量一国经济对国际市场依赖程度高低的指标之一。其计算公式为：

$$对外贸易依存度 = 一国对外贸易总额/该国\ GDP（或该国\ GNP）\times 100\%$$

对外贸易依存度可分为出口依存度和进口依存度。前者指一国出口额在其国内生产总值（或国民生产总值）中所占的比重，反映一国在一定时期内国内新创造的商品和劳务总值中有多少比重是输出到国外的；后者指一国进口额在其国内生产总值（或国民生产总值）中所占的比重，也称市场开放度。由于进口额不是该国在一定时期内新创造的商品和劳务值，所以很多国家一般用出口依存度来替代对外贸易依存度。

一国对外贸易依存度过高，国内经济发展容易受世界市场的影响，世界经济不景气就会对该国经济发展冲击大。对外贸易依存度过低，表明该国没有很好利用国际分工的长处。各国应根据本国实际情况，合理把握对外贸易依存度。

（八）贸易竞争力指数

贸易竞争力指数是测度一国产品或服务的国际竞争力的指标。通常用下列公式来表示：

$$\text{贸易专业化系数(TSC)} = \frac{X_i - M_i}{X_i + M_i}$$

其中：X_i 表示一国在 i 产品上的出口额；M_i 表示一国在 i 产品上的进口额。

当 TSC 大于 0 时，表示该国 i 产品的生产效率高于世界总体水平，该国是 i 产品的净出口国，在 i 产品上具有贸易竞争优势。TSC 的数值越大，优势也就越大。

当 TSC 小于 0 时，表示该国 i 产品的生产效率低于世界总体水平，该国是 i 产品的净进口国，在 i 产品上没有贸易竞争优势。

如果 TSC 的数值等于 1，则表明该国 i 产品的生产和出口极具竞争力，在 i 产品上只出口而不进口；如果 TSC 的数值等于 −1，则表明该国 i 产品的生产和出口不具有竞争力，在 i 产品上只进口而不出口。

案例与分析

中国同拉美的贸易关系

一、案例介绍

2008 年中国对北美洲贸易同 2007 年相比增长进一步放缓，对美国贸易增长放缓至 10.5%，对加拿大放缓至 13.8%。而同期，我国与拉美和加勒比地区国家高层领导人互访频繁，签署了多项政府间协议和企业合作协议，中国政府发表了《中国对拉丁美洲和加勒比政策文件》，经贸合作成为中拉关系未来发展的核心和重点。2008 年中拉贸易额达到 1433.9 亿美元，同比增长近 40%。中国在拉美的主要贸易伙伴依序为巴西、墨西哥、智利、阿根廷和委内瑞拉。2008 年中国对拉美其他国家如巴哈马、厄瓜多尔、乌拉圭、巴拉圭的经贸关系也发展顺利，进出口贸易有较大幅度增长。中国对外贸易中出现的这种变化意味着什么？

二、案例分析

这种变化说明我国对外贸易地理方向发生了一定变化。一国的对外贸易地理方向通常受自然条件、经济发展水平、经济周期、人口与市场、资本流动、经济互补性、国际分工的形式和贸易政策的影响。对外贸易地理方向反映一国与其他国家或区域集团之间经济贸易联系的程度和一国参与国际分工的格局。2007 年的金融危机席卷了美国、欧盟和日本等世界主要金融市场，美国和加拿大的经济受到影响，经济增长放缓，出口减少，国内需求萎缩。而拉丁美洲的经济却一枝独秀，2003 年以来连续 6 年年均增长 5%。为此，我国采取了一系列的措施，逐步调整和优化我国贸易战略，分析国际市场的变化，实行出口市场多元化，对外贸易由偏向欧美向全球化均衡贸易方向发展，积极开拓新兴市场，将非洲、拉美地区，以及印度、俄罗斯等新兴市场作为新的出口目标市场。这种贸易地理方向的适时调整，有利于我国从贸易大国走向贸易强国。

思考练习题

思考题

1. 对外贸易依存度过高会给一国经济发展带来什么问题？
2. 第二次世界大战后国际贸易特点形成的原因是什么？
3. 如何正确看待国际贸易地理方向的集中与分散？

练习题

一、判断题

1. 有形贸易和无形贸易的金额都反映在一国的海关统计上。(　　)
2. 世界出口总额总是小于世界进口总额。(　　)
3. SITC 是 WTO 对服务贸易进行分类的标准。(　　)
4. 直接贸易是指货物出口国和货物进口国直接的贸易行为。(　　)
5. 过境贸易属于间接贸易。(　　)
6. 总贸易体系和专门贸易体系是贸易各国用来登记进出口额的统计方法。(　　)
7. 对外贸易商品结构可以反映一国经济发展水平、科技发展水平和产业结构状况。(　　)
8. 一般来说，对外贸易依存度不是越高越好。(　　)

9. 一国贸易条件的恶化通常会导致该国贸易逆差的扩大或贸易顺差的减少。(　　)

10. 转口贸易必须经过第三国的国境才能实现。(　　)

二、单项选择题

1. 通常将按不变价格计算的进口额或出口额称为(　　)。

A. 贸易值　B. 贸易额　C. 贸易量　D. 贸易差额

2. 一国贸易差额的最适状态是(　　)。

A. 顺差　B. 平衡　C. 平衡并稍有顺差　D. 逆差

3. 一国的对外贸易额是(　　)。

A. 进口贸易额　B. 出口贸易额

C. 进口贸易额和出口贸易额之和　D. 上述三者都是

4. 交易标的物是物质产品的国际贸易,被称为(　　)。

A. 有形贸易　B. 无形贸易　C. 服务贸易　D. 总贸易

5. 通常所说的国际贸易额是指(　　)。

A. 世界出口总额　B. 世界进口总额

C. 一国进出口总额　D. 国际贸易量

三、多项选择题

1. 按照总贸易统计方法,一国进口货物的渠道是(　　)。

A. 为国内消费和使用而直接进口的进口货物

B. 进入海关保税工厂的进口货物

C. 为国内消费和使用而从海关保税仓库中提出的货物

D. 以上都不正确

2. 按照总贸易统计方法,一国出口货物的来源一般有(　　)。

A. 本国产品出口

B. 从海关保税工厂出口的货物

C. 从海关保税工厂和自由贸易区出口的货物

D. 本国化商品出口

E. 过境货物

3. 下列采用总贸易体系的国家是(　　)。

A. 日本　B. 英国　C. 美国　D. 德国　E. 中国

4. 反映国际贸易地理方向的指标有(　　)。

A. 各国的出口额占世界出口总额的比重

B. 各国的进口额占世界进口总额的比重

C. 各国的制成品出口额占世界出口总额的比重

D. 各国的制成品进口额占世界进口总额的比重

E. 各国的进出口总量占世界进出口总量的比重

5. 目前世界各国在统计商品进出口额时,一般是(　　)。

A. 出口商品按离岸价格计算

B. 出口商品按到岸价格计算

C. 进口商品按离岸价格计算

D. 进口商品按到岸价格计算

E. 进出口商品均按到岸价格计算

四、问答题

1. 转口贸易与过境贸易有什么区别?

2. 国际贸易地理方向的集中和分散对一国经济有什么影响?

3. 国际贸易与国内贸易有什么异同点?

4. 根据我国近5年海关商品进出口数据,举例说明我国目前对外贸易的主要优劣势产品。

第二章 国际贸易条约、协定与组织

学习目标和要求

本章的学习要点是国际贸易条约和协定的主要种类及其所适用的法律待遇条款、世界贸易组织的职能与基本原则、世界贸易组织的运行机制。通过本章的学习，要求能够正确理解 GATT 和 WTO 如何使国家之间的经济竞争从无序阶段走向有序阶段，WTO 为何被誉为“经济联合国”；正确认识 GATT 和 WTO 的区别；了解通商航海条约、贸易协定和贸易议定书、支付协定、国际商品协定、商品综合方案、最惠国待遇条款、国民待遇条款、互惠待遇条款以及世贸组织各项基本原则的内容；熟悉争端解决机制的运行过程。

引导案例

WTO 对美欧贸易争端的裁决

美国自 20 世纪 70 年代开始对美国公司在本土以外销售服务和产品的收入实行免税待遇。1984 年美国通过的《外销公司法》继续沿用了这一做法。进入 20 世纪 90 年代，随着美国通过《外销公司法》向出口企业提供补贴的规模越来越大，欧盟于 1997 年就此问题向 WTO 提出申诉。1999 年 10 月，WTO 争端解决机制做出裁决，认定《外销公司法》实行了“非法出口补贴”。美国不服，向 WTO 上诉机构提出上诉，但上诉机构宣布维持争端解决机制的裁决，并要求美国于 2000 年 10 月 1 日前取消这一法案。2000 年 11 月，美国国会通过《外销公司替代法》，并以该法取代《外销公司法》。欧盟认为新法“换汤不换药”，于是 2000 年 11 月 17 日再次向 WTO 争端解决机制提出申诉，要求对美国出口产品征收40.43亿美元的惩罚性关税。2001年8月,WTO调查小组发表报告,宣布支持欧盟的申诉。美国对此裁决表示不服。WTO上诉机构于2002年1月最终判定维持调查小组的结论,时隔7个月后,WTO于2002年8月30日对外宣布了这一裁决。

上述案例中,美国的《外销公司法》在哪些方面违反了WTO的有关规定?WTO争端解决机制是如何运行的?我们将在本章的学习中揭晓这些问题的答案。

第一节　国际贸易条约与协定

一、国际贸易条约与协定的含义

国际贸易条约与协定(International Commercial Treaty and Agreement)是指两个或两个以上的主权国家为了确定彼此间在经济与贸易方面的权利和义务而缔结的书面协议。

一国在贸易方面的相关立法和行政措施往往是该国与其他国家进行贸易条约与协定的谈判基础。国际贸易条约与协定签署后,各缔约方必须承担条约与协定中所规定的义务,并且其国内相关立法和行政措施也要受其约束。另外,国家间贸易条约与协定的签署和运行受国际法规的约束。当缔约国的国内法规与国际法规发生冲突时,国际法规的约束力会大于国内法规。一般来讲,一国最高权力机关对贸易条约的缔结有决定权,国家最高权力机关也可将这种权力授予行政机关来行使,通常各国具体负责谈判的机构是该国行政机关中负责对外经贸关系的部门。

《中华人民共和国宪法》规定,全国人民代表大会常务委员会决定批准和废除同外国缔结的条约。商务部是负责对外经贸谈判的主要部门,根据谈判对象和谈判所涉及的范围,一般中国人民银行、海关总署、农业部、专利局等是谈判代表团的成员。

国际贸易条约与协定按照缔约国的多少,可分为双边或多边贸易条约与协定。这些贸易条约与协定反映了缔约国的对外政策和对外贸易政策的要求,并为缔约国实现其对外政策和对外贸易政策的目的服务。

二、国际贸易条约与协定的种类

国际贸易条约与协定主要有:

(一)通商航海条约

通商航海条约(Treaty of Commerce and Navigation)又称友好通商条约或通商条约,是全面规定缔约国之间经济与贸易关系的条约。其内容比较广泛,包括:缔约国各方进出口商品的关税和通关待遇;缔约国各方的公民和企业在对方国家所享有的经济权利;缔约国之间船舶航行和港口设施使用问题;缔约国之间铁路运输和过境问题;缔约国之间知识产权保护问题;进出口商品的国内捐税问题;进出口数量限制问题;仲裁裁决的执行问题;等等。在有些通商航海条约中还规定了其他内容,如样品和展览品的免税输入、领事的待遇、国有化问题等。

通商航海条约是由国家首脑或其特派的全权代表来签订的,并经双方的立法机构审议通过,最高权力机关批准后才能生效,有效期限一般比较长。

(二)贸易协定和贸易议定书

贸易协定(Trade Agreement)是指缔约国之间调整相互贸易关系的一种书面协议。贸易协定对缔约国之间的贸易关系规定得比较具体,签订程序比较简单,只需各方行政首脑或其代表签署就可生效,有效期相对较短。贸易协定的内容通常包括:最惠国待遇条款的规定;进出口商品货单和进出口贸易额的规定;作价原则和交易货币的规定;支付方式和清偿办法的规定;关税优惠的规定。有些协定还签订有商品检验、仲裁、设立商务机构、举办展览、广告宣传和保障条款等。

贸易议定书(Trade Protocol)是指缔约国就发展贸易关系中某项具体问题所达成的书面协议。贸易议定书往往作为贸易协定的补充、解释或修改而签订,其内容、签订程序都比较简单,一般由签字国有关行政部门的代表签署后即可生效。

(三)支付协定

支付协定(Payment Agreement)是规定两国间关于贸易和其他方面债权债务结算方法的书面协议。支付协定是外汇管制的产物。在实行外汇管制的条件下,一种货币不能自由兑换另一种货币,对一国所拥有的债权不能用来抵偿对第三国的债务，结算只有在双边基础上进行，因而需要通过缔结支付协定来规定两国间的债权债务结算方法。现在一些实行外汇管制的发展中国家常用支付协定来清算对外债权和债务。支付协定的内容包括：清算机构的规定；清算账户设立的规定；清算项目与范围的规定；清算货币、清算方法和清算账户差额的处理的规定。

（四）国际商品协定

国际商品协定（International Commodity Agreement）是指某项初级产品的主要生产国和进口国出于稳定该项商品价格和保证供销的目的而签订的政府间多边贸易协定。目前运转的国际商品协定共有八个，它们是：国际可可协定、国际咖啡协定、国际黄麻和黄麻制品协定、国际天然橡胶协定、国际橄榄油协定、国际热带木材协定、国际糖协定和国际谷物协定。国际商品协定主要通过设立缓冲存货、签订多边合同、规定出口限额以及出口限额与缓冲存货相结合等方法来稳定价格。

20 世纪 90 年代以来，由于大部分商品供应变得充足，使得消费国不太在意供应的保障问题，同时对生产国来说，维持价格也不再是主要目的，为争夺市场份额，他们往往竞相降价，在这种背景下，一些商品协定不再发挥稳定价格的作用。近年来，多数国际商品协定不断地修订其宗旨和目标，把初级产品的可持续发展作为协定的根本任务，同时注意初级产品生产与环境保护的协调发展。另外，更多的协定国意识到，价格稳定固然重要，但更重要的是与价格相关的其他因素，如供给、需求、市场营销、产品质量、初级产品的加工和产业链的发展以及技术对生产的影响等。因此，协定对产品的质量、技术进步和转让、市场营销和产业链的发展给予了更多的关注。

（五）商品综合方案

商品综合方案（Integrated Program for Commodities）是 1964 年 4 月，由发展中国家在第六届特别联大会议上首次提出的。1976 年 5 月，联合国第四届贸易与发展会议正式通过商品综合方案决议，以解决发展中国家初级产品出口价格长期疲软、贸易条件恶化的问题。商品综合方案的内容主要是：建立多种商品的国际储备；建立国际储备共同基金；扩大和改进商品贸易的补偿性资金供应；扩展初级产品的加工和出口多样化以及商品贸易的多边承诺。

商品综合方案是发展中国家为打破旧的国际经济贸易秩序、建立新的国际经济贸易秩序所采取的一个重要举措。但是发展中国家要将方案的内容全部变成现实,需要经过长期的艰苦斗争。

三、贸易条约与协定所适用的法律待遇条款

贸易条约与协定是国际条约和协定的一种,其所适用的法律待遇条款有三个。

(一)最惠国待遇条款

最惠国待遇条款(Most – favored Nation Treatment)是指缔约国一方现在和将来给予任何第三国的一切特权、优惠及豁免,也同样给予缔约对方。其基本要求是:使缔约一方在缔约另一方享有不低于任何第三国所享有的待遇。即要求一切外国商品和外国企业处于同等地位,享有同等待遇,不给任何一国歧视待遇。

最惠国待遇条款分无条件的和有条件的两种形式。无条件的最惠国待遇是指缔约国一方现在和将来给予任何第三国的一切优惠待遇,立即无条件、无补偿、自动地适用于对方;有条件的最惠国待遇是指如果一方给予第三国的优惠是有条件的,则另一方必须提供同样的补偿,才能享受这种待遇。由于英国是最先采用无条件最惠国待遇条款的国家,所以无条件的最惠国待遇条款又被称为“欧洲式”最惠国待遇条款。有条件的最惠国待遇条款是美国最先采用的,所以又被称为“美洲式”最惠国待遇条款。现在的国际贸易条约与协定一般都采用无条件的最惠国待遇条款。

最惠国待遇条款既可以适用于两国经济贸易关系的各个方面,也可以只在贸易关系中某一个问题上适用。其适用范围主要包括:有关进口、出口、过境商品的关税及其他各种捐税;有关商品进口、出口、过境、存仓和换船方面的海关规则、手续和费用;进、出口许可证发放的行政手续;船舶驶入、驶出和停泊时的各种税收、费用和手续;移民、投资、商标、专利等方面的待遇。

在贸易条约和协定中,一般规定最惠国待遇的限定和例外条款。限定是指将最惠国待遇条款的适用范围限制于若干具体的经济和贸易方面。如,在关税方面的最惠国待遇只限于某些商品。例外是指某些具体的经济和贸易事项不适用于最惠国待遇,如:边境贸易;关税同盟;沿海贸易和内河航行;多边国际条约或协定承担的义务;区域性特惠条款。此外,沿海捕鱼、武器进口、金银外币的输出输入和文物、贵重艺术品的出口限制和禁止等,也常作为例外。

（二）国民待遇条款

国民待遇条款（National Treatment）是指缔约国一方保证缔约国另一方的公民、企业和船舶在本国境内享受与本国公民、企业和船舶同等的待遇。该条款一般适用于外国公民和企业的经济权利。如：外国产品所应缴纳的国内税捐，利用铁路运输和转口过境的条件，船舶在港口的待遇，商标注册、著作权及发明专利权的保护等。

国民待遇条款的适用也有一定的范围，像沿海航行权、领海捕鱼权、购买土地权等都不包括在国民待遇条款的范围之内，这些权利一般都不给外国公民或企业。

（三）互惠待遇条款

互惠待遇条款（Reciprocally Treatment）是指缔约双方根据协议相互给予对方法人或自然人以对等的权力和待遇。这项原则不能单独使用，必须与其他特定的权力或制度的内容结合在一起，才能成为独立的单项条款。互惠的法律意义在于：可以防止一国及其法人、自然人在另一国单方面享有特权，也可以保证这些组织和个人在外国享有的对等权利不受限制或歧视。互惠待遇在国际贸易中被广泛使用，它对贸易双方相互尊重、保持长期的经济与贸易关系有重要意义。

第二节 关税与贸易总协定和世界贸易组织

一、关税与贸易总协定和世界贸易组织的产生

第二次世界大战结束后，为防止国家间矛盾激化导致战争再度发生，必须建立一种世界政治经济新秩序。为重建世界经济秩序，以美国为首的西方国家于1944年召开会议，讨论国际货币金融体系问题，签订了《国际货币基金组织协定》和《国际复兴与开发银行协定》。1945年12月，国际货币基金组织和国际复兴开发银行（即世界银行）正式成立，前者确立了战后新的国际货币体系，后者的主要任务是处理国际长期直接投资问题。国际金融和投资关系问题解决之后，国际贸易秩序的重建就提上了议事日程。美国首先提出设想，设立一个处理国际贸易与关税的专门组织，以铲除贸易限制和关税壁垒，促进贸易自

由化。1946 年 2 月，在美国的提议下，召开了联合国经济与社会理事会第一次会议，通过了美国提出的召开“世界贸易和就业会议”的决议草案，并成立了筹备委员会。同年 10 月第一次筹备会议在伦敦召开，讨论美国提出的《国际贸易组织宪章草案》，并决定成立起草委员会对草案进行修改。1947 年 4 月至 10 月在瑞士日内瓦召开第二次筹委会，23 个国家在双边谈判基础上，签订了 123 项双边关税减让协议。为使关税减让谈判达成的结果尽快付诸实施，他们将《国际贸易组织宪章》中有关贸易政策的条款与达成的 123 项关税减让协议加以合并和修改，汇总成为《关税与贸易总协定》。1948 年 1 月 1 日，《关税与贸易总协定》(General Agreement on Tariff and Trade，简称 GATT)正式生效。

关税与贸易总协定从 1948 年 1 月 1 日开始实施到 1995 年 12 月 31 日正式退出历史舞台，共存续了 48 年。48 年间，关税与贸易总协定促进了国际贸易的发展和贸易规模的扩大；缓和了各缔约方之间的贸易摩擦和矛盾；形成了一套国际贸易政策和措施的规章；为发展中国家对外贸易的开展提供了一定的便利。但是，由于关税与贸易总协定产生背景的特殊性，其发展过程中不可避免地存在一些局限。随着国际经济的不断发展，其本身难以克服的局限性日益突出，已经不能适应国际贸易和世界经济的发展。

早在 20 世纪 50 年代后期，联合国经社理事会曾提出在联合国主持下建立国际贸易组织的构想。60 年代前期，第一届联合国贸发会议审查了建立国际贸易组织的可能性。70 ~ 80 年代，联合国有关机构和国际贸易学术界一直非常关注成立国际贸易组织问题，并提出了一系列构想。

1986 年开始的乌拉圭回合谈判涉及传统货物贸易以外的知识产权保护、服务贸易以及与贸易有关的投资措施等新议题，这些新议题很难在关税与贸易总协定的旧框架内来谈判，因此有必要创立一个正式的国际贸易组织。

1990 年年初，时任欧共体轮值主席国的意大利提出建立一个多边贸易组织的倡议，这个倡议后来以 12 个成员方的名义向乌拉圭回合体制职能谈判小组正式提出，得到美国、加拿大等主要西方大国的支持。同年 12 月召开的乌拉圭回合布鲁塞尔部长会议做出决定，责成体制职能小组负责“多边贸易组织协议”的谈判。体制职能小组经过一年的紧张谈判，于 1991 年 12 月形成一份“关于建立多边贸易组织的协议草案”，该协议草案经过两年的修改和完善，最终于 1993 年 11 月定为《建立多边贸易组织的协议》。其后根据美国的建议，把“多边贸易组织”(MTO)一词改为“世界贸易组织”(WTO)。《建立世界贸易组织协定》于 1994 年 4 月 15 日在摩洛哥的马拉喀什部长会议上获得通过，世界贸易组织宣告成立，并于1995年1月1日开始运作，从而结束了40多年关贸总协定临时适用的历史。

二、关税与贸易总协定和世界贸易组织的区别

世界贸易组织继承和维护了关税与贸易总协定形成的多边贸易体制，但世界贸易组织不是关税与贸易总协定的简单扩大，两者有以下区别：

第一，世界贸易组织是一个具有法人资格的、永久的、正式的国际组织。世界贸易组织协定要求各国代表在草签后，还须通过立法程序，经本国立法机构批准，才能生效，因此具有法律的权威性；关税与贸易总协定是通过行政程序，由有关国家的行政部门签订的一项临时性的协定，并未经过签字国立法机构的批准，因此只是一个政府间的行政协议。

第二，世界贸易组织的管辖范围更广泛。世界贸易组织的多边贸易体制，不仅包括货物贸易规则，而且还包括服务贸易的国际规则、与贸易有关的知识产权保护的国际规则，以及与贸易有关的国际投资规则；关税与贸易总协定的多边贸易体制及其所制定的规则只适用于货物贸易，而且在实施中，农产品贸易、纺织品和服装贸易又脱离了其管辖。

第三，世界贸易组织的成员承担的义务更具统一性。世界贸易组织要求缔约方必须无选择地以"一揽子"方式签署乌拉圭回合达成的所有多边协议，从而加强了缔约方的权利和义务的统一性和约束性，维护了多边贸易体制的完整性；关税与贸易总协定的许多协议，缔约方是可以选择签署的，因而各缔约方的权利和义务往往不尽平衡。

第四，世界贸易组织以法律形式确立了争端解决机制的权威性。世界贸易组织规定，只要不是全体成员完全一致反对争端解决机构提出的裁决，即视为全体通过，同时规定了解决争端的时间表，使其效率大大提高；在关税与贸易总协定体制中，只要有一个缔约方反对争端解决机构提出的裁决报告，关税与贸易总协定就不能对争端做出裁决，从而削弱了争端解决机制的权威性和有效性。

三、世界贸易组织的准入程序

世界贸易组织的成员分为创始成员方和加入成员方两种。凡在1995年1月1日《建立世界贸易组织协定》生效之日已经是1947年关贸总协定的缔约方，接受《建立世界贸易组织协定》和多边贸易协议，签署参加、一揽子接受乌拉

圭回合所有协议,在乌拉圭回合中做出关税、非关税减让以及服务贸易减让的成员国称为世贸组织的创始成员方。任何主权国家和拥有完全自主权的独立关税区,按其与世贸组织达成的条件,就可成为世贸组织的加入成员方。截至2011年年底,世贸组织共有156个成员。

世贸组织是一个开放性的国际组织,一国或地区要成为世贸组织的成员方,一般经过以下程序。

(一)提出加入申请

申请加入国或单独关税区的政府,要向世贸组织提出正式申请。在提出申请时,需对其有关的贸易和经济政策以备忘录的形式加以全面说明,同时对世贸组织的提问进行解释和答疑。

(二)工作组审议

由世贸组织工作组对提出申请国的贸易体制进行审议,确定申请国的贸易体制是否符合世贸组织的基本原则与规则。

(三)全面谈判

当工作组在审议原则和政策方面取得足够进展时,申请加入国要和世贸组织所有成员方进行一对一的谈判。任何双边谈判中达成的协议内容都将按非歧视原则自动地适用到其他世贸组织的成员方。同时谈判成果将汇编成一份文件,成为加入文件包的一部分。

(四)完成加入条件

当所有谈判完成并且所有工作组成员都满意之后,便会准备一份最终的“加入文件包”,在工作组最后一次会议上采用。文件包的内容包括:一份总结了加入条件和进程的工作组报告;一份加入草案以及申请国和其他成员方达成的商品和服务市场准入逐步实现的日程表。

(五)通过

“加入文件包”提交世贸组织总理事会或部长级会议审核并表决,若有2/3的成员投票支持,申请国就可签署议定书,成为正式的成员方。

另外,任何成员方都可以退出世贸组织,但这种退出必须在世贸组织总干事收到退出的书面通知之日起6个月后才能生效。

四、世界贸易组织的职能及基本原则

（一）世界贸易组织的职能

《建立世界贸易组织协定》赋予世界贸易组织如下职能：

1. 促进世界贸易组织目标的实现，监督和管理其统辖范围内的各项协议的贯彻实施。

2. 组织实施各项多边贸易协议，为各成员方提供多边贸易谈判的场所，按争端解决规则与程序，主持解决各成员方之间的贸易纠纷。

3. 按照有关贸易政策审议机制，负责定期审议各成员方的贸易制度和与贸易相关的国内经济政策。

4. 协调与国际货币基金组织和世界银行的关系，以保障全球经济决策的一致性。

5. 编写年度世界贸易报告和举办世界经济贸易研讨会。

6. 向发展中国家和转型经济国家提供必要的技术援助。

（二）世界贸易组织的基本原则

世界贸易组织取代关税与贸易总协定以后，继承了关税与贸易总协定的基本原则，同时又对其进行了发展和完善。世界贸易组织的基本原则有：非歧视原则、贸易自由化原则、透明度原则、市场准入原则、公平贸易原则、允许例外和保障措施原则、发展中国家优惠待遇原则。

1. 非歧视原则。非歧视原则是通过最惠国待遇、国民待遇、互惠待遇条款体现的，它要求缔约方在实施某种优惠或限制措施时，不得对其他缔约方实施歧视待遇。该原则是世界贸易组织保障成员方之间平等地位的重要原则，被誉为世贸组织规则的“基石”。

2. 贸易自由化原则。贸易自由化原则是指成员方通过多边贸易谈判，消减关税和减少其他贸易壁垒，消除国际贸易中的歧视待遇，提高本国市场准入的程度。贸易自由化原则主要通过关税减让原则和禁止数量限制原则来实现。

关税减让原则是指通过谈判消减并尽可能消除关税壁垒。关税减让以互利互惠原则为基础，目的是降低成员方进出口关税的总体水平，推动国际贸易的发展。禁止数量限制原则是指成员方在实行规则许可的贸易保护措施时，除了为稳定农产品市场、改善国际收支、促进发展中国家经济发展的需要外，禁止实行数量限制，只许采用关税手段。之所以允许各成员方以合理的关税保护国内市场，是因为关税主要影响价格，透明度高，谈判比较容易，而且比较易执行非歧视原则，有利于市场经济的发展。

3. 透明度原则。透明度原则是指成员方应公布所制定和实施的贸易措施及其变化情况（如修改、增补或废除等），没有公布的不得实施；同时还应将这些贸易措施及其变化情况及时通知世界贸易组织；成员方所参加的有关影响国际贸易政策的国际协议，也在公布和通知之列。另外，各成员方所实施的有关影响贸易的政策、法令、条例应做到全国统一。

4. 市场准入原则。市场准入是指一成员方允许另一成员方的货物、劳动与资本参与本国市场的程度。市场准入原则旨在通过增强各成员方对外贸易体制的透明度，减少和取消关税、数量限制和其他各种强制性限制市场进入的非关税壁垒，通过各成员方对开放本国特定市场所做的具体承诺，使各成员方在一定的期限内逐步扩大市场开放的领域，以保证各成员方的商品、资本和服务可以在世界市场上公平自由竞争。

5. 公平贸易原则。公平贸易原则是指为维护国际贸易中的公平竞争秩序，各成员方要承诺遵守国际贸易规则，避免采取扭曲市场竞争的措施，创造和维护国际贸易中公开、公平和公正的市场竞争环境。这个原则具体体现在互利互惠原则和公平竞争原则上。

互利互惠原则是指世贸组织各成员方之间相互给予对方贸易上的优惠待遇，任一成员方在享受其他成员方的优惠待遇时，必须给其他成员方以对等的优惠待遇。公平竞争原则是指通过消除各成员方对贸易活动的人为干预及其带来的扭曲，维护自由市场原则，促进各成员方之间的公平竞争。

6. 允许例外和保障措施原则。允许例外和保障措施原则是指在某些特殊的条件下，允许成员方不承担或不履行已承诺的义务，对进口采取紧急保障措施，如提高关税、实施数量限制等。该原则主要考虑各成员方经济发展水平的差异，以及减少经济发展中突发因素带来的破坏作用。允许例外和保障措施原则在适用的条件、手段和期限等方面都有严格的约束：它的实施要求遵循规定的程序；实施保障措施之前的调查要公开化；保障措施要在非歧视的基础上实施，只针对产品而不论其来源；实施保障措施的成员方，应与受影响的成员方谈判补偿问题，若谈判未达成协议，则受影响的成员方可根据有关规定采取对等报复措施；进口成员方采取的临时性保障措施不应超过200天，而且必须提供明确证据等。

7. 发展中国家优惠待遇原则。发展中国家优惠待遇原则是指对发展中国家经济与贸易方面实行关税和其他特殊优待。发展中国家优惠待遇原则具体体现在:

(1)允许发展中国家用较长时间履行义务或有较长的过渡期。如在关税减让和取消数量限制措施方面,发达国家的过渡期为5~6年,而发展中国家可以为8~10年。

(2)允许发展中国家在履行义务时有较大的灵活性。如农产品协议规定原则上取消、禁止使用进口数量限制,但在特定的条件下,发展中国家可以实施进口数量限制,时间可长达10年之久。

(3)发展中国家在履行某些义务时,发达国家应当提供资金和技术援助。如在海关措施、环境保护方面。

五、世界贸易组织的组织机构和运行机制

(一)世界贸易组织的组织机构

根据《建立世界贸易组织协定》的规定,世界贸易组织建立了如下组织机构:部长会议是最高决策权力机构,其下设总理事会和秘书处。总理事会下设货物贸易、服务贸易、知识产权三个理事会和若干负责处理相关事宜的专门委员会,如贸易与环境委员会、贸易与发展委员会等。总理事会还下设有争端解决机构和贸易政策审议机构。在三个理事会下按照需要设有处理相关事宜的次一级的专门委员会。

1. 部长会议。部长会议是世贸组织的最高决策机构,由世贸组织成员方的部长组成,至少每两年召开一次会议,对世贸组织管辖的重大问题做出决定。部长会议具有广泛的权利,如立法权、争议裁决的准司法权、豁免某个成员在特定情况下的义务权,以及新申请加入方的表决权。

2. 总理事会。总理事会由所有成员方的代表组成,定期召开会议,在部长会议休会期间,行使部长会议的职权。总理事会负责世贸组织的日常事务,负责监督各项协议和部长会议所做决定的贯彻执行,处理世贸组织的重要紧急事务,履行贸易争端解决和各成员方贸易政策审议的职责。

3. 理事会和委员会。总理事会下设的货物贸易理事会负责各项货物贸易协议的贯彻执行;服务贸易理事会负责监督服务贸易总协定的贯彻执行;知识

产权理事会负责监督与贸易有关的知识产权协议的贯彻执行。总理事会下设的贸易与环境委员会、贸易与发展委员会、国际收支限制委员会等,执行由世贸组织协议和多边贸易协议赋予的职能,执行总理事会赋予的各项职能。

另外,总理事会下设的争端解决机构由上诉机构和争端解决专家组成。它主要负责世界贸易组织争端解决机制的运行,处理各成员之间的贸易争端。总理事会下设的贸易政策审议机构则主要负责定期审议各成员的贸易政策、法律与各项具体措施,并依据各项协议与协定给出指导。

4. 次一级的专门委员会。三个理事会下按需要设立的次一级的专门委员会,负责处理有关方面的专门问题和监督相关协议的执行。如货物贸易理事会下设市场准入委员会、补贴和反补贴措施委员会、海关估价委员会等。

5. 秘书处。世界贸易组织的秘书处设在日内瓦,负责处理日常工作。秘书处由部长会议任命的总干事领导。总干事的权利、职责、服务条件和任期由部长会议通过规则确定,一般任期为4年,可以连任。

为了支持上述机构的运作,世界贸易组织每年预算约为8 300万美元,这些预算金额,以其成员在世界贸易总额中所占份额为基础进行计算并由各成员分别支付。

(二)世界贸易组织的运行机制

1. 决策机制。世界贸易组织的决策机制是指世界贸易组织对有关事项在通过决议、规章、规则或决定等法律文件时应遵循的程序规则。在部长会议和总理事会上,每个世界贸易组织成员均有而且只有一票投票权,并且任何一个成员方都没有否决权。这是世界贸易组织同联合国、国际货币基金组织和世界银行决策机制的根本区别。这一机制保证了世界贸易组织的决策不受少数国家特别是大国意志的左右。

按照世界贸易组织的规定,在决策时首先适用协商一致原则,不能达成协商一致的实行多数票规则,具体有简单多数规则、2/3 多数通过规则、3/4 通过原则。对世界贸易组织决策的修改等实行必须接受规则。另外,为适应争端解决机制的需要,还实行反向一致规则,即只要不是有权投票者全体一致对有关事项进行否定,就视为全体一致同意。

2. 争端解决机制。世界贸易组织争端解决机制的程序和规则包括以下方面:

(1)磋商。某一成员方认为另一成员方的贸易措施影响了其利益时,可以提出书面磋商申请,在30天内(紧急情况下10天内)双方必须开始协商,如60天后没有得到解决,申请磋商一方可要求成立专家小组。世界贸易组织的争端解决机构在接到申请后的第二次会议上必须做出同意或不同意的决定,只有当争端解决机构全体反对时,专家小组才不能成立。

(2)斡旋、调解和调停。当另一个成员方收到磋商请求后,双方中的任何一方可以要求第三方进行斡旋、调解和调停。此程序是各当事方同意且自愿选择的程序,不影响任何一方采取进一步程序的权利。

(3)成立专家小组。专家小组由世界贸易组织秘书处向争端双方推荐的3~5名在国际贸易领域具有丰富经验的资深政府和非政府人员组成。专家小组按有关规定所授予的职权接管案件后,应在6个月内做出裁决,如遇紧急情况,则应在3个月内完成,最长不得超过9个月。最终报告送交争端解决机构后,通常在60天内对该报告做出通过或否决的决定。

(4)上诉审议。当争端一方对专家小组的报告持有异议时,可以上诉。在争端解决机构内有常设的由世界贸易组织成员方的代表组成的7人受理上诉团。该团在最多不超过90天内复审完毕,将结果予以公布并送交争端解决机构审核,该机构在30天内做出同意或否决复审结果的决定。

(5)对执行建议和裁决的监督。专家小组或上诉机构的报告或建议,在争端解决机构通过后的30天内,有关成员应通知争端解决机构其执行建议或裁决的意向。如有一方不愿遵照执行,则可商定一个双方都能接受的补偿办法。如20天后补偿办法没有达成,投诉方可申请争端解决机构授权,对另一方中止履行已承诺的义务。如另一方反对,就提请仲裁,即由原来的专家小组仲裁,也可由世界贸易组织总干事所指定的小组仲裁。仲裁要在60天内完成,仲裁结果具有终局性,即不得再上诉并必须遵照执行。

3. 贸易政策评审机制。为了解成员方遵守和实施多边协议的情况,了解成员方的贸易政策以及实施情况,把握成员方贸易政策的变动情况,世界贸易组织对成员方的贸易政策实行定期评审制度。世界贸易组织的总理事会是贸易政策评审机构。对各成员方贸易政策评审的频率取决于该成员方在国际贸易中的重要性,一般用其在国际贸易中所占比例来测定,有两年评审一次的,有四年评审一次的,也有六年评审一次的。评审结束后,总理事会公布相关结果。

六、多边贸易谈判的进程

关贸总协定以及世贸组织的发展主要是通过一系列的贸易谈判成果体现

的。关贸总协定从1947～1994年先后主持完成了8个回合的多边贸易谈判。世贸组织建立后，主持了第九轮多边贸易谈判，该谈判尚未完成。

关贸总协定第一轮谈判于1947年4月至10月在瑞士日内瓦举行，参加国23个，包括中国。谈判取得的主要成果是达成了123项双边关税减让协议，涉及的产品达4.5万多项，占世界贸易额的1/5，使占应税进口值54%的商品平均降低关税35%。

关贸总协定第二轮谈判于1949年4月至10月在法国的安纳西举行，参加国33个，谈判取得的主要成果是达成了147项双边协议，涉及5 000项商品的关税减让，使占应税进口值5.6%的商品平均降低关税35%。

关贸总协定第三轮谈判于1950年9月至1951年4月在英国的托奎举行，参加国39个，谈判取得的主要成果是达成了150项双边协议，涉及近8 700项商品的关税减让，使占应税进口值11.7%的商品平均降低关税26%。

关贸总协定第四轮谈判于1956年1月至5月在瑞士日内瓦举行，参加国28个，谈判取得的主要成果是达成3 000多项商品的关税减让，使占应税进口值16%的商品平均降低关税15%。

关贸总协定第五轮谈判于1960年9月至1962年7月在瑞士日内瓦举行，参加国45个，因为发动本轮谈判的是美国副国务卿道格拉斯·狄龙，所以此次谈判史称"狄龙回合"。谈判取得的主要成果是达成4 400多项商品的关税减让，使占应税进口值20%的商品平均降低关税20%。

关贸总协定第六轮谈判于1964年5月至1967年6月在瑞士日内瓦举行，参加国54个。由于该轮谈判是当时美国总统肯尼迪根据《1962年美国贸易扩大法》提议举行的，所以此次谈判也称"肯尼迪回合"。这次谈判确定了削减关税采取"一刀切"的办法，在OECD成员间工业品的进口关税平均下降35%，涉及商品30 000多项、60 000多种；谈判内容第一次涉及削减非关税壁垒，并通过了第一个反倾销协议；同时新增"贸易与发展"条款，规定了给予发展中缔约方的特殊优惠待遇。

关贸总协定第七轮谈判于1973年9月至1979年4月先在日本东京后移至瑞士日内瓦举行，史称"东京回合"，有102个国家参加谈判，取得的主要成果是：从1980年1月1日起，8年之内，全部商品的关税平均下降35%，减税的范围从工业品扩大到农产品，但不包括纺织品、鞋类、皮革制品等劳动密集型产品；这次谈判共达成了9项协议，其中有涉及海关估价、补贴与反补贴、政府采购、进口许可证程序、贸易的技术壁垒和反倾销方面的 6 项非关税措施协议,3 项专门商品贸易协议;同时还允许发达缔约方给予发展中缔约方普遍优惠待遇。

关贸总协定第八轮谈判于 1986 年 9 月至 1994 年 4 月在乌拉圭埃斯特角城举行,称为“乌拉圭回合”。此次谈判取得的成果主要有:达成了涉及关税、非关税措施、热带产品、自然资源产品、原产地规则、装船前检验、反倾销、补贴和反补贴、技术性贸易壁垒、进口许可证程序、海关估价、政府采购、农产品贸易、纺织品和服装、保障条款、统一的争端解决制度、总协定体制的运行、与贸易有关的投资措施、与贸易有关的知识产权、服务贸易、国有贸易、动植物检疫、贸易政策审议机制、民用航空器贸易、国际收支、奶制品贸易、牛肉贸易和世界贸易组织的共 28 个协议和协定;创立了世界贸易组织;发达国家和发展中国家平均降低关税 1/3;首次对与贸易有关的知识产权、投资措施和服务贸易进行谈判,并将 GATT 的基本原则延伸至服务贸易和知识产权领域;修订和完善了东京回合的许多守则。

世界贸易组织建立后,在 2001 年 11 月召开的第四次部长会议上,通过了《多哈部长宣言》,142 个成员方一致同意自 2002 年 1 月 31 日起到 2005 年启动新一轮多边贸易谈判,史称“多哈回合谈判”。多哈回合谈判的目标:抑制全球经济减缓下出现的贸易保护主义;加大贸易在促进经济发展和解除贫困方面的作用;处理最不发达国家的边缘化问题;理顺与区域贸易协定之间的关系,实现《建立世界贸易组织协定》的目标。此次谈判涉及农业、非农业市场准入、服务贸易、知识产权、贸易竞争规则、争端解决、贸易与环境、贸易和发展八个领域。其中,农业、服务贸易、非农产品市场准入是谈判中的焦点议题。多哈回合谈判开启以来,由于争议众多,而且各个成员方都不愿意做出实质性的让步,所以进展非常缓慢。世界贸易组织总干事拉米表示,多哈回合 80% 的问题已解决,如今剩下一小部分最艰难的问题有待攻克。到目前为止,多哈回合的主要谈判情况如表 2-1 所示:

表 2-1 多哈回合谈判情况

议题	已达成的部分协议内容	未达成的协议内容
农业出口补贴	发达国家成员 2013 年年底前平行取消所有农业出口补贴以及与出口补贴具有同等效果的所有支持出口的措施。发展中国家成员可以有过渡期	非直接补贴的衡量等
国内支持	根据国内支持水平的高低把 WTO 成员方划分为三类	国内支持的削减程度等

续表

议题	已达成的部分协议内容	未达成的协议内容
农产品的市场准入	采用四级结构性关税削减方式，允许发展中成员在确定敏感性特别商品上有灵活性	农产品关税的削减程度、“敏感”和“特殊”产品的范围
非农产品的市场准入	采用多个系数的瑞士公式削减非农产品的关税，发达国家成员和发展中国家成员采用不同的系数	关键系数的确定以及发展中成员拥有的灵活度
服务	达成了有关服务贸易的部分谈判路线	发展中成员要求发达成员接受更多的暂时服务劳动力；欧盟要求发展中成员给出服务自由化的时间表
发展问题	发达成员和自愿实行的发展中成员在2008年前对原产于最不发达国家所有税目产品实行免关税、免配额的市场准入待遇	对最不发达成员特殊待遇的措施
棉花	发达成员在2006年取消所有棉花的出口补贴，给予最不发达成员无限制的市场准入	美国对棉花种植补贴40亿美元的削减

案例与分析

韩国酒税案

一、案例介绍

韩国酒税法规定：对国内烧酒征35%的税，而对进口的蒸馏酒威士忌、伏特加、朗姆酒等征100%的税。欧盟和美国认为韩国违背了国内税的国民待遇条款，于是向世贸组织争端解决机构提出申诉。欧盟和美国会胜诉吗？

二、案例分析

本案的关键是确定威士忌、伏特加等蒸馏酒和韩国的烧酒是否为相同产品。按照关贸总协定的规定，国民待遇原则适用于相同产品。如果不是相同产品，理所当然应征收不同的关税。关贸总协定的国民待遇原则要求成员方在征收税费时，不应对国内生产提供保护。这里“国内生产”一词不仅指国内同类产品，也包括与进口产品直接竞争或可替代进口产品的国内产品。本案中对于韩国的烧酒而言，进口的威士忌和伏特加等酒就是所谓的“竞争产品或可替代产品”。因此，韩国的这种征税方法对国内烧酒生产提供了保护，而对进口威士忌等酒类产品造成了歧视。对“同类产品”和“竞争产品或可替代产品”的含义一直存有争议，一般世贸组织争端解决专家组根据产品的物理特征、在特定市场上的最终用途、消费者的偏好和习惯，以及产品的性能、性质及质量来进行认定。本案最终裁定欧盟和美国胜诉。

思考练习题

思考题

1. 世界贸易组织与1947年的关税与贸易总协定有何区别？
2. 世界贸易组织的基本原则有哪些？其具体含义是什么？
3. 世界贸易组织是如何解决成员方之间的贸易争端的？

练习题

一、判断题

1. 贸易条约和协定的签署可以不受国际法规的约束。(　　)
2. 关贸总协定与世界贸易组织在法律上都是正式的国际组织。(　　)
3. 专家小组审案期限一般不超过6个月，最长不超过9个月，遇紧急情况，专家小组应在3个月内向争端当事方提交报告。(　　)
4. 最惠国条款给予某些国家同盟国才能享受到的最优关税待遇。(　　)
5. 非成员国加入世界贸易组织须经部长会议的三分之一通过。(　　)

二、单项选择题

1. 世贸组织争端解决机构在接到申请后的(　　)会议上必须决定。

   A. 第一次　　B. 第二次　　C. 第三次　　D. 全体会议

2. 世界贸易组织的最高权力机关和决策机构是(　　)。

   A. 总理事会　　B. 部长会议　　C. 秘书处　　D. 争端解决机构

3. 非歧视原则是通过最惠国待遇和(　　)原则来体现的。

   A. 国民待遇　　B. 公平竞争　　C. 关税减让　　D. 贸易自由化

4. 世界贸易组织各项规则的基石是(　　)。

A. 自由贸易原则　　　　　　　　B. 公平贸易原则

C. 透明度原则　　　　　　　　　D. 非歧视原则

5. 创立世界贸易组织的是(　　)回合。

A. 东京　　B. 狄龙　　C. 肯尼迪　　D. 乌拉圭

三、多项选择题

1. 下列关于贸易条约和协定说法正确的是(　　)。

A. 贸易条约和协定是国与国之间发生贸易往来的前提条件

B. 贸易条约和协定有双边和多边之分

C. 贸易条约和协定只能由政府出面签订

D. 贸易条约和协定反映缔约国对外政策的要求

2. 关于世界贸易组织,下列说法正确的是(　　)。

A. 世界贸易组织是正式的国际组织

B. 世界贸易组织是非正式的国际组织

C. 世界贸易组织是联合国下属的国际机构

D. 世界贸易组织是永久性的国际组织

E. 世界贸易组织是临时性的国际组织

3. 与关贸总协定相比,世贸组织将(　　)纳入管辖范围。

A. 农产品贸易　B. 服务贸易　　C. 纺织品贸易

D. 与贸易有关的知识产权领域　E. 与贸易有关的投资措施领域

4. 下列权利中不适用国民待遇条款的是(　　)。

A. 发明专利权　B. 著作权　　　C. 领海捕鱼权　D. 购买土地权

5. 贸易条约与协定的种类有(　　)。

A. 通商航海条约　B. 国际贸易协定　C. 国际贸易议定书

D. 国际支付协定　E. 国际商品协定　F. 商品综合方案

四、问答题

1. 如果中国与美国在无缝钢管问题上发生了贸易冲突与争端,按照 WTO 的有关规则,你认为合理解决此类争端的具体方法及程序有哪些?

2. 如何理解中国与世贸组织的关系?

第二部分　理论篇

第三章 自由贸易理论

学习目标和要求

自由贸易理论是国际贸易理论的重要组成部分。本章的学习要点是自由贸易理论中的几个代表性理论：比较优势论、要素禀赋论、产品生命周期论、需求偏好相似论、产业内贸易论以及国家竞争优势论。通过本章学习，要求学生了解自由贸易理论的推进过程，掌握上述各理论的具体内容，把握其精髓，并且能够运用所学理论对当代国际贸易问题进行分析。

引导案例

英国《谷物法》的废除

1815 年英法战争刚刚结束，在粮食问题上高度敏感的英国就颁布了《谷物法》，目的是通过保护国内农业来加强粮食安全。《谷物法》实施之后英国谷价高涨，地租猛增，地主贵族成为主要受益者，而工厂企业主却难以压低工资，利润受到影响。当时在英国围绕着《谷物法》存在着两种观点的激烈辩论：一种观点的代表人物是马尔萨斯，他从国家安全与稳定的角度出发，认为英国必须对农业实施适度保护；另一种观点的代表人物是李嘉图，他认为国家繁荣的保障是能够获得丰厚的利润，而《谷物法》限制了谷物的自由进口，导致谷价上涨，谷价上涨又会刺激工资上涨，缩小利润空间，进而影响国家繁荣，为了解决谷价上涨与利润下降之间的矛盾，只有采取自由贸易政策，让外国的粮食可以顺利地进入存在粮食缺口的英国以平抑谷价，才能确保利润增长和国家繁荣。围绕《谷物法》的争论在英国持续了多年，1846 年英国废除了《谷物法》，这场论战以李嘉图的胜利而告终。

上例中李嘉图的观点之所以被人们接受，是因为自由贸易可以使人们用低廉的价格获得所需商品，这样工资就会下降，利润就会提高。对外贸易不仅能够增加一定收入下所能购买的商品的数量和种类,而且能够促进资本的积累。自由贸易理论的主要观点是什么?它是如何发展丰富的?这一章的学习将使我们领略自由贸易理论的精髓。

第一节　绝对优势论与相对优势论

一、绝对优势论

绝对优势论是由英国经济学家亚当·斯密(Adam Smith)提出的。亚当·斯密是西方古典经济学的主要奠基人之一,也是国际分工理论及古典国际贸易理论的创始者。1776年,亚当·斯密的代表作《国民财富的性质和原因的研究》(简称《国富论》)出版,奠定了古典政治经济学理论体系。在这本书中,亚当·斯密提出了自由的市场经济思想,在贸易理论方面倡导以绝对优势为基础的自由贸易。

(一)绝对优势论产生的背景

18世纪60年代,英国发生了产业革命,新兴的资产阶级迫切要求在国民经济各个领域迅速发展资本主义,但却受到资本原始积累时期建立起来的重商主义政策体系的束缚。重商主义提倡的极端保护主义从根本上阻碍了对外贸易的扩大,阻碍了资本主义大工业的发展。为了从海外市场获得更多廉价原料并销售其产品,新兴资产阶级迫切要求实行自由贸易。于是一些资产阶级思想家开始探寻对外贸易与经济发展的内在联系,试图从理论上说明自由贸易对经济发展的好处。斯密站在新兴资产阶级的立场上,批判了重商主义,在国际分工和国际贸易方面,提出了主张自由贸易的绝对优势论。

(二)绝对优势论的主要内容

斯密认为分工是经济进步的唯一原因,分工可以提高劳动生产率,分工的原则是各自集中生产具有优势的产品。斯密认为由于世界各国的自然禀赋和后天的有利条件不同,所以就为国际分工创造了条件。每一个国家都有其绝对优势产品,即该产品的生产成本绝对低于其他贸易国家的成本。如果每个国家都按其绝对有利的生产条件去进行专业化生产,然后彼此进行交换,则对所有交换国家都有利。因为这会使各国的资源、劳动力和资本得到最有效的利用，大大提高劳动生产率和增加物质财富。所以，斯密指出各国因自然禀赋和后天有利条件的不同而形成的商品成本的绝对差异是国际贸易发生的原因。

斯密认为，既然贸易双方都具有不同的绝对优势，那么自由贸易会让双方都获取贸易利益。在自由贸易条件下，贸易双方的资本和劳动力会从生产能力低的行业转移到生产能力高的出口行业中去，实现资源的有效配置，提高劳动生产率，使商品的生产数量增加，通过贸易，双方的消费量也会增加，从而使双方都得到好处。

斯密借助下面的例子来说明绝对优势论。

假定在国际分工之前，英国和葡萄牙都生产毛呢和酒，其中：葡萄牙生产一单位毛呢需要耗费110个单位的劳动，生产一单位酒需要耗费80个单位的劳动；英国生产一单位毛呢需要耗费70个单位的劳动，生产一单位酒需要耗费120个单位的劳动。各自的生产情况如表3－1所示。

表3－1　分工前两国的生产情况

国家	葡萄酒产量/单位	所需劳动人数/（人·年）	毛呢产量/单位	所需劳动人数/（人·年）
葡萄牙	1	80	1	110
英国	1	120	1	70

从表中可以清楚地看出，同样生产一单位毛呢，英国只需70个单位劳动，而葡萄牙却需要110个单位劳动，英国的生产成本比葡萄牙低，处于一种绝对优势。同理，在酒的生产上，葡萄牙处于绝对优势。当两国按绝对优势进行国际分工并进行交换后，情况就不一样了。

假如英国用毛呢按1:1的比例与葡萄牙交换酒，则分工后和交换后的情况分别如表3－2和表3－3所示。

表3－2　分工后两国的生产情况

国家	葡萄酒产量/单位	所需劳动人数/（人·年）	毛呢产量/单位	所需劳动人数/（人·年）
葡萄牙	(110+80)/80=2.375	80+110=190	-	-
英国	-	-	(120+70)/70=2.7	120+70=190

表 3-3　交换后两国拥有产品的情况

国家	葡萄酒产量/单位	毛呢产量/单位
葡萄牙	1.375	1
英国	1	1.7

可以看出,葡萄牙和英国在不增加劳动投入的情况下,通过分工和交换,财富总量增加了,葡萄牙多了 0.375 单位的酒,英国多了 0.7 单位的毛呢。世界的财富总量也因此增加了。

斯密的绝对优势理论以及以此为基础的自由贸易理论,在资本主义上升时期成为英国资产阶级反对封建残余、发展资本主义的有力武器。特别是他的分工理论对于提高劳动生产率和促进国际贸易有着巨大的意义。但是,他的绝对优势理论只能说明现在国际贸易中的一小部分交易,未能解释一国在各部门均无绝对优势的情况下如何开展贸易,因而不具有一般性。

二、相对优势论

相对优势论是由英国经济学家大卫·李嘉图(David Ricardo)提出的。李嘉图也是资产阶级经济学古典学派的主要奠基人之一,其代表作是《政治经济学及赋税原理》。李嘉图的相对优势论继承和发展了斯密的绝对优势论,弥补了绝对优势论中存在的一些缺陷,支持了自由贸易理论和政策。

(一)相对优势论产生的背景

1815 年英国政府为维护土地贵族阶级利益而修订实行了《谷物法》。《谷物法》颁布后,英国粮价上涨,地租猛增,这对地主贵族有利,却严重地损害了工业资产阶级的利益。昂贵的谷物,使工人货币工资被迫提高,产品成本增加,资本家利润减少,削弱了英国工业品的竞争能力;同时,昂贵的谷物,也扩大了英国各阶层的购粮开支,减少了对工业品的消费。《谷物法》还招致外国以高关税阻止英国工业品对他们的出口。为了废除《谷物法》,英国工业资产阶级迫切需要找到谷物自由贸易的理论依据,大卫·李嘉图站在了工业资产阶级一边,提出了著名的以自由贸易为前提的相对优势理论。

(二)相对优势论的主要内容

根据斯密的观点,一个国家输出的商品一定是在生产上具有绝对优势、生产成本绝对低于他国的商品。即在两个国家、两种商品的贸易模式里，贸易双方必须各有一种具有绝对优势的商品。但是如果一个国家在所有产品的生产上比另一个国家都处于劣势时，那么双方还会发生贸易吗？斯密没有回答这个问题，而这正是李嘉图的相对优势论要解决的问题。李嘉图认为，一国在两种商品生产上较另一国均处于绝对劣势，但只要处于劣势的国家在两种商品生产上劣势的程度不同，处于优势的国家在两种商品生产上优势的程度不同，则处于劣势的国家在劣势较轻的商品生产方面就具有相对优势。在国际分工和国际贸易中，按照“两利取重，两害取轻”的原则，各国都集中力量生产那些利益较大或不利较小的商品，然后通过国际贸易使生产总量增加，形成互利互惠的国际分工和贸易。

为了说明相对优势论，李嘉图沿用了斯密的例子，但对条件做了一些变化。假定生产 1 单位毛呢，葡萄牙需要 90 人，英国需要 100 人；生产 1 单位的葡萄酒，葡萄牙需要 80 人，英国需要 120 人，如表 3－4 所示。

表 3－4　分工前两国的生产情况

国家	葡萄酒产量/单位	所需劳动人数/（人·年）	毛呢产量/单位	所需劳动人数/（人·年）
葡萄牙	1	80	1	90
英国	1	120	1	100

从葡萄牙方面看，两种商品的生产都比英国效率高、成本低，但是低的程度不同。毛呢的成本相当于英国的 90%（90/100），而酒的成本相当于英国的 67%（80/120）。可见，葡萄牙生产酒的效率相对更高些。

从英国方面看，两种商品的生产都比葡萄牙效率低、成本高，但是高的程度不同。毛呢的成本是葡萄牙的 1.1 倍（100/90），而酒的成本是葡萄牙的 1.5 倍（120/80）。可见，英国生产毛呢的效率相对高一些。

如果两国都生产具有相对优势的产品，即葡萄牙把全部劳动要素都投入到酒的生产上，英国把全部劳动要素都投入到毛呢的生产上，在两国劳动要素总量不变的情况下，会使两种产品的产量都得到增加，如表 3－5 所示。

表 3-5　分工后两国的生产情况

国家	葡萄酒产量/单位	所需劳动人数/（人·年）	毛呢产量/单位	所需劳动人数/（人·年）
葡萄牙	2.125(170/80)	170	–	–
英国	–	–	2.2(220/100)	220

如果两国按1:1的比例进行交换，双方都可以比分工前消费更多的商品，都获得利益，如表3-6所示。

表 3-6　交换后两国拥有产品的情况

国家	葡萄酒产量/单位	毛呢产量/单位
葡萄牙	1.125	1
英国	1	1.2

交换后英国拥有1单位葡萄酒和1.2单位毛呢，比分工之前同时生产两种产品多了0.2单位的毛呢。葡萄牙拥有1.125单位的葡萄酒和1单位的毛呢，比分工前同时生产两种商品多了0.125单位葡萄酒。

相对优势理论为当时英国新兴资产阶级的自由贸易主张提供了理论支持，为世界各国参与国际分工、发展对外贸易提供了理论依据。但该理论依然存在一些缺陷：第一，该理论属于静态分析结果，把多变的世界抽象成静态的，这不符合实际情况；第二，该理论建立在一系列的假设条件上，如假设市场是完全竞争的、假设所有的劳动都是同质的、假定没有技术进步的影响等，由于这一系列的假设条件不可能同时成立，所以相对优势论缺乏坚实的现实基础，难以对当代国际贸易中的许多现象做出解释。

第二节　要素禀赋论与里昂惕夫之谜

一、要素禀赋论

要素禀赋论是由瑞典经济学家埃利·赫克歇尔(Eli Heckscher)和他的学生贝蒂尔·俄林(Beltil Ohlin)共同创立的。1919年赫克歇尔发表了《对外贸易对收入分配的影响》一文，提出了要素禀赋论的基本论点。他的学生俄林采用了其主要观点，在1933年出版的《区际贸易与国际贸易》一书中，创立了较完整的要素禀赋论,使其成为重要的国际贸易学说。由于该理论凝结了赫克歇尔和俄林师生两人的研究成果,因此又称为赫克歇尔—俄林原理,简称赫—俄原理(H—O原理)。要素禀赋论用两种生产要素的理论代替了古典学派的单一生产要素的劳动价值理论,是现代国际贸易的新开端,也被称为新古典贸易理论。

(一)赫克歇尔—俄林原理产生的背景

1929~1931年,由于资本主义世界经历了历史上最严重的经济危机,贸易保护主义抬头,各国在加强对外销售商品的同时,提高进口关税,限制商品进口,这使国内市场狭小、对国外市场依赖很大的瑞典深感不安。在此背景下,俄林在《区际贸易和国际贸易》一书中,深入探讨了国际贸易产生的深层原因,指出自由贸易的重要性。

(二)赫克歇尔—俄林原理的主要内容

古典学派认为国际贸易发生的原因是各个国家在生产各种商品时劳动生产率有差异,而且各国劳动生产率及其差异都是固定不变的。俄林则在他的生产要素禀赋理论中,假定各个国家在生产商品时所使用的生产技术是一样的,因而排除了各国劳动生产率的差异。

赫克歇尔—俄林原理有狭义和广义之分。狭义的理论被称为生产要素比例学说,其主要观点是用不同国家生产要素的多少来解释国际分工和国际贸易发生的原因和一国的进出口贸易类型。广义的还包括生产要素价格均等化定理,该定理说明国际贸易不仅会使贸易各国的商品价格趋于均等化,而且还会使各国的生产要素价格趋于均等化。

生产要素比例学说的分析原理是,生产要素的相对供给决定其相对价格,而生产要素的相对价格决定商品的相对价格,商品的相对价格差异是国际贸易产生的主要原因。所以,一个国家应该生产和出口用本国丰裕要素生产的产品,因为丰裕要素的价格低,从而商品的价格也低,这样在对外贸易中就具有比较优势;相反地,一个国家如果生产那些需大量使用本国稀缺要素的产品,就会因生产要素价格高,商品价格也高,这样对出口就不利。

生产要素均等化定理认为,在两国实行分工和发生贸易以后,各自大量使用本国丰裕要素进行生产,从而使这类要素需求增大,价格日趋上升。同时,由于各自不断进口用本国稀缺要素生产的外国产品,从而使得本国稀缺要素需求下降,价格日趋降低。这样,随着国际商品的自由流动将会导致各国的要素价格均等化。

因此,赫克歇尔—俄林原理的要点可以概括为:

1. 区际贸易或国际贸易的直接原因是价格差别,即各个地区间或国家间商品价格不同。同一种商品在不同国家的价格不同,是由各国生产要素的禀赋不同造成的。所以要素禀赋的差异是国际贸易发生的根本原因。

2. 每个区域或国家利用它相对丰富的生产要素从事商品生产,就处于有利的地位,反之则处于不利的地位。因此,每个国家都应在国际分工和贸易体系中,生产和出口密集使用本国相对充裕的生产要素生产的产品,而进口用相对稀缺的生产要素生产的产品。

3. 自由贸易不仅会使各国商品价格趋于均等,而且也会使要素价格趋于均等。

需要指出的是,赫克歇尔—俄林虽然认为要素价格均等化是一种趋势,但并未对此进行论证。对此进行论证的是美国经济学家萨缪尔森,他的论证证明自由贸易导致要素价格均等化不仅是一种趋势,而且是一种必然。因为如果多种要素价格有差异,那么贸易仍将持续扩大和发展,这将会减少两国间的要素价格差异,直到两国国内各种商品的相对价格以及要素的相对价格完全均等化。

赫克歇尔—俄林的两种产品两种要素模型后来被西方经济学家拓展为多种商品多种要素模型,这些拓展并没有影响赫克歇尔—俄林理论的基本结论,使理论的应用范围更加广泛。另外,要素禀赋理论自提出后,引起经济学界的极大关注。这种关注体现在两个方面:一是对理论进行的拓展,其结果是提出了一系列基于要素禀赋理论的定理,如斯托尔珀—萨缪尔森定理、罗伯金斯基定理;另一个是对理论的验证,如我们将要在下一个问题介绍的里昂惕夫之谜。

1941 年,美国学者斯托尔珀和萨缪尔森分析了产品价格变化对要素价格变动的影响,指出:当要素可以在不同部门间流动时,一种产品相对价格的上升会使得生产该产品所密集使用的要素所有者获益,生产该产品不被密集使用的要素所有者受损。

1955 年英籍波兰经济学家罗伯金斯基研究了当一国的要素禀赋发生变化时其产出的相应变化,提出:在保持产品价格不变的情况下,某一要素禀赋的增加会导致密集使用此要素的产品产量增加,另一产品产量减少。

要素禀赋理论在国际分工和国际贸易理论的研究中占有重要位置:第一,它比李嘉图的比较优势理论更为深入地研究了国际贸易的发生和发展;第二,它正确地指出了生产要素在国际贸易中的地位,客观地反映了经济的实际情况;第三,在研究方法上,它从各国生产要素供给情况的不同出发,具体分析了国际分工的原因、贸易的格局和商品的结构。

但是要素禀赋论也具有明显的局限性:一是它无法解释现实中发达国家之间贸易迅速发展的实际情况;二是该理论建立在一系列假定条件的基础上,而这些假定条件都是静态的,忽视了它们的动态变化;三是把各国要素禀赋的差异作为国际分工和国际贸易发生的真正原因,忽视了生产力和科学技术进步的作用,掩盖了资本主义生产关系对国际分工和国际贸易的影响。

二、里昂惕夫之谜及其解释

(一)里昂惕夫之谜

华西里·里昂惕夫(Vassily W. Leontief)是美国著名经济学家,1973 年因其“投入—产出分析法”对经济学的杰出贡献,获得了诺贝尔经济学奖。要素禀赋论提出后,很快被人们广为接受,成为国际贸易理论的主流理论,同时也引起了经济学家们对其进行验证研究的兴趣。里昂惕夫对要素禀赋论确信无疑,1953 年,他把生产要素分为资本和劳动两种,运用“投入—产出分析法”对 1947 年美国 200 个行业的对外贸易商品结构进行分析,计算出每百万美元的出口商品和进口替代商品所使用的劳动和资本量,得出美国出口商品和进口替代商品中所含的资本和劳动的密集程度,计算结果如表 3-7 所示。

表 3-7 每百万美元的美国出口商品与进口替代品的要素含量

要素	出口商品	进口替代品
资本(美元)	2 550 780	3 091 339
劳动(人年)	182.313	170.004
资本/劳动	13 991	18 184

从表 3-7 中可以看出,里昂惕夫的研究结果表明,1947 年的美国平均每人进口替代商品的资本量与出口商品的资本量的比是 18 184/13 991 = 1.30,即美国进口替代品的资本密集程度反而高于出口商品的资本密集程度。1956 年,里昂惕夫用同样的方法又对美国 1951 年的贸易结构进行了一次检验,结果与 1947 年基本相同。

按照要素禀赋理论的基本原理,一个国家拥有较多的资本,就应该生产和输出资本密集型产品,而输入需要较多使用国内稀缺要素的产品。美国拥有大量的资本,而劳动的数量相对较少,因而在资本密集使用的产品生产上具有比较优势,而在劳动密集使用的产品生产上不具有比较优势。所以,美国应该出口资本密集型产品而进口国外劳动密集型的产品,但里昂惕夫的验证却与此相反。里昂惕夫发表其验证结果后,使西方经济学界大为震惊,一时成为学术界的不解之谜,被称为"里昂惕夫之谜"或"里昂惕夫反论"。

(二)对里昂惕夫之谜的各种解释

对于里昂惕夫之谜,西方经济学家们提出了各种各样的解释,并在一定程度上促进了战后西方的国际分工和国际贸易理论的发展。以下是比较有代表性的几种见解。

1. 劳动效率说。该学说最先由里昂惕夫自己提出,他认为美国对外贸易中出口劳动密集型、进口资本密集型产品的原因在于美国工人具有比其他国家工人更熟练的技术和更高的劳动生产率。他提出美国工人的劳动生产率大约是其他国家工人的三倍,如果按劳动生产率来衡量,美国就成为劳动要素相对丰富、资本要素相对稀缺的国家,所以,美国出口劳动密集型产品、进口资本密集型产品。对于里昂惕夫的解释,一些人士提出质疑,如美国经济学家克雷宁经过验证,认为美国工人的劳动生产率和欧洲工人相比最多高出1.2~1.5倍。

后来,美国经济学家基辛对这一问题进一步加以研究。他利用美国1960年的人口普查资料,将美国企业职工区分为熟练劳动和非熟练劳动两大类:熟练劳动包括科学家、工程师、厂长、技术员、制图员、机械工人、电工、办事员、推销员、其他专业人员和熟练的手工操作工人等;非熟练劳动指不熟练和半熟练工人。他根据熟练劳动和非熟练劳动的分类,对14个国家的进出口商品结构进行分析,得出资本要素丰裕的国家倾向于出口熟练劳动密集型商品、资本要素稀缺的国家倾向于出口非熟练劳动密集型商品的结论。他指出这表明发达国家在生产熟练劳动密集型商品方面具有比较优势,发展中国家在生产非熟练劳动密集型商品方面具有比较优势。因此,熟练劳动的不同是国际贸易发生和发展的一个重要原因。

2. 要素密集转化说。所谓要素密集转化(Factor Intensity Reversal)是指这样一种情形:某一特定商品,在劳动力相对充裕的国家属于劳动密集型产品,在资本相对充裕的国家则属于资本密集型产品。例如小麦在许多发展中国家是劳动密集型产品,而在美国却是资本密集型产品。这种解释的代表人物是罗纳德·琼斯(Ronald W. Jones),他认为,在H—O模型中,无论生产要素的价格比例实际如何,小麦总是以劳动要素密集型方法生产,这种假定是不现实的。

琼斯提出,美国进口的产品在美国可能属于资本密集型产品,但在国外却是以劳动密集型的方式进行生产。这样,从美国的角度来看,就会造成进口品以资本密集型为主的错觉。由此可以看出,只要在贸易商品结构中有要素密集转化现象的存在,一国就可能出现里昂惕夫之谜。但是后来经济学家们的研究证明,要素密集转化只是一种例外,并非普遍存在的现象。

3. 人力资本说。人力资本说是美国经济学者凯南、肯林等人提出的,他们用人力投资的差异来解释美国对外贸易商品结构符合要素禀赋原理。他们认为,劳动是不同质的,这种不同质表现在劳动生产率的差异上,这种差异是由劳动熟练程度所决定,而劳动熟练程度又取决于对劳动者的培训、教育等,它是一种投资的结果、是一种资本支出的产物。凯南认为,资本分为物质资本和人力资本。由于美国投入了较多的人力资本,所以美国出口产品含有较多的熟练技术劳动。如果把熟练技术劳动的收入高于简单劳动的部分算做资本并同物质资本相加,那么美国出口的仍然是资本密集型产品,这与H—O原理相符。

4. 自然资源说。美国学者瓦尼克认为,里昂惕夫是用劳动与资本两要素模型来分析的,未考虑其他生产要素,如矿物原料等各种自然资源。由于美国每年进出口原油、粗铜等自然资源占贸易总量的60%~70%,而这些产品的生产在美国需要高资本投入,里昂惕夫在验证时把这些产品划为资本密集型产品,所以无形中加大了美国对外贸易中的资本与劳动比率。后来人们在对美国贸易结构进行检验时,在投入—产出表中减去19种自然资源型产品,结果成功地解开了里昂惕夫之谜,取得了与要素禀赋理论一致的结果。

5. 市场不完全说。美国经济学家鲍德温提出"里昂惕夫之谜"产生的原因在于市场的不完善。里昂惕夫在计算中没有剔除美国关税和其他贸易限制措施的影响,由于美国的关税和非关税措施总是倾向于保护国内劳动密集型产业,阻止劳动密集型产品的进口,从而使劳动密集型产品的进口比重下降,资本密集型产品的进口比重相应上升。与此同时,美国的贸易政策倾向于鼓励劳动密集型产品的出口,也使得劳动密集型产品在出口中的比重上升。

里昂惕夫之谜对赫克歇尔—俄林原理的验证具有重大理论意义,它引发贸易理论的大讨论,推动了国际贸易理论的丰富和发展。里昂惕夫之谜也说明要素禀赋理论存在与实际不符的缺陷。由于里昂惕夫只考证了美国一个国家,其验证内容只涉及资本和劳动两个要素,从而使复杂的国际贸易过程过于简单化了。

第三节 产品生命周期论

产品生命周期论是由美国经济学家弗农从科学技术进步这一因素出发提出的贸易理论。这一理论将市场学中的产品生命周期与技术进步结合起来揭示国际贸易的形成与发展,使比较优势学说从静态发展为动态。后来美国学者威尔斯(Wells)又进一步发展了弗农的产品生命周期学说,使其成为战后解释工业制成品贸易流向的著名理论。

一、产品生命周期论提出的背景

20世纪60年代以后,随着科学技术的进步和生产力的发展,国际贸易的规模越来越大,格局也发生了显著的变化。人们注意到各国在某种产品生产上的领先地位在不断地交替更迭,这种新现象用传统的国际贸易理论无法解释。这说明,新的贸易实践要求有新的贸易理论来指导,产品生命周期论正是顺应了这种历史需要而逐渐产生和发展起来的。

二、产品生命周期论的主要内容

1966年弗农在《产品周期中的国际投资与国际贸易》一文中提出,产品具有生命周期,产品的生命周期是指产品从进入市场开始、直到最终退出市场为止所经历的市场生命循环过程,包括产品创新、产品成熟和产品标准化三个阶段。在产品生命周期的不同阶段,一国的出口和进口商品结构是不同的。弗农把参与贸易的国家分为三类:一是发明与出口新产品的工业发达国家,如美国,它是技术、知识与资本丰富型国家;二是比较小的工业发达国家,如西欧国家和日本,它们是资本与技术丰富型国家;三是发展中国家,它们是劳动丰富型国家。

弗农认为,在新产品技术发展的第一阶段——产品创新时期,少数新产品最先是在技术领先创新的国家开发出来的,这时新产品的研究和开发费用在整个产品的成本中占的比重较大。新产品开发出来后便在国内投入生产,新产品不仅满足了国内市场的需求,同时也会出口到与产品创新国家收入水平相近的国家和地区。这一时期,创新产品几乎没有竞争对手,产品表现为技术密集型产品。

在新产品技术发展的第二阶段——产品成熟时期,产品的生产技术日益完善,国内生产企业不断增加,竞争性加强,国外市场需求不断扩大,出现了大量的仿制品。产品的研发生产国,为了降低成本、扩大对国外市场的占领,就必须选择对外直接投资,利用国外各种廉价资源,减少关税、运费、保险费等各项支出,降低产品生产成本。这一阶段,技术要素投入减少,资本和管理要素投入增加,产品表现为资本密集型产品。

在新产品技术发展的第三阶段——标准化时期,产品的生产技术已经不是秘密,产品的生产已经全部标准化并且为生产者普遍掌握。这时产品成本与价格在竞争中的作用十分突出,产品发明国的技术优势已经不复存在,产品生产的最佳地点从发达国家转向发展中国家,发展中国家凭借更低的劳动力成本和原料成本成为这类产品的生产和出口国,而产品发明国国内对此类产品的需求转向了从国外进口,产品发明国要想继续保持优势,只有进行新一轮的发明创造。另外,在产品的标准化时期,产品的技术趋于稳定,技术投入很少,资本投入虽然仍很重要,但非熟练劳动投入的大量增加使产品要素密集性发生了改变,该阶段的产品是劳动密集型产品。表 3－8 反映了弗农所论述的产品生命周期中的变化。

表 3－8　产品生命周期各阶段特征比较

	产品创新阶段	产品成熟阶段	产品标准化阶段
技术	新产品的技术尚未成型	技术确定并被普遍采用	产品已实现了标准化
产品要素密集型	技术密集型	资本密集型	劳动密集型
比较优势	创新国	其他发达国家	发展中国家
贸易形式	创新国与其他发达国家之间	发达国家输出到发展中国家	发展中国家向发达国家输出

产品生命周期理论讲述了比较优势是怎样从一类国家转移到另一类国家的,从而使比较优势学说从静态发展为动态。该理论的研究思路和方法的创新性主要表现为:一方面,产品生命周期理论将技术作为一个独立的、重要的经济因素,并同其他因素(如资源的价格、工资的高低等)结合起来,共同解释比较优势的形成和变化,比传统理论前进了一大步。另一方面,该理论用一种动态的眼光来分析产品在不同阶段所具有的不同特点和各国在不同阶段具有的不同比较优势,由此得出国际贸易中商品流向随时间变化而变化的结论。这一理论为世界性的产业国际转移现象提供了一种规律性的解释。它也反映了国际企

业从最发达国家到一般发达国家、再到发展中国家的直接投资过程,对产业内贸易、跨国公司对外经营现象给出了合理的解释。

但是由于经济生活中存在各种不确定因素,各国面临的产业发展方向和环境不同,所以产品生命周期的循环并不是国际贸易普遍的、必然的现象。而且创新国和模仿国的地位也不是固定不变的,现实经济中,新技术的创新也可能在发达国家之外出现。另外,产品生命周期论对大部分发达国家之间的产业内贸易及双向投资行为等无法解释。

第四节 需求偏好相似论

需求偏好相似论(Theory of Demand Preference Similarity),又称偏好相似说、收入相似说、收入贸易说,是瑞典经济学家斯塔芬·林德(Staffan B. Linder)1961 年提出的。他用国家之间需求结构的相似来解释工业制成品贸易发展。他认为要素禀赋理论只能解释工业制成品和初级产品之间的贸易发生原因,而不能解释制成品之间的贸易发生原因,他提出制成品的贸易应当从需求方面探讨,需求决定成本,从而创造比较优势。他的理论着重解释了发达国家之间的贸易。

一、需求偏好相似论的主要内容

林德认为,工业品贸易与初级产品贸易不同,工业品贸易不是由要素供给差异而是由产品需求相似决定的。具体地说,林德提出的主要论点是:

(一)一国产品出口的可能性取决于其国内需求

林德强调国内需求的作用,认为企业决定生产时,必须依据国内的需求状况,因为本国的需求信息相对丰富且易于掌握,而外国市场的需求变化情况却不易于随时了解。因此,各国企业都要以满足其国内的市场需求作为赚取利润的手段,一旦对国内市场的供给形成规模后,便会实现规模经济,使产量增加而成本降低,在满足国内需求之余,可以进入到国际市场,形成出口。

(二)一国出口的对象是和本国具有相似需求结构的国家

向和本国具有相似需求结构的国家出口,便于出口企业迅速打开进口国的市场,获取利润。因此,需求结构越相似的国家之间,彼此开展国际贸易的基础也就越为雄厚。

（三）一国的需求结构取决于该国的人均收入水平

什么因素会影响一个国家的需求结构呢？林德认为，人均收入水平是影响需求结构的最主要的因素。根据“恩格尔法则”，随着人均收入的增长，居民在食品上的支出在总收入中的比重会不断降低，因此个人收入的变化决定了消费需求水平的结构，一个国家的需求结构也会随着其国民收入水平的提高得到升级。由于工业化国家的人均收入水平比较接近，消费者的偏好相似程度比较高，这为工业制成品贸易和产业内贸易提供了广阔的市场基础，发生贸易交往的可能性也会更大。他认为，这能解释为什么第二次世界大战后工业化国家之间的制成品贸易在国际贸易中所占比例越来越高。

二、需求偏好相似论的模型分析

下面通过图 3－1 分析两个国家之间的贸易模式，其中：横轴代表一国的人均收入水平（y）；纵轴代表一国产品档次（q），共分六个档次；曲线 p 表示的是一国人均收入水平与其对应的代表性需求之间的关系。

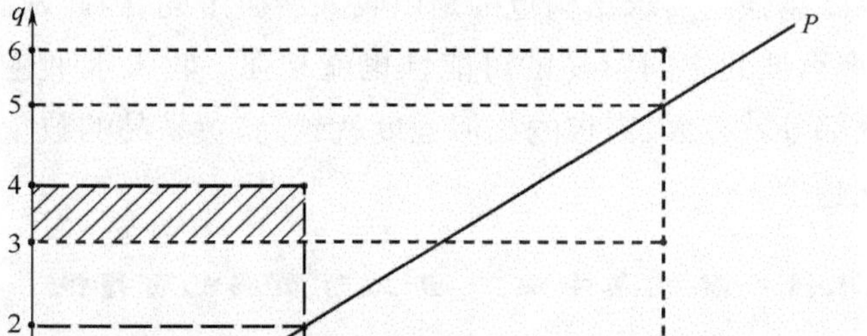

图 3－1　需求偏好相似理论的分工模式

林德认为，同一类商品可以被划分为不同的档次，而一个国家的消费者消费某种商品的平均档次，就被称为是这个国家的代表性需求。

（一）人均收入水平决定了一国的需求结构范围

A 国的收入情况为 y_A，B 国的收入情况为 y_B，显然 y_B 高于 y_A，因此 B 国和

A 国对应的代表性需求分别为档次 5 和档次 2。由于任何一个国家居民的收入水平不可能完全均等,他们的需求偏好也不可能完全一致,所以国内的需求结构便表现为一个范围,其中假设 A 国为档次 1 ~4,B 国为档次 3 ~6。对于 B 国来说,档次 3 以下的部分,会显得过于低劣,因而消费者没有消费的欲望,而档次 6 以上的部分,却又因太高档消费者买不起。这两种情况所表示的部分没有形成欲望和能力的结合,因此不能构成 B 国的需求。同理,A 国也是如此。

(二)需求结构范围内的贸易品和非贸易品

从图 3 –1 中可以看出,A 国与 B 国的需求结构范围存在着一个交集,即档次 3 ~4 的重叠部分。A 国和 B 国,对于重叠部分是相互都有需求的,因此这部分就可能形成彼此之间贸易的基础,两国之间均可输入或者输出这一档次范围的商品,而重叠部分之外的则是非贸易品。

(三)重叠部分的面积越大,贸易的可能性越强

可以直观地发现,如果两国在需求结构范围内的重叠部分越大,也就是相互之间存在需求的商品档次越广泛,那么两国之间的贸易范围就越大,发生贸易的可能性也就越强。需求结构范围是由收入所决定的,因此两国之间的收入水平越接近,那么彼此之间贸易的可能性也就越强。收入水平越接近,需求结构范围中重叠部分就越大,需求的相似程度就越高,贸易品的数量就越多,非贸易品的数量就越少。

(四)代表性产品的集中生产,形成了贸易的可行性

以上分析仅仅是从需求的角度阐述了贸易发生的基础,即两国之间贸易的可能性。然而两国最终是否真正形成贸易,还要看是否存在贸易的必要性,这需要从供给的角度来观察。从图 3 –1 中可以观察到,A 国的代表性需求是档次 2 的商品,B 国的代表性需求是档次 5 的商品,同时假定两国需求档次的概率分布满足正态分布的特征,那么对于 A 国来说,对档次 2 商品的需求最强,而档次 4 的商品所形成的需求小。那么通过生产销售档次 4 的商品所能获得的利润,就会小于销售档次 3 的商品所形成的利润,因此在利润的驱动下,A 国厂商对档次 3 商品的生产和供给会高于对档次 4 商品的生产和供给。随着档次 3 商品产量的加大,会逐渐形成规模经济,这样在满足了本国的需求之后,就会形成可供出口的商品。同时档次 3 商品的价格也会降低,低价格为进入国际市场奠

定了基础。而对于B国来说,由于其对档次3商品的需求处于其需求结构范围的边缘位置,需求水平较低,因此国内生产者对这一档次商品的生产就会较少,同时由于缺乏规模经济,其价格也往往较高。

至此,A,B两国之间对档次3商品的贸易就具备了必要性和可行性,A国将本国生产的档次3的部分(满足其国内需求后的部分)商品,可以以一个高于本国价格而低于B国的价格水平对B国进行出口。而B国也恰好通过对档次3商品的进口,来弥补国内供给的不足,满足本国消费者的需要。因此A国的厂商从出口中获得了比贸易前更高的利益,B国则从进口中获得了节约资源与低价购买的利益。同理,B国对档次4的商品实施出口,而A国对其进口。

一般来说,人均收入水平相似的国家,通常是在地理位置上邻近的国家,大量的贸易一定程度上反映出低廉的运输成本和文化的相似性。J. 丁伯根在1962年建立了贸易引力模型,描述了地理距离和相似的需求模式之间的相互关系。它可以简单地表述为:

$$X_{ij} = k \cdot (Y_i)^a (Y_j)^b / (1 + eD_{ij})^f$$

模型中:X_{ij}是指i国向j国的总出口;Y_i和Y_j分别是i国和j国的GNP; D_{ij}是i国和j国之间的距离;k和e为常数;a、b和f为参数。

上述方程表明,两国之间贸易量的大小与两国的国民收入总量成正比、与两国之间的距离成反比。如果不考虑地理因素的影响,拥有相似需求模式的国家之间的贸易要比其他国家之间更多。从这个意义上说,贸易引力模型证实了偏好相似理论的预测。

需求偏好相似论出现之前,对发达国家之间的产业内贸易,也就是制造业内部的水平贸易的解释,往往是站在供给的角度。林德的需求偏好相似论独辟蹊径,从需求的角度来解释贸易发生的原因,从而得出了更加符合实际的结论。它证明了随着经济发展和各国经济水平的日益接近,国际贸易并不是比较优势原理所预言的那样会日益萎缩,而是越来越发达,从而补充和发展了比较优势原理,同时对于解释第二次世界大战后迅速发展的发达国家之间的贸易做出了贡献。

需求偏好相似论也有不足:一是一国国内的生产首先应满足国内市场需求,这样的假设受到当代理论界的挑战;二是国内消费结构与国内产业结构之间的密切联系随着经济全球化及国内市场的开放而弱化,所以,仅从需求方面来解释产业内贸易现象是不够全面的。

第五节　产业内贸易理论

一、产业内贸易理论产生的背景

古典与新古典贸易理论认为贸易的基础是各国之间产品生产的比较优势，即国际贸易的根源在于各国不同产品生产方面的差异，包括技术的差异（李嘉图模型）或固有的资源禀赋的差异（赫克歇尔—俄林模型）。按照这些理论，国家之间技术和资源禀赋的差异越大，它们之间的贸易量也应该越大，如果两个国家的差异很小，他们之间的贸易量就会比较小。也就是说，各国之间的贸易主要是不同产品之间的贸易，即"产业间贸易"。

但第二次世界大战以后，许多国家不仅出口工业产品，也大量进口相似的工业产品，工业国家传统的"进口初级产品，出口工业产品"的模式逐渐改变，出现了许多同一行业既进口又出口的现象。20 世纪 70 年代美国经济学家格鲁贝尔（H. G. Grubel）等人在研究共同市场成员国之间贸易量的增长时发现，发达国家之间的贸易并不完全按照 H—O 原理进行，而是出现了互为贸易伙伴，即两国向对方出口同一产业的产品的现象。例如美国每年要出口大量汽车，同时又从日本、德国、韩国等地进口大量汽车。这种既进口又出口同一类产品的"产业内贸易"引起了经济学家们的关注。格鲁贝尔等人在对这种贸易现象进行深入研究的基础上，提出了产业内贸易理论。

二、产业内贸易与产业间贸易的区别

产业间贸易（Inter - industry Trade）是产业间国际贸易的简称，是指一个国家或地区，在一段时间内，同一产业部门产品只出口或只进口的现象。产业内贸易（Intra - industry Trade）是指一个国家或地区，在一段时间内，同一产业部门产品既进口又出口。二者的区别表现为：

第一，产业间贸易是以国家之间要素禀赋差异或者生产技术差异为基础的，产业内贸易则是以产品的异质性和规模经济为基础的。因此国家间的要素禀赋或生产技术差异越大，产业间贸易的机会就越大；国家间要素禀赋和技术水平越相似，经济发展水平越接近，产业内贸易发生的可能性就越大。产业间贸易反映的是自然形成的比较优势，而产业内贸易反映的是获得可能的比较优势。

第二，产业间贸易的流向可以凭借贸易前同种商品的价格差来确定，产业内贸易的模式则不能简单地凭贸易前同种商品的价格差来确定。因为在产业内贸易发生之前，价格是由规模不同造成的，因此，无论是大国还是小国，所有国家利用规模经济降低成本的目标是相同的，所以很难预测哪个国家将生产哪一种产品。

第三，按照要素禀赋理论，产业间贸易会提高本国丰裕要素的报酬而降低本国稀缺要素的报酬，但产业内贸易是以规模经济为基础的，所有的要素都可能从中受益。

第四，在产业间贸易中，同一产业产品基本上是单向流动的，即要么进口，要么出口，而产业内贸易是双向流动的，因此产业内贸易又叫双向贸易（Two－way Trade）。

第五，产业间贸易是不同产业间产品的贸易，如一国生产的工业品和另外国家生产的农产品进行交易，而产业内贸易主要是工业产品中的某一类产品间的贸易。

第六，产业间贸易是由各国要素禀赋之间存在的差异引起的，要素的流动在一定程度上是贸易的一种替代品。但在一个以产业内贸易为主的世界里，要素流动带来了作为产业内贸易载体的跨国公司的兴起，从这点上看，产业内贸易与要素流动之间存在一定的互补关系。

三、产业内贸易理论的主要内容

（一）同类产品的异质性是产业内贸易的基础

格鲁贝尔等人认为，从实物形态上，同类产品可以由于商标、牌号、款式、包装、规格等方面的差异而被视为异质产品，即使实物形态相同，也可以由于信贷条件、交货时间、售后服务和广告宣传等方面的差异而被视为异质产品。这种同类的异质性产品可以满足不同消费心理、消费欲望和消费层次的消费需要，从而导致不同国家之间产业内贸易的发生。

（二）规模经济收益递增是产业内贸易的利益驱动

一国企业可以通过大规模的专业化生产，降低成本，提高效益，取得比较优势，进而扩大产品出口。由此，产业内部的分工和贸易自然形成。

（三）经济发展水平是产业内贸易的重要制约因素

经济发展水平越高，产业内差异性产品的生产规模就越大，从而产业内部分工就越发达，就会形成差异性产品的供给市场。同时，经济发展水平越高，人均收入水平也越高，高收入层次上的消费者的需求越加多样化，从而形成对异质性产品的需求市场。两国的人均收入水平越接近，其需求结构也越相似，其产业内贸易发展倾向就越强。

四、产业内贸易程度的测定

1975 年格鲁贝尔等人在其论著中提出了产业内贸易程度的测量方法。具体计算公式如下：

$$IIT_i = 1 - \frac{|X_i - M_i|}{X_i + M_i}$$

公式中：IIT_i 表示行业内贸易的程度；X_i 和 M_i 分别代表某国同一个行业 i 产品的出口额和进口额。当 i 产品的出口额等于进口额，即 $X_i - M_i = 0$ 时，IIT_i 达到其最大值1，代表完全程度上的产业内贸易；当 i 产品只有出口没有进口，或只有进口没有出口时，IIT_i 达到其最小值0，则代表该产品不存在产业内贸易，完全是产业间贸易；IIT_i 在 0 到 1 之间，数值越大，说明产业内贸易越发达。即：

$IIT = 0$　　⇒不存在产业内贸易

$0 < IIT < 1$　　⇒一国同时出口和进口某行业的产品，存在产业内贸易

$IIT = 1$　　⇒某产业商品的进出口价值相等，完全产业内贸易

应当指出的是，产业部门的划分不同，所计算出的产业内贸易程度也是不同的。一般来说，产业部门划分越细，产业内贸易指数越小，而产业部门划分越粗，产业内贸易指数就越大。

五、对产业内贸易理论的认识

在把握产业内贸易理论时要注意以下问题：

第一，产业内贸易可能不是比较利益的反映。参加产业内贸易的两个国家可以生产率一样高，他们之所以能够进行贸易，是因为差异产品生产的规模经济使两国分别专门生产同种类产品的某一品种，而各国消费者对差异产品的追求或偏好促成了交易的形成。

第二，产业内贸易使贸易参加国获得两方面的利益：一是规模经济导致的

低成本和产品的低价格;二是消费者享受了差异产品。根据西方经济学的基本原理,消费者产品选择性的增加也会提高其满足程度。

第三,产业内贸易的结构形式很难确定。因为,一方面,很难确定哪个国家在产品的生产中会首先达到规模经济;另一方面,很难确定哪个国家专门生产哪个品种的产品,这取决于多方面的条件。

产业内贸易理论是对传统贸易理论的批判。如果产业内贸易的利益能够长期存在,那么其他厂商就不能自由进入这一行业,这就说明了不存在自由竞争的市场。另外,产业内贸易理论强调了同时考察供给和需求两方面。这一理论还认为,产业内贸易的利益来源于规模经济,这种分析比较符合实际。产业内贸易理论是对比较优势学说的补充,它揭示了李嘉图的比较优势学说和传统的 H—O 模型用于解释初级产品和标准化产品的合理性,但这种理论依然使用一种静态的观点进行分析,这是其不足之处。另外,有些产品的生产和销售不存在规模收益递增的规律,对于这些产品的国际贸易问题,产业内贸易理论就无法解释了。

第六节 国家竞争优势论

一、国家竞争优势论产生的背景

第二次世界大战后的国际贸易理论出现了多元化的趋势,涌现了诸如新要素贸易理论、需求相似偏好理论、产品生命周期理论、产业内贸易理论等各具特色的学说,大大深化了人们对国际分工、贸易和竞争的理解。但由于它们只是对贸易现实的某一方面进行的解释,又各有自己的特殊假设,相互之间以及与传统比较优势理论之间没有建立起有机的联系,所以还存在着相当的局限性。譬如,已有的理论无法解释为何日本在汽车工业中经营得如此出色?为何瑞士在精密仪器设备和化学药品生产以及出口领域独领风骚?为何德国和美国在化学工业占尽优势等问题。贸易实践的发展,呼唤着更具统一性和说服力的国际贸易理论的出现。在这种情况下,美国哈佛商学院的迈克尔·波特(Michael Poter)在 1990 年出版的《国家竞争优势》一书中,提出了“国家竞争优势”理论,该理论也被称为“波特钻石理论”。

二、国家竞争优势论的主要内容

国家竞争优势理论的中心思想是一国兴衰的根本在于该国在国际竞争中是否赢得优势，而国家竞争优势的取得，关键在于以下四个基本要素和两个辅助要素的整合作用。

（一）生产要素

一国的生产要素主要包括人力资源、自然资源、知识资源、资本资源、基础设施等。波特把各种要素按等级划分成基本要素（或初级要素）和高级要素两大类，前者包括自然资源、气候、地理位置、人口统计特征，后者包括通信基础设施、复杂和熟练劳动力、科研设施以及专门技术知识。波特认为，高级要素对竞争优势具有更重要的作用，高级要素是个人、企业以及政府投资的结果。高级要素的获得是一国行业竞争取胜的重要条件。

另外，波特还认为高级要素与基本要素之间存在着复杂的关系。基本要素可以为一国提供一些初始的优势，这些优势随着在高级要素方面的投资得到加强和扩展。反过来讲，基本要素方面的劣势地位会形成一种向高级要素方面投资的压力。日本便是这种现象的一个最明显的例子，作为一个严重缺乏可耕地和自然矿产资源的国家，日本通过国民教育投资，创造了丰富的高级才能要素。事实上，日本拥有的庞大工程师队伍是日本在许多制造行业取得成功的关键所在。

（二）需求因素

国内需求状况的不同会导致各国竞争优势的差异。波特十分强调国内需求在刺激和提高国家竞争优势中的作用。一般说来，企业对最接近的顾客的需求反应最敏感。因此，国内需求对塑造本国产品的特色、开展技术革新和提高产品质量起着尤其重要的作用。波特指出，一国的消费者越是成熟复杂和苛刻，越有助于该国企业赢得国际竞争优势，因为成熟复杂和苛刻的消费者会迫使本国企业努力达到产品高质量标准和产品创新。如日本国内成熟复杂和高知识水平的照相机购买者就刺激了日本照相机工业不断改进照相机质量和不断推出新产品。

（三）相关产业或辅助性行业

对一国某一行业的国际竞争力有重要影响的因素之一是该国该行业的上游产业及其相关行业的国际竞争力。因为关联行业和辅助行业在高级生产要素方面投资的好处将逐步扩溢到本行业中来，从而有助于该行业取得国际竞争的有利地位。如，瑞典在制造组装金属产品领域（如滚珠轴承、切割工具）的优势便是依靠瑞典自身特种钢工业的技术力量。直到20世纪80年代中期都处于世界领先地位的美国半导体工业技术，是美国个人电脑和其他几个技术先进的电子产品取得全球性成功的基础。同样，瑞典制药业的发达与成功，同其在染料工业的国际成就密切相关。相关产业或辅助性行业的竞争优势可以提供最低成本的投入，有利于发挥群体优势。

（四）企业战略、组织结构和竞争状态

企业战略、组织结构和竞争状态包括企业建立、组织和管理的环境及国内竞争的环境。波特认为，各个国家由于环境不同，需要采取的管理体系也不同，适合一国环境的管理方式能够提高该国的国家竞争优势。一个国家内部市场的竞争结构也会对该国企业的国际竞争力产生重大影响，激烈的国内竞争是创造和保持竞争优势的最有力的激励因素。国内竞争会迫使企业不断更新产品、提高生产效率，以取得持久、独特的优势地位。此外，激烈的国内竞争还会迫使企业走出国门，在国际市场上参与竞争。因此，经过国内激烈竞争锻炼的企业往往更加成熟，更具有国际竞争力，更容易在国际竞争中取胜。

以上四种因素是一个互相影响、互相强化的系统，如图3-2所示。因其形似钻石，故被称为“钻石模型”。

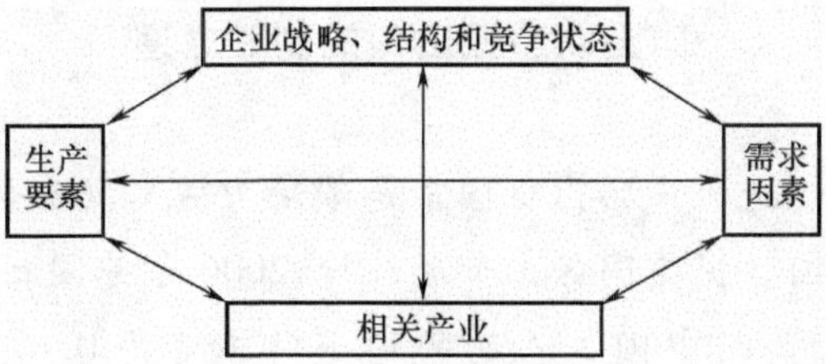

图3-2　钻石模型

除了上述四种主要因素外，还有两个重要变量可能对国家竞争优势产生重要影响，那就是机遇和政府。机遇的重要性在于它可能打断事务发展变化的进程和规律,改变一个国家在一个产业中的国际竞争地位,使原来处于领先地位的企业的竞争优势失效。落后国家的企业如能顺应局势的变化,利用新机遇便可能获得竞争优势。但是,机遇对竞争优势的影响不是决定性的,同样的机遇可能给不同企业带来不同的影响,能否利用以及如何利用机遇最终取决于四种基本因素。政府对国家竞争优势的作用主要体现在对四种因素的引导和促进上。如政府通过行业补贴、资本市场政策、教育政策等影响该国资源与才能要素;通过税收政策和反托拉斯法等手段,影响行业企业之间的竞争;等等。

三、对国家竞争优势论的认识

与其他国际贸易理论相比,国家竞争优势理论有多方面的重大突破。它从多个层面、多个角度阐明了国家竞争优势的确切内涵,较为全面和综合地阐述了国际竞争力的主要来源,提出国家优势形成的根本在于竞争,强调竞争优势的动态变化,强调国内因素对形成竞争优势的重要性,强调企业创新在优势产业建立中的基础地位。它不仅对当今国际经济和贸易格局进行了理论上的概括和总结,而且对国家未来贸易地位的变化有一定的前瞻性和预见性,为我们从事国际经济贸易理论研究及其政策的制定提供了全新的思路。

波特的国家竞争优势理论也存在一定的局限性,这表现在:竞争优势理论中对产业的选择是基于已经存在的产业而言的,是对已结构化或未完全结构化产业进行的选择,这样使企业在所选择的产业中取得领先地位是相当困难的。另外,该理论尽管研究角度新、理论框架较为完整,但基本上是一般经济学原理的重新组合,缺乏有深度的新理论,而且其产业结构的分析方法也略显不足。

案例与分析

德国制造业出口的制胜之道

一、案例介绍

世界上最大的制造业产品出口国不是劳动力成本具有优势的中国,而是劳动力价格高昂的德国。据美国劳工部的统计,2006 年德国制造业工人的平均小时工资为 41.04 美元,而中国工人的平均小时工资为 0.67 美元,只有德国的 1/60。试分析为什么中国具有劳动比较优势却没能成为制造业产品出口大国。

二、案例分析

制造业产品按其生产过程中使用的各种要素的密集度分为劳动密集型产

品、技术密集型产品和资本密集型产品。一般发展中国家主要在劳动密集型的低端制造业产品生产上有优势，他们通常以价格和数量取胜；像德国这样的发达国家，通常在资本和技术密集型的高端制造业产品的生产上具有比较优势，他们是以技术和质量取胜。

思考练习题

思考题

1. 要素价格均等化能够实现吗？

2. 阐述支持自由贸易的理由。

练习题

一、判断题

1. 要素禀赋理论推测贸易将引起劳动力充裕国家的相对工资水平上升。(　　)

2. 当一产品处于创新期，知识和技术是该产品的优势所在。(　　)

3. 按照H—O定理，一国应出口用该国相对丰裕和便宜的要素生产的商品。(　)

二、单选题

1. 中国生产手表需8个工作日，生产自行车需9个工作日，印度生产手表和自行车分别需9个和10个工作日，根据比较成本说，(　　)。

A. 中国宜生产和出口手表　　B. 中国宜生产和出口自行车

C. 印度宜生产和出口手表　　D. 印度不宜参加国际分工

2. 按照H—O定理，国际贸易使各国的要素价格(　　)。

A. 趋于均等　　B. 毫无关系　C. 差距越来越大　　D. 无法确定

三、多选题

1. 下列哪些属于比较优势理论的观点(　　)。

A. 国际分工中若一国在两种产品上都处于绝对劣势，这时两个国家间进行贸易的可能性依然存在

B. 国际分工中若一国在两种产品上都处于绝对劣势，这时两个国家间进行贸易的可能性不存在

C. 在两种商品的生产上都处于绝对优势的国家，应该集中生产优势比较大的产品

D. 两国按照比较优势进行分工后，通过自由贸易，对两国都有利

E. 两国按照比较优势进行分工后，通过自由贸易，只对落后国家有利

2. 解释产业内贸易现象的理论有(　　)。

A. 产品差异论　B. 规模经济论　C. 相互需求论　D. 偏好相似论

3. 主张自由贸易的学者有(　　)。

A. 亚当·斯密　B. 李斯特　C. 凯恩斯

D. 大卫·李嘉图　E. 俄林

四、简答题

1. 国家竞争优势取得的关键因素有哪些？

2. 简述里昂惕夫之谜以及对谜的不同解释。

3. 为什么说产品生命周期理论是一个动态的理论？

第四章 保护贸易理论

学习目标和要求

本章学习要点是李斯特幼稚工业保护理论、凯恩斯的超保护贸易理论、战略性贸易理论及其他的有关理论。要求熟知上述理论的核心内容,分清货币差额论和贸易差额论的主张。

引导案例

美国对钢铁产品的贸易保护

"9·11"事件以后,受其影响,美国、日本和欧盟经济滞涨甚至出现下滑,就业压力增加。为了保护本国市场,各国加大了对国外产品的歧视力度。2002年3月5日美国总统小布什宣布,对进口钢铁实施201保障措施调查案最终救济方案,对板坯、板材等进口的主要钢铁品种实施为期3年的关税配额限制或加征高达30%的关税,从而保护美国国内钢铁工业。此举立即遭到了世界所有向美国出口钢材国家的强烈反对,相关国家纷纷采取对策,利用世界贸易组织相关规则,向美国政府施压。但是,美国政府依然我行我素,自2002年3月21日开始,限制钢铁进口的"301条款"正式启动。这表明,新贸易保护主义正在重新抬头。

现实中的贸易保护主义倾向离不开形形色色的保护贸易理论,后者是各国实施保护贸易政策的理论依据。在这一章,将介绍几种影响较大的保护贸易理论。

第一节　重商主义

一、重商主义产生的背景

15～17 世纪，西欧社会进入封建社会的瓦解时期，资本主义生产关系开始萌芽和成长，同时，地理大发现扩大了世界市场，给商业、航海业及工业以极大的刺激，商业资本在此时发挥着极为突出的作用，不仅促进了各国国内市场的统一和世界市场的形成，而且推动了各国对外贸易的发展；在商业资本加强的同时，西欧一些国家建立起封建专制的中央集权，运用国家力量支持商业资本的发展。随着商业资本的发展和国家支持商业资本政策的实施，产生了从理论上阐述这些经济政策的要求，重商主义的理论便应运而生。

重商主义最早出现在意大利，后来在西班牙、葡萄牙、荷兰、英国、法国、德国、俄国相继出现。它是欧洲资本原始积累时期代表商业资本利益的经济思想和政策体系。由于英国是当时经济最发达的国家，所以其重商主义的发展最为成熟。重商主义的发展经历了两个阶段，早期以“货币差额论”为中心，代表人物为英国的威廉·斯塔福（W. Staffor）；晚期以“贸易差额论”为中心，代表人物是英国的托马斯·孟（T. Mun），他著的《英国得自对外贸易的财富》一书，被马克思称之为“重商主义福音书”。

二、重商主义的主要观点及政策主张

（一）重商主义的主要观点

1. 金银货币是财富的唯一形式，它反映了一国的富裕程度和国力的强弱。重商主义者认为，任何其他商品都只能满足人们的一种欲望，金银则可以用来换取任何商品，可以满足任何欲望；有了金银可以发展工商业、可以增加投资和就业，因而只有金银才是真正的财富。

2. 对外贸易是财富的主要源泉。除金银矿的开采之外，只有对外贸易是增加金银货币财富的真正源泉。国内商业是必要的，但国内商业活动只会使金银货币在一国不同的人们之间转手，并不会使一国的金银货币量增加，只有对外贸易可以使一国的金银货币量增加。因此，一个国家要想富强，就必须发展对外贸易。

3. 对外贸易必须保持顺差，即卖给外国人的商品总值应大于购买外国人的商品总值。由于不可能所有贸易参加国同时出超，而且任一时点上的金银总量是固定的，所以一国的获利总是基于其他国家的损失，即国际贸易是一种"零和博弈"。

4. 国家应积极进行干预，采取鼓励出口、限制进口的政策。重商主义者认为国家应在发展对外贸易、繁荣本国经济方面发挥重要作用。国家可以扶持本国民族工业发展，实行出口奖励的措施，鼓励出口，同时，通过积极的航海和开拓殖民地政策来带动出口，并对进口品实行高关税甚至禁止某些商品的进口，以保持外贸顺差，增加本国金银货币的积累。

（二）重商主义的政策主张

重商主义的政策措施对于当时欧洲经济的发展有深远的影响。当时各国政府推行重商主义政策措施基本上都是强制性的。重商主义政策的基本主张是国家干预对外贸易，实行保护贸易。

早期重商主义主张国家直接控制金银货币流动，禁止金银外流，由国家垄断全部金银货币贸易。外国人来本国进行贸易时，必须将其销售货物所得到的全部款项用于购买本国的货物，防止金银货币外流被视为对外贸易政策的指导原则。这类立法曾流行于16,17世纪的英、法、荷、西、葡等西欧各国。其中西班牙执行时间最长、最严格，凡输出金银者均可判处死刑。晚期重商主义执行的奖出限入与产业政策主要有：

1. 限制输入政策。比如：禁止若干国外商品尤其是奢侈品的进口；课征保护关税；等等。

2. 促进出口的措施。比如：对本国商品的出口，给予津贴和出口退税；禁止重要原料的出口，但许可原料自由输入，加工后再出口，降低或免除出口关税；实行独占性的殖民地贸易政策，设立独占经营的殖民地贸易公司（如英、法、荷等国的东印度公司）；等等。

3. 其他措施。保护农业，英国在1660～1689年，通过若干法令限制谷物的进口，颁布了《谷物法》；英国政府通过《职工法》，鼓励外国技工的移入，鼓励国内工场手工业的发展；1651年英国通过重要的航海法案，该法案规定，一切输往英国的货物必须用英国船只载运或原出口国船只装运，对亚洲、非洲及北美的贸易必须利用英国或殖民地的船只；等等。

重商主义的主张在历史上曾起过进步作用，它促进了西欧各国资本的原始积累，推动了资本主义生产方式的发展。它主张国家干预对外贸易，实行保护贸易的政策；主张通过贸易顺差，从国外取得货币收入；禁止奢侈品进口和对一般制成品奖出限入；积极发展出口工业，提高产品质量；实施关税措施；等等。这些主张在今天对广大发展中国家根据本国国情制定对外贸易政策仍有一定的现实指导意义。

但是，由于商业资产阶级的历史局限性，重商主义对外贸易学说存在许多缺陷。表现在：第一，重商主义对外贸易学说的理论观点不成熟，没有形成系统的理论。第二，重商主义对外贸易学说把金银货币与财富混为一谈，错误地认为金银是唯一的财富，是衡量一个国家富强程度的尺度，得出了对外贸易的目的就是从国外取得金银货币，以及“零和博弈”等错误结论，因此对国际贸易问题的研究是不全面、不科学的，并未探讨国际贸易产生的原因以及能否为参加各国带来实际利益，未能认识到国际贸易有促进各国经济发展的重要意义。第三，重商主义的理论把经济研究局限于流通领域，认为财富和利润都是流通过程中产生的，没有深入生产领域，因而无法揭示财富的真正来源。

第二节　幼稚工业保护论

一、幼稚工业保护论产生的背景

19 世纪初期是西方资本主义经济蓬勃发展的时期，但各国经济发展却很不平衡。当时英国已经完成了从工场手工业向机器大工业的过渡，法国工业发展也很迅速，两国劳动生产率迅速提高，产品成本大幅下降，其产品在国际市场上极具竞争力。在这种情况下英法经济学家极力主张自由贸易政策，以期使本国的产品更多地打入他国市场。而此时的德国，经济发展远落后于英法两国，大量涌入德国的物美价廉的英法商品对处于产业革命萌芽时期的德国工业造成很大威胁。彻底摆脱来自外部的自由竞争的威胁，使德国在群雄竞起的欧洲发展自己的工业，成了德国新兴资产阶级的最迫切要求。在这种情况下，李斯特提出了保护幼稚工业理论。

李斯特（F. List）是德国历史学派的先驱者，早年信奉自由贸易。美国建国后，第一任财政部长汉密尔顿（A. Hamilton）代表独立发展美国经济的资产阶级的要求，于 1791 年 12 月在其《制造业报告》中提出为使美国经济独立，应当保护美国的幼稚工业，其主要方式是提高进口商品的关税。1825 年李斯特到了美国,目睹了美国实施保护贸易政策取得的成效后,深受启发。1841 年李斯特出版了《政治经济学的国民体系》一书,系统地提出了保护幼稚工业的贸易理论。李斯特的幼稚工业保护论是一种根据国际产业发展阶段,着眼于培育生产力,对有发展前途的产业实施暂时的有限度保护的一种贸易保护学说。

二、幼稚工业保护论的主要内容

(一)对古典学派自由贸易理论的批判

1. "比较成本说"不利于德国生产力的发展。李斯特认为,向外国购买廉价的商品,表面上看起来是划算一些,但长期这样做的后果是德国自己的工业不可能得到发展,只会长期处于落后和从属于他国的不利地位。如果德国也同美国一样,采取关税保护政策,一开始会使工业品的价格提高,但经过一段时间,德国工业得到充分发展,生产力将会提高,商品生产成本会下降,商品价格甚至会低于外国进口的商品价格,从而具有国际竞争力,促进整个国家的经济发展。

2. 古典学派自由贸易理论忽视历史和经济特点。古典学派自由贸易理论认为,在自由贸易条件下,各国可以按地域条件和比较成本形成和谐的国际分工。然而李斯特认为,这种学说是一种世界主义经济学,忽视了各国经济发展与历史的特点,错误地以"未来才能实现"的世界联盟作为研究的出发点。

3. 实施自由贸易须有前提和条件。李斯特指出:"两个具有高度文明的国家,要在彼此自由竞争下双方共同得利,只有当两者在工业发展上处于大体相等的地位时才能实现。如果任何一方不幸地在工业上、商业上远落后于别国,那么即使它具有发展这些事业的精神与物质手段,也必须首先加强它自己的力量,然后才能使它具备条件与相对先进的其他各国进行自由竞争"。

(二)保护幼稚工业的具体做法

1. 依据经济发展时期决定贸易政策。李斯特的幼稚工业保护论是以生产力论为基础的。生产力论认为,生产力是决定一个国家兴衰存亡的关键。李斯特依据他的生产力论提出了经济发展阶段论。李斯特根据各国经济发展的不同程度,把经济发展划分为五个阶段:原始未开化时期、畜牧时期、农业时期、农工业时期、农工商业时期。各国经济发展所处的时期不同,采取的贸易政策也应不同。具体而言,处于农业时期及以前阶段的国家应采取自由贸易政策,以利于农产品的自由输出和外国工业品的自由输入,从而促进本国农业发展,并培育本国工业基础;

处于农工业时期的国家,由于本国已有工业的发展,但发展水平较低,因此要实行贸易保护政策,使其不受外国商品的打击;处于农工商业时期的国家,由于国内工业产品已具备国际竞争力,不再惧怕国外产品的竞争,所以应实行自由贸易政策,以享受自由贸易带来的最大利益,刺激国内产业进一步发展。李斯特认为英国主张自由贸易是因为其经济发展处于农工商业时期,而德国处于农工业时期,所以应采取保护贸易政策,以推动德国的工业化进程。

2. 国家干预贸易有助于经济快速发展。自由贸易理论认为国家不应对经济活动进行干预,而李斯特认为国家是国民生活中的有力指导者。他认为国家的存在是个人与人类全体的安全、福利、进步以及文化等的第一条件。因此,个人的经济利益应从属于国家真正财富的增进与维持。国家在必要时需要限制国民经济活动的一部分,以保持其经济利益。李斯特主张在国家干预下实行保护贸易。

3. 保护的对象和期限。李斯特认为保护措施并不是针对所有的部门和所有的行业,保护对象应该是有较大发展前途但尚不具备竞争能力的幼稚产业(Infant Industry),一旦本国被保护的工业成长起来,就要放弃贸易保护的政策。他指出:

(1)农业不需要保护。因为工业的发展对农业有很大的促进作用,最终会给农业带来更好的发展。

(2)一国工业虽然是幼稚产业,但在没有强有力的竞争对手时,也不需要保护。

(3)对幼稚产业来说,只有当它面临强有力的竞争对手时,国家才应对其进行保护。同时对于保护的时间,李斯特认为不应超过30年。

4. 保护的手段,李斯特认为应以关税保护为主。李斯特对保护关税的实施提出了具体的设想,认为本国工业尚不具有竞争力之前,关税税率应比较高。当本国工业具有竞争力后,关税税率应逐步降低,以竞争来刺激本国工业的进一步发展。

三、幼稚工业的标准

由于李斯特本人没有具体说明什么样的产业是幼稚产业,所以围绕着李斯特的保护幼稚产业论,后来的经济学家们展开了研究,对李斯特的理论做出了补充和发展。目前关于幼稚产业标准研究的主要代表人物有约翰·穆勒、巴斯塔布尔、肯普和小岛清等。

（一）约翰·穆勒的标准

穆勒提出了三点标准，即：

1. 正当的保护只限于对从外国引进产业的学习掌握过程，过了这个期限就应取消保护。

2. 保护的产业只应限于在不久之后取消保护也能生存的产业。

3. 最初为比较劣势的产业，经过一段时间保护后有可能变为比较优势的产业。

（二）巴斯塔布尔的标准

巴斯塔布尔提出，保护和扶植幼稚产业所需的社会成本不能超过该产业未来利润的现值，即受保护的产业经过一段发展能够成长自立，而且受保护产业将来所能产生的收益必须超过对其保护的代价。

（三）肯普的标准

肯普在综合穆勒和巴斯塔布尔的幼稚工业选择标准的基础上，提出产业在被保护期间所获得的学习成果应具有外部经济效应。具体说就是，被保护产业的发展会在本产业之外产生巨大的利益，尽管该产业自身的潜在收益无法补偿保护该产业的社会成本，但由于从整体上看有利于全社会，则该产业也可以作为幼稚产业加以保护。

（四）小岛清的标准

日本经济学家小岛清在其《对外贸易论》一书中对此也提出了自己的看法，他认为应根据要素禀赋比率和比较成本的动态变化，选择一国经济发展中应予保护的幼稚产业。小岛清提出：

1. 所保护的幼稚产业，要有利于对潜在资源的利用。如果保护政策能促使该国创造出利用潜在资源的国内外市场等条件，从而带动经济增长，那么保护政策就是正当的。

2. 对幼稚产业的保护要有利于国民经济动态变化。一国的要素禀赋比率是动态的、变化的，如果资本积累率超过劳动力增加率，资本与劳动的比率就会转变。如果资本密集型产业是幼稚产业，那对资本密集型产业的保护就有利于国民结构的动态转变。

3. 保护幼稚产业要有利于要素利用率的提高。开发一种新的产业意味着引进一种新的生产函数。如果一种幼稚产业在保护下成长起来，能对其密集使用的要素加以大规模的节约，从而能在既定的资源下维持其产量的增长，那么该产业就能实现自给甚至出口。

四、幼稚工业保护论的评价

李斯特的幼稚工业保护论是以国家长期利益作为出发点建立的，不同于自由贸易学派忽视民族特点的做法。该理论的提出确立了保护贸易理论在国际贸易理论体系中的地位，标志着从重商主义分离出来的西方国际贸易理论两大学派——自由贸易学派和保护贸易学派的完全形成，具有十分重要的理论意义和现实意义。保护幼稚工业理论在现实中有着广泛的影响力，世界贸易组织也以该理论为依据，列有幼稚产业保护条款。该条款允许一国为了建立一个新工业或者为了保护刚刚建立不久、尚不具备竞争力的工业采取进口限制性措施，对于被确认的幼稚产业可以采取提高关税、实行进口许可证、征收临时进口附加税的方法加以保护。

李斯特的幼稚工业保护论也存在许多缺陷。首先，不能揭示生产力和经济发展的根本原因，也不能揭示物质生产本身是社会经济生活的决定性基础这一根本原理。其次，他的经济发展阶段论以经济部门为划分经济发展阶段的基础，这实际上是错误地把社会历史的发展归结为国民经济部门的变迁而撇开了生产关系这个根本原因。最后，李斯特片面夸大了国家对于经济发展的决定性作用，在保护对象的选择上缺乏客观、具体的标准。

第三节　超保护贸易论

一、超保护贸易论产生的背景

20 世纪 30 年代是资本主义经济陷入危机和萧条的年代，自由放任经济的信条受到批判，国家干预经济的思潮风行起来。尤其是 1929 ~ 1933 年的资本主义经济危机爆发，其所产生的破坏作用，使主要资本主义国家的经济倒退了若干年。危机期间所表现出的严重商品过剩，导致了企业普遍开工不足，很多企业破产倒闭，大批工人处于失业状态，市场问题成为制约资本主义经济发展的一个关键环节。以保护国内市场和扩张国外市场为目的的超保护贸易理论便由此产生并迅速地发展起来。

超保护贸易论的主要代表是现代西方经济学中最有影响的英国经济学家约翰·梅纳德·凯恩斯。经济危机爆发前,凯恩斯是自由贸易论者,危机发生后,面对资本主义经济危机和各国严重的失业现象,凯恩斯放弃了原来的自由思想,开始承认资本主义自由经济并不能完美地自我调节,并于1936年出版了他的经济学名著《就业、利息和货币通论》,奠定了当代宏观经济学的理论基础。凯恩斯在批判传统自由贸易理论的同时,对重商主义给予肯定,因此,他的理论也被称为"新重商主义"。围绕着整个国家宏观经济稳定、国内各种生产资料在总量上合理配合和充分利用、国家总体实力的增长这些论题,凯恩斯认为维持宏观经济的稳定和保持经济发展主要依靠政府的政策干预,表现在对外贸易方面,主张政府实行奖出限入的超保护贸易政策。

二、超保护贸易论与传统贸易保护论的不同

(一)保护目的不同

以李斯特为代表的传统贸易保护理论的主要目的是为了发展本国生产力,培养自由竞争的能力。超保护贸易理论的目的则是为了巩固和加强对国内外市场的控制和垄断,以争取外贸顺差,解决工人失业问题。

(二)保护对象不同

传统贸易保护理论的保护对象主要是经济落后国家的幼稚工业,超保护贸易理论的保护对象则主要是已高度发达或出现衰落的垄断工业。

(三)保护手段不同

传统贸易保护理论提出的保护手段主要是关税措施,而超保护贸易理论提出的保护手段不仅包括关税措施,还包括各式各样的非关税壁垒措施。传统贸易保护理论主张以防御性限制进口为主,超保护贸易理论不仅主张采取防御措施,还经常以政府补贴和商品倾销等手段主动向别国市场进攻。

三、超保护贸易论的主要内容

(一)对传统的自由贸易理论的批判

凯恩斯认为传统的自由贸易理论已经过时,无法解释现实经济生活中出现

的各种矛盾和问题。在其代表作《就业、利息和货币通论》的开篇中,他指出:"经典学派所假定的情形,是各种可能的均衡位置之极限点,而且这种特例所含属性,恰不是实际经济社会所含有的。结果是理论与事实不符,应用起来非常糟糕。"凯恩斯对传统自由贸易理论的批评主要集中在以下两点:

1. 凯恩斯认为传统贸易理论所说的在自由贸易条件下包括劳动和资本在内的一切生产要素都能得到充分使用的假设在现实生活中并不存在。凯恩斯亲身经历了资本主义经济大危机,亲眼看到了大批企业倒闭和大量工人失业,因此他指出资本主义经济会自然地、和谐地向前发展的理论假设与现实情况不相符。在对外贸易中,如果一国只去生产有比较优势的产品,放弃或压缩比较优势较小产品的生产,势必造成大量的工人失业和资本闲置。虽然这些工人和资本可以向比较优势较大的部门转移,但却需要一定的条件和一定的时间,从而会使一国的经济发展产生较大的动荡。

2. 凯恩斯认为传统贸易理论在分析国际收支自动调节平衡的问题时忽略了外贸顺差的重要性。传统的贸易理论认为,一国既不必为出现外贸逆差而担忧,也不必为出现外贸顺差而高兴。因为传统贸易理论认为一国的对外贸易是用丰富的产品交换短缺的产品,即使以货币为媒介,也会由于以出口值抵偿进口值而使进出口保持平衡。有时,两国间的贸易可能会出现不平衡,一国为顺差,另一国为逆差,但这只是暂时现象,会因物价变动而使两国进出口重新出现平衡。凯恩斯指出,传统贸易理论认为的这种国际收支自动调节虽有一定道理,但却忽略了两个重要问题:

(1)国际收支自动调节和自动恢复平衡的过程会对一国的国民收入与就业产生较大的影响。如当一国出现外贸逆差后,自动恢复平衡需要一定时间,在这期间内,由于进口大于出口,过多的进口商品冲击了国内市场,引起国内物价下降。较低的国内物价水平,能够抑制国外商品的进口,但同时也抑制了国内经济的发展,引起利润下降、收入降低、企业破产和工人失业。

(2)国际收支自动调节理论只强调了对外贸易平衡的重要性,而未认识到保持外贸顺差对一国经济发展的重要意义。凯恩斯指出,对于外贸顺差的重要性,重商主义者们看得最清楚,他们认为只有争取外贸顺差,才能使货币流入,货币多了,本国的利率会降低,从而刺激投资和消除失业。凯恩斯在分析这一问题时指出:"政府当局为维持繁荣起见,必须密切注意贸易差额。若贸易为顺差,又不太大,则颇有鼓励作用;若为逆差,则可能很快就会产生顽固的经济衰退。"凯恩斯认为,既然外贸顺差有如此重要的作用,就应通过超保护贸易政策去努力获取。

（二）强调国家干预经济

在《就业、利息和货币通论》一书中，凯恩斯全面剖析了引发资本主义经济危机的原因，并提出了避免危机的方法，简言之即国家必须干预经济生活。

（三）外贸乘数论

外贸乘数论（Foreign Trade Multiplier）是凯恩斯保护贸易理论的集中体现。凯恩斯在《就业、利息和货币通论》中提出了投资乘数原理，在此基础上，凯恩斯主义的信奉者们经过补充和发展，提出了对外贸易乘数理论，简称外贸乘数论。

1. 投资乘数理论。投资乘数理论认为：对一个部门的追加投资，不仅会引起该部门收入的增加，而且会发生一系列连锁反应，使其他有关部门获得新的收入，致使收入总量为最初投资的若干倍。这个倍数即为投资乘数，其计算公式为：

$$K = \frac{1}{1 - \frac{\Delta c}{\Delta y}}$$

式中：K 为乘数；Δc 为消费增量；Δy 为收入增量；$\Delta c/\Delta y$ 为边际消费倾向。

由公式可见，乘数的大小主要取决于边际消费倾向，边际消费倾向越大，乘数也就越大。

2. 外贸乘数理论。在投资乘数原理的基础上，凯恩斯主义者引申出了外贸乘数理论。外贸乘数理论的基本内涵为：在 K 及边际消费倾向一定时，国民收入的增加量将是外贸顺差量的若干倍，就业人数也会成倍增加。该理论认为，一国的出口与国内投资一样，有增加国民收入及就业的作用。一国的进口则与国内储蓄一样，有减少国民收入及就业的作用。这种增加或减少会由于乘数的作用而成倍扩大。

外贸乘数计算公式为：

$$\Delta Y = K[\Delta I + (\Delta X - \Delta M)]$$

式中：ΔX 为出口增量；ΔM 为进口增量；ΔY 为国民收入增量；ΔI 为投资的增量；K 为乘数。

由此可见，在 K 及边际消费倾向不变时，唯有对外贸易出现顺差时，方能提高一国的收入量，并增加一国的就业。一国越是扩大出口、减少进口，贸易顺差就越大，对解决工人失业和医治经济危机的作用也就越大。外贸乘数理论以它的分析,为超保护贸易政策提供了理论依据。

四、对超保护贸易论的认识

从理论上看,凯恩斯的国际贸易理论在一定程度上揭示了对外贸易与国民经济发展之间的规律性,具有一定的科学性。

首先,从方法论上看,凯恩斯主义把经济学分析从微观扩展到宏观是一种进步。传统贸易理论侧重于要素分析、价格分析和利益分析等,这些属于微观经济分析。凯恩斯及其追随者用乘数理论,将贸易流量与国民收入流量相结合,分析出口额的增加对国民收入的倍增起到了促进作用,从而将贸易问题纳入宏观分析范围,这在贸易理论上是一种重大突破。

其次,从实践上看,出口贸易的增加大大增加了国民收入。韩国、新加坡以及我国的台湾和香港地区以出口为主导带动经济起飞的例子完全阐释了出口贸易对国民收入增长的巨大促进作用,因此研究外贸乘数具有现实意义。

外贸乘数论也存在很大的局限性。

首先夸大了乘数的作用。乘数发挥其作用的前提是社会再生产过程的各个环节必须运转流畅,但事实上社会再生产各个环节很难运转流畅,经常处于不平衡状态。

其次,如果国内处于充分就业情况下,出口的增加会导致需求过度,从而推动生产要素价格的上涨,而生产要素价格的上涨会增加产品成本,最终不利于出口,削弱本国商品在国际市场上的竞争力。

再次,乘数作用还受到出口商品的供给弹性和需求弹性的影响。

最后,贸易乘数论把贸易顺差视为与国内投资一样,能对国民收入产生乘数效应。实际上贸易顺差并不像投资那样会形成新的生产能力,使得供给增加。因此,投资的增加和贸易顺差对国民收入增加的乘数作用是不同的。

第四节　战略性贸易论

一、战略性贸易论产生的背景

20 世纪 80 年代以来,经济全球化趋势在世界范围内日渐增强,各国经济发展愈来愈受到外部因素的推动和制约。无论是发达国家还是发展中国家,在享受经济全球化利益的同时也感受到了经济全球化带来的风险和威胁。一国政府在经济全球化大潮面前应发挥何种作用,才能使利益变得最大、风险变得最小?这成为各国理论界十分关注并认真探讨的一个问题。倡导政府适度干预经济的战略性贸易理论就在这种背景下应运而生。

战略性贸易理论的代表人物主要有布朗德(J. Brander)、斯潘塞(B. Spenser)、狄克西特(A. Dixit)和保罗·克鲁格曼(P. Krugman)等。他们认为传统的国际贸易理论建立在规模收益不变和完全竞争的假设条件上,这种假设并不符合当代经济生活的现实。实际上,现实中存在着规模经济现象和市场的不完全竞争状态,要提高产业或企业在国际市场上的竞争能力,仅靠企业自身的力量非常困难,因而有了政府发挥作用的空间和必要性。政府通过适度的干预手段影响处于不完全竞争状态的本国厂商及其国外竞争对手的决策行为,能够扩大本国厂商的市场份额和规模效益,使国际贸易朝着有利于本国获取最大限度利益的方向变化。

二、战略性贸易论的主要内容

战略性贸易理论的核心是通过鼓励出口和限制进口来占有更大的市场份额,以扶持国内战略性产业的发展。其内容分为战略性出口补贴和战略性进口关税两部分。

(一)战略性出口补贴

战略性出口补贴是指政府向国内厂商提供出口补贴以鼓励其占有更多的国际市场,实现规模经济,在国际市场竞争中迫使外国竞争对手做出让步,将外国厂商的利润转移给本国企业,以增进本国福利。

经济学家们通常以美国波音公司与欧洲空中客车公司之间的竞争性博弈为例进行理论研究和政策分析。

假定飞机制造业中的规模经济相当大,以至于该产品的世界市场只能容下一个获利的生产者,如果有第二个生产者进入该领域竞争,将会由于规模效益的下降,使竞争双方两败俱伤,都处于亏损状态。在这种情况下,波音公司与空中客车公司都面临着困难选择:进还是不进?如果进,可能会遇到强大对手的竞争,无法获得规模效益,无法获得利润,甚至会出现亏损;如果不进,虽然不会亏损,但也不会盈利,并要忍痛把该市场完全让给竞争对手。波音公司和空中客车公司都希望出现一种结局,即由本公司单独占领飞机制造业市场,即使不享受任何补贴,也会由于垄断价格的存在而获得高额利润。表4-1是没有政府补贴时两家公司的情况。

表 4－1　没有政府补贴两家公司盈亏情况

		空中客车公司	
波音公司		生产	不生产
	生产	（－10 万美元，－10 万美元）	（100 万美元，0）
	不生产	（0，100 万美元）	（0，0）

从表 4－1 可以看出波音公司与空中客车公司进行博弈可能有四种结果：

（1）若两个公司都生产这种产品，会因为市场容量不够大，导致规模效益下降，使两家公司都亏损 10 万美元。

（2）若波音公司由于历史原因先于空中客车公司进行飞机生产，并完全占领了该产品市场，则波音公司可获得 100 万美元利润，空中客车公司不生产。

（3）若情况相反，波音公司不生产，空中客车公司完全占领了飞机产品市场，则该市场中的 100 万美元利润会完全被空中客车公司获得。

（4）若两公司都不生产，双方的利润都为零。

面对上述竞争，假设欧盟实施战略性贸易政策，给予空中客车公司以出口补贴，竞争双方的博弈条件和博弈结果都会因此而发生大的变化。假如补贴额为 30 万美元，则会发生表 4－2 中的情况。

表 4－2　欧盟政府进行补贴后两家公司盈亏情况

		空中客车公司	
波音公司		生产	不生产
	生产	（－10 万美元，20 万美元）	（100 万美元，0）
	不生产	（0，130 万美元）	（0，0）

从表 4－2 中可以看出：

因为空中客车公司享受到政府 30 万美元的出口补贴，博弈条件明显增强，无论波音公司是否进行生产，空中客车公司只要生产就有利润可得。波音公司进行生产，空中客车公司可获利润 20 万美元；波音公司不进行生产，空中客车公司可获垄断利润加政府补贴共 130 万美元。因此，空中客车公司决不会退出该市场。

而此时，波音公司则面临着两难选择：若继续进行生产，则会出现 10 万美元亏损;若不继续生产就要把已有的市场份额拱手让给竞争对手。无论如何,波音公司已无获得利润的可能,最后只有退出竞争。

可见,享受政府补贴的结果是空中客车公司完全垄断了飞机产品市场,欧盟政府虽然补贴了30万美元,却使空中客车公司获得130万美元的利润,加上工人就业的增加,最后国民的福利水平会有明显的净增加。

上面的分析是建立在一个假设条件之上的,即波音公司与空中客车公司的竞争实力相近,其生产成本也相似。如果两家公司的实力有差距,例如波音公司的生产成本相对较低,在两家公司均不享受政府补贴的条件下,双方的生产就会出现表4-3中的变化。

表4-3 两家公司成本不同时的盈亏情况

波音公司		空中客车公司	
		生产	不生产
	生产	(30万美元,-10万美元)	(140万美元,0)
	不生产	(0,100万美元)	(0,0)

表4-3表明,波音公司凭借自己的管理水平与技术水平的改进而取得了明显的成本优势,即使在两家公司同时生产的情况下,波音公司仍可获得30万美元的利润,而空中客车公司会在竞争生产状态中亏损10万美元,在没有政府补贴的条件下,该公司会退出竞争。这样,飞机产品市场将被波音公司独家垄断,并获得140万美元利润。

如果面对美国波音公司的竞争优势,欧盟政府选择实施战略性出口补贴政策,仍然给空中客车公司30万美元的补贴。博弈结果如表4-4所示。

表4-4 欧盟政府补贴空中客车时两家公司的盈亏情况

波音公司		空中客车公司	
		生产	不生产
	生产	(30万美元,20万美元)	(140万美元,0)
	不生产	(0,130万美元)	(0,0)

表4-4表明,空中客车公司在享受了欧盟政府的30万美元补贴后仍无法阻止波音公司的进入,因为两家公司进入都比不进入好,都能在飞机生产中获利:空中客车公司依靠政府补贴获利润20万美元;波音公司依靠成本优势也能获利润30万美元。博弈的结果是两家公司都选择了留在竞争市场上。这种结

果对消费者是个福音，因为有更多型号、物美价廉的飞机产品可供选择。但这种结果对提供补贴的政府却带来了损失，政府补贴了30万美元，本国公司却只获得20万美元利润，国家的纯收益出现了减少。因此，该种补贴应否实施成为一个有争议的问题。

（二）战略性进口关税

战略性进口关税是指政府以征收进口商品关税的形式把部分外国厂商的垄断利润转移到国内，同时保护国内相关产业的成长。战略性进口关税政策根据实施目的的不同可以分为以下两类。

1. 用关税获取外国垄断利润。假设某种商品本国不能够生产，国内市场被一个国外的垄断企业所控制，本国该商品的需求完全由垄断企业供给。在这种条件下，进口国政府对该垄断企业的进口商品征收关税，其实质就是截取一部分外国企业的垄断利润，用垄断利润向国内转移的方式增加本国的福利水平。

国外供货的垄断企业不会由于被进口国政府征收了进口关税而提高商品价格，因为他们担心在已有的垄断高价基础上再提价会刺激东道国企业的进入，即他们会以出让一部分垄断利润为条件，阻止进口国企业进入自己固有的经营领域。

2. 用关税扶持本国企业的进入与成长。如果本国企业已经初步具备了进入的条件，政府可以利用保护性关税政策对其进行扶持。在外国企业高额垄断利润的诱惑下，本国的厂商们往往会不断地提高生产技术条件，会积蓄力量，随时准备挤进该领域的竞争。但是，本国企业在生产环节中的竞争条件远不如外国企业，于是不得不求助于本国政府在流通环节上采取强有力的措施给予扶持。最有效的措施就是政府对进口商品征收高关税，阻挡部分产品的进入，把外国垄断企业在本国的部分市场份额通过挤压的方式让渡给本国企业。有了市场份额，本国企业也就有了进入和发展的生存空间。

三、对战略性贸易论的认识

战略性贸易理论比较客观地描述并深入分析了当今的国际贸易，提出了一些积极的、应用性很强的理论思想和政策主张。比如，通过政府的战略性贸易政策扶持国内重要产业的发展，改善被垄断公司扭曲的市场环境和不公平的利润分配状况。该理论对经济落后国家发展新兴产业具有指导意义。经济相对落后的发展中国家通常是以资源密集型产品和劳动密集型产品参与国际分工和国际贸易,这往往使本国处于不利的被动地位。政府如能实施战略性贸易政策,可以帮助本国企业早日进入各种新兴产业,并在保护性竞争环境中逐渐强大起来,使本国经济摆脱长期被外国公司控制的状态,成长为各类产业协调发展的成熟经济。另外,战略性贸易理论广泛借鉴和运用了产业组织理论与博弈的分析方法和研究成果,这是国际贸易理论研究方法上的突破。

战略性贸易理论也有明显的缺陷和不足。比如该理论所倡导的以邻为壑的保护性贸易政策很容易引起竞争国的报复,如果报复的程度相近,会把前者保护性贸易政策的作用抵消掉。此外,一国长期实施政府出口补贴、高关税等政策,与当代的自由贸易潮流不合拍,会受到世界贸易组织等国际性经济组织的限制。

第五节 其他贸易保护论

除前述贸易保护论外,贸易保护论的支持者还提出以下理论。

一、平衡国际收支论

平衡国际收支论认为,关税、配额等贸易保护措施可以限制进口、减少外汇支出,从而达到恢复国际收支平衡的目的。在一般情况下,一国的国际收支是不平衡的。当一国贸易顺差时,外汇储备和外汇净收入增加;当一国贸易处于逆差时,外汇储备和外汇净收入减少。因此,平衡国际收支论认为,实行贸易保护会改善国际收支、增加外汇储备。但该理论并没有考虑实行贸易保护理论所带来的各种不利影响,若将这些不利影响考虑进去,最终的结果很有可能并不能改善贸易余额,同时实行贸易保护会降低国内消费者的福利水平。

二、管理贸易论

管理贸易理论是一种介于自由贸易与保护贸易之间,以协调为中心,以市场竞争为主导,以磋商谈判为轴心,对一国在国际经贸关系中的权利与义务进行规范、协调和管理的贸易理论。它主张国家通过对内制定各种贸易政策法规和条例,加强对本国进出口贸易有序发展的管理;对外通过谈判签订各种双边、对边贸易协定,来协调与其他贸易伙伴在经济贸易方面的权利和义务,缓和与各国的贸易摩擦,以促进出口,限制进口,从而达到促进对外贸易发展的目的。

管理贸易理论的主张既没有抛弃传统贸易理论的精髓,又包容了GATT的原则,还兼顾了不同产业的特点,从而受到美国等发达工业国家贸易政策决策者的青睐,也得到一些发展中国家的认同。如果各国之间通过磋商和谈判能够协调一致,则能大大降低彼此利益冲突的可能性,而且能使贸易各国都从中受益。

三、公平贸易论

公平贸易论认为,国际贸易中存在出口补贴、低价倾销、不对等开放市场、将监狱中犯人制作的产品或使用童工生产的产品出口到国外等许多不公平的竞争行为,这些行为破坏了公平贸易的规则。因此,进口国有理由采取反倾销、反补贴、进口限额、贸易制裁等保护措施来进行抵制,以维护国际贸易的公平竞争。在WTO及许多国家的贸易立法中,都对公平贸易问题做出了明确的规定。如,1947年关贸总协定第6条关于反倾销与反补贴的规定。

从理论上看,公平贸易理论具有合理性。但是,在实践中,公平贸易理论常常被滥用。一些国家往往以公平贸易为由采取贸易保护措施,结果使国际贸易偏离公平贸易更远。

案例与分析

2002年美国为何不断出台贸易保护政策

一、案例介绍

2002年3月,美国政府宣布了一项钢铁救济法案,对进口的多种钢材实施为期3年的关税配额限制或加征30%的高额关税。同年5月,美国总统布什签署了农产品补贴法案,决定未来6年内将农产品补贴增加67%,对农业的津贴增加金额多达1900亿美元,这远远超出了世界贸易组织规定的最高限额。不仅如此,美国也增加了在纺织品、运输和其他服务领域的保护。那么,21世纪初美国缘何频频采取贸易保护措施呢?

二、案例分析

一国贸易政策的实施总是与世界经济和国际经济发展状况息息相关的。

20 世纪 80 年代以后，随着日本、欧洲对外贸易的迅速发展，一定程度上动摇了美国在世界经济与贸易中的霸主地位，从而导致了美国贸易保护政策的盛行。美国不断打着公平贸易的旗号，以反倾销、反补贴为借口，动用“301 条款”推行贸易保护主义，以保护本国的经济利益不受外来冲击。

思考练习题

思考题

1. 重商主义的主要观点是什么？
2. 保护幼稚工业论的背景和主张是什么？
3. 超保护贸易论与传统贸易保护理论有何不同？

练习题

一、判断题

1. 李斯特不否认自由贸易政策的一般正确性。(　　)

2. 公平贸易理论认为出口监狱产品和童工生产的产品是一种不公平的贸易行为。(　　)

3. 对外贸易乘数理论表明，一国开展对外贸易活动将会刺激本国国民收入的成倍增长。(　　)

二、单项选择题

1. 李斯特在《政治经济学的国民体系》中判断当时美国和德国处于(　　)阶段，所以应当实施保护贸易政策。

   A. 畜牧阶段　　B. 农业阶段　　C. 农工业阶段　　D. 农工商业阶段

2. 保护关税论主张以(　　)措施来保护本国的(　　)产业。

   A. 关税、农业　　B. 非关税、制造　　C. 关税、制造　　D. 关税、幼稚

3. 凯恩斯主义的贸易保护理论是一种(　　)。

   A. 一般保护理论　　B. 超保护理论

   C. 战略性贸易理论　　D. 幼稚产业保护理论

三、多项选择题

1. 保护幼稚工业论的合理成分主要体现在(　　)。

   A. 以关税作为保护手段

   B. 以幼稚产业作为保护对象

   C. 以获取交换价值为目的

D. 保护的动态性和适度性

2. 下列经济学家中主张贸易保护的是(　　)。

A. 凯恩斯　B. 李斯特　C. 林德　D. 布朗德

四、问答题

1. 为什么要用限制进口的政策来改善国家收支状况？现实中效果如何？

2. 发展中国家在实施李斯特保护幼稚工业论时有什么困难？

第三部分　政策措施篇

第五章 国际贸易政策

学习目标和要求

国际贸易政策是贸易理论在贸易实践中的具体运用，本章学习的要点是贸易政策的构成、制定贸易政策的目的和应考虑的因素，以及贸易政策的类型。要求熟知各种贸易政策的主要内容。

引导案例

日本汽车产业的外贸政策

日本在战后经济重建过程中高度重视汽车产业。日本政府以优惠贷款和补贴等方式扶植本国汽车产业的发展并鼓励汽车出口，同时对汽车及零部件的进口采取高关税、外汇配额和外资进入门槛等限制措施。从外贸政策的角度来审视日本政府的做法，其要达到的目的是什么呢？

日本政府采取的上述发展汽车产业的外贸政策属于贸易保护政策，目的是为了尽快发展本国汽车产业。贸易政策除了保护政策以外，还有哪些类型的政策呢？一国制定外贸政策时应考虑哪些因素呢？这些是本章所要研究的内容。

第一节 国际贸易政策概述

国际贸易政策是各种贸易理论在现实中的反映，它关系国际贸易利益的实现，是国际贸易环境的重要组成部分。它不仅影响着各国的经济增长和经济发展，也影响着世界经济的发展。所以，国际贸易政策成为各国政府关心的问题，成为国际贸易学研究的主要内容之一。

一、国际贸易政策的构成

国际贸易政策是世界各国以及各地区所采取的对外贸易政策的总和。对外贸易政策是一国根据本国的政治经济状况所制定的在一定时期内对进出口贸易所实行的法律、条例、措施的总称。对外贸易政策是国际贸易政策的组成部分,是研究国际贸易政策的起点和基础,因此,对国际贸易政策演变规律的研究实质就是对各国对外贸易政策的研究。

(一)对外贸易政策的组成部分

一国的对外贸易政策是该国经济政策的重要组成部分,它大体包括三个部分:一是对外贸易总政策,包括进口总政策和出口总政策两个方面。它是各国根据本国国民经济发展需要,结合本国在世界经济贸易中所处的地位、本国的经济发展战略和本国产品在世界市场上的竞争能力,以及本国的资源、产业结构等情况制定的,是一国在一个较长时期内施行的对外贸易基本政策。二是进出口商品政策。它是一国在对外贸易总政策的基础上,根据本国不同产业的发展需要、不同商品在国内外的需求和供应情况以及在世界市场上的竞争能力,针对各种进出口商品的生产、销售分别制定的具体政策,对不同商品的进出口给予不同的待遇。例如,我国为了优化产业结构,对某些高污染、高能耗、高排放产品的出口征收高额的出口关税,降低甚至取消对这些产品的出口退税;同时,为了鼓励某些新兴产业的发展,对这些产业所需要的关键设备进口征收低关税,甚至免税。三是对外贸易国别政策。它是根据对外贸易总政策、世界政治经济形势、本国与不同国别的政治经济关系而制定的国别或地区政策。例如,欧盟对中国光伏产品实行限量限价政策,而对其他国家和地区并没有实施这种政策。

(二)对外贸易政策的类型

从政府的干预程度看,对外贸易政策大致分为自由贸易政策和保护贸易政策两大类。

自由贸易政策是指国家取消对进出口贸易和服务贸易的限制和障碍,取消对本国进出口贸易产品和服务的各种特权和优待,使商品自由进出口、服务贸易自由经营,也就是国家对贸易活动不加干预,任凭商品、服务和相关要素在国内外市场公平、自由地竞争。

保护贸易政策是指一国广泛利用各种关税与非关税措施来促进出口、限制进口,保护本国的商品和服务在本国市场上免受外国商品和服务的竞争,并对本国出口的商品和服务给予优待和补贴,是“奖出限入”的干预政策。从总体上看,现实中各国实行的贸易政策总是表现为自由贸易政策和保护贸易政策的融合。

(三)制定对外贸易政策的目的

对外贸易政策作为一国经济政策的重要组成部分,与一国的其他经济政策(如产业政策、财政政策、货币政策、汇率政策)紧密相关,一国制定对外贸易政策有如下目的:①保护国内市场;②扩大本国产品的出口市场;③优化本国产业结构;④积累本国经济发展资金;⑤维护国家安全;⑥为本国对外政治经济关系服务。

(四)制定对外贸易政策应考虑的因素

各国在制定具体的贸易政策时,主要应考虑以下因素:①本国的经济结构与比较优势;②本国产品在国际市场上的竞争力;③本国国内的物价、就业状况及国内市场的供求状况、国际收支状况;④本国与别国在经济、投资等方面的合作情况;⑤本国与别国的政治和外交关系;⑥本国在世界经济、贸易制度中享有的权利与应尽的义务;⑦各国政府领导人、决策者的经济思想与贸易理论;⑧其他政治和社会因素,如西方国家的选民支持程度、国内利益集团的力量等。

各国对外贸易政策的制定与修改是由国家立法机构进行的,其一般的执行方式是:首先,通过海关对进出口贸易进行管理;其次,国家广泛设立各种机构,负责促进出口和管理进口;最后,政府出面参与各种国际经济贸易机构与组织,进行国际贸易、关税等方面的协调与谈判工作。

二、国际贸易政策的历史演变

国际贸易政策出现以后,一直随着世界政治、经济环境的变化而变化,其发展大致表现为如下阶段。

(一)资本主义生产方式准备时期的保护贸易政策

该时期实行保护贸易政策的目的是促进资本的原始积累,通过限制货币流出和扩大贸易顺差的办法扩大货币的积累。其中,英国实行的最为彻底。

(二)资本主义自由竞争时期的自由贸易政策

自由贸易政策的实行在这一时期以最先完成工业革命的英国和航运大国荷兰最为典型,但由于各国经济发展水平不同,一些经济发展起步较晚的国家(如美国、德国)在该时期采取了保护贸易政策。

(三)第二次世界大战前的超保护贸易政策

1929~1933年,资本主义世界爆发了空前严重的经济危机,失业加剧,市场问题进一步尖锐。经济大萧条以后,许多资本主义国家提高了关税、实行了外汇管制等。同时,政府积极干预外贸,鼓励出口,扶持本国垄断组织夺取国外市场,从而使贸易政策发展为超保护贸易政策。

(四)第二次世界大战后至20世纪70年代中期的自由贸易政策

这一时期,资本主义各国的经济发展需要自由、宽松的国际环境。广大发展中国家在走上政治独立后,为了发展民族经济,也需要自由的贸易环境。因此,出现了全球范围的削减关税和降低或消除非关税贸易壁垒的贸易自由化。

(五)20世纪70年代中期后的新贸易保护政策

新贸易保护主义以绿色壁垒、技术壁垒、反倾销和知识产权保护等非关税壁垒措施为主要表现形式,与传统的贸易保护主义相比有了很大的变化。新贸易保护主义奉行管理贸易论及战略性贸易理论;其贸易政策措施朝着制度化、系统化和综合化方向发展;所实行的贸易保护措施越来越多样化;奖出限入的措施由限制进口转向鼓励出口;从国家壁垒转向区域性贸易壁垒。

(六)20世纪80年代后的战略性贸易政策

所谓战略性贸易政策,是指在"不完全竞争"市场中,政府积极运用补贴或出口鼓励等措施对那些被认为存在着规模经济、外部经济或大量"租"(某种要素所得到的高于该要素用于其他用途所获得的收益)的产业予以扶持,扩大本国厂商在国际市场上所占的市场份额,把超额利润从外国厂商转移给本国厂商,以增加本国经济福利和加强本国战略性产业在国际市场上的战略地位。如在西方国家,对具有战略性特征的高科技产业,政府运用包括各种补贴在内的政策工具扶持本国高科技产业的发展。

第二节 自由贸易政策

自由贸易政策是自由放任经济政策的一个重要组成部分。自由贸易政策有利于资源得到有效配置,可以减少由于人为干预对经济的扭曲,能够推动先进技术的国际扩散,有助于避免寻租行为,提高贸易参与国及整个世界的福利水平。

自由贸易政策常常被经济实力强大的国家所采用。对经济实力薄弱的国家来说,它意味着国内市场被外国占领。因而自由贸易政策被认为是"强者"的政策。

一、自由贸易政策的演变过程

产业革命的最先完成,使英国成为19世纪世界上最强大的工业国家,因而英国是最早积极推行自由贸易政策的国家。在国际贸易发展过程中,自由贸易政策盛行的时期主要有两个阶段:第一个阶段是19世纪中叶至第一次世界大战前的资本主义自由竞争时期;第二个阶段是20世纪50年代至70年代初出现的全球范围的贸易自由化。第二次世界大战以来,随着资本国际化和经济全球化的发展,自由贸易政策虽成主流,但不稳定。

(一)资本主义自由竞争时期的自由贸易政策

18世纪中叶至19世纪中叶,资本主义发展处于自由竞争时期。为了从国外获取廉价原材料和广阔的产品销售市场,在国内工业资产阶级的斗争下,一些资本主义强国(如最早完成工业革命的英国和航海业发达的荷兰)开始全面实行自由贸易政策。但是,由于该时期各资本主义国家的生产力发展不平衡,所采取的贸易政策也不完全相同。例如,同时期的德国、美国由于国内生产力低下、产品的国际竞争力弱而主张对国内实行幼稚产业保护,以促进本国民族工业的发展。

(二)第二次世界大战后至20世纪70年代初的全球贸易自由化

1. 战后贸易自由化的原因。第二次世界大战后到20世纪70年代初,世界政治经济力量重新分化组合。美国空前强大,使其既有需要也有能力冲破当时发达国家流行的高关税政策。为了对外扩张,美国从第二次世界大战前的贸易保护主义转向自由贸易政策。此外,战后欧洲各国的经济恢复和再建以及国际分工的进一步深化都迫切需要一个自由贸易环境来推动商品和资本流动。因此,这一时期发达资本主义国家的对外贸易政策先后出现了自由化倾向。在这一趋势下,美国推动关税与贸易总协定(GATT)的建立,推行贸易自由化,把单边的自由贸易政策演变为多边的自由贸易政策。其中:关贸总协定缔约方内部关税大幅度降低,平均进口最惠国税率下降至4%左右;欧共体对内取消关税,对外通过谈判达成关税减让协议,使关税大幅度降低;此外,在广大发展中国家的努力下,从1971年开始,20多个发达国家对170多个发展中国家实施制成品和半制成品的普惠制待遇。在非关税减让方面,发达国家不同程度地放宽了进口数量限制,扩大了进口自由化,增加了自由进口的商品,放宽和取消了外汇管制,实行了货币自由兑换。这些措施大大促进了自由贸易的发展。

2. 战后贸易自由化的主要特点。战后贸易自由化主要表现为,关税的大幅度减让。这个时期的贸易自由化与资本主义自由竞争时期英国等少数国家倡导的自由贸易不同。这个时期的贸易自由化是在西方国家垄断资本主义日益加强的条件下出现的,既反映了垄断资本的利益,也反映了生产力和世界经济发展的内在要求。它在一定程度上是与贸易保护政策相结合的有差别、有选择的贸易自由化,具有如下几个主要特点:

(1)美国成为贸易自由化的积极倡导者和推行者。

(2)战后贸易自由化是在资本主义世界经济迅速增长的基础上开展的,与生产的国际化、资本的国际化和国际分工的发展有关,与跨国公司的大量出现有关,它反映了世界性的生产力发展的内在要求。

(3)战后贸易自由化主要通过关贸总协定在世界范围内进行。此外,区域性关税同盟、自由贸易区、共同市场等也促进了贸易自由化。

(4)战后贸易自由化的发展很不平衡,具体表现为:发达国家之间的贸易自由化程度远远高于它们对发展中国家和社会主义国家的贸易自由化程度;区域性经济集团内部的贸易自由化程度超过该集团对外贸易自由化程度;工业制成品的贸易自由化程度超过工业消费品的贸易自由化程度。因此,这种贸易自由化倾向的发展并不平衡,甚至是不稳定的。当本国经济利益受到威胁时,贸易保护倾向必然重新抬头。

二、世界贸易组织对贸易自由化的推动

1995年建立的世界贸易组织,取代了1948年生效的关税与贸易总协定。

世界贸易组织的建立为世界范围内自由贸易政策的实施构建了组织基础和法律基础。世界贸易组织所推行的自由贸易政策与GATT推行的自由贸易政策相比,有些重大变化:第一,推行自由贸易政策的机制从贸易协定变成国际组织,带有永久性和制度性。第二,自由贸易政策囊括的领域从货物扩大至投资和服务业,并达成将近30个贸易协定与协议。第三,自由贸易政策对成员的约束性大大提高,主要表现是:成员要无保留地接受多边贸易协定与协议,而且成员方有关法规要予以对应;加强争端解决机制,对违规的成员予以"报复"或"惩罚";加强对成员的政策审议;等等。第四,推行的自由贸易政策带有阶段性,在一定程度上允许成员方存在正当的贸易保护。如发展中国家成员自由化程度可以低于发达国家成员,加强知识产权保护制度,允许采取救济措施,存在可选择加入的多边贸易协议。第五,鼓励世界贸易组织成员进行"开放、公平和无扭曲的竞争"。所谓开放是指世界贸易组织成员按照承诺的协定与协议履行义务和享受权利;所谓公平是指贸易对象应在市场经济体制基础上,通过正当竞争形成的真实成本进行贸易;所谓无扭曲是指贸易主体不借助垄断和特权等行为进行贸易活动。第六,世界贸易组织成员之间自由贸易政策的实施是通过谈判,在互惠互利基础上达成各种贸易协议,并付诸实施。

世界贸易组织推动的自由贸易政策不是纯粹的自由贸易政策:第一,在经济全球化下,自由贸易政策成为世界贸易政策主流,但允许存在正当的贸易保护。第二,贸易自由化发展不平衡。就贸易领域来说,货物贸易自由化程度高于服务贸易;工业部门的自由化程度高于农业;出口贸易自由化程度高于进口贸易自由化。就成员来说,发达国家贸易自由化程度高于发展中国家和经济转型国家;高级阶段的地区经济贸易集团内部自由化程度高于世界贸易组织成员内部的贸易自由化。第三,自由贸易政策不时受到干扰。在不平衡发展规律作用下,世界经济、各国经济都处于不平衡发展中。当经济高涨时,自由贸易政策比较盛行;在经济危机下,自由贸易政策被干扰,甚至扭曲;同一国家,竞争力强的行业倾向自由贸易政策,而竞争力弱的行业倾向保护贸易政策;在同一行业,竞争力强的企业倾向自由贸易政策,而竞争力弱的企业寻求保护贸易政策;在一个国家,以国内市场为主的企业偏于贸易保护政策,以国外市场为主的企业倾向自由贸易政策。第四,在连锁作用下,贸易对一国的作用从经济领域扩散至整个社会。一国在制定贸易政策时,不仅要考虑贸易效益,还要考虑其他因素,就业问题往往成为贸易政策制定的重要因素。第五,在国家存在下,由于社会制度不同、国家关系亲疏、文化和宗教差异等,一国出于国家安全和战略考虑，对出口也加以管制。如美国对中国高科技产品出口加以管制，不进行自由化。

总之，世界贸易组织建立以来，贸易自由化成为世界贸易政策主流。总的来讲，它促进了世界贸易组织成员的经济贸易发展和市场经济体制的完善。但由于各成员方经济发展不平衡和相互依赖性的加强，自由贸易政策带有被迫性，贸易伙伴被迫就贸易利益进行协商和谈判，达成贸易协议，享受权利并履行义务。在自由贸易政策实施中，受国家利益的驱使，一般重视权利的享受，疏于义务的履行，出现管理失衡的状态，影响了贸易协议的真正落实，使一些国家的新贸易保护主义（如绿色贸易壁垒、知识产权保护等）有所抬头。

第三节　保护贸易政策

保护贸易政策是指国家积极干预本国的进出口活动，利用各种限制进口、鼓励出口的措施和手段，保护本国产品在本国市场上免受竞争，其实质就是“奖出限入”。

一、保护贸易政策的理论依据

保护贸易政策的理论基础是保护贸易理论，保护贸易理论最早开始于重商主义，以后经过汉密尔顿、李斯特、凯恩斯等人的发展，形成了一个和自由贸易理论相对抗的保护贸易理论体系。保护贸易理论包括传统的保护贸易理论和保护贸易新理论两大类，前者主要有汉密尔顿的关税保护说、李斯特的保护幼稚工业论和普雷维什的中心—外围论等，后者主要有管理贸易论和战略性贸易政策论。

汉密尔顿的关税保护说的主要内容是：新的工业在早期发展中效率不高，不能与经验丰富的外国生产商进行竞争，如实行自由贸易政策，将会严重损害其经济利益，因此需要用关税壁垒保护新兴工业。利用关税壁垒的具体措施包括：①向私营工业发放政府贷款；②以高额关税保护国内新兴工业；③为必需品工业发放津贴，给各类工业发放奖励金；④建立联邦检查制度，保证和提高制成品的质量；⑤限制改良机器的输出。

李斯特的保护幼稚工业理论主张通过贸易保护发展本国生产力，主张国家通过关税干预对外贸易活动，用关税降低进口产品的竞争力或者通过补贴降低本国企业的生产成本。

普雷维什的中心—外围论认为国际经济体系在结构上分为中心和外围两个部分。中心是指发达工业国,外围是指广大发展中国家。中心和外围在经济上不平等,中心是技术的创新者和传播者,外围则是技术的模仿者和接受者;中心主要生产和出口制成品,外围主要生产和出口初级品;中心在整个国际经济体系中居于主导地位,外围则处于依附地位并受中心控制和剥削;中心国享有贸易利益,外围国则贸易条件恶化。因此,外围国应通过关税保护、出口补贴的贸易保护政策实现工业化。

管理贸易理论在一定程度上遵循自由贸易原则,同时又要求实行一定的贸易保护。该理论主张国家通过对内制定各种贸易政策法规和条例,加强对本国进出口贸易有序发展的管理;对外通过谈判签订各种双边、多边或区域贸易协定,来协调与其他贸易伙伴在经济贸易方面的权利与义务,缓和与各国的贸易摩擦,以促进出口、限制或减少某些产品的进口,从而达到促进对外贸易发展的目标。

战略性贸易政策论主张政府把对外贸易放到战略高度上,并使其与产业形成紧密依存关系,用关税、出口补贴等奖出限入的措施对现有的或潜在的战略性产业进行政策倾斜,增加其在国内外市场的竞争优势,并不断影响国内其他产业,最终达到提高本国福利水平和综合国力的目的。其主要观点是以补贴促进出口、以进口保护促进出口、以关税来抽取垄断租金、战略性支持产业发展。

二、保护贸易政策的必然性和合理性

保护贸易政策的实施有一定的必然性。第一,每一个主权国家都仅从本国利益最大化出发制定各种经济政策,没有一个国家为全世界的福利负责,而由自身利益出发制定的贸易政策很可能意味着对自由贸易政策的偏离。第二,每一个国家内部都存在着不同的利益集团,那些因自由贸易政策而受到损害的利益集团会不遗余力地鼓动政府制定出对自身有利的贸易政策,而这些政策通常带有明显的保护主义色彩。第三,各国之间存在着政策的效仿现象。

保护贸易政策的实施也有一定的合理性。虽然从长远来看保护贸易政策不利于世界经济与贸易发展,甚至不利于当事国自身经贸的发展,但基于某种特殊原因,对特定国家、特定时期的经济发展,以及保障国家安全、保护人民身体健康、保护生态环境、维护社会公平和民族自尊还是有益的,是一些国家在特殊时期的一种合理选择。

总之,不同的国家在不同的历史发展阶段,根据国际政治、经济关系以及本国在国际分工体系中的地位采取不同的贸易政策。在同一时期，自由贸易政策与保护贸易政策往往也交织在一起，不存在绝对的自由贸易政策，也不存在绝对的保护贸易政策。

第四节　国际贸易政策分析

贸易政策不仅是一国政府的一种经济选择，同时也是一项政治与社会决策。贸易政策的国别选择在很大程度上是一国各种利益集团政治角逐的结果。

一、贸易政策制定中的利益博弈

任何一项经济政策都可能会影响一国的收入分配格局，因而不同的社会阶层或利益集团对此会有不同的反应，收益的一方自然支持这项政策，受损的一方则会反对这项政策，各种力量交织在一起最终决定政策的制定或选择。归根到底，一项具体贸易政策的决定是由对这项政策的需求和供给决定的。

从需求方面来看，一项贸易政策能够反映相关的个人利益和集团利益，那么代表和反映这些利益的组织就形成了对该项贸易政策的需求。

对贸易政策有需求的利益集团是通过什么样的形式和渠道来表达对政策的偏好和需求呢？利益集团影响政策的渠道包括：对政府的游说工作；通过在政府中代表这些利益集团的政党或代言人来表达；直接通过社会舆论或民间团体来对政府施加压力。具体的表达方式取决于一个国家的政治体制，不同的政治体制会使同样的政策需求有不同的表现方式，对政策的最终制定也会产生不同的影响。

从政策的供给角度看，贸易政策的制定受到政府对政策的偏好及制定具体政策的机制的影响。政府对政策的偏好取决于政府的目标函数，也就是说，政府采用不同政策所要求达到的目的是什么。从经济理论上说，政府应是全民利益的代表，政府经济政策的目标应是资源的最有效利用和社会福利的最大化。但在现实中，政府的目标往往是多重的，既有经济上的考虑，也有政治和社会方面的考虑。对于任何执政党来说，维持政权的稳定和保证继续执政都是最根本的目的。服从于这一目标，其制定政策时就既要考虑经济方面的因素，如资源的最有效利用和社会福利的最大化，还要考虑政治和社会的因素。所以任何一项贸易政策的实施是利益集团的需求和政府供给的均衡。

二、贸易政策制定中的政治经济学模型

20 世纪 80 年代以来,国际贸易政策制定中的政治和社会因素越来越受到经济学家的重视。一些经济学家建立了贸易政策的政治经济学分析模型。

(一)中点选民模型

中点选民模型假设政府是民主选举产生的,任何一个政党只有得到了多数选民的支持,该政党才有可能执政,因而政府在选择任何经济贸易政策的时候,必须要考虑如何得到多数选民的支持。

怎样选择得到多数选民支持的政策呢?重要的方法就是尽可能地选择靠近中点选民的意见和政策。所谓中点选民的意见,一般表现为两种意见之间的观点。以中点意见为界,一边更为保守,另一边更为激进,而且两边人数基本相等。

下面通过一个简单的例子来说明这一模型。假设本国有 9 个选民,他们对关税的偏好都不同。假设第 1 个主张关税率为 1%,第 2 个主张 2%,以此类推,第 9 个人主张 9% 的关税率。在这里,中点选民是第 5 个,中点选民的意见是关税率定在 5%。再假设本国有两个政党存在,如民主党和社会党,两党都想得到大多数选民的支持。在贸易政策的选择中,假定民主党选择了征收 7% 的关税、社会党选择了 6% 的关税,这时主张高关税的选民(7,8,9)都会支持民主党,但主张低关税的选民,包括从第 1 个到第 6 个选民就都会支持社会党。从第 1 个到第 5 个选民的意见虽然没有被采纳,但相对于主张 7% 关税的民主党来说,社会党更接近他们的意见。如果这时有一个第三党,比如进步党,选择了关税率 5% 的政策,那么从第 1 个到第 5 个选民就会转而支持进步党,支持社会党的就只剩下第 6 个选民一人了。由此可见,越接近中点选民意见的政策,越能得到大多数选民的支持。这就是中点选民模型。

(二)集体行动和有效游说

贸易政策的中点选民决定论,理论上似乎没有问题,可是如果观察选举制国家的贸易政策时就不难发现,许多情况下贸易政策保护的恰恰都是少数人。例如,几乎所有的发达国家都保护农产品,而农民占这些国家的总人口都不到 10%。在发展中国家农民是大多数,但这些占大多数的农民不但得不到保护,政府还通过对出口的控制压低国内的农产品市场价格,间接地保护了人数较少

的城市中的农产品消费者。钢铁、纺织品等行业在美国是“夕阳工业”,就业人数越来越少,但他们受到的保护仍很高,而占大多数的消费者为保护这些少数人却支付了不小的代价。那么,怎样解释政府选择这种牺牲大多数人利益来保护少数人利益的贸易政策的行为呢?

研究公共政策的经济学家提出了集体行动的理论,认为一种政策是否被政府采纳并不在于受益或受损人数的多少,而在于利益集团的集体行动是否有效。

假如一国政府在考虑是否要对进口的苹果征10%的关税,征税的结果是损害消费者的利益,消费者因而会反对这项政策,但本国的苹果生产者则因为得到保护而支持征税。从人数上来说,苹果的消费者一定比生产者多,但在集体行动方面,消费者一定不如生产者有效。其主要原因是,人越多,“搭便车”的越多,积极参与的人反而少,意见也不容易统一,集体行动的效率低,而人少的一方却更容易组织好。在影响政府政策的游说中,人数较少的利益集团容易统一,从而在集体行动中步调一致,在游说中取得成效。

决定利益集团集体行动有效性的另一个重要因素是集团中个人利益的大小。政府如果对苹果征10%的关税,消费者作为一个整体来说,其总损失要比生产者收益和政府关税收入的总和还要大,但如果将总损失除以消费者总人数,每一个消费者的损失就很小了。此外,对于每个生产者来说,这一政策所产生的利益就会很大,值得为此不遗余力地争取。所以生产者参与影响政府政策的集团行动和游说活动的积极性都远远超过消费者,甚至会因此而极力支持政府或反对政府,对政府能否实现其稳定执政的目标影响较大。政府面对的一方是对任何政策实际上都无所谓的众多消费者,另一方却是弄不好会大动干戈的少数生产者。在这种情况下,政府往往会选择总福利水平下降、大多数人利益受损而少数人受益的贸易政策。

(三)利益集团分析法

在民主选举政府的国家,贸易政策的制定还要受各执政党支持者的影响。一般来说,每个政党都代表一些特殊集团的利益,这些利益集团在竞选中积极支持能考虑他们利益的政党。

由于大多数政府政策的目标是维护其政权的稳定性,所以对于帮助其当选或连任的利益集团,政府会极力地加以保护。政府实行有利于这些利益集团的贸易政策是对他们政治支持的一种回报，保护这些利益集团本身也就是保护政府本身。

案例与分析

我国电解铝产品外贸政策的转型

一、案例介绍

2001 年，我国首度从铝净进口国变为净出口国，当年净出口 7 万吨。自 2002 年开始，我国电解铝产量明显大于需求量，成为世界第一大产铝国。在国家出口退税优惠政策和国内供应过剩的双重作用下，我国铝出口快速增长，到 2004 年，我国铝出口 168 万吨，净出口 65 万吨。2005 年起，国家取消电解铝的出口退税，对电解铝出口加征5%的出口关税。2006 年 1 月 1 日，氧化铝的进口关税下调至5.5%，并于 2006 年 11 月进一步下调至 3%；同时，电解铝出口关税提高至 15%。上述情况说明我国电解铝对外贸易政策出现了什么样的变化?

二、案例分析

从材料中可以看出，进入 21 世纪后，由于产量的快速增加，导致我国电解铝供应过剩十分明显。在这种情况下，为防止市场大起大落、保证铝行业健康发展，国家采取了鼓励出口的贸易政策，通过出口退税的优惠政策推动电解铝的出口。2005 年起，国家通过宏观调控，在抑制高能耗产业过快增长的同时，频繁调整进口税率，取消电解铝的出口退税，反映出我国在电解铝的外贸政策上发生了转型，即国家不鼓励资源和高能耗产品的出口，通过增加出口成本、保护资源等措施，实现节能减排的目标。与此同时，鼓励高新技术产品和重要原材料的进口。

思考练习题

思考题

1. 自由贸易政策的主要理论依据是什么?

2. 贸易政策的制定通常采用哪些政治经济学模型?

练习题

一、单项选择题

1. 欧洲资本原始积累时期采用的贸易政策是(　　)。

A. 重商主义政策　　B. 自由贸易政策

C. 贸易自由化　　D. 超保护主义政策

2. 最早实行自由贸易政策的国家是(　　)。

A. 美国　　B. 法国　　C. 英国　　D. 意大利

3. 主张用关税、出口补贴等措施给予某些新兴的、还不成熟的产业以支持，增加其在国内外市场的竞争优势的国际贸易政策是(　　)。

A. 幼稚产业政策　　B. 超保护贸易政策

C. 战略贸易政策　　D. 重商主义贸易保护政策

二、多项选择题

1. 一国制定对外贸易政策的目的主要包括(　　)。

A. 保护国内市场　　B. 扩大本国产品的出口市场

C. 获得国际收支盈余　　D. 维护国家安全

2. 贸易政策的制定受到哪些因素的影响(　　)。

A. 利益集团的需求　　B. 产业结构调整的考虑

C. 政策制定机制　　D. 政府政策偏好

三、简答题

1. 简述保护贸易政策的目的、对象和手段。

2. 试述李斯特的对外贸易政策理论及其意义。

3. 试用凯恩斯的对外贸易乘数理论解释超保护贸易政策。

4. 选择和制定对外贸易政策应考虑的因素是什么?

第六章 关税措施

学习目标和要求

本章学习的要点是关税的种类以及关税的经济效应。要求学生熟知各种关税,掌握关税的征收方法和通关手续,能正确理解我国频遭倾销调查的原因及我们应采取的对策。

引导案例

中美铜版纸反补贴案

一般来讲,反补贴税只针对市场经济国家的产品进行征收。由于许多国家不承认我国是"市场经济国家",所以大多数国家对我国产品只进行反倾销调查。但美国却一方面不承认我国"市场经济国家"地位,另一方面又使用反补贴税手段,阻止我国产品进入美国市场。

2006 年 10 月 18 日,美国商务部宣布对中国铜版纸反补贴和反倾销案的终裁结果。根据公告,将对山东晨鸣纸业集团股份有限公司征收 44.25% 的反补贴税,对金东纸业(江苏)有限公司及其他企业征收 7.40% 的反补贴税。对金东纸业(江苏)有限公司、金华盛纸业(苏州工业园区)有限公司、山东兖州天章纸业有限公司和中国 Union(澳门海外商业)有限公司征收 21.12% 的反倾销税,对山东晨鸣纸业集团股份有限公司及其他公司征收 99.65% 的反倾销税。

反补贴税的征收可能会成为我国产品进入国际市场的障碍。2004 年加拿大对我国三种产品连续发起反倾销和反补贴调查,并最终征收了反补贴税和反倾销税。2006 年加拿大又对我国部分铜管件发起反倾销和反补贴调查。这次美国对中国铜版纸的反补贴调查,是美国首次对中国发起的反补贴调查。

从上述案例可以看出,两个国家采用了不同的策略对我国产品征收反补贴税,加拿大首先承认我国某些受诉行业或企业的“市场经济导向”之后,进行反补贴调查。美国则修正了国内反补贴法,寻求对来自“非市场经济”国家的进口产品实施反补贴措施的法律依据。按照1984年美国成文法的规定,美国反补贴法不适用于“非市场经济国家”,美国对中国企业征收反补贴税开创了其对外贸易史的先河。

这些反补贴税可能会形成一系列连锁反应。如果美国在铜版纸上征收反补贴税成功,美国的钢铁、纺织和木材制品等行业都会提出类似诉求。一旦美国对中国的惩罚性税率得以实施,其他世界贸易组织成员可能也会向中国征收反补贴税。同反倾销税相比,反补贴税的危害更大:首先,反补贴税调查的是政府行为,使我国政府对经济的调控手段将受到极大限制;其次,一旦政府相关政策被确认为补贴行为,相关证据会被用到其他产品中,会在整个行业和产业引起连锁反应。

什么是反补贴税和反倾销税? WTO 对此是如何规定的? 这些是本章学习和研究的问题。

第一节 关税概述

一、关税的概念

所谓关税是指进出口商品经过一国关境时,由政府设置在关境的海关向本国进出口商征收的一种税。关税是国际贸易政策中最常用也是最有效的政策手段,它的征收是通过海关来执行的。海关是设置在关境上的国家行政管理机构,除了计征关税外,海关还执行国家有关进出口的政策、法令和章程,对进出本国的货物实行货运监管和稽查走访。关境是海关征收关税的领域,也是对海关法令进行统一实施的领土。

关境与国境的范围一般情况下是一致的,即海关征管的范围就是国家的领土范围。但是,也有一些国家和地区两者的范围不一致。例如,自由港、出口加工区、保税区等经济特区虽在国境之内,但却在关境之外。因此,设有经济特区的国家其关境小于国境。相反,在建立了关税同盟的国家之间,对内取消一切限制,对外建立统一的关税制度,这些国家的关境是由几个缔约国的领土组成的,其关境大于国境。

二、关税的作用

（一）积极作用

1. 增加财政收入。海关代表国家征收关税，因此关税的收入就成了国家财政收入的重要来源。但是随着贸易自由化及经济全球化的推进，关税在财政收入中的比重和作用逐渐降低。目前，只有少数财政极为困难的发展中国家，仍把关税作为财政收入的重要来源。实际上无论征收关税的目的如何，它客观上都起到了增加财政收入的作用。

2. 保护国内的产业和市场。对进口商品征收关税，增加了进口商品的成本，间接地提高了该种商品的价格，从而削弱了其在进口国国内市场的竞争力，减少了进口商品在进口国的市场份额，保护了进口国同类产业或相关产业的生产和市场。同时对出口商品征收关税，可以抑制出口商品的输出，减少本国资源的流失，保证本国国内市场的供应。目前，关税措施是世贸组织允许各成员方使用的保护国内产业的重要政策工具。

3. 调节进出口贸易。长期以来，关税都是各国对外贸易政策的重要手段，其税率的高低和减免直接影响着一国的对外贸易规模与结构、进出口商品的种类和数量。在关税的调节下，可以有效地保持市场供求平衡、稳定国内市场价格、保持国际收支平衡。

4. 调节产业结构。通过不同的关税结构，可以促进产业结构升级。

（二）消极作用

关税虽然具有以上积极作用，但如果利用不当，也可能产生消极作用，主要表现在以下几个方面。

1. 加重消费者的负担。关税是一种间接税，表面上关税是由进口商或出口商支付的，实际上均被作为成本转嫁至货价上，由消费者负担。所以，征收关税会加重消费者的负担。

2. 削弱企业竞争力。如果对某种产品不适当地长期实行关税保护，就会使该产品处于缺乏竞争的环境中，这样有可能使生产这种产品的企业缺乏提高技术、改进生产的动力，养成依赖性，长期居于落后水平。

3. 容易恶化贸易伙伴间的友好关系。利用关税壁垒保护本国市场的做法，会促使对方也采取相应报复措施，从而导致贸易伙伴间友好关系的恶化。所以关税政策需注意把握适度原则,否则本国实行高关税对方也会效仿,最终影响本国商品的出口。

4. 关税过高容易引发走私。走私是一种国际违法活动,通常是指违反一个国家(地区)的法令,非法运输物资进出境的行为。那些征税过高、国内外价差过大的商品,往往成为走私的对象。

三、关税的分类

(一)按征税目的分为财政关税、保护关税、调节关税

1. 财政关税。财政关税(Revenue Tariff)又称收入关税,是以增加国家财政收入为目的而征收的关税。为达到增加财政收入的目的,对进口商品征收财政关税时,必须具备三个条件:

(1)征税的进口货物必须是国内不能生产或无替代品的商品,以避免对国内市场造成冲击。

(2)征税的进口货物在国内必须有大量消费需求。

(3)关税税率必须适中,否则达不到增加财政收入的目的。

目前,大多数国家的关税收入在财政总收入中的比重不断降低,关税主要用于限制外国商品进口,保护国内生产者和市场。

2. 保护关税。保护关税(Protective Tariff)是以保护本国生产和市场为目的而征收的关税。保护关税主要是对工业制成品特别是对国内生产威胁较大的进口商品征收的高额关税。保护关税税率一般较高,有时甚至高达百分之百以上,等于"禁止性关税"(Prohibited Duty)。

3. 调节关税。调节关税(Regulate Tariff)是以调整本国经济和产业结构为主要目的而设置的关税。对于国内需要扶植和发展的产业和产品,一般采取调高同类产品的进口税率、削弱进口商品竞争力的办法,使本国产品能够在高额关税保护下得以顺利发展;对于一些已经失去优势、不具备发展前景的产业和产品,国家一般采取降低同类进口商品的税率、提高进口商品的竞争力的方法,促使国内的产品尽快改造更新,从而完成经济结构和产品结构的调整和升级。

(二)按征税对象分为进口税、出口税、过境税

1. 进口税。进口税(Import Tariff)是一国海关在外国商品输入时,对本国进口商所征收的关税。该种关税在进口商品直接进入一国关境或国境时征收。

进口税是关税中最主要的税种,所谓“关税壁垒”就是指高额进口关税。通过对进口商品征以较高的关税,提高进口商的进口成本,从而达到遏制进口的目的,是一国实施贸易保护的最基本做法。

进口税有以下几类:

(1)普通进口关税。普通进口关税是指对原产于与进口国未订有关税互惠协议的国家或者地区的进口货物,按照普通税率征收的关税。普通进口关税税率一般都比较高。

(2)优惠进口关税。优惠进口关税是指对原产于与进口国订有关税互惠协议的国家或者地区的进口货物,按照优惠税率征收的关税。优惠进口关税税率一般都比较低。优惠进口关税包括最惠国税、普惠税和特惠税。其中:最惠国税适用于从与进口国订有关税最惠国待遇条款的国家或者地区进口的货物。普惠税是发达国家给予发展中国家制成品和半制成品的一种普遍的、非歧视的、非互惠的关税优惠。特惠税是指对从某个国家或者地区进口的全部商品或部分商品,给予特别优惠的低关税、减免税待遇,其他国家和地区不享受这种优惠待遇。特惠税有的是互惠的,有的是非互惠的。

各国在制定进口税税率时,并不是对所有的进口商品都征收高关税。一般地说,进口税税率随着进口商品加工程度的提高而提高,即对工业制成品进口征收较高的关税,对半制成品的进口关税次之,对原材料的进口税率最低,有的甚至实行免税。

2. 出口税。出口税(Export Tariff)是指出口国海关在本国商品输出时,对本国出口商所征收的关税。由于征收出口税会提高本国出口商品的价格,从而削弱其在国际市场的竞争力,所以,现在大多数国家对绝大部分出口商品不征收出口税。但有时出于干预市场的目的会选择一些关系国计民生的敏感商品征收出口税。

3. 过境税。过境税(Transit Tariff)又称通过税或转口税,是指一国海关对通过其领土(或关境)运往第三国的外国货物所征收的关税。过境税在重商主义时期盛行于欧洲各国,其目的主要是增加国家的财政收入。随着资本主义的发展和交通运输业的发达,各国在货运方面的竞争日趋激烈,加之过境货物对本国的生产和市场没有影响,19 世纪后期,各国相继废除了过境税。第二次世界大战后,关贸总协定第 5 条规定了“过境自由”原则。目前绝大部分国家已不再征收过境税,只征收少量的行政管理费用和有关服务费用。

（三）按征收方法分为从量税、从价税、混合税和选择税

1. 从量税。从量税（Specific Duties）是以进口货物的重量、数量、体积、容积、长度和面积等计量单位为标准计征的关税。从量税额的计算公式为：

从量税额 = 每单位商品从量税 × 商品数量

各国征收从量税，大部分以商品的重量为单位来征收，但各国对应纳税的商品重量的计算方法各有不同，一般有以下三种：

（1）毛重法。毛重（Gross Weight）法又称总重量法，即按包括商品内外包装在内的总重量计征税额。

（2）半毛重法。半毛重（Semi－gross Weight）法又称半重量法，即对商品总重量扣除外包装后的重量计征税额。

（3）净重法。净重（Net Weight）法又称纯重量法，即在商品总重量中扣除内外包装的重量后再计算税额。

从量税纳税额大小与商品价格无关，在商品价格下跌的情况下，从量税的保护作用不会受到影响，但在价格上涨时，由于从量税额不能随之上涨，保护作用会相对下降，税收带来的财政收入也相对减少。因此，第二次世界大战后，从量税的应用范围大为减少。

2. 从价税。从价税（Ad Valorem Duties）是以进口商品的价格为标准计征的关税，其税率表现为货物价格的百分率。从价税额的计算公式如下：

从价税额 = 进口商品总值（完税价格计算）× 从价税率

一般来讲，从价税有以下几个优点：①各种商品均可适用；②税率明确，便于比较各国税率；③税收负担较为公平；④在税率不变时，税额随商品价格上涨而增加，既可增加进口国的财政收入，又起到保护关税的作用。

从价税的保护作用与商品价格的涨落成正比。在税率不变的情况下，其税额随商品价格的变动而变化。征收从价税的重要前提是确定进出口商品的完税价格。完税价格是经海关审定作为计征关税的货物价格，是决定税额多少的重要因素。各国确定完税价格的标准各不相同，大体上分三种：一是以成本加保险费、运费作为征税价格，即 CIF 价；二是以装运港船上交货价作为征税价格，即 FOB 价；三是以海关估价作为征税价格，即法定价格。

3. 混合税。混合税（Mixed Duty）是对进出口商品采用从量税和从价税同时计征的一种方法，又称复合税（Compound Duty）。按从量税和从价税在混合税中的主次关系不同，有两种情况：一种是以从量税为主加征从价税；另一种是

以从价税为主加征从量税。

4. 选择税。选择税(Alternative Duty)是对于一种进口商品同时定有从价税和从量税两种税率,在征税时选择其税额较高的一种征税。有时为了鼓励某种商品进口,或给某出口国以优惠,也会选择其税额较低者征收。

(四)按关税优惠条件分为普惠税和特惠税

1. 普惠税(Generalized System of Preferences , GSP)。普惠税是指普遍优惠制下的关税。它是发达国家对从发展中国家或地区输入的商品,特别是制成品和半制成品,给予普遍的、非歧视的和非互惠的关税优惠待遇。普遍性、非歧视性、非互惠性是普惠制的三项基本原则。普遍性是指发达国家对所有发展中国家出口的制成品和半制成品给予普遍的关税优惠待遇;非歧视性是指应使所有发展中国家都无歧视、无例外地享受普惠制待遇;非互惠性是指发达国家单方面地给予发展中国家优惠待遇,而不要求发展中国家或地区给予发达国家对等待遇。

普惠制的目的:扩大发展中国家制成品和半制成品的出口;增加发展中国家的外汇收入;促进发展中国家的工业化;提高发展中国家的经济增长率。

普惠制是发展中国家在联合国贸易发展会议上长期斗争和努力的结果。普惠制下的产品关税比最惠国税率约低三分之一。普惠制实行以来,世界上已有 30 多个国家实行了普惠制。

实行普惠制的国家根据各自制订的给惠制方案来实施。从具体内容看,各方案不尽一致,但大多包括了给惠产品范围、受惠国家和地区、关税削减幅度、保护措施、原产地规则以及给惠方案有效期 6 个方面。

(1)受惠国家和地区的限制。普惠制原则上应对所有发展中国家或地区都无歧视、无例外地提供优惠待遇,但在执行过程中,不少给惠国从自身的政治和经济利益出发,设置种种限制阻碍这一原则的实施。例如,美国在公布普惠制方案时,就把石油输出国和某些社会主义国家排除在受惠国之外。

(2)受惠商品和范围的限制。一般农产品的给惠商品较少,工业制成品或半制成品只有列入普惠制方案的给惠商品清单时,才能享受普惠制待遇。一些"敏感商品",如纺织品、服装、鞋类、某些皮革制品以及石油制品等往往被排除在受惠商品之外。例如美国的给惠制方案规定,服装、手表、鞋类及敏感性的电子产品、钢铁产品、玻璃等制成品和半制成品不享受普惠制待遇。

(3)对受惠产品的减税幅度的规定。受惠产品的减税幅度取决于最惠国税率与普惠制税率之间的差额。总体上讲,农产品的减税幅度较小,工业品的减税幅度比较大。工业品中由于敏感程度的不同,其优惠程度也有所不同。例如欧盟,对非常敏感的产品,如棉、麻、丝纺织品等减税幅度为15%;对敏感产品,如化工、鞋、电器等减税幅度为30%;对半敏感产品,如毛皮、伞类、瓷器、玻璃、照相器材、钟表等减税幅度为65%;对非敏感产品,免征关税;对部分工业品,如石油产品不给予关税减让,仍征收最惠国税率。

(4)对给惠国保护措施的规定。各给惠国为了保护本国生产和市场,通常采取以下保护措施:

第一,免责条款(Escape Clause),又称例外条款,是指当给惠国从受惠国进口的某项产品的数量增加到对其本国同类产品或有竞争关系的商品的生产者造成或即将造成严重损害时,给惠国保留完全或部分取消关税优惠待遇的权利。

第二,预定限额(Prior Limitation),是指给惠国根据本国和受惠国的经济发展水平及贸易状况,预先对一定时期内受惠商品的限额进行规定,超过限额的商品不再享受关税优惠,而按最惠国税率征税。

第三,保护措施,指对来自受惠国的某种商品,如果超过当年规定的进口额度或超过进口国全部进口该商品的一半,则取消其下一年度的关税优惠待遇,若该产品在以后年度进口额降至限额内,则下一年度仍可恢复关税优惠待遇。

第四,毕业条款(Graduation Clause)。20世纪70年代开始,美国等给惠国又提出了"毕业条款"这样一种保护措施。所谓"毕业条款"是指当给惠国认为一些受惠国或地区的某项产品或受惠国的经济在世界市场上有较强的竞争力时,宣布该商品"毕业",从而取消受惠国或产品享受关税优惠待遇的资格。

(5)原产地原则(Rule of Origin)。它是为了确保普惠制待遇只给予发展中国家和地区生产的产品,以防一些非受惠国的产品利用普惠制优惠扰乱正常的贸易秩序而制定的。各给惠国制定了享受优惠条件的原产地原则,该原则包括原产地标准、直接运输规定和原产地证明文件三个方面。

原产地标准分为两大类:一类是完全原产的产品,指完全用受惠国的原料、零部件并完全由其生产或制造的产品;另一类是非完全原产的产品,是指全部或部分地使用进口原料或零部件制成的产品,但这些原料和零部件经过受惠国的加工或制造,发生了实质性的变化后,才可享受关税的优惠待遇。衡量实质性变化的标准有两种:第一,加工标准(Process Criteria)。欧盟、日本、瑞士、挪威等国家和地区采用这项标准,它规定进口原料或零件在经过加工后其商品税目号发生变化，就可以认定为发生了实质的变化。第二，增值标准（Value - added Criteria），又称百分比标准。澳大利亚、加拿大、美国、波兰、新西兰等国家采用这项标准，它规定只要进口原材料或零件的价值没有超过商品价值一定数量的百分比，或是本国生产或加工部分的价值不低于出口商品价值一定百分比时，才能作为实质性变化享有关税优惠。例如，加拿大规定进口原料或零部件的价值不得超过出口商品总价值的40%，澳大利亚，新西兰、波兰则规定本国成分的价值不得小于产品出厂成本的50%。

直接运输规则（Rule of Direct Consignment）是指受惠产品必须从受惠国直接运到给惠国。如果由于地理位置的原因或运输的需要，受惠产品必须通过第三国或地区的领土才能进入给惠国，则必须由海关监管，此外受惠国还需向给惠国海关提交过境提单、过境海关签发的过境证明书等。

原产地证书（Certificate of Origin）是受惠产品享受普惠制待遇的官方凭证，是出口商品要获得给惠国的普惠制关税优惠待遇的必要文件。该文件由受惠国政府授权的签证机关签发。

（6）普惠制的有效期。各国给惠方案的有效期一般为10年，期满时进行全面审议，再确定新的方案。

普惠制实施以来，对发展中国家的出口起到了积极作用，但是实际上部分发达国家为了自身利益的需要，往往制定种种烦琐的规定和严厉的限制措施，可以说普惠制还没有在发展中国家中完全起到作用，发展中国家还需为此继续斗争。

2. 特惠税（Preferential Duty）。特惠税是指一个国家或地区对某些特定国家或地区进口的商品给予特别优惠的降低或减免关税的待遇。特惠税有的是互惠的，有的是非互惠的。

最早的特惠税产生于宗主国与殖民地之间。目前实行的特惠税主要是欧盟向非洲、加勒比海和太平洋地区的发展中国家提供的特惠税，其中最有影响的是《洛美协议》（Lame Convention）。该协定在关税方面的优惠主要有三点：①欧盟对来自上述国家和地区的工业品全部给予免税优惠；②农产品的96%免税；③不要求这些发展中国家给予反向优惠。

以该协议为基础，2000年6月23日，欧盟与这些国家又续签了《科托努协议》，根据协议，在规定的8年过渡期中，这些国家继续享有欧盟提供的单方面特惠税的优待。

（五）其他关税

1. 进口附加税。进口附加税（Import Surtax）是对于进口商品除征收一般进口税之外，还出于某种特定的目的而额外加征的关税。它通常是一种临时性的特定措施，又称特别关税。其征收目的主要是应付国际收支危机、维持进出口平衡、防止外国产品低价倾销、对某个国家实行歧视或报复等。一般来讲，对所有的商品征收进口附加税的情况较少，大多数情况是针对个别国家和个别商品征收进口附加税，主要有以下几种：

（1）反补贴税。反补贴税（Counter－vailling Duty）又称抵消税或补偿税，它是对在生产、加工及运输过程中直接或间接接受出口国政府、同业工会或垄断组织所提供的各种补贴或津贴的进口商品所征收的一种进口附加税。

征收反补贴税的目的在于提高进口商品的价格，抵消其所享受的补贴金额，削弱其竞争力，使其不能在进口国的国内市场上进行低价竞争，保护进口国的生产和市场。

发达国家之间经常因为补贴问题产生摩擦，例如美国在农产品问题上与欧盟争吵多年，互不相让，一直没有达成最终协议。另外，发达国家还经常用补贴税来限制发展中国家的商品出口，因为补贴是许多发展中国家扶植本国新产业的一个重要手段。也正是因为补贴与反补贴在贸易政策中经常被使用，因此这也成为多边贸易谈判中的一个重要内容。

关贸总协定第六条、第十六条和第二十三条在反补贴税方面做了具体规定，“东京回合”达成的有关协议也进一步补充了这些条款和规定。据此，只有在出口国对某种商品出口实施补贴，而且这种补贴对进口国的某些工业造成重大损害或产生重大威胁，并有足够的证据证明补贴的存在和补贴与造成损害之间的因果关系的情况下，进口国才可征收反补贴税。反补贴税税额按照补贴的数额征收，不得超过该产品接受补贴的净额，且征税期限不得超过 5 年。对于接受补贴的倾销商品，不能既征收反倾销税同时又征收反补贴税。该协议还对发展中国家做出了一些特殊优惠的规定，允许它们逐步取消补贴。

（2）反倾销税。反倾销税（Anti－dumping Duty）是指对实行倾销的进口商品所征收的一种临时性的进口附加税。其目的在于抵制外国商品对本国的倾销，保护本国产业和市场，扶植本国新兴产业。

关贸总协定第六条对倾销与反倾销做出了规定：用低于“正常价格”的办法挤入另一国家进行贸易，如果因此对某一缔约方领土内的新建工业产生严重阻碍，这种倾销应该受到谴责；缔约方可以对倾销的商品征收反倾销税。

所谓“正常价格”是指：第一，采用国内价格，即相同产品在出口国国内的销售价格。第二，采用第三国价格，即相同产品在正常贸易中向第三国出口的最高可比价格。第三，采用构成价格，即该产品在原产国的生产成本加合理的推销费用和利润。这三种正常价格的确定方法只适用于来自市场经济国家的产品，非市场经济国家产品不适用。对于来自非市场经济国家的产品，西方国家普遍采用替代国价格方式，即以一个属于市场经济的第三国所生产的相似产品的成本或出售价格作为基础，确定其正常价格。

WTO 在《反倾销协议》中还规定了确定倾销行为的必要条件：低于正常价格的倾销行为存在，并由此对进口国的某些产业造成重大损害或产生重大威胁。只有同时满足上述条件，方可征收反倾销税。所征的税额不得超过经调查确认的倾销差额，即正常价格与出口价格的差额。征收反倾销税的期限也不得超过为抵消倾销所造成的损害必需的期限。

尽管相关国际组织对倾销与反倾销做出了一系列的规定，但实践中这些规定并没有得到很好的执行。事实上，反倾销已成为一些国家特别是发达国家实行贸易保护主义和实行歧视的工具，这些国家不仅利用征收反倾销税来限制外国产品的进口，而且还借助对进口产品旷日持久的倾销调查来阻止这些商品的进口。

(3)紧急关税。紧急关税(Emergency Tariff)是为消除外国商品在短期内大量进口，对国内同类产品生产造成重大损害或产生重大威胁而临时征收的一种进口附加税。当短期内有外国商品大量涌入时，一般正常关税已难以起到有效保护作用，因此需借助税率较高的特别关税来限制进口，保护国内生产。例如，韩国在 2005 年 1 月 1 日至 12 月 31 日，对 44 种农畜产品超过一定进口量部分课征最高达 1067% 的特别紧急关税。由于紧急关税是在紧急情况下征收的一种临时性关税，因此，当紧急情况缓解后，紧急关税必须撤销，否则会受到别国的关税报复。

(4)报复性关税。报复性关税(Reliabiliatory Duties)是指对特定国家的不公平贸易行为临时加征的进口附加税。加征报复关税大致有几种情况：一是外国对本国输出的商品课以不合理的高关税或差别税率；二是外国对本国商品的输出设置障碍；三是外国违反了与本国达成的某种协定。

(5)惩罚关税。惩罚关税(Penalty Tariff)是指出口国某商品违反了与进口国之间的协议，或者未按进口国海关规定办理进口手续时，由进口国海关向该进口商品征收的一种临时性的进口附加税。它具有惩罚或罚款的性质。

2. 差价税。差价税(Variable Levy)又叫差额税,指当本国生产的某种商品国内价格高于进口价格时,按国内价格与进口价格之间的差额征收的关税。征收差额税的目的是为了削弱进口商品的竞争力,保护本国生产者和国内市场。由于差价税是随国内外价格差额的变动而变动的,因此它是一种滑动关税(Sliding Duty)。对于征收差价税的商品,有的规定按价格差额征收,有的规定在征收一般关税以外另行征收。

四、关税水平与关税保护

(一)关税水平

关税水平(Tariff Level)是指一个国家的关税平均进口税率,用以衡量或比较一个国家进口税对国内产业的保护程度。关税水平的计算方法有简单平均法和加权平均法两种:

1. 简单平均法。简单平均法是以一国海关税则中所有税目的税率相加的总和,除以税则中所有税目的总数,公式表示为:

关税水平 = 税则中所有税目的税率之和 ÷ 税则中所有税目数之和

这种计算方法的优点是计算简单。不足是不能真实全面地反映一个国家的关税保护程度,因为这种计算方法把一些税率很高、实际很少进口的商品也包括进来了。同时用这种方法计算出的关税水平受税则中税目设置的影响较大。

2. 加权平均法。加权平均法是以进口商品的数量或价格作为权数,进行平均。由于统计的口径不同,进行比较的范围不同,该方法又可分为全额加权平均法和取样加权平均法两种。

(1)全额加权平均法,以一定时期内所征收的进口关税总金额占所有进口商品价值总额的比率来进行计算,其计算公式为:

关税水平 =(进口关税税款总额 ÷ 所有进口商品总价值)× 100%

这种计算方法的不足是如果一国的免税项较多,计算出来的关税水平就会偏低,不易看出有税商品税率的高低。因此,经济学家们又提出有税商品加权平均计算法,其计算公式为:

关税水平 =(进口关税税款总额 ÷ 有税进口商品总价值)× 100%

这种计算方法虽能纠正免税项的干扰,但由于各国税则不同,从而使各国关税水平的可比性相对降低。

(2)取样加权平均法,即选取若干有代表性的商品,按一定时期内这些商品的进口税总额占这些代表性商品进口总额的百分比计算。计算公式为:

$$关税水平=\frac{有代表性商品进口税总额}{有代表性商品进口总额}\times 100\%$$

这种计算方法可以在各国选取同样的有代表性商品进行比较,能够比较客观地反映出各国的关税水平。

以上计算方法从不同的方面反映关税的平均水平,但还不能完全表示保护的程度。

(二)关税的保护程度

一般来说,关税水平的高低大体可以反映一国对国内生产和市场的保护程度,但关税水平与保护程度并不能完全画等号。

1. 名义关税与名义保护率。名义关税(Nominal Tariff)是指某种进口商品进入该国关境时,海关根据海关税则对该商品所征收的关税。

名义保护率(Nominal Rate of Production)是指由于征收关税而引起的国内市场价格超过国际市场价格的差额占国际市场价格的百分比。用公式表示为:

$$名义保护率=\frac{进口货物国内市场价格-国际市场价格}{国际市场价格}\times 100\%$$

与关税水平衡量一国关税保护程度不同,名义关税衡量的是一国对某一类商品的保护程度。在不考虑汇率的情况下,名义保护率在数值上等于关税税率。名义保护率对保护完全由本国原材料生产的产品是适用的,但是对用进口原材料或中间产品等投入要素生产的制成品则不适用。因此,需要引入有效保护率理论。

2. 有效关税与有效保护率。有效关税(Effective Tariff)是针对某个产业每单位产品"增值"部分的从价税,其税率代表着关税对本国同类产品的真正有效的保护程度。

有效保护率(Effective Rate of Production)又称实际保护率,它是指征收关税所引起的国内加工增值同国外加工增值的差额占国外加工增值的百分比。用公式表示为:

$$有效保护率=\frac{国内加工增值-国外加工增值}{国外加工增值}\times 100\%$$

或:
$$ERP=\frac{V'-V}{V}\times 100\%$$

式中：ERP 表示有效保护率；V' 表示征收关税情况下国内加工增值；V 表示不征收关税时(自由贸易条件下)的加工增值。

有效保护率是综合该产业的原料与成品的进口关税进行分析的方法。一国对某产品的保护程度不能单从该产品的进口税率高低来判断，因为该产品的原材料或中间产品有可能来自国外，在这种情况下，对进口原材料或中间产品所征收的进口关税会直接使该产品成本上升，从而影响该产品的有效保护率。

例如，在自由贸易条件下，一辆汽车的国内价格是10万元，其中投入的钢材、仪表等中间投入品的价格是8万元，那么，不征关税时的产品附加值为2万元(10－8)。

假定一，对进口汽车征收10%的关税，对进口的投入品征收5%的关税，那么，国内汽车价格上升为11万元(10＋10×10%)，投入品的价格上升为8.4万元(8＋8×5%)，则征收关税时的产品增值为2.6万元(11－8.4)，此时的有效保护率为：

$$ERP=\frac{V'-V}{V}\times100\%=\frac{2.6\text{万元}-2\text{万元}}{2\text{万元}}\times100\%=30\%$$

由此可见，当汽车的名义税率10%大于投入品的名义税率5%时，汽车的有效保护率高于汽车的名义保护率(30%＞10%)，即当最终产品的名义税率大于投入品的名义税率时，最终产品的有效保护率大于名义税率。

假定二，对进口汽车和投入品同时征收10%的关税，那么，国内汽车价格上升为11万元(10＋10×10%)，投入品的价格上升为8.8万元(8＋8×10%)，则征收关税时的产品增值为2.2万元(11－8.8)，此时的有效保护率为：

$$ERP=\frac{V'-V}{V}\times100\%=\frac{2.2\text{万元}-2\text{万元}}{2\text{万元}}\times100\%=10\%$$

由上述计算结果可知，当汽车与投入品的名义税率都是10%时，汽车的名义税率和有效税率相等，都为10%。即当最终产品和投入品的名义税率相同时，最终产品的有效税率和名义税率相同。

假定三，若对进口汽车仍征收10%的关税，而对进口的投入品征收20%的关税，那么，国内汽车价格上升为11万元(10＋10×10%)，投入品的价格上升为9.6万元(8＋8×20%)，则征收关税时的产品增值减少为1.4万元(11－9.6)，此时的有效保护率为：

$$ERP=\frac{V'-V}{V}\times100\%=\frac{1.4\text{万元}-2\text{万元}}{2\text{万元}}\times100\%=-30\%$$

由此可知，当汽车的名义税率10%小于投入品的名义税率20%时，汽车的有效保护率低于汽车的名义保护率，而且是负数（$-30\% < 10\%$）。即当最终产品的名义税率小于投入品的名义税率时，最终产品的有效保护率低于它的名义税率，甚至是负数。这表明由于原料的名义税率过高而使原料价格上涨的幅度超过最终产品征税后附加值的部分，使得国内加工增加值低于无关税时的增加值。也就是说，生产者虽创造了价值，但价值是低的，生产者无利可图，这表明政府鼓励最终产品的进口。

第二节 关税效应

征收关税会引起进口商品价格和国内进口替代商品价格的变化，对进出口双方的经济会产生不同程度的影响，也就是说关税的征收会带来一系列的经济效应。关税的经济效应是指一国征收关税对本国国内价格、贸易条件、生产、消费、贸易、税收、再分配以及国民福利等方面产生的综合影响。对关税经济效应的分析主要从静态和动态两个方面来进行，前者分析关税的直接经济影响，后者分析关税对一国经济产生的进一步影响。因动态分析较为复杂，且不同的学者之间争议很大，本节只通过静态经济效应分析来把握关税所产生的直接经济影响。

在分析关税的经济效应时，我们把参与贸易的国家分为两类：一类为贸易小国，这类国家在某种特定商品的国际贸易中占有的份额很小，不足以对世界市场产生实质性影响，它们只能是国际贸易中的价格接受者；另一类为贸易大国，这类国家在某种特定商品的国际贸易中具有举足轻重的影响力，其本身进出口数量的变化足以改变世界市场的供求关系，从而带来国际市场价格发生变化，它们是国际贸易中的价格制定者。

一、贸易小国的关税效应分析

假设在某种商品的国际贸易中，A 国为贸易小国，即该国的进口量变动不能影响世界市场价格在该商品上其国内市场供求情况见图 6－1 所示。

在 A 国对该种进口商品不征收关税的情况下，若世界市场价格为 P_w，A 国的国内市场价格也为 P_w，A 国国内市场该商品生产量为 Q_1，消费量为 Q_4，进口量为 Q_1Q_4。当 A 国对每一个单位进口商品征收的进口关税为 t 时，因世界市场价格仍维持在 P_w 水平，所以 A 国国内市场价格将因关税的征收而上升至 $P_d(P_d = P_w + t)$，国内生产量增加至 Q_2，国内消费量减少至 Q_3，进口量缩减到

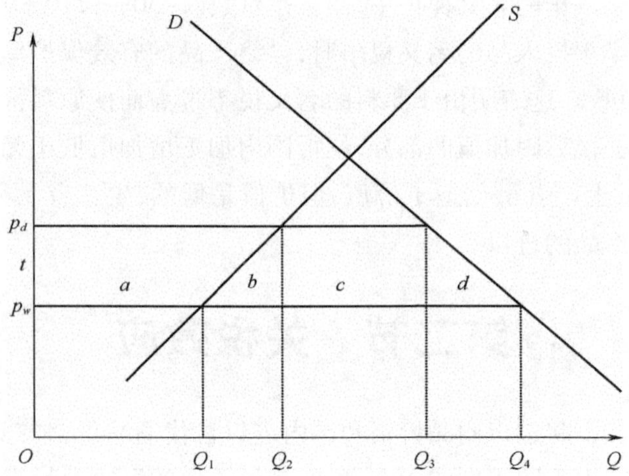

图6-1　贸易小国的关税效应

Q_2Q_3。具体说，关税的征收给A国带来如下经济效应：

（一）价格效应

价格效应（Price Effect）是指征收关税对进口国国内市场价格的影响。对进口商品征收关税首先会使进口商品的价格上涨，从而引起国内进口替代部门生产的产品价格上涨，但整个国内市场价格上涨幅度的大小，要看征收关税对世界市场价格的影响力。由于贸易小国在世界市场中所占份额很小，所以在征收关税后对世界市场价格没有影响。因此，A国对进口品征税并不改变世界市场价格，但征收关税之后，进口商除需要按世界市场价格支付价款外，还需要向本国海关缴纳进口关税，进口成本提高，进口商品及国内替代品的市场价格也必然提高。

（二）保护效应

保护效应（Protective Effect）是指征收关税对进口国进口替代品产生的影响。对于国内的竞争生产者来说，可以从保护关税中获利。在允许自由进口的情况下，国内生产的商品数量将被压缩到OQ_1，其余部分的需求就要通过进口来满足，此时的进口数量为Q_1Q_4。而当关税把国内市场的价格提高后，国内的生产数量也从OQ_1扩大到了OQ_2，图6-1中a即代表了生产者剩余的上升，即国内的生产者利润的增加。也就是说，由于关税影响所减少的那部分进口数量中，有一部分是由国内生产所代替。一般意义上，关税的税率越高，生产者受到的保护程度也就越大。事实上很多国家以关税限制进口，就是希望通过关税给国内生产厂商提供保护，推动国内生产的扩大和就业水平的提高。

（三）消费效应

消费效应（Consumption Effect）是指关税对进口商品消费的影响。对进口商品征收关税首先会使进口商品及国内替代品的市场价格提高，还会导致国内市场需求的下降和消费数量的减少，产生消费效应。价格的上升和消费数量的减少使消费者蒙受损失，损失的程度可由消费者剩余的变动来衡量。在图6－1中，价格上升后，消费者剩余减少了大梯形面积$(a+b+c+d)$，这就是征收关税使国内消费者损失的福利。

（四）贸易效应

将关税的生产效应与消费效应结合起来即可得到关税的贸易效应（Trade Effect）：消费数量的减少和本国替代品生产数量的增加必然导致进口数量的萎缩。

（五）财政收入效应

财政收入效应（Fiscal Revenue Effect）是指征税对国家财政收入的影响。对进口商品征收进口关税为政府直接带来了税收，从而增加了财政收入，这就是关税的税收效应。在图6－1中，关税收入为矩形面积c，它代表政府从关税得到的收益。其大小等于进口数量乘上税率。

（六）福利效应（Welfare Effect）

把关税的保护效应、消费效应和财政收入效应综合起来，就可以得到关税的福利效应。关税的征收使国内不同经济主体的利益发生不同的变化：生产厂商获得利益，政府获得税收，但消费者会蒙受损失。从前面的分析可知，厂商获利a与政府税收c二者之和不能弥补消费者损失$(a+b+c+d)$，关税的征收使一国产生了$(b+d)$的净福利损失，这就是贸易小国的关税福利效应。不难看出，贸易小国对进口品征收关税只会降低自身的福利水平。因此，对贸易小国而言，自由贸易是最佳选择。

二、贸易大国的关税效应分析

贸易大国在这里是指其某种商品的进口量占了世界进口量的较大份额，该国变动进口量会影响到世界市场的价格。

假设在某种商品的国际贸易中，B 国为贸易大国，其在该商品上的国内市场供求情况如图 6－2 所示。图中 S 曲线和 D 曲线分别代表 B 国进口商品供给与需求曲线，P_w 为 B 国征税前的世界市场价格，P_w' 为 B 国征税后的国际市场价格，t 是对单位商品征收的从价税，P_d 为征税后的 B 国国内市场价格，$P_d = P_w' + t$，a、b、c、d、e 分别为被标示的几何图形的面积。

与贸易小国 A 情况相同，在 B 国对该种进口商品不征收关税的情况下，若世界市场价格为 P_w，B 国的国内市场价格也为 P_w，那么这时 B 国国内该商品生产量为 Q_1，该商品的消费量为 Q_4，进口量为 Q_1Q_4。当 B 国对每一个单位进口商品征收的进口关税为 t 时，会使该国对该商品的进口数量下降，减少对世界市场上该商品的需求，从而导致该商品世界市场价格降低。此时我们假定降低后的世界市场价格为 P_w'，那么由于关税的征收 B 国国内市场价格将上升至 $P_d(P_d = P_w' + t)$，国内生产量增加至 Q_2，国内消费量减少至 Q_3，进口量缩减至 Q_2Q_3。

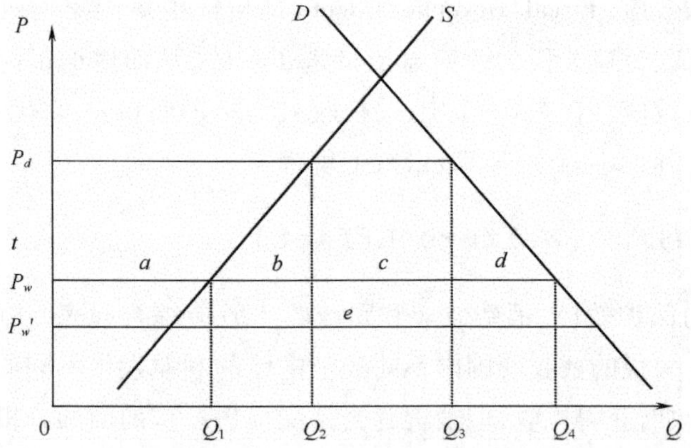

图 6－2　贸易大国的关税效应

可见，贸易大国关税的征收同样带来了价格上涨的价格效应、生产扩大的保护效应、消费下降的消费效应、进口萎缩的贸易效应以及增加财政收入的税收效应等经济效应。

与贸易小国相比，贸易大国征收关税后产生的效应有以下不同：

（一）国内价格的上涨

与贸易小国不同的是，贸易大国国内价格的上涨幅度小于贸易小国，这是因为贸易大国关税的征收使世界市场价格被压低，贸易大国国内价格为新的世界市场价格与进口关税相加。一般来说，贸易大国关税价格效应的这一特征也使其在生产增长幅度、消费降低幅度和贸易减少程度方面均小于贸易小国。

（二）贸易条件效应

贸易大国征收关税，会引起对进口商品的需求减少，进口量的减少将促进世界市场价格下降，从而降低了该国的进口价格，在其他因素不变的情况下，意味着改善了本国的贸易条件。

（三）福利效应

虽然贸易大国征收关税同样会使生产厂商获利，政府获得财政收入，消费者蒙受损失，但不同的是贸易大国的净福利变动却不同于贸易小国。由图 6－2 可以看出，此时厂商获利为 a，消费者损失为 $(a+b+c+d)$，而政府的关税收入应该是 $(c+e)$，净福利变动就是 $[e-(b+d)]$，这就使贸易大国的净福利变动出现三种可能：一是，净福利损失，即 e 小于 $(b+d)$；二是，净福利变动为零，即 e 等于 $(b+d)$；三是，净福利增加，即 e 大于 $(b+d)$。

也就是说，贸易大国的征税有可能带来福利的增加，而贸易小国征收关税却只能带来福利的损失。这种可能性我们可以通过贸易条件效应进行解释。由于贸易大国具有强大的市场影响力，能左右国际市场价格，所以通过压低进口价格，可改善自身贸易条件，从而使得一部分利益从国外出口商那里转移至本国，从而部分甚至全部补偿本国因征税导致价格上涨、贸易减少而蒙受的损失。因此，贸易大国与贸易小国相比通常处于更为有利的地位。

第三节　海关税则和通关手续

一、海关税则

海关税则（Customs Tariff）又称关税税则，是一国对进出口商品计征关税的依据，是一国根据其关税政策和总体经济政策，以一定的立法程序制定和颁布实施的应税商品和免税商品的种类划分及按商品类别排列的关税税率表，是一国关税政策的具体体现。

海关税则一般包括两部分：第一部分是海关课征关税的规章条例及说明，包括该税则的实施细则和使用说明，以及对商品归类的总规则，各类、章和税目的注释等。第二部分是关税税率表，关税税率表的内容主要包括税则号列（Tariff No 或 Heading No 或 Tariff Item）、商品分类目录（Description of Goods）及税率（Rate of Duty）三部分。

（一）海关税则的分类

依照不同的需要，海关税则主要有以下几种不同形式的分类：

1. 按照同一税号下所带的税率种类的多少，海关税则可分为单式税则和复式税则。

（1）单式税则（Single Tariff），又称一栏税则。在这种税则中，每个税号下只有一个税率，适用于来自任何国家的商品，没有差别待遇。现在，只有少数发展中国家如委内瑞拉、巴拿马、乌干达、冈比亚等实行单式税则。

（2）复式税则（Complex Tariff），又称多栏税则。在这种税则中，每个税号下设有两个或两个以上的税率。对来自不同国家的进口商品按不同的税率征税，实行差别待遇。其中，普通税率、最惠国税率、协定税率、普惠税率、特惠税率依次由高到低排列，普通税率最高，特惠税率最低。现在，大多数国家都采用复式税则，而且各个国家根据自身的需要，分别采用两栏、三栏、四栏不等的税则。例如，欧盟采用五栏税则：第一栏是特惠税，实施对象是签订《洛美协议》的国家或地区；第二栏是协定税率，实施对象是与欧盟签订了优惠贸易协定的国家，如以色列、埃及等；第三栏是普惠制税率，实施对象是一些发展中国家（包括中国）；第四栏是最惠国税率，实施对象是世贸组织的成员及与欧盟签订双边最惠国待遇的国家；第五栏是普通税率，实施对象是上述国家之外的其他国家和地区。

2. 按照税率制定中的国家权限的不同，海关税则可分为自主税则和协定税则。

（1）自主税则（Autonomous Tariff），又称国定税则（National Tariff System）或通用税则（General Tariff System），是指一国政府独立制定并有权加以变更而不受对外签订的贸易条约或协定约束的税则。它分为自主单一税则和自主多重税则制度。

(2)协定税则(Conventional Tariff),是指一国与其他国家通过贸易谈判,并依据与其签订的贸易条约或协定,按照双方或多方共同商定的税率制定的关税税则,一般适用于协定的商品。协定税率是通过与其他国家的关税谈判而制定的税率,因此要比国定税率低。

(二)海关税则中的商品分类

商品分类是将种类繁多的商品按加工程度或按自然属性、功能和用途等分为不同的类。分类的目的不仅是为了方便通关纳税统计的需要,更主要的是有针对性地限制有关商品的进口,将其作为贸易歧视的手段。因此,正确进行商品归类在进出口货物的通关中有十分重要的意义。

由于最初各国是根据自身需要和习惯进行商品的分类,因而分类方式、口径各异。为了减少各国海关在商品分类上的矛盾,一些国际组织开始制定国际通用的商品分类目录,现在普遍使用的主要有三种:

1.《布鲁塞尔税则目录》(Brussels Tariff Nomenclature, BTN),又称《海关合作理事会税则目录》(Customs Co－operation Council Nomenclature,CCCN),由欧洲关税同盟研究小组于1952年制定。该目录的分类原则是以商品的自然属性为主,结合加工程度来划分。它将全部商品分为21类(Section)、99章(Chapter)、1 015个税目号(Heading No.)。其中前4类(1～24章)为农畜产品,其他17类(25～99章)为工业制成品。税目号都用四位数表示,中间用圆点隔开,前两位数字是商品所属章次,后两位数表示商品在这一章内排列的顺序号。《布鲁塞尔税则目录》已被150多个国家采用。

2.《国际贸易标准分类》(Standard International Trade Classification, SITC)。出于方便贸易统计的目的,联合国经社理事会于1950年制定并公布了《国际贸易标准分类》,它主要是依照商品的加工程度将商品分为初级产品和工业制成品,并按由低到高对商品进行分类排列,同时也适当参考商品的自身属性。该标准分类把全部商品分成10类、63章、233组、786分组、1 924个基本项目。其中0～4类为初级产品,5～8类为制成品。《国际贸易标准分类》已被100多个国家采用。

3.《商品名称及编码协调制度》(The Harmonized Commodity Description and Coding System , HS)。在国际市场上同时应用上述两种商品分类标准给很多工作带来了不便,为了协调和进一步统一这两种国际贸易分类体系,海关合作理事会协调制度委员会于1983年主持制定了《商品名称及编码协调制度》，也称做《协调制度》(HS)，并在1988年1月1日正式生效。《协调制度》将商品分成21类、97章、1 241个项目号和5 019个子目。其中1～24章为农副产品，25～97章为加工制成品，第97章留空备用。由于《协调制度》综合了两种分类标准，同时能满足关税统计和国际贸易其他方面的要求，所以被大多数国家和地区采用，中国于1992年正式采用该分类体系。

二、通关手续

通关手续又称报关手续，是指进出口商向海关申报进口或出口手续，接受海关的监督和检查。进出口货物只有通过申报通关手续，交纳相关税额和费用，经海关同意后才给予通关放行，其核心是海关监管。通关手续一般包括四个基本环节：申报、查验、征税、放行。

（一）申报

申报(Application)又称报关，是指进出口商或其代理人在货物运抵进口国的港口、车站或机场时，在海关规定的时间内，向海关提交有关单证和填写有关的表格，向海关申请进口。在填制报关单时必须正确、全面，并要求其内容与实际货物及交验的其他单证相一致，做到报关单、货物及其他证件三者相符。

提交的单据和文件包括：进口报关单、提单、商品发票或海关发票、进口许可证、装箱单、原产地证书、商品检验证书及其他单证和合同等。

海关在收到报关人提交的上述单证后进行审核。海关如发现缺少单证或未按规定内容填制，应立即通知申报人及时补充或更正。

（二）查验

查验(Customs Inspection)又称验关。它是指海关在接受申报并审核报关单证的基础上对进出口货物进行实际校对检查。查验的目的是核对实际进出口货物与报关单证所报内容是否相符，有无错报、漏报、瞒报、伪报等情况，审查货物的进出口是否合法，确定货物的物理性质和化学性质。进出口货物，除海关总署特准免验的之外，都要接受海关查验。海关查验货物，一般应在海关规定的时间和监管场所进行，如有特殊理由，事先报经海关同意，海关可以派人员在规定的时间和场所以外查询。

海关查验货物时，要求货物的收、发货人或其代理人必须到场，并按海关的要求负责办理货物的搬移、拆装箱和查验货物的包装等工作。海关认为必要时，可以开验、复验或者提取货样，货物保管人应当到场作为见证人。

另外，查验货物时由于海关关员责任造成被查货物损坏的，海关应按规定赔偿当事人的直接经济损失。赔偿办法为海关关员如实填写《中华人民共和国海关查验货物、物品损坏报告书》，一式两份，查验关员和当事人双方签字，各留一份。双方共同商定货物的受损程度或修理费用，以海关审定的完税价格为基数，确定赔偿金额。赔偿金额确定后，由海关填发《中华人民共和国海关损坏货物、物品赔偿通知单》，当事人自收到通知单之日起，三个月内凭单向海关领取赔款或将银行账号通知海关划拨，逾期海关不再赔偿。赔款一律用人民币支付。

（三）征税（Duties Collection）

海关查验货物后，根据该国海关税则，对来自不同国家的货物依照不同的税率征收关税。如发现货物缺少，可扣除缺失部分的进口税。

在通关过程中，各国海关都规定报关的时限，报关人必须在货物到达后按规定办理报关手续。如果进口商对于某些特定的商品，如易腐、易烂的商品，要求货到即刻从海关提出，可在货到之前先办理提货手续，并预付一笔进口税，日后再正式结算进口税。如果进口商想延期提货，在办理报关手续后，可将货物存入保税仓库，暂时不交纳进口关税。在存放仓库期间，货物可再行出口，不必交纳进口税，但如要将货物提出保税仓库运往国内市场销售，则在提货前必须办理通关手续。

货物到达后，进口商如在海关规定的期限内未办理通关手续，海关有权将货物存入候领货物仓库，一切责任和费用都由进口商负责。如果超过海关规定的时间仍未办理通关手续，海关有权处置该批货物。

（四）放行（Release）

上述一切海关手续办妥以后，海关即在货运单据上签印放行。对于一般贸易货物来说，放行表示解除海关监管。

通关手续是货物进出口活动的正常环节，但有时它会成为限制进出口的重要手段。一国在实施贸易保护政策时，烦琐的、特意设计的通关手续，是一种非常有效的保护措施。进口国可以设计多种货物进口的障碍，增加进口货物的额外开支，使进口商承担更多的风险，从而不愿进口。

第四节 关税减让谈判

一、关税减让的含义

关贸总协定和 WTO 所指的关税减让内容包括:削减关税并约束减让后的税率;约束现行的关税水平;约束上限税率;约束低关税或零关税。

二、关税减让谈判的基础与原则

(一)关税减让谈判的基础

1. 商品基础。关税谈判的商品基础是各国的海关税则上列出的商品。在谈判中常以协调税则税号确定商品范围。

2. 税率基础。税率基础是关税减让的起点。每一次谈判的税率基础是不同的,一般以上一次谈判确定的税率(约束税率)作为进一步谈判的起点。对于没有约束税率的商品,谈判方要共同确定一个税率。加入 WTO 时关税谈判的基础税率,一般是申请方开始进行关税谈判时国内实际实施的关税税率。

(二)关税减让谈判的原则

根据《1994 年关贸总协定》的规定,WTO 成员应在互惠互利基础上进行谈判,实质性地削减关税和其他进口费用的总体水平,特别是应削减阻碍最低数量进口的高关税。在谈判中,坚持以下几个原则:

1. 互惠互利。互惠互利是关税谈判的指导思想,各方只有在互惠互利的基础上才能达成协议。互惠互利应从整个国家的贸易发展而不能仅局限在具体的关税谈判上。互惠互利也并不意味着在所有的关税谈判中,谈判双方都要做出减让承诺。例如在加入 WTO 谈判时,承诺减让的只有申请加入的一方。申请方加入 WTO 后,可以从成员方在多边谈判中已做的关税减让承诺中得到利益。

2. 考虑对方需要。关税谈判应充分考虑每个成员、每种产业的实际需要,发展中国家使用关税保护本国产业和增加财政收入的特殊需要,各成员经济发展等其他方面的需要。

3. 对谈判情况保密。一般情况下,一个成员要与若干个成员进行关税谈判，但具体的谈判是在双边基础上进行的。因此，双方在谈判结束前要对谈判承诺的情况保密。

4. 按照最惠国待遇原则实施。关税谈判达成的谈判结果，应按照最惠国待遇原则，对 WTO 所有成员实施。

三、关税减让谈判权的确定

根据 WTO 规定，只有享有关税谈判权的成员才可参加关税谈判。凡具备以下条件之一者，可享有关税谈判权。

（一）产品主要供应利益方

在谈判前，一个 WTO 成员如果是另一个 WTO 成员进口某项产品的前三位供应者，则该成员对这项产品享有主要的供应利益，被称为有主要供应利益方，通称主要供应方。主要供应方有权向对方提出关税谈判的要求。

此外，如某个成员的某个产品出口额占其总出口额的比重最高，该成员虽不具有主要供应者的利益，但应被视为具有主要供应利益，与主要供应方一样也有权要求参加关税减让谈判。

（二）产品实质供应利益方

在谈判前，一个 WTO 成员某项产品的出口在另一方的进口贸易中所占比例达到 10% 或 10% 以上，则该成员对这项产品享有实质供应利益，被称为有实质供应利益方。它有权向被供应方提出关税谈判的要求。

如果一个 WTO 成员对某项产品在谈判时不具有主要供应利益，也没有实质供应利益，但这项产品在该成员的出口中处于上升的发展阶段，今后可能成为该成员有主要供应利益或有实质供应利益的产品；或者这项产品在世界其他国家已成为该成员具有主要供应利益的产品，则该成员一般被视为具有“潜在利益”。该成员也有权要求进行关税谈判，但是否与之谈判要由进口方决定。

（三）最初谈判权方

一个 WTO 成员与另一方就某项产品的关税减让进行了首次谈判，并达成协议，则该成员对这项产品享有最初谈判权，通常称为有最初谈判权方。当做出承诺的一方要修改或撤回这项关税减让时，应与有最初谈判权方进行谈判。

最初谈判权的规定,是为了保持谈判方之间的权利与义务平衡。最初谈判权方一般都具有主要供应利益,但具有主要供应利益方不一定对某项产品要求最初谈判权。

在双边谈判中,有些国家对某项产品并不具有主要供应利益或实质供应利益,但这些国家认为,他们对该产品有潜在利益,因而要求最初谈判权。此时,谈判的另一方不得拒绝。给予最初谈判权的产品品种的多少由双方谈判确定。这种情况一般出现在 WTO 成员加入时的关税谈判中。

四、关税减让谈判的类型与方式

(一)关税减让谈判的类型

1. 多边关税减让谈判。多边关税谈判是指由所有 WTO 成员参加的、为削减关税壁垒而进行的谈判。多边关税谈判可邀请非成员参加。1947 年关贸总协定主持下八轮多边贸易谈判中的关税谈判就属于多边关税减让谈判。

2. 修改或撤回减让表的关税谈判。修改或撤回减让表的关税谈判是指一个 WTO 成员修改或撤回已做出承诺的关税减让,包括约束税率的调整或改变有关税则归类时,与受到影响的其他成员进行的谈判。这种谈判以双边方式进行。

有资格参加修改或撤回减让的关税谈判成员包括:有最初谈判权的成员、有主要供应利益或实质供应利益的成员。但并不是所有有资格谈判的成员都可以获得补偿,申请方仅对具有主要供应利益或实质供应利益的成员给予一定的补偿。

对有最初谈判权的成员,如果在申请方提出申请时,既不具有主要供应利益也不具有实质供应利益,则该成员虽可要求与申请方进行谈判,但申请方可以以该成员没有贸易利益为由而不给予补偿。

3. 加入 WTO 关税谈判。任何一个加入 WTO 的申请方都要与原成员方进行关税谈判,谈判的目的是为了削减并约束申请方的关税水平,作为加入后享受多边关税减让成果的补偿。加入关税谈判中的减让是单方面的,申请方有义务做出关税减让承诺,无权向成员方提出关税减让要求。加入时的关税谈判资格,一般不以是否有主要供应利益或实质供应利益来确定,任何成员均有权向申请方提出关税减让要求,是否与申请方进行谈判是由各成员自行决定的,要求谈判的成员也可对某些产品提出最初谈判权,申请方不得拒绝。

(二)关税减让谈判的方式

1. 产品对产品谈判。它是指一个 WTO 成员根据对方的海关税则,向谈判方提出自己具有利益产品的要价单,被要求减让的一方根据有关谈判原则,对其提出的要价单按其具体产品进行还价。提出要价单的一方通常称为索要方。索要方在提出的要价单中,一般包括具有主要供应利益、实质供应利益及潜在利益产品关税减让要求。

2. 公式减让谈判。它是指对所有产品或所选定产品的关税,按某一议定的百分比或按某一公式削减的谈判。现行关税减让公式是一位瑞士经济学家提出的,具体为:

$$Y = XZ/(X + Z)$$

其中:Y 是减让后的关税税率;X 是一个固定参数,可以通过缔约方之间的谈判来确定;Z 是关税减让前的税率。公式减让谈判对高关税削减幅度会较大,对低关税削减幅度较小。

3. 部门减让谈判。它是指将选定产品部门的关税约束在某一水平上的谈判。部门减让的产品范围一般按照《商品名称及编码协调制度》的 6 位编码确定。

在 1947 年关贸总协定和 WTO 的关税谈判中,这几种谈判方式交叉使用,没有固定模式,通常是以部门减让以及产品对产品谈判方式为主。

五、乌拉圭回合关税减让谈判成果

在 GATT 的主持下,1986 ~ 1993 年举行乌拉圭回合多边贸易谈判,参加谈判的 100 多个国家和地区就关税减让达成如下成果。

(一)工业制成品

1. 关税减让:发达国家减让关税 40% ,发展中国家和经济转型国家各为 30%。

2. 约束关税并承诺不再提高。发达国家和转型经济国家 98% 的进口工业品纳入约束关税;发展中国家的进口货物,纳入约束税率的比例在 73% 左右。

3. 根据《纺织品与服装协议》的规定,在十年内,取消原"多种纤维安排"项下对纺织品的限额和其他限制措施。

4. 原“多种纤维安排”下的配额水平在十年过渡期内大大提高，提供改善的市场准入条件。

5. 在四年内（即在1999年1月1日以前），取消针对其他工业制成品实施的“自愿出口限制”。

（二）农产品

1. 通过关税化取消全部的非关税措施。
2. 对于关税化形成的新关税和其他关税进行约束，使它们不再提高。
3. 发达国家削减约束关税的36%，发展中国家削减24%。

（三）各种类型成员方的关税税率变化

经过乌拉圭回合多边贸易谈判，各类型成员方的工业品的加权平均关税均呈下降趋势。发达国家整体的工业制成品的加权平均关税从乌拉圭回合之前的6.3%下降至3.8%，经济转型国家整体从8.6%下降至6.0%，发展中国家也均有不同程度的下降。

案例与分析

美国对中国果汁反倾销案

一、案例介绍

1998年，美国企业诉中国果汁倾销。接到美方的反倾销诉讼后，中国湖滨果汁有限责任公司联合山东省烟台北方安德利有限公司、中鲁果汁集团公司和陕西海升果汁有限公司等9家国内企业，经过准备后积极应诉。在应诉过程中，中国企业一方面对国际市场上倾销价格的认定和技术处理方面做出了有利于我方的安排，另一方面特地聘请了具有25年反倾销办案经验的美国资深律师为主办律师来办理此案。通过艰难的应诉，美国国家贸易委员会做出最终裁决，对来自中国的浓缩苹果汁增收51.74%的反倾销税，这比起美国企业最初要求的91%的税，可以说是一个胜利。通过本案试总结分析中国企业应如何应对国外的倾销调查？

二、案例分析

面对世界各国对中国的反倾销诉讼，中国企业一是要积极应诉，二是要敢于起诉。在国际贸易领域中，反倾销是一把双刃剑，谁都可以利用它置对手于不利地位。在国际范围的反倾销斗争中，我们不能总是处于消极防御、被动挨打的地位。另外，不能盲目应诉，要进行充分的准备，在应诉中做到有理、有力、有据。

思考练习题

思考题

1. 国家征收关税会起到什么作用？
2. 贸易小国征收关税的国内影响与贸易大国有什么不同？

练习题

一、单项选择题

1. 进口关税中的正常关税一般是指（　　）。

   A. 最惠国税　　B. 普惠税　　C. 特惠税　　D. 普通税

2. 普惠制的主要特点是（　　）。

   A. 普遍的、歧视的、互惠的　　B. 普遍的、非歧视的、非互惠的

   C. 非普遍的、非歧视的、非互惠的　　D. 非普遍的、歧视的、非互惠的

3. 当国际市场价格上涨时，实施从量征税的保护程度（　　）。

   A. 降低　　B. 提高　　C. 不变　　D. 不确定

二、多项选择题

1. 征收关税对一国的经济影响是（　　）。

   A. 该国国内这种商品的价格上升　　B. 进口数量增加

   C. 该国国内这种商品的价格下降　　D. 进口数量减少

   E. 进口国该种商品的生产增加

2. 根据《反倾销协议》，一国在征收反倾销税时，必须能够证明（　　）。

   A. 存在倾销行为　　B. 存在协议所指的实质性损害

   C. 倾销与损害之间存在因果关系　　D. 倾销属于长期性倾销

三、简答题

1. 名义保护关税与有效保护关税的区别是什么？
2. 中国为什么频遭倾销调查？

第七章 非关税措施

学习目标和要求

本章学习重点是非关税壁垒的类型及各种非关税壁垒对不同国家的影响，要求掌握非关税壁垒的特点及其所产生的经济效应，了解非关税壁垒的未来发展趋势。

引导案例

温州打火机面临技术壁垒

2001年10月2日，温州打火机协会副会长黄发静收到了贸易合作伙伴欧洲打火机进口商协会会长克劳斯·邱博的一份电函，被告知欧盟正在拟定进口打火机的CR法规草案。这是欧盟对1994年美国CR法规的"克隆"。其核心内容，规定进口价格在2欧元以下的打火机，必须要加装一个5周岁以下儿童难以开启的装置即安全锁，否则不准进入欧盟市场。由此，素有"打火机王国"之称的温州打火机行业的发展受到了影响。

欧盟的做法实际上是利用国际贸易技术壁垒保护该地区相关产业发展的一个典型案例。今天，在关税和传统的非关税措施受到WTO规则的约束下，一些国家和地区为保护自身的经济利益，实施了很多外表合理、内在隐蔽的非关税措施。非关税措施对不同国家将产生什么样的影响？它有哪些特点？又有哪些类型？发展趋势如何？这些问题是本章要研究和学习的内容。

第一节 非关税措施概述

在传统的国际贸易中，对进口的主要调节手段是关税。经过GATT八轮的关税减让多边贸易谈判以及世界贸易组织规定的各项关税减让措施的实施，世界各国的关税水平都有了大幅度的降低。目前，发达国家的平均关税水平已经下降到了3%左右，发展中国家的平均关税水平也已经降到了10%以下。我国自2001年加入世界贸易组织后，按照入世时的承诺，不断下调进口关税税率，根据海关的统计数据，目前我国的平均关税为9.8%，和入世前相比已经下降了很多。关税减让使得关税壁垒在国际贸易中限制产品进口的作用已经非常有限。与此同时，各种层出不穷的非关税措施，如进口配额制、绿色壁垒和技术性贸易壁垒等越来越受到各国尤其是发达国家的青睐。

一、非关税措施的含义及发展

非关税措施（Non－Tariff Measures，NTMs）又被称为非关税壁垒（Non－Tariff Barriers，NTB），是指一国政府采取除关税以外的各种办法，来对本国的对外贸易活动进行调节、管理和控制的所有政策与手段的总和。其目的就是限制进口，以保护国内市场或国内产业的发展。

在世界贸易组织的不断努力和各国双边贸易谈判下，传统的关税壁垒已经大大减弱，但非关税壁垒却与日俱增，成为当前国际贸易发展的主要障碍。非关税壁垒除不断加强外，还呈现出新的发展趋势。

第一，贸易技术壁垒迅速发展。WTO允许各国根据自身的特点制定与别国不同的技术标准，这使得发达国家利用该规定制定了名目繁多的技术贸易壁垒，比如通过设置多种技术标准和质量认证来限制其他国家的进口。

第二，绿色壁垒巧设名目。很多发达国家利用全球绿色经济兴起的趋势，打着保护环境和居民身体健康的旗号，设置了很多复杂烦琐的环境保护标准，对从其他国家和地区进口的货物进行限制，例如欧盟的“EU制度”。

第三，灰色区域措施的使用。优惠性原产地规则和政府采购政策等灰色措施仍游离于WTO多边约束规则之外，从而成为很多成员方贸易保护的重要手段。

第四，劳工标准和动物福利逐渐兴起。尽管劳工标准和动物福利还未列入国际贸易制度中，但发达国家为了削弱发展中国家存在的劳动力比较优势和原材料价格优势，一直提倡并推动其成为世界贸易组织的正式规定。事实上，现在很多发展中国家已经受到发达国家在这方面的进口限制。

二、非关税措施的特点

与关税措施相比,非关税措施具有以下特点:

(一)更大的灵活性和针对性

关税措施作为国家海关法的重要组成部分,在关税税率设置和征税商品品种变更方面都要经历复杂的立法程序,因此一国的关税税率一旦确定下来,将不能随意更改,具有相对的稳定性。此外,关税措施还要受到各种国际条约的约束,进口国往往难以做到随时对某种特定产品进行有针对性的调控。与关税措施不同,非关税措施往往是以政府行政手段的方式制定,这些措施的制定实施可以在短时间里实现,并且可以根据具体情况随时更改和调整,进口国可以根据不同的贸易对象做出调整,因而具有很强的灵活性和针对性。

(二)更有效的限制保护作用

关税措施主要通过对进口产品征收高额关税从而提高进口商品的价格,以实现削弱进口商品竞争力的目的,然而,如果商品出口国实施产品出口补贴或倾销,关税措施往往效果不明显。一些非关税措施则可以直接限制进口,比如政府可以实施进口配额,预先设定允许的进口数量,如果超过数量限制,则禁止进口,这样就能更有效地保护本国生产与本国市场。

(三)更强的隐蔽性和歧视性

一个国家的关税措施往往以法律法规的形式公布于众,出口国只要根据规定采取相应的措施就行。而非关税措施往往不公开,即便公开也会设立烦琐复杂的程序和标准,由行政机关在具体业务中执行,而且经常变化,让出口国措手不及。不仅如此,有些非关税措施是针对某些国家的特定产品设立的,带有一定的歧视性,例如国别配额,就是直接对从某一国家进口的商品数量实行限制,具有明显的歧视性。

三、非关税措施的分类方法

非关税措施种类多样,联合国贸易与发展会议提出的分类方法如表 7－1 所示。

表 7 - 1　UNCTAD 非关税措施的分类

种类	内容
与进口有关的非关税措施	额外收费,对进口产品征收的国内税收
价格控制措施	管理定价,最低限价,海关估价制
财政金融措施	进口押金制,提前支付要求,多重汇率,支付延迟,外汇管制
自动许可措施	自动许可证,提前监管
数量控制措施	非自动许可证(包括提前授权),配额,禁令,出口限制安排,企业特别具体限制
垄断措施	专营,制定进口,强迫性国内服务,歧视性政府采购
技术性措施	技术法规、装运前检验、技术标准,合格评定程序,特别海关程序,使用过的产品返回义务,循环利用的义务,包装标签要求,绿色壁垒,动植物检验检疫措施

除了上述联合国贸易与发展会议提出的分类方法外,另一种比较广为采用的分类方法是迪尔多夫(Deardorff)、斯特恩(Stern)的分类方法,见表 7 - 2。

表 7 - 2　迪尔多夫、斯特恩非关税措施的分类

一、数量限制及类似的现实措施 1. 进口配额 2. 禁止进口 3. 进口许可证 4. 自动出口限制(VER) 5. 外汇管制 6. 自制率规定 7. 歧视性双边规定 8. 对等贸易
二、影响进口成本和价格的非关税性收费 1. 预先存款要求(进口押金) 2. 滑动关税 3. 反倾销税 4. 反补贴税 5. 边境税收调整(出口退税)

续表

三、政府参与贸易行为、限制性措施和一般政策 1. 补贴 2. 政府采购 3. 政府垄断经营和特许经营 4. 政府的结构性、地区性发展政策 5. 政府资助的研究和发展项目及其他科技政策 6. 国家税收制度和社会保险制度 7. 宏观经济政策 8. 竞争政策 9. 外国投资政策 10. 移民政策
四、海关程序和行政措施 1. 海关估价程序 2. 海关分类程序 3. 海关清理程序
五、技术壁垒(TBT) 1. 健康、卫生及品质标准 2. 安全及工业标准 3. 有关包装与标签的规定 4. 广告及传媒推广规章

第二节　非关税措施的种类及应用

非关税措施种类繁多,常见的主要有如下种类。

一、进口配额制

进口配额制(Import Quotas System)又称进口限额制,它是指一国政府在一定时期内,对某种商品的进口数量或金额加以直接的限制。在规定的期限内,配额以内的货物允许进口,超过配额则不准进口,或者在征收更高的关税或罚款后才允许进口。进口配额制是很多国家尤其是发达国家实施数量限制的重要手段。根据控制的力度和调节手段,它又可以分为绝对配额和关税配额两种。

（一）绝对配额

绝对配额（Absolute Quotas）是指在一定时期内，进口国对某种商品的进口数量或金额规定一个最高限额，达到这个限额则不允许进口。绝对配额又可以分为以下两种形式：

1. 全球配额。全球配额（Global Quotas）属于世界范围内的绝对配额，对于来自世界任何一个国家或地区的商品都适用。进口国的主管当局通常按进口商的申请顺序或过去某一时期的实际进口额批给一定的额度，直至总配额发完为止，超过总配额后则不准进口。

由于全球配额不限定进口国别或地区，所以，邻近的国家由于具有距离上的优势，商品到货时间快而占有了先机。较远的国家则处于不利地位。全球配额很难贯彻国别政策。为了避免上述不足，很多国家开始采用歧视性更强的国别配额。

2. 国别配额。国别配额（Country Quotas）是指进口国主管当局在总配额内按照不同的国家或地区分给固定的配额，超过配额，便不准进口。为了区分不同国家或地区的商品，进口商品时进口商必须提交原产地证书。实行国别配额，进口国可以根据其与不同国家或地区的政治经济关系来确定配额的分配数量，因而歧视性更强。一般来说，国别配额又分为自主配额和协议配额。

自主配额又称单方面配额，是由进口国完全自主地、单方面强制规定在某一时期内，从某一国家或地区进口某种商品的配额。自主配额的实施不需征得出口国的同意。进口国往往按照往年从该国输入商品的实际数量或金额，按一定的比例来确定新的进口数量或金额。它有利于进口国实行进口的国别政策，但该政策也容易引起出口国或地区的报复。大多数国家不会轻易使用自主配额，而是采取协议配额以缓和进口国和出口国之间的矛盾或者减少出口国的报复。

协议配额（Agreement Quotas）又称双边配额（Bilateral Quotas），是由进口国和出口国的政府或民间团体协商后确定的配额。如果协议配额是通过双方政府的协议达成的，一般需将配额在进口商或出口商中间进行分配；如果配额是在双方的民间团体或组织间达成的，应事先获得政府许可才能够执行。协议配额是由双方协调达成的，通常不会引起出口方的反感或报复。

（二）关税配额

关税配额(Tariff Quotas)不对一定时期内进口商品的绝对数额进行限制，对于规定配额以内的进口商品给予低税、减税甚至免税的待遇，对于超过配额的商品征收高额关税，或征收附加税甚至罚款。

根据商品进口的来源，关税配额可分为全球性关税配额和国别关税配额。按征收关税的优惠性质划分，可分为优惠性关税配额和非优惠性关税配额。优惠性关税配额是对进口配额以内的进口商品征收低关税甚至免税，而对超过配额以外的商品实行最惠国税率；非优惠性关税配额则是对关税配额内的进口商品征收原来的进口税，而对超过配额的进口商品征收高额附加税或罚款。

二、"自动"出口配额制

"自动"出口配额制("Voluntary" Export Quotas)又称"自动"限制出口("Voluntary" Restriction of Export)，它是指出口国家或地区在进口国的要求或压力下，自动规定在某一时期(一般是3～5年)对本国出口的某些商品的数量限额，在限定的配额内自行控制出口，超过配额后便禁止出口。

"自动"出口配额制与绝对进口配额制最显著的区别在于：绝对进口配额是由进口国直接控制进口的配额来限制外国商品的进入；"自动"出口配额制则是出口国迫于进口国的压力，主动控制本国商品对某一特定进口国的出口数量。二者在形式上虽然有差别，但对进口国而言，都起到了保护国内市场和产业、限制外国产品流入的作用。

"自动"出口配额制虽然是出口国自动控制出口数量，但其本质仍然是进口国为了保护本国的相关产业而向出口国施加压力的结果。进口国往往以外国大量商品涌入本国严重影响了本国相关工业的发展为理由，要求出口国对出口实行"有秩序的增长"，主动限制商品的出口，否则就单方面强行限制进口。在这种情况下，一些出口国不得不接受进口国的要求，强制实行"自动"限制出口。因此"自动"出口配额制带有明显的强制性。

"自动"出口配额制分为协定的自动出口配额和非协定的自动出口配额两种。前者是指进出口双方通过谈判签订"自动限制协定"或"有秩序销售协定"，规定在一定时期内某些商品的出口配额，出口国据此发放出口许可证，来限制商品的出口，进口国则通过海关统计进行监督检查。后者是指出口国受进口国压力所迫，自行规定出口限额，出口商必须向有关机构申请配额，领取出口授权书或许可证后才可出口。

三、进口许可证

进口许可证是指进口国规定某些商品的进口必须事先向有关国家机构申请进口许可证,只有拥有进口许可证才允许进口,否则一律不准进口。

按照进口许可证和进口配额的关系,进口许可证可分为有定额的进口许可证和无定额的进口许可证。有定额的进口许可证是指进口国有关机构预先规定有关商品的进口配额,然后在配额的限度内,根据进口商的申请,对于每一笔进口发放一定数量或金额的进口许可证。一般说来,进口许可证是由进口国的相关机构根据本国进口商的申请发放的,除此之外,也有将这种权限交给出口国自行分配使用的。无定额的进口许可证是指进口许可证不与进口配额相结合。在这种情况下,有关政府机构预先不公布进口配额、颁发有关商品的进口许可证,只是在个别考虑的基础上进行。由于没有公开的标准,只是在个别考虑的基础上发放许可证,因此更具有隐蔽性,对进口的限制作用更大。

按照进口许可证的使用对进口商品有无限制,可分为公开一般进口许可证和特种进口许可证。公开一般进口许可证(Open General License)又称一般许可证、公开进口许可证、自动进口许可证(Automatic Import Licenses),凡是列明属于领取公开一般许可证的商品,对进口国别和地区都没有限制,进口商只要填写公开一般许可证后,就可获准进口。从本质上讲,这类商品实际上是允许自由进口的商品。特种进口许可证(Specific License)又称非自动进口许可证(Non - automatic Import Licenses),对于需要特种进口许可证的商品,进口商必须向国家有关当局提出申请,并经有关部门或机构逐笔审查批准后才能进口。特种进口许可证一般会指定进口国别或地区。

四、外汇管制

外汇管制(Foreign Exchange Control)是指一国政府为平衡国际收支和维持本国货币汇率而对外汇进出实行的限制性措施,在中国又称外汇管理。外汇管制是一国政府通过法令对国际结算和外汇买卖进行限制的一种限制进口的国际贸易政策。外汇管制分为数量型外汇管制、成本型外汇管制和混合型外汇管制。

数量型外汇管制是指国家外汇管理机构对外汇买卖的数量直接进行限制

和分配，旨在集中外汇收入，控制外汇支出，通过对外汇的分配，达到限制进口商品品种、数量和国别的目的。实行数量型外汇管制的国家在实行外汇管制时，往往规定进口商必须获得进口许可证后，才能得到所需要的外汇，即常常将进口许可证的实施和外汇管制二者联系起来。

成本型外汇管制是指国家的外汇管理机构对外汇的买卖实行复汇率制度（System of Multiple Exchange Rates），通过对外汇买卖成本差异的控制，实现对特定商品或来自特定国家商品的进口限制。

混合型外汇管制是既采取数量型外汇管制又采取成本型外汇管制的方法，从而更加强化了对外汇的管制，并借此间接影响商品的进出口。

外汇管制对国际贸易的影响在于：当一个国家实施外汇管制时，出口商必须把出口所得到的外汇收入按照外汇管理机构规定的官方汇率卖给外汇管理部门，出口商没有权利截留外汇收入；进口商若进口商品，必须从外汇管理部门按照官方汇率价格买入外汇。这样，本国政府就能够通过确定官方汇率、集中外汇收入和控制外汇供应数量来达到限制进口商品品种、数量和控制进口国国别的目的。

五、进出口的国家垄断

进出口的国家垄断是指在对外贸易中，某些商品的进出口，规定只能由国家直接经营，或者由国家将相应的进出口垄断权给予某些垄断的组织或机构。由于某些商品的特殊性，所以世界贸易组织是认可一些关乎国计民生的商品实行国家专营的。

不同国家对进出口商品垄断的情况不尽相同，但归纳起来主要有四类商品：第一类是烟和酒。烟酒虽然非生活必需品但有一定的特殊性，而且一般国家烟酒的消费人群非常广泛，消费数量也非常巨大，国家对其实行垄断经营一方面有利于控制这些产品的消费人群和消费数量，另一方面又可以获得巨额的财政收入。第二类是农产品。农产品作为敏感性商品，不仅关乎国家的国计民生，甚至关乎一个政权的稳定与否，大多数国家都对农产品实行垄断经营。第三类是军火武器。由于军火武器直接关系着国防和社会的安定，世界上几乎所有的国家均由国家直接垄断武器的进出口，或者委托一些大的跨国公司、国有公司来负责，以有效控制武器的进口、保证国防安全。第四类是石油。石油关系到一国的经济命脉，因此进出口国都对石油贸易进行垄断经营。

六、歧视性政府采购

（一）歧视性政府采购含义

歧视性政府采购政策（Discriminatory Government Procurement Policies）又称为“购买国货政策”（Buy - National Policies），是指一国为了本国的经济和政治利益而采取偏向自己国内供应商的有关政府采购的政策和措施。在这种政策下，一国政府机构在采购时必须优先购买本国产品，从而对国外进口产品形成歧视，减少进口。

歧视性政府采购政策主要包括两种：

一种是直接歧视和排除国外供应商的做法。很多国家明文规定，政府采购只准许采购国货，不能购买国外产品。例如，美国法律要求在建筑、改造或维修公共建筑或公共工程中，只能使用本国的建筑材料。

另一种是通过对本国企业实行价格优惠政策来间接实现对外国产品的歧视。

（二）WTO 关于歧视性政府采购协议的规定

WTO 的《政府采购协议》（GPA）于 1996 年 1 月 1 日正式生效。GPA 主张贸易自由化，强调非歧视待遇原则，明确规定各成员方不得通过拟订、采取与实施政府采购的法律、规章、程序和做法来保护国内产品和供应商，歧视外国产品和供应商。

GPA 的主要内容包括：

1. 使用范围：签约方各自承诺清单中列出的政府采购实体。

2. 采购限额：当政府采购达到协定规定的最低限额或成员方谈判达成的最低限额时，政府行动受到协议的约束。

3. 采购活动遵从的原则：

（1）非歧视原则。签约方采购实体在进行采购时，不应在外国产品、服务、供应商之间实施差别待遇，同时给予外国产品、服务和供应商以不低于本国产品、服务和供应商所享受的待遇。

（2）透明度原则。签约方的政府采购实体应在向 WTO 通告的刊物上发布政府采购信息，包括通知、程序与要求，签约方每年须向 WTO 通告列入清单采购实体的采购统计数字以及未达到“最低限额”的采购统计数字。

(3)公平竞争原则。政府采购实体的采购，应为供应商提供公平的竞争机会，实行招标的做法，公开招标应成为首选。

七、最低限价制和禁止进口

最低限价制（Minimum Price）是指一国政府规定某种商品的进口最低价格，如果低于最低限价，则禁止进口或征收高额进口附加税。最低限价制是为了防止外国产品以过低价格涌入进口国市场，达到保护进口国相关产业的目的。例如在1985年，智利政府曾对绸布进口规定每千克的最低限价不能低于52美元，如果低于此限价，将对进口产品征收进口附加税。

禁止进口（Prohibitive Import）是限制进口的一种非常极端的措施。当一国政府认为本国市场已经严重被外国进口产品扰乱秩序，而一般的限制手段又难以在短时间内发挥作用时，往往会颁布法令，公开禁止进口某些商品。禁止进口虽然能迅速发挥作用，但很容易引起出口国的相应报复，从而引发两国之间的贸易战，因此对贸易双方都无好处，不是万不得已，不能轻易使用。

八、进口押金制

进口押金制（Advanced Deposit）又称"进口存款制"或"进口保证金"，是指进口商在进口商品时，必须预先按进口金额的一定比率和规定的时间，在指定的银行无息存入一笔现金，才能进口，这样就增加了进口商的资金负担，影响了资金的周转，从而起到了限制进口的作用。

这种制度由于是无息存款，利息的损失等于征收了附加税。另外，有些国家还规定进口方必须获得出口方所提供的一定数量的出口信贷或提高开出信用证押金等方式限制进口。如，意大利政府从1974年5月7日至1975年3月24日，曾对400多种进口商品实行进口押金制度。它规定，凡项下商品进口，无论来自哪一个国家，进口商必须先向中央银行交纳相当于进口货值半数的现款押金，无息冻结6个月。又如，巴西政府曾经规定，进口商必须先交纳与合同金额相等的为期360天的存款才能进口。

九、海关程序

海关程序是指进口货物通过海关时应办理的手续。正常行使对进口商品的监管、征税是一国海关应有的职权。但如果一国海关滥用这种职权，增加进口商负担，则海关程序就成了非关税措施。

海关程序主要通过以下方式限制进口：

（一）专断的进口商品归类

进口商品的具体税号一般是由海关现场决定，海关把进口商品归类在税率高的税号下，就会增加进口商品的关税负担，从而起到限制进口的作用。如，打字机在美国分为一般打字机和玩具打字机，二者所征的关税不同，一般打字机的进口不征关税，而玩具打字机进口则要征35%的关税。

（二）烦琐的通关手续

为限制进口商品的数量和进口速度，一些国家通过规定烦琐的通关手续、高额的通关费用、变更通关地点，甚至要求进口商提供与通关或贸易统计无关的特定信息，来给进口商制造不必要的麻烦，减少进口。

（三）海关估价制

海关估价制是指一国海关为了征收关税，确定进口商品的完税价格，并以海关估定的完税价格计征关税的制度。进口商品的完税价格有多种确定方法，不同方法得出的进口商品价格高低不同。有些国家制定某些特殊规定，以提高进口货物的海关估价，然后征收从价税，使进口货物的关税负担加重，达到限制其进口的目的。

依据WTO的规定，海关估价的方法主要有：

一是进口商品实际交易价格。这是海关估价时应当首先使用的方法。它是指货物被出口到进口国，进口国海关根据实付或应付的价格计征关税（实付或应付的价格是指买方为购买货物向卖方已经完成或将要完成的全部支付）。采用这种估价方法必须符合一定的条件。第一，买方对货物享有的处置或使用权不受任何限制，但进口国法律或政府主管机关实施或要求的限制、卖方对该货物转售地域的限制、卖方提出的对货物价格无实质影响的限制除外。第二，卖方不能在买方购买进口货物时设定某些影响销售或价格的条件。如卖方以买方购买一定数量的其他货物、依据买方向卖方出售其他货物的价格等为条件出售货物或确定出口价格。第三，除非对成交价格进行适当调整，否则买方随后对货物的转售、处置或使用产生的收益不得直接或间接返回给卖方。第四，买卖双方之间不得存在特殊关系。如果双方之间有特殊关系，但进口商能证明双方的特殊关系没有影响实付或应付的价格，则可以使用该成交价格。

二是相同商品的交易价格。如果海关不能按上述规定的实际交易价格确定海关估价,则进口国海关应根据相同货物的成交价格对有关货物进行海关估价。即以同一或大约同一时间进口的、与待估价货物相同(包括数量上相同或相近)的另一宗已被海关估价确认的进口货物的成交价格作为被估货物的完税价格。当发现两个以上相同商品的成交价格时,应当采用最低的成交价格作为该货物的海关估价。相同货物是指在所有方面都相同的货物,包括物理特性、质量和声誉,外观上的微小差别不妨碍将其他方面都符合上述条件的货物视为相同货物。

三是相似商品的交易价格。相似商品的成交价格是指在同一或大致同一时间进口的、与待估价货物在各主要方面相似的商品,其已被海关确认的交易价格。相似商品是指在构成、材料和特点方面与待估价商品极其相似,并在商业上可与待估价货物互换的货物。如果该进口商品原生产者不再生产类似商品时,可使用同一生产国其他人生产的商品作为相似商品。关于相似商品的确定及其交易价格的调整的规定与相同商品的有关内容基本一致。采用该价格时,有三个条件:一是相似商品必须与进口商品同时或大约同时进口;二是相似商品的成交价格必须先前已被海关接受;三是如果有两个以上相似商品的成交价格时,应当选用其中最低的一个作为海关完税价格。

四是扣除价格。在不能依次采取上述三种估价方法时,海关可采用扣除方法。扣除价格是指以被估货物在其国内市场的单位销售价格,或与其相同、相似的货物在其国内市场的单位销售价格,扣除相关利润、关税和国内税、运输费和保险费,以及在进口时产生的费用后的价格作为被估货物的完税价格。

五是计算价格。如不能采用上述四种估价方法,海关可采用计算价格的方法。计算价格是指在进口商品的生产成本基础上加上从出口国向进口国销售同级别或同种类商品通常所获得的利润及为推销和销售商品直接和间接产生的一般费用等,是否计入海上运输费、保险费和港口装卸费,由海关根据本国法规决定。这种方法通常用于买方与卖方有关联、生产商愿意向进口国海关提供成本数据和以后必要的审核材料的情况。

六是合理法。如果利用上述任何方法都不能确定完税价格时,应在进口国可得到的信息基础上,采用与本协定的原则或关贸总协定第七条相符合的合理方法加以确定。

除此之外,WTO的《海关估价协定》还明确规定了七种禁止使用的估价方法，即：进口国生产的商品在其国内的销售价格；从两种价格中选择较高者作为完税价格；出口国国内市场的商品价格；除已确定的进口商品的计算价格以外的其他生产成本；出口到除进口国以外其他国家的商品价格；最低限价的完税价格；武断的或虚假的完税价格。

十、国内税

国内税(Internal Taxes)是指国家权力机关规定的在一国境内生产、销售、使用或消费商品所应支付的各种捐税。通过对国内外商品实行不同的征税方法和税率，增加进口商品的纳税负担。一些国家常常利用国内税限制某些商品的进口，从而实现保护本国产业的目的。使用国内税限制进口的方法比关税手段更加灵活和隐蔽，因为国内税的制定和执行属于本国政府或地方行政机构的权限，因此，不受贸易条约或多边协定的限制。

国际上通过征收国内税来保护本国产业的例子有很多。如法国曾对引擎为5匹马力的汽车每年征收养路费12.15美元，对引擎为16匹马力的汽车每年征收养路费30美元，但当时法国本土生产的汽车引擎最大的只有12匹马力，由此可见，法国实行这种税率的目的主要就是抵制进口汽车，保护本国汽车产业。又如，美国、瑞士和日本对于进口酒精饮料的消费税都高于本国制品。

第三节　非关税措施的新发展

随着经济全球化的不断推进，各国的关税大幅度下降，传统的非关税壁垒措施也受到了WTO规则的约束，于是出现了以技术壁垒为代表的各种新贸易壁垒，成为贸易保护主义的新形式。

一、新型非关税壁垒产生的原因及特点

（一）新型非关税壁垒产生的原因

新型非关税壁垒是相对于许可证制、配额制等传统非关税措施而言的，它是以技术壁垒、环境壁垒和社会壁垒为主要表现形式的所有阻碍商品在国际市场自由流动的贸易政策和措施。传统非关税壁垒主要以对商品数量和价格限制为手段，而新型非关税壁垒主要从商品对人类的健康、安全及环境的影响出

发，不仅采取边境措施，而且还包括国内政策与法规。

新型非关税壁垒产生的主要原因是：

1. 人们的健康意识日趋增强。随着生活水平的不断提高，人们越来越在乎所使用的产品对自身健康安全的影响。

2. 传统的非关税壁垒受到约束。传统的非关税壁垒在实施过程中具有明显性，容易遭到舆论的谴责和对等报复。

3. 新贸易保护主义抬头。20 世纪 80 年代以来，主要发达国家经济增长缓慢，在传统的贸易壁垒作用弱化的情况下，它们纷纷设立新的贸易壁垒，以达到保护国内产业的目的。

4. 科技的发展。自第三次科技革命以来，技术密集型产品在国际贸易中的比重日益提升，发达国家往往掌握先进的技术，在设定技术标准方面掌握着主动权，这给发达国家设置新型贸易壁垒提供了条件。

（二）新型非关税壁垒的特点

1. 隐蔽性。传统的非关税壁垒通过数量限制或者价格限制来阻碍贸易，其手段具有明显性。而新型非关税壁垒多数是以保护本国消费者的生命健康与安全为借口，其贸易保护行为具有隐蔽性。

2. 双重性。新型非关税壁垒一方面在表现内容和表现形式上具有合法性。另一方面它往往又以保护消费者和环境为借口，采取贸易保护政策，体现出其不合理的一面。

3. 复杂性。与传统的非关税壁垒相比，新型非关税壁垒涉及了大量的技术标准、国内的法律法规，从而比传统的非关税壁垒复杂得多，而且涉及范围广。由于各国的文化背景、价值观念以及科技发展水平存在着很大的差异，导致各国在制定技术法规和技术标准时也存在很大差异，这使得出口国家很难适应，影响了它们的出口。

4. 难以应对性。发展中国家由于科学技术落后，对出口产品的检验能力不足，对发达国家设置的新型非关税壁垒的认识不足，在出口贸易上处于被动地位。

5. 时效性和发展性。近年来，新型贸易壁垒的时效性不断增强，实施方通常随着贸易伙伴国经济和技术条件的进步，不断调整其技术标准，使贸易壁垒呈现出不断加高和拓宽的趋势。

二、新型非关税壁垒的内容

（一）技术性贸易壁垒

技术性贸易壁垒（Technical Barriers to Trade）简称为TBT，一般是指在国际贸易中，一国或某一区域国际组织以维护本国或本地区人类的身体健康和生命安全，保护动植物生命健康安全，保护生态环境，防止欺诈，保护消费者权益和保障产品质量为由，通过颁布法律法规，制定复杂苛刻的技术标准、认证制度、检疫检验制度等方式，对其他国家或地区的商品自由进入本国或本地区市场设置的障碍。

1. 技术性贸易壁垒的种类。WTO制定的《TBT协议》将技术性贸易壁垒分为技术法规、技术标准和合格评定程序三类。

（1）技术法规（Technical Regulations）。技术法规，即规定强制执行的产品特征或与其相关的工艺和生产方法，包括适用的管理条款，以及强制执行的文件。主要有：国家制定的有关法律和法规；政府权威部门颁布的有关指令、决定、条例；有关技术规范、指南、准则、指示；专门术语、标志符号、标签要求、包装要求等。

技术法规分为两种：第一种是法定技术法规，即由国家、政府部门或地方的权力机关制定并发布的涉及产品的强制执行文件，这些文件中的技术法规具有强制执行效力。第二种是事实性法规，即由部分影响力较大的非政府组织发布的指示或指南，如国际上影响力比较大的IEC，ISO等国际标准组织制定的指南等。这两种技术法规在国际贸易中的地位不相伯仲，虽然制定主体不一样，但是适用的范围都非常广泛，在实际中发挥着很大作用。目前，主要发达国家颁布了大量的技术法规，如美国制定了关于消费者保护的《联邦危险品法》《食品药品管理法》《茶叶进口法》等联邦和州的法律。

（2）技术标准（Technical Standards）。技术标准指经公认机构批准的、供共同和反复使用的、非强制性实施的文件，它为有关工艺过程和生产方法提供准则和指南。当它们用于某种产品、工艺或生产方法时，标准可以只包括专门术语、包装、标志或标签要求。技术标准从不同的角度可以分为不同的种类，如按照标准制定的主体不同，可分为国家标准、地区标准和国际标准。《TBT协议》鼓励各国尽可能采用统一的国际标准，但是很多国家为了保护本国利益，在国际标准之外制定了大量的国家标准和地区标准，其中有些标准是专门用来针对某种特定的进口产品或某个国家或地区的出口产品，目的是限制这些产品的进口。

例如，日本强调本国雪质特殊，对滑雪板制定了严格的技术标准，一般外国的滑雪板很难达到日本的技术要求。根据日本的规定，如果使用不合格的滑雪板，出现事故后，日本的保险公司不予赔偿，需要自己负责因使用不合标准滑雪板的后果。因此，日本企业不轻易进口外国产的滑雪板。

(3)合格评定程序(Conformity Assessment Procedures)。合格评定程序是指任何用于直接或间接确定是否满足技术法规或标准要求的程序。合格评定程序可以分为认证、认可和相互承认三种形式。认证包括产品认证和体系认证两个方面:产品认证是指确认产品是否符合技术规定或标准的规定;体系认证是指生产体系认证和ISO14000环境体系认证。目前国际上著名的认证有ISO9000系列认证、IEC电器设备安全标准认证、欧盟CE认证、美国UL认证等。

2. 技术性贸易壁垒的影响。

(1)对进口国的影响。技术性贸易壁垒对进口国有关产业有一定的保护作用，是进口国限制进口的重要手段。

就对进口国国内价格的影响而言，若不考虑供求弹性的变化和供求量的变化，当进口国施行技术性贸易壁垒措施直接影响进口数量时，进口国国内同类产品的竞争压力减弱，价格提高。若考虑供求弹性和供求量因素时，技术性贸易壁垒对价格的影响是较复杂的。首先，考虑供求量的变化。当进口国施行技术性贸易壁垒措施时，外国商品供给量受到的影响越大且进口国的需求不变时，供求之间的差距进一步拉大，国内市场价格会进一步上涨。其次，考虑进口国国内供求弹性的变化。当进口国国内供给弹性大时，意味着进口国国内的商品价格稍有上升，国内这种商品的供给量就会大幅度上升，由于国内供给量的大增导致国内商品价格上涨幅度有限。当进口国国内需求弹性越大时，进口国国内价格稍有上升，需求则大大降低，因而其国内市场价格上涨得也越小。

(2)对出口国的影响。对于发展中国家来说，技术性贸易壁垒带来的影响远远大于发达国家。其原因在于:首先，由于发展中国家技术落后，发展水平低，难以适应发达国家所制定的技术标准，从而影响其出口;其次，发展中国家的技术检验能力水平与发达国家相比还存在着较大的差距;最后，发展中国家对发达国家针对发展中国家采取的带有歧视性的贸易壁垒的行为所采取的应对措施力度不够。

（二）绿色贸易壁垒

绿色贸易壁垒（Green Barriers，GBs）亦称环境贸易壁垒（Environment Barriers），是指以保护有限资源、生态环境和人类健康为名，通过制定苛刻的环境标准，对来自国外的产品加以限制的贸易保护措施。

20 世纪 90 年代以后，国际贸易中绿色贸易壁垒开始盛行，其原因主要是：①国际社会对环境保护的要求；②消费者消费观念的转变。消费者在选购商品时更加注重产品对自身健康和环境的影响；③应对竞争的需要，经过多轮的关贸总协定谈判后，各国关税普遍下降，为了能够在国际竞争中取得胜利，一些发达国家有意加强动植物卫生检疫方面的措施，以达到保护国内市场的目的；④应对国际动植物病害的侵入，这些疾病包括疯牛病、地中海蝇、口蹄疫等；⑤各国之间的相互仿效。

绿色贸易壁垒主要通过以下形式表现出来：

1. 绿色技术标准。这是指发达国家由于生产力水平较高，科技发达，持有垄断技术，它们以保护环境和人类健康为名，制定苛刻的环保技术标准，限制或禁止外国产品进入本国市场。如欧盟要求进口产品达到 ISO14000 环境管理体系认证，但由于该标准是根据发达国家的生产力和技术水平制定的，发展中国家的企业要取得 ISO14000 体系认证有很大困难。随着竞争的加剧，发达国家有意识地利用这些标准作为竞争的手段，有些标准甚至是经过精心策划，专门针对某个国家的出口产品。

2. 绿色检验检疫制度。为保护国内消费者，满足他们对商品健康、安全等需求，各国海关、商检机构都制定了卫生检疫制度，对进口商品进行检测。发达国家往往把这种卫生检疫制度作为控制从发展中国家进口的重要工具。他们对食品的安全卫生指标、农药残留、放射性残留、重金属含量、细菌含量等指标的要求极为苛刻。另外各发达国家的指标标准和检测方法不同，发展中国家无法一一适应，这在一定程度上限制了发展中国家的产品出口。如英国曾停止销售来自中国内地、中国香港地区、中国台湾地区的酱油，理由是这些商品的样品中检测出了含有对人类有害的物质 MCPD 和 DCP，这两种化学物质都能致癌。

3. 绿色包装制度。绿色包装是指为节约资源，减少废弃物，采用好回收、易分解、污染程度轻的包装材料和包装方式。发达国家制定了各种法规，以规范包装材料市场。这些“绿色包装”法规有利于环境保护，但同时也大大增加了出口企业的成本，甚至起到了禁止某些商品进口的作用。同时这些规定是按照发达国家的资源水平、消费者消费偏好等制定的，发展中国家的企业很难适应。例如荷兰政府规定啤酒饮料一律采用可以回收利用的容器，这为进口的同类产品带来了极大麻烦。日本制定强制包装再循环或利用的法律，如《再利用法》《新废弃物法》，使得发展中国家的产品进入日本市场变得更加困难。

4. 绿色环境标志。绿色环境标志又称绿色标签，是指在产品或包装上用图形表明该产品的研制、生产、使用、消费和处理过程都符合环保要求，对环境和人类健康没有伤害。绿色标志认证制度本身并不是强制性的，但是要进入实施环境标志国家的产品，必须首先提出申请，获得环境标志才能进入该国市场。1978 年联邦德国率先实行环境标志制度，推出“蓝色天使”的标签。目前，世界上已有 50 多个国家和地区推行了绿色环境标志制度，并趋于协调一致、相互承认。环境标志在实践中可以分为三类：第一类是环境营销标志，是由商品的生产者、制造者、百货商店和连锁零售店自行设计使用，贴上这种标志的商品一般都代表具备特定的环境品质和质量；第二类是由产业协会授予的标志，是由行业组织对产品的环境程度进行检验后授予的合格标志；第三类是环境标志或称绿色标签，是由政府管理部门或独立的民间环境组织按严格的程序和环境标准颁发给厂商的“绿色通行证”，例如进入欧盟的产品就必须贴有环境标志 CE。

5. 绿色附加税。它是发达国家为了保护环境、限制进口最早采用的手段，是绿色贸易壁垒的初期表现形式。环境附加税是按照“污染者付费”的原则征收的，即对一些污染环境、影响生态的进口产品除征收一般关税外，再征收进口附加税，以限制其进口，甚至干脆禁止其进口。绿色附加税主要包括：对产品征收的税，如对烟草制品、一些化工制品等征收的税；对使用环境要素所征收的税，如对废气、污水排放所征收的税；对生产过程投入的物质所征收的税，如对生产钢材使用的能源进行征税。

（三）社会责任壁垒

社会责任是指企业在赚取利润的同时应该主动承担的对环境、对社会和利益相关者的责任。社会责任壁垒是以保护劳动者和动物的权利为借口而采取的贸易保护措施，包括劳工标准壁垒和动物福利壁垒。

发达国家为了削弱发展中国家劳动力廉价的优势，以保护劳动环境和生存权益为借口，通过制定相应的劳动法律和劳动标准，来增加出口国劳动成本，从而降低进口产品竞争力。如果出口国企业没有遵守进口国制定的劳动标准，则不允许进口，或对其进口产品征收高额的附加税。目前，最为流行的社会责任壁垒条款就是 SA8000(社会责任国际标准)。

动物福利壁垒是发达国家借助本国在经济水平、文化教育、道德标准方面的优势,依据一系列法规,并大肆宣扬人道主义精神,阻止进口国动物性商品的进口。如今越来越多的国家开始将动物福利作为进口和销售活体动物的一个重要标准。例如早在 2003 年,欧洲议会与理事会就通过了一项法令,要求在 2009 年之后,在欧盟范围内禁止用动物进行化妆品毒性和过敏试验,也不允许欧盟的成员国从违反该禁令的国家进口化妆品。

(四)知识产权壁垒

知识产权壁垒是指知识产权拥有国以保护知识产权的名义,对含有知识产权的产品实行进口限制,或者凭借其拥有的知识产权优势,实行不公平贸易。随着国际贸易中技术贸易比重的增加,与知识产权有关的贸易摩擦越来越多,知识产权壁垒日益成为发达国家占领国际市场、阻止他国产品进口的有力武器。

第四节　非关税措施的经济效应

一、绝对配额的经济效应分析

由于进口配额是直接对进口数量的限制,所以市场对商品的配置作用被政府分配所取代。进口配额对进口国的价格、消费、生产及整个社会经济利益都会产生一定的影响。若进口国是一贸易小国,那么其配额的实行不会影响国际市场价格,但国内市场会因进口商品数量减少而导致价格上涨。对于一个贸易大国来说,当其实行进口配额时,该国的进口量减少,从短期来看,国际市场会出现供过于求的局面,从而导致商品价格下降。国际市场价格下降幅度取决于进口大国的需求在国际市场总需求中所占的比重。总之,当一个国家实行进口配额时,其进口商将会获得超额利润,该利润来源于国内消费者以高于正常价格向配额获得者所多支付的钱。

下面以贸易小国为例分析国内市场为完全竞争时实施绝对配额的福利效应。

在实行配额的情况下,进口国配额商品的进口数量总是被压缩到小于正常的进口数量之下,因此配额的经济影响首先是把受到限制的进口商品价格提高到正常水平之上。由于进口配额对进口数量的限制,使得国内该商品价格高于没有配额情况下应有价格的那部分超额利润,同进口权的垄断联系在一起,因此被认为是配额垄断权的超额利润,一般称为配额租金。

进口配额实施国家的利益集团可分为配额商品的生产者、消费者、配额获得者和政府部门四个不同的利益群体。政府部门在这里之所以还是一个利益集团,是因为在实施进口配额的情况下,获得配额的进口商品还得缴纳一部分进口关税。这些利益集团的福利变化可以用图 7 - 1 来表示。在图 7 - 1 中,由于进口国某种商品的售价不但因关税从世界市场价格 P_w 提高到 P_t,而且还因配额限定的进口数量 Q_q 而从 P_t 提高到 P_q。在 P_q 的价格下,国内进口商品生产者会因 P_w 上升到 P_q 而增加面积 1 的生产者剩余;国内消费者会因价格提高而损失面积(1 + 2 + 3 + 4 + 5) 的消费者剩余;在配额限定了进口数量 Q_q 的情况下,政府的关税收入是面积 5;而配额获得者的配额租金是面积 3。现在该国发放配额和征收一部分关税的净效益是:面积 1 - 面积(1 +2 +3 +4 +5) + 面积 5 + 面积 3 = - 面积(2 +4),这说明该国整体的福利变化是面积为(2 +4)的净损失。可见,在完全竞争条件下,进口配额和关税的总效用是一样的,两种贸易措施都造成了面积为(2 +4)的福利损失。但是,从个体上来看,面积 3 这部分收入,在关税壁垒下由政府获得,而在实施配额的情况下由配额获得者获得。

因此,配额是一种在不同利益集团之间改变财富分配方式的制度设计,而且根据各国实施的结果来看,还是一种容易滋生腐败现象的制度设计。

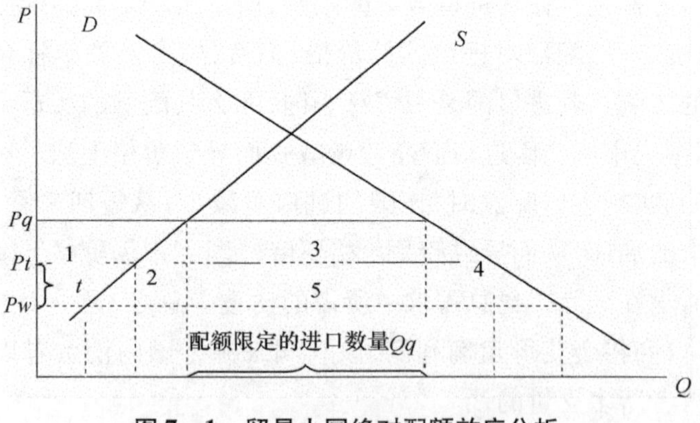

图 7 - 1　贸易小国绝对配额效应分析

二、技术性贸易壁垒的经济效应分析

技术性贸易壁垒对进口国国内市场会产生重要的影响:一方面,在技术性贸易壁垒条件下，只有那些符合进口国技术要求的产品方能进口，因此该壁垒具有控制进口商品数量的作用；另一方面，技术性贸易壁垒具有控制进口商品价格的作用。

下面以贸易小国为例来分析技术性贸易壁垒的经济效应。

（一）对保护国内产业的影响

如图 7-2 所示，S_L 和 D_L 分别为贸易小国国内的供给曲线和需求曲线，在未实行技术性贸易壁垒时，国际市场的供给曲线为 S_I。在自由贸易条件下，国内外的价格相同，均为 P_I，在该价格水平下，国内供给量和需求量分别为 Q_1，Q_2，这时需要进口量为 Q_1Q_2。当该国实施技术性贸易壁垒时，出口商为生产符合进口技术标准的产品，不得不加大相关技术投入，导致产品的成本上涨，假设产品成本上涨为 C，那么 $S_I + C$ 就是实施技术性贸易壁垒后该国所面临的世界供给曲线。此时，国内消费需求量为 Q_3，国内供给量为 Q_4，需要进口的量就变为 Q_3Q_4。

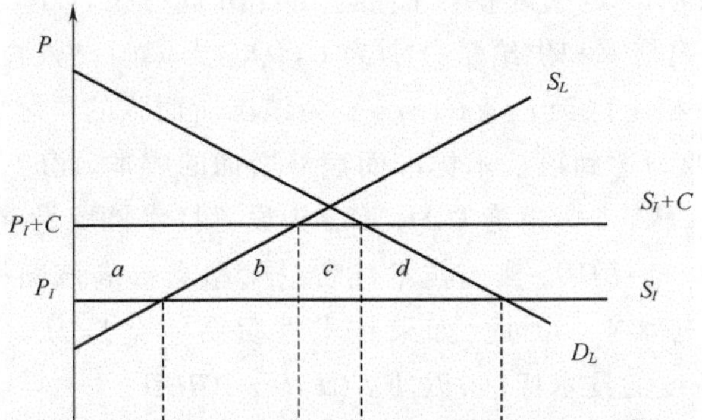

图 7-2　贸易小国技术贸易壁垒对国内产业保护的效应分析

从社会福利角度来看，国内价格上涨会使得生产者剩余增加图中的 a 部分，消费者剩余会减少图中的 $(a+b+c+d)$ 部分。其中：b 为保护效应，它说明在实施技术性贸易壁垒后，进口国由于生产额外的商品所增加的单位成本，导致国内的资源浪费，从而造成经济损失。随着技术性贸易壁垒的设置，进口国国内资源的使用效率低于壁垒设置之前。由于低效率的国内生产代替了高效率的国外生产，因而出现了保护效应。d 表示消费效应，设置技术壁垒后，由于国内价格上涨引起国内消费量下降，从而引起福利损失。c 表示在技术性贸易壁垒条件下，

进口商品 Q_3Q_4 为了达到标准要求而付出的成本，最终以高价格转嫁给国内消费者，所以 c 也是一种福利损失。总的来说，实施技术性贸易壁垒后进口国的净福利为：$a-(a+b+c+d)=-(b+c+d)$。由此可见，设置技术性贸易壁垒会使一国产生经济福利的净损失，并且其损失程度比关税条件下还要严重。

（二）对国内消费者和生产者的影响

设置技术性贸易壁垒的目的之一就是减少市场交易当中的信息不对称及生产和消费的负外部效应。一国设置了技术性贸易壁垒对国内消费者和生产者也会有一定的影响。

1. 对国内消费者的影响。当一国实施技术性贸易壁垒时，进口的商品必须满足该技术标准后方可进入该国市场，因此消费者就会认为国内所销售的商品都是健康的、安全的。因此，消费者对该种商品更加信任，从而增加了对该种商品的需求，因而消费曲线向右移动。

如图 7－3 所示，在未设置技术性贸易壁垒时，S_H、D_{H0} 分别表示国内的供给和需求曲线，S_I 是国际供给曲线。在自由贸易条件下，国内外价格相同，均为 P_I，国内需求和供给量分别为 Q_2，Q_1。当该国设置技术性贸易壁垒后，国内市场价格上涨至 P_I+C，S_I+C 为该国所面临的国际供给曲线，其中 C 表示外国企业为达到该技术标准而额外增加的成本。此时，国内供给量和需求量分别 Q_4，Q_3，进口量为 Q_3Q_4。D_{H1} 为设置技术性贸易壁垒后国内需求曲线。若 $ECFH > ABCD$，实施技术性贸易壁垒会提高该国福利水平，相反则降低该国福利水平。因此，如果技术性贸易壁垒是为了保护消费者的话，则应选择适度的技术标准，以使 $ECFH > ABCD$。

2. 对国内生产者的影响。政府设置技术性贸易壁垒的目的之一是防止那些对国内生产者不利的非经济因素。政府通过技术性贸易壁垒来消除这种外部性。

在图 7－4 中，S_{H0} 表示没有进口危害时国内生产者的供给曲线，S_{H1} 表示进口商品对国内生产者造成损害时国内生产者供给曲线。当政府采取禁止贸易时该国的福利水平为图中的 AEG 区域加上 ADG 区域。而设置技术性贸易壁垒之后（假设设置技术性贸易壁垒后完全消除了进口商品中的危害），国内市场价格变为 P_I+C，该国的福利水平为图中的 DBF（生产者剩余）加上 CEF（消费者剩余）区域。从图 7－4 中可以看出，设置技术贸易壁垒时的福利水平要比禁止贸易时的大。其中区域 ABC 就表示了该国设置技术性贸易壁垒时的福利水平超过禁止贸易时该国的福利水平的数量。

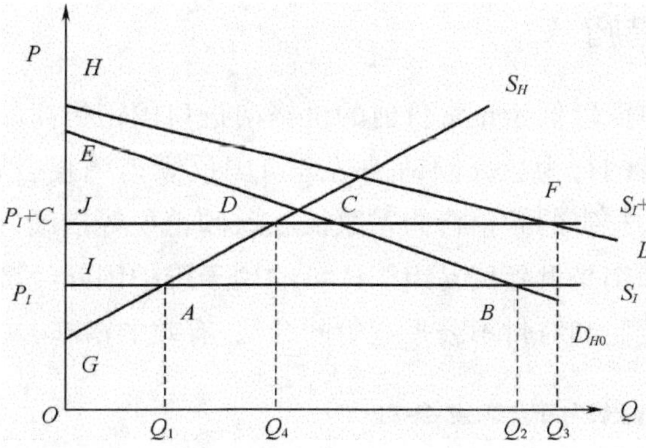

图 7-3　贸易小国技术贸易壁垒对国内消费者的影响

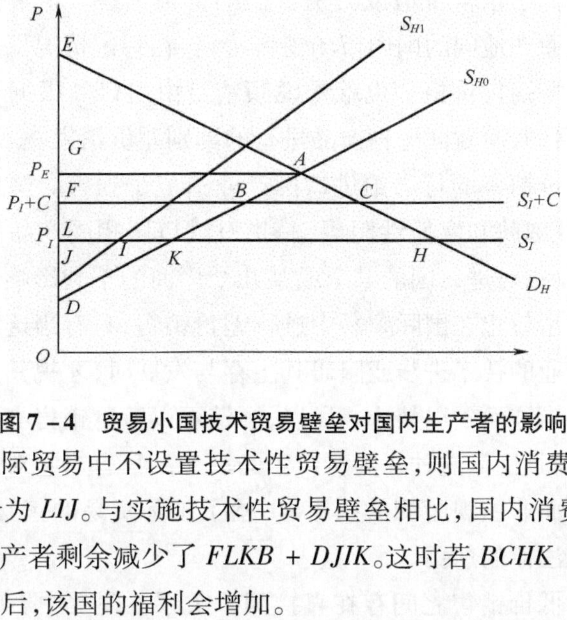

图 7-4　贸易小国技术贸易壁垒对国内生产者的影响

若该国在国际贸易中不设置技术性贸易壁垒,则国内消费者剩余为 EHL,国内生产者剩余为 LIJ。与实施技术性贸易壁垒相比,国内消费者剩余增加了 $CFLH$,而国内生产者剩余减少了 $FLKB + DJIK$。这时若 $BCHK < DJIK$,则设置技术性贸易壁垒后,该国的福利会增加。

第五节　国际贸易救济措施

贸易救济措施是指那些为了维护本国市场秩序、保护本国贸易安全而采取的措施。主要贸易救济措施有:反倾销、反补贴和保障措施。除此之外,我国的对外贸易法还规定了其他的救济措施,比如专门针对服务贸易的保障措施、针对进口转移的救济措施以及反规避措施等。

一、反倾销措施

倾销是指出口商以低于正常价值的价格向进口国销售商品,并因此给进口国的产业造成损害的行为。反倾销是指进口国反倾销调查当局依法对给进口国产业造成了实质损害的倾销行为采取征收反倾销税等措施,以抵消损害后果的法律行为。反倾销是世界贸易组织认可的用于维护国际经济秩序、保护本国产业免受不合理侵犯和对付不公平竞争的合法、有效的措施。

(一)反倾销措施的实施条件

为了避免一些国家乱用反倾销措施,国际上对倾销的认定条件有如下规定:

一是产品以低于正常价值或公平价值的价格销售。正常价值或公平价值通常是出口国或原产地国的国内市场销售价格,在特定情况下也可以是该国向第三国出口的市场销售价格。也就是说倾销是由出口商根据不同的出口国市场,为了不同的目的,而对同一种产品进行的国别差价销售。

二是这种低价销售的行为给进口国产业造成了损害。这里的损害包括实质性损害、实质性威胁和实质性阻碍,是指对进口国相同产品的整个产业所造成的损害,而不是指对进口国的某个或某几个厂商的不利影响。也就是说国际多边规则并不完全禁止在国际贸易中进行差价销售,只有当这种差价销售行为阻碍了进口国产业的技术进步或阻碍其生存与发展时,才视其为国际贸易中的一种不公平贸易措施而予以禁止。所以,倾销不以差价销售本身或其动机与目的为判断标准,而是注重这种行为所产生的后果。只有当它对进口国的经济发展造成了现实的而非主观臆测的损害、干扰了国际贸易的正常秩序时,才会受到舆论的谴责或法律的惩罚。

三是损害与低价销售之间存在直接因果关系。现实中影响进口国经济发展和产业技术进步的因素是多方面的,而倾销排除了其他因素的影响,强调低价销售与进口国产业的损害之间存在必然的因果关系。

只有同时具备上述三个条件的低价销售行为,才能被认定为倾销行为,才能够依据反倾销法采取反倾销措施。

(二)反倾销措施实施的基本程序

1. 申请人申请。一般情况下,反倾销调查应基于申请人的申请开始。申请人应具有产业代表性,申请必须以书面形式提出,包括倾销、损害及因果关系的有关材料，缺乏证据的简单判断不能满足立案的要求。

2. 进口方主管机构审查立案。进口方主管机构应审查申请人提供材料的准确性和充分性，以及申请企业的代表性，并就立案问题做出决定。

3. 反倾销调查。进口方在正式立案调查后，应立即发布立案公告。一般情况下，反倾销调查应在1年内结束，最长不超过从调查开始以后的18个月。公告发布后，被控产品的出口商、生产商或其他利害关系方，有权要求参与反倾销调查，陈述自己的观点和意见。初裁之后，进口方主管机构将利用各种机会，进一步核实双方提供的证据材料，包括举行听证会、听取评论意见及实地核查等。在调查过程中，如存在下列两种情况，反倾销调查应终止：一种情况是无充分证据证明存在倾销或产业损害，或者两者之间没有因果关系；另一种情况是倾销幅度，或倾销产品的进口数量，或产业损害是可忽略不计的。

4. 行政复审。行政复审主要是就继续征收反倾销税的必要性进行审议，以及论证损害是否会因取消或变更反倾销税而终止发生。利害关系方可向进口方主管机构申请复审，进口方主管机构也有主动提起复审的权利。复审的形式一般有年度复审、新出口商复审、情势变迁复审、中期复审和日落复审等多种形式。

5. 司法审议。为保证各成员方公正实施反倾销措施，《反倾销协议》还规定各成员在其国内的反倾销法中应包含司法审议机构和程序。对最终裁决和行政复审决定等行政行为，利害关系方可以要求通过司法、仲裁、行政法庭按照程序迅速进行审议。至于采取哪一种具体的司法审议方式，由各成员方自行决定，但必须完全独立于做出裁决或复审决定的行政主管机构，以保持其独立性。

（三）反倾销措施的内容

反倾销措施包括临时反倾销措施、价格承诺和反倾销税。

初步裁定确定倾销成立并由此对进口国国内产业造成损害的，可以采取临时反倾销措施。临时反倾销措施包括：征收临时反倾销税，要求提供保证金、保函或其他形式的担保，其数额不得超过初步裁定确定的倾销幅度。临时反倾销措施实施的期限，自临时反倾销措施决定公告实施之日起不得超出4个月，特殊情形下可延长至9个月。在反倾销立案调查决定公告之日起的60天内，不得采取临时反倾销措施。

出口商在反倾销调查期间，可以做出改变价格或者停止以倾销价格出口的价格承诺。出口商违反价格承诺，可立即恢复反倾销调查；根据现有最佳信息，可决定采取临时反倾销措施，并可以对实施临时反倾销措施前90天内进口的产品追溯征收反倾销税,但违反价格承诺前进口的产品除外。

终局裁定确定倾销成立并由此对进口国国内产业造成损害的,可以征收反倾销税。征收反倾销税应符合公共利益。反倾销税的纳税人为倾销进口产品的进口商。反倾销税税额不得超过终局裁定确定的倾销幅度。终局裁定确定不征收反倾销税的,或者终局裁定未确定追溯征收反倾销税的,应当退还已征收的临时反倾销税、已收取的保证金,解除保函或者其他形式的担保。

(四)反倾销措施的期限和复审

反倾销税的征收期限和价格承诺的履行期限不超过5年。但是经复审确定终止征收反倾销税有可能导致损害的继续或者再度发生的,可以适当延长反倾销税的征收期限。

二、反补贴措施

根据《补贴与反补贴协议》的规定,补贴是指一国政府或任何公共机构向本国某些企业提供的财政资助以及对价格或收入的支持,以直接或间接增加该类企业从其领土输出某种产品或减少向其领土输入某种产品,或者对其他国家的利益造成威胁或造成损害的政府性措施。反补贴措施是一种平衡因补贴行为造成的外国产品竞争优势的救济措施,而不是任意的反击报复措施,它获得了普遍的国际认同并成为一项非常重要的国际贸易规则。目前也有不少国家以反补贴为名,采取反补贴措施限制他国产品的进口。

(一)补贴的调查和确定

1. 损害的确定。在确定补贴对进口国国内产业的损害时,应审查下列事项:补贴可能对贸易造成的影响;补贴进口产品的数量;补贴进口产品的价格影响;补贴进口产品对国内产业的相关经济因素和指标的影响;造成国内产业损害的其他因素。

2. 补贴进口产品与国内产业损害间的因果关系。补贴进口产品必须是国内产业损害的原因。在确定补贴对国内产业的损害时,应当依据肯定性证据,不得将对国内产业造成损害的非补贴因素归因于补贴进口产品。

(二)反补贴措施内容

反补贴措施与反倾销措施类似,包括临时反补贴措施、承诺及反补贴税。

实施条件基本相同。不同的是,出口国政府或出口商,都可以做出承诺,分别承诺取消、限制补贴或其他有关措施,承诺修改价格。反补贴税额不得超过终裁决定所确定的补贴金额。反补贴税的纳税人为补贴进口产品的进口商。

反补贴税只能对终裁决定公告之日后进口的产品适用,但下述情形除外:违反承诺的,可采取临时反补贴措施,并可对实施临时反补贴措施前90天内进口的产品追溯征收反补贴税,但违反承诺前进口的产品除外。终裁决定确定存在实质损害或实质损害威胁,此前已经采取临时反补贴措施,反补贴税可对临时反补贴措施的期间追溯征收。

三、保障性措施

(一)采取保障性措施的基本条件

保障性措施是对某些产品进口采取的紧急措施。如果进口产品数量增加,并对进口国生产同类产品或直接竞争产品的国内产业造成严重损害或者产生了严重威胁的,在采取其他贸易救济措施短期难以奏效的情况下,进口国政府可以采取保障措施,来保护国内相关产业,维护国内市场秩序。进口产品数量增加、国内产业受到损害、二者之间存在因果关系,这是采取保障措施的三个基本条件。

1. 进口产品数量增加。进口产品数量增加是指进口产品数量与国内生产相比绝对增加或者相对增加。进口产品增加这一条件的关键是增加的确定,不仅要求证明数量的增加,而且还要证明进口是以造成严重损害或威胁的数量和条件进口,这要求必须评估以绝对和相对条件进口增加的比率和数量。

2. 损害的调查与确定。在确定进口产品数量增加对国内产业造成的损害时,应当审查下列相关因素:进口产品的绝对和相对增长率及增长量;增加的进口产品在进口国国内市场中所占的份额;进口产品对进口国国内产业的影响,包括对国内产业在产量、销售水平、市场份额、生产率、设备利用率、利润与亏损、就业等方面的影响;造成国内产业损害的其他因素。

3. 进口产品数量增加与国内产业损害间的因果关系。在确定了损害以后,还必须确定进口产品数量增加与国内产业损害是否存在因果关系,进口增加以外的因素对国内产业造成的损害不得归因于进口增加。

(二)保障措施的实施

当有明确证据表明由于进口产品数量增加,如不采取临时保障措施将对进口国国内产业造成难以补救的损害时,进口国可以做出初步裁定,并采取临时保障措施。临时保障措施采取提高关税、数量限制等形式。保障措施一般针对正在进口的产品实施,不区分产品来源国(地区)。采取保障措施应限制在防止、补救严重损害并便利调整国内产业所必要的范围内。终裁决定不采取保障措施的,已征收的临时关税应当予以退还。

保障措施的实施期限不超过4年。符合法律规定的条件的,保障措施的实施期限可以适当延长,但一项保障措施的实施期限及延长期限,最长不超过10年。保障措施实施期限超过1年的,应当在实施期间内按固定时间间隔逐步放宽。这些都不同于反倾销措施或反补贴措施。

对同一种进口产品再度采取保障措施的,与前次采取保障措施的时间间隔应当不短于前次采取保障措施的实施期限,并且至少为2年。当对该进口产品实施保障措施已经超过1年,而且自采取该保障措施之日起5年内,未对同一产品实施两次以上保障措施的,可以不受前述时间间隔的限制。

案例与分析

日本汽车的自动出口限额

一、案例介绍

20世纪60年代,日本的汽车开始进入美国市场,到20世纪80年代,日本的汽车已经对美国的汽车生产造成严重冲击,于是美国的福特汽车公司就向美国的国际贸易委员会申请适用"201条款"保护。为此,美国中西部各州参议员建议把日本输出到美国的汽车限制在160万辆以内。日本政府在得知这一消息后,主动把输出到美国的汽车数量1981年限制在183万辆,1984年限制在202万辆,1992年限制在251万辆。这样,美国政府就停止了对日本进口汽车的配额限制。日本政府为什么会主动采取措施限制出口呢?

二、案例分析

日本政府主动采取"自动出口限额",其原因主要有以下几点:(1)掌握机动权。日本政府自动实行出口限额,可根据经济形势的变化,自动调节出口数量,否则,就会遭到美国更加严厉的惩罚,被动地适应进口配额。(2)可提高出口价格。实行进口数量的限制,会导致汽车进口国国内市场价格的上涨,日本出口商就有机会提高汽车的出口价格,进而获得比不受限制时更多的利润。(3)可以避免与美国更大的贸易摩擦。(4)满足日本特殊利益集团的需要。

思考练习题

思考题

1. 进口配额与“自动”出口配额的异同点有哪些?

2. 外汇管制对贸易有什么影响?

3. 试述中国产品如何突破技术壁垒。

练习题

一、判断题

1. 非关税壁垒和关税措施一样,都会导致商品价格上涨,限制进口。( )

2. 与关税不同,配额没有导致进口产品的国内价格上涨。( )

3. 与关税相比,配额给政府官员以更大的管理灵活性。( )

二、单项选择题

1. 政府机构在采购货物时优先购买本国产品的政策属于( )。

A. 歧视性政府采购政策　　B. 进口押金制

C. 进出口国家垄断　　D. 特许经营

2. 下列各种贸易限制中,不属于非关税措施的是( )。

A. 进口押金制　　B. 差价税

C. 国内税　　D. 歧视性政府采购政策

三、多项选择题

1. 非关税措施的特点是( )。

A. 灵活性　B. 针对性　C. 歧视性　D. 非歧视性　E. 隐蔽性

2. 外汇管制的方式一般可分为( )。

A. 数量性外汇管制　B. 政策性外汇管制　C. 成本性外汇管制

D. 混合性外汇管制　E. 选择性外汇管制

四、简答题

1. 技术性贸易壁垒对发展中国家有什么影响?

2. 比较征收进口关税与实施进口配额的影响。

3. 自动出口配额制与进口配额制有何差异?

第八章　出口管理措施

学习目标和要求

出口管理是一国对外贸易政策的重要目标之一。本章的学习重点是鼓励出口的主要政策措施种类。要求掌握出口信贷的各种主要形式，了解其他出口鼓励措施，了解出口管制的目的和方式。

引导案例

保税物流中心利润新起点

2006年4月4日，北京市商务局在其年度进出口会议上宣布，将为位于北京市顺义区的天竺出口加工区申请扩展物流功能。2006年12月，该加工区被列入全国首批七家拓展保税物流等功能的试点单位之一，在加工制造功能基础上，拓展保税物流等功能，增加引入综合物流企业和研发、维修、检测企业，大型跨国公司可在此建立国际采购、国际配送中心，真正实现加工制造与现代物流的协调发展。2007年1月18日，海关总署等国家相关部委召开专题工作会议，试点工作正式启动。自此，天竺出口加工区从单一的生产加工型开发区，转变为集保税生产、保税物流、检测、维修、研发等功能于一身的综合型经济区域。

同时，北京空港保税物流中心暨航空货运大通关基地项目也于2006年3月取得了国家发改委项目核准的批复。2011年12月，北京亦庄保税物流中心一期也通过了海关总署等国家四部委联合验收组的正式验收。

以上这些无疑将使国外大企业在北京的加工链条逐渐延伸，在中国国内的加工层次逐渐增多的情形下发展加工贸易，同时为众多国产的原材料加入整个加工贸易链条中创造了优势条件。那么，保税物流中心何以成为北京市经济发展的利润新起点呢?

保税物流特指在海关监管区域内(包括保税区、保税仓库、海关监管仓库等),从事仓储、配送、运输、流通加工、装卸搬运、物流信息、方案设计等相关业务,企业享受海关实行的"境内关外"制度以及其他税收、外汇、通关方面的特殊政策。

"保税物流"可以节约成本。物流中心外企业报关进入物流中心的货物视同出口,由海关办理出口报关手续,签发出口货物报关单(出口退税专用),出口企业即可办理出口退税。货物进入保税物流中心可以无限制停留。物流中心外企业从物流中心运出货物,海关按照对进口货物的有关规定,办理报关进口手续,并对报关的货物按照现行进口货物的有关规定征收或免征进口环节的增值税、消费税。区内货物自由流通,不缴纳增值税、消费税,进出境及中转货物在物流中心内可以分拆、集拼。

另外,保税物流中心的建立,使得企业可以通过保税物流中心进行进出口贸易,对政府来说,建立保税物流中心,将一部分企业因"转让定价"而转移的利润留在物流中心内,这样可以减少企业所得税的流失。

之前由于北京没有保税园区或者保税物流中心,北京很多生产元器件或者半成品的配套加工企业,一般会将自己生产的配套半成品运到天津、上海的保税园区或者苏州的保税物流中心,实现出口退税后,再卖给北京的企业,这也就是所谓的"境外一日游"。天竺出口加工区申请扩展物流功能、建设空港保税物流中心、建立北京经济开发区(亦庄)保税物流中心,将使得北京加工贸易出口额在全国总量中的比例得以提高。因此,保税物流中心将成为北京市经济发展的利润新起点。

保税物流中心等经济特区的建设是一国促进本国外贸发展的重要措施。除此之外,一国鼓励出口的措施还有哪些呢?另外,一国如何管制本国的出口?这些问题是本章论述的重点。

第一节 出口鼓励措施

如果一个国家长期处于贸易逆差,将不利于该国对外贸易和经济的发展,各国在制定和实施贸易政策时,除了利用关税和非关税措施限制外国商品进口外,还通过政府指令,在经济、行政、组织等方面采取鼓励措施,扩大商品的出口。

一、出口补贴(Export Subsidy)

出口补贴又称出口津贴,是指政府为了促进某些产业的发展,对这些产业的生产及销售进行的财政补贴和实行的优惠待遇,目的是提高该产业出口产品在国际市场上的竞争力和限制外国产品的进入。

出口补贴既可以通过直接的现金支付来增加出口商的收入,也可以间接地降低出口商的出口成本。出口补贴分为以下两种:

(一)直接出口补贴

直接出口补贴(Direct Subsidy)是指政府在商品出口时,直接付给出口商的现金补贴,资金来源于财政拨款,其目的是为了弥补出口商品国内价格高于国际市场价格所带来的亏损,或者补偿出口商出口商品所获利润低于国内利润所造成的损失。有时候,补贴金额会大大超过实际的差价或利差,对这类产品的出口具有极大的推动作用。另外,直接出口补贴的资金也可能来自一国的同业行会,其目的是鼓励和支持同行业的部分厂商向外拓展市场,这样既发展壮大了本行业的生产规模,又避免了彼此间在国内市场的过度竞争。

(二)间接出口补贴

间接出口补贴(Indirect Subsidy)也称隐蔽性补贴,是指政府对某些商品的出口给予财政上的优惠,如退还或减免出口商品所缴纳的销售税、消费税、增值税、所得税等国内税,对进口原料或半制成品加工再出口给予暂时免税或退还已缴纳的进口税,免征出口税,对出口商品实行延期付税、降低运费、提供低息贷款,以及对企业开拓出口市场提供补贴等。其目的仍然在于降低商品价格,以便更有效地打进国际市场。

出口补贴对于降低商品价格、增强国际竞争力、扩大出口意义重大,所以尽管出口补贴被世贸组织视为不公平的贸易行为而禁止使用,但长期以来,很多国家仍在直接或间接地使用,从而不断引起各国间的争端。为此,乌拉圭回合谈判中达成的《补贴与反补贴协议》将补贴分为禁止性补贴、可申诉补贴和不可申诉补贴,并规定除农产品外几乎任何出口产品的补贴均属于禁止使用的出口补贴。禁止性补贴(俗称“红箱政策”)指不允许成员方政府实施的补贴,一旦实施,任何受其影响的其他成员方可以直接采取反补贴措施;可申诉补贴(俗称“黄箱政策”)指成员方根据自己政治、经济的发展需要,在一定范围内对生产者或销售者进行补贴,若这种补贴造成对其他成员方利益的损害,其他成员方可以采取反补贴措施并可诉诸争端解决机制;不可申诉补贴(俗称“绿箱政策”)指成员方采取的对国际贸易影响不大的补贴,其他成员方不应采取反补贴措施并不可诉诸争端解决机制。在世贸组织的监督下,近年来各国对工业品的出口补贴明显减少,而农产品的出口补贴仍比较多,欧盟、瑞士、美国和挪威的出口补贴占到了全球的97%。

同其他政府干预经济的措施一样,补贴也会给经济带来扭曲,这种扭曲主要体现在生产扭曲和消费扭曲。理论分析清楚地表明,补贴贸易对于出口国而言,实际上得不偿失。对于贸易大国而言,还可能造成贸易条件的恶化。无论何种形式的补贴,都会给本国带来总福利的损失。既然补贴不利于国民福利,那为何还要进行大规模的补贴?主要原因是政治的需要,特殊利益集团(如农会)会游说政府采取有利于他们的补贴政策。

二、商品倾销

商品倾销是指出口商以低于产品的国内市场价格甚至低于产品生产成本的价格,在国外市场上大量抛售,打击竞争对手,占领和垄断市场的行为。

根据倾销的目的不同,商品倾销分为以下三种:

(一)偶然性倾销(Sporadic Dumping)

这种倾销通常是因为销售旺季已过,或因公司改营其他业务,在国内市场上很难售出“剩余货物”,只能以较低的价格在国外市场上抛售。由于这种倾销时间短、数量小,对进口国同类产业影响不大,进口国通常较少采用反倾销措施。

(二)间歇性或掠夺性倾销(Intermittent or Predatory Dumping)

这种倾销是出口商以低于国内价格甚至低于生产成本的价格在国外市场销售商品,目的是挤垮竞争对手后再凭借垄断的力量提高价格,以获取高额利润。这种倾销以占领、垄断竞争对手市场为目的,严重影响了进口国的利益,违背了公平竞争的原则,因而许多国家都采取反倾销措施予以抵制。

(三)持续性倾销(Persistent Dumping)

这种倾销又称为长期性倾销,这是一种无限期地、持续地以低于国内市场价格的条件在国外市场销售产品。这种倾销在20世纪70年代以来日益增多。它存在的原因主要有以下三个方面:一是出口商品的生产企业在本国有一定的垄断力量,在很大程度上可以决定价格的形成并取得了规模经济;二是本国与外国的市场隔离,不存在倒买倒卖的可能性;三是两国的需求价格弹性不同,出口国的需求价格弹性小于进口国的需求价格弹性。这种倾销通常会遭到进口国的反对。

三、外汇倾销(Exchange Dumping)

外汇倾销是指一国降低本国货币对外国货币的汇价,使本国货币对外贬值,从而提高出口商品价格竞争力和扩大出口的行为。外汇倾销是向外倾销商品和争夺国外市场的一种特殊手段。一国的货币贬值即汇率下跌后,出口商品用外国货币表示的价格降低,从而提高该国出口商品的价格竞争力,有利于扩大出口。同时,进口商品用本币表示的价格升高,不利于进口。因此,实行外汇倾销会起到扩大出口和限制进口的双重作用。

外汇倾销并非一个可长期使用的好方法。因为本国货币对外贬值,使进口原料和进口商品的价格上涨,必然引起国内物价的普遍上涨,从而引起出口商品的国内生产价格上涨,最后会削弱出口商品因货币贬值而拥有的价格竞争力。另外,外汇倾销的实行需要具备一定的条件。

第一,本币对外贬值的程度大于国内物价上涨的程度。一般来说,本币对外贬值会很快引起国内物价上涨,当国内物价上涨幅度赶上或超过本币对外贬值的程度时,外汇倾销对出口的促进作用就会被抵消,甚至抑制出口。

第二,其他国家不同时实行同等程度的货币贬值或采取其他报复性措施。如果其他国家也实行同等程度的货币贬值,那么两国货币贬值幅度就会相互抵消,汇价仍处于贬值前的水平,而得不到货币对外贬值的利益。另外,如果外国采取其他限制进口的报复性措施,也会抵消外汇倾销的作用。

四、出口信贷及出口信贷国家担保制

(一)出口信贷

出口信贷是出口国政府为了鼓励本国商品出口,通过银行对本国的出口商或外国进口商提供的贷款。它是一国的出口商利用本国银行的贷款扩大商品出口,特别是金额较大、期限较长的商品(如成套设备、船舶)出口的一种重要手段。出口信贷的利率一般低于相同条件资金贷放的市场利率,利差由国家补贴,并与国家出口信贷担保相结合。

出口信贷按信贷关系可以分为卖方信贷和买方信贷两种。

1. 卖方信贷。卖方信贷是指出口方银行向本国出口商提供的贷款。通常用于一些金额大、期限长的项目,因为这类商品的购买需要很多资金,进口商一般要求延期付款,而出口商为了加速资金运转往往需要取得银行的贷款。卖方信贷解决了厂商间用延期付款方式而导致资金周转缓慢的问题,它是银行直接资助出口商向外国进口商提供延期付款、以促进商品出口的一种手段。

2. 买方信贷。买方信贷是指出口方银行直接向外国进口商或进口方的银行提供的贷款,其提供的附加条件就是贷款必须用于购买债权国的商品,正因如此,这种贷款也被称为约束性贷款。买方信贷由于具有约束性而能达到扩大出口的目的。

国际贸易中的出口信贷,使用买方信贷比卖方信贷要多。因买方信贷不仅使出口商可以较快地得到货款,降低风险,而且使进口商对货价以外的费用比较清楚,便于与出口商讨价还价。

由于出口信贷能有力地扩大和促进出口,因此西方国家一般都设立专门银行来办理此项业务,如美国的进出口银行、日本的输出入银行、法国的对外贸易银行等。我国也于1994年7月1日成立了中国进出口银行。随着国际市场的竞争加剧,许多国家的出口信贷业务不断扩大,而且出现了延长出口信贷期限、降低贷款利率的"信贷战"。

(二)出口信贷国家担保制

出口信贷国家担保制(Export Credit Guarantee System)是指国家为了扩大出口,对本国出口商或商业银行向外国进口商或其所在地的银行提供的信贷,由国家设立的专门机构出面担保。当外国债务人由于政治原因或经济原因而拒绝付款时,由这个国家机构按照承保的数额给予补偿。这项措施实际上是国家用承担风险的方法,鼓励出口商扩大产品出口和争夺国外市场。出口信贷国家担保制能使银行减少或避免贷款不能收回而蒙受的损失,有利于银行扩大出口信贷业务,促进商品输出。

国家担保制担保的项目包括政治风险和经济风险两大类。政治风险包括战争、罢工、政府禁运、限制对外支付等,承保金额一般为合同金额的85% ~95%。经济风险主要包括进口商破产、汇率波动、通货膨胀等,承保金额一般为合同金额的70% ~80%。担保的期限一般与贷款的期限一致。另外,因为出口信贷担保机构的目的是扩大商品出口,所以收取的费用一般不高。各国通常设立专门机构负责此项工作,如英国的出口信贷担保署、法国的对外贸易保险公司、美国的进出口银行、日本的输出入银行等。我国目前从事该业务的是中国出口信贷保险公司。

五、促进出口的行政组织措施

为了扩大出口,许多国家在实行上述措施的同时,还采取了各种旨在鼓励出口的组织措施。这些措施主要有:

(一)成立研究和制定出口战略的专门组织机构

很多国家设立官方和非官方的专门机构为出口企业服务,帮助本国企业走向国际市场。如日本设立的"贸易振兴会"、美国设立的"扩大出口全国委员会"和"总统贸易委员会"、英国设立的"海外贸易委员会"等。另外,这类机构还有管理和协调出口秩序的作用,防止各出口商之间的恶性竞争。

(二)设立商业情报网

为大量收集与国际经济形势、国际经济关系和市场行情相关的信息与资料,并及时提供给出口商,很多国家设立了商业情报网。商业情报网一般由本国驻外商业机构来充当,并配备先进的情报收集系统和信息传递系统。如英国的海外贸易委员会在1970年就设立了出口信息服务部,向有关出口厂商提供信息。又如日本政府出资设立的日本贸易振兴会(其前身是1951年设立的"海外市场调查部"),就是一个从事海外市场调查并向企业提供信息服务的机构。

(三)组织贸易中心和贸易展览会

组织贸易中心和贸易展览会是企业进行市场营销和贸易成交、寻找和建立贸易关系的重要场所。其中:贸易中心是由政府出资建立的一种永久性设施。贸易展览会则是流动性的展出。有些国家一年组织15 ~20次国外展出,费用由政府补贴。例如,意大利对外贸易委员会对由其发起的展出支付80%的费用,对参加其他国际贸易展览会的公司也给予其费用30%~35%的补贴。

(四)组织经贸代表团和接待来访

为发展对外贸易,一些国家积极促进本国与外国之间贸易代表团的互访活动,加强国际的经贸联系。例如,英国海外贸易委员会设立接待处,专门接待官方代表团,并协助本国公司、社会团体接待来访的外国工商界人士,以促进贸易发展。

(五)组织出口商的评奖活动

政府表彰出口业绩显著的出口厂商,对其授予奖状、奖章,给予其精神鼓励。例如,英国从1919年起开始实行"女王陛下表彰出口有功企业的制度",并规定受表彰的企业在一年之内可使用带有女王名字的奖状来对自己的产品进行宣传。有的国家还对有突出贡献的出口商颁发总统奖章或授予荣誉称号,或者由总理亲笔写感谢信。

(六)建立经济特区(Special Economic Zone,SEZ)

经济特区是指一国政府为了吸引外资或国际跨国企业入驻,在其关境以外划出的,实行免除关税以及其他财政与金融方面的优惠待遇,从而达到促进出口以及其他各种经济目的的一定范围的区域。特区之"特",主要是指它实行特殊的经济政策、灵活的经济措施和特殊的经济管理体制,如减免关税等经济上的优惠待遇,提供理想的投资环境和组织完善的领导管理体制,以及增加外资投入和外汇收益。其目的是为了促进对外贸易的发展,鼓励转口贸易和出口加工贸易,繁荣本地区和邻近地区的经济,增加财政收入和外汇收入。因此,建立经济特区是一国实行对外开放政策和鼓励扩大出口的一项重要措施。

经济特区有很多不同的类型,但都呈现出以下特点:以扩大出口贸易、开发经济和提高技术水平为目的;有一个开放的投资环境;具有一定的基础设施;具有良好的社会经济条件;具有良好的自然条件。经济特区的发展已经有很长的历史,它与对外贸易有着密切的联系。早在1228年,法国南部马赛港就在港区内开辟自由贸易区,以便让外国货物在不征收任何捐税的情况下进入港口的特定区域,然后再向外输出。综观世界经济特区的发展,其数量由少到多,发展迅速;设区范围自西欧扩展至全球,功能从单纯贸易型到工贸结合型并向综合型发展;经营内容从商品的交换到商品的生产并扩展到商品的研制;生产结构从劳动密集型向资金、技术和知识密集型调整。总的趋势是由初级形态向高级形态发展。

经济特区的类型主要有自由港、自由贸易区、保税区、出口加工区、科学工业园区、自由边境区、过境区以及综合型经济特区。自由港又称自由口岸,是指一国在关境以外,准许全部或绝大多数外国商品可以豁免关税自由进出口的港口。自由港在经济和贸易方面的基本特征是"自由",具体表现为贸易自由、金融自由、投资自由、运输自由。自由贸易区是由自由港发展而来的,它是以自由港为依托,将关税豁免范围扩大到自由港的邻近地区。自由贸易区与自由港的功能基本相似,以促进对外贸易为主,也发展出口导向的加工业和工商业、金融业、旅游和其他服务业。自由贸易区与自由港相比,自由度相对低些。自由港内的居民与游客,不论从事经营活动与否,都可享受豁免海关限制的待遇,而在自由贸易区只有从事经营活动者才能享受豁免待遇。另外,自由贸易区对所有生活用品的进口,实行征税和贸易管制。保税区又称保税仓库区,是由海关设置的或经海关批准设置的特定地区和仓库。外国商品可以免税进出保税区,在保税区内还可对商品进行储存、改装、分类、混合、展览、加工和制造等。但是,商品若从保税区内进入本国市场,则必须办理报关手续,交纳进口税。出口加工区是指一个国家或地区在其港口、机场附近交通便利的地方,划出一定区域范围,新建和扩建码头、车站、道路、仓库和厂房等基础设施,并提供减免关税和国内税等优惠待遇,鼓励外商在区内投资调研,生产以出口为主的制成品。科学工业园区又称工业科学园、科研工业区、高技术园区等,是一种科技型经济特区。它以加速新技术研制及其成果应用、服务本国或本地区工业的现代化、便于开拓国际市场为目的,通过多种优惠措施和方便条件,将智力、资金高度集中用于高新技术研究、试验和生产。自由边境区是指设在本国边境省市地区的某一地段,按照自由贸易区或出口加工区的优惠措施,对区内使用的机器、设备、原料和消费品,实行减税或免税,以吸引国内外厂商投资。与出口加工区不同,外国商品在自由边境区内加工制造后主要用于区内使用,少数用于出口。过境区又称中转贸易区,指某些沿海国家为方便内陆邻国的进出口货运,根据双边协定,开辟某些海港、河港或边境城市作为过境货物的自由中转区,对过境货物简化海关手续,免征关税或只征收小额的过境费。随着国际经济关系特别是国际贸易、金融和经济技术交流的发展,经济特区以各种不同的形式发展,并出现向综合化发展的趋势。综合型经济特区是一种多行业、多功能的特殊经济区域,其主要特点是特区规模大、经营范围广,它不仅仅重视出口工业和对外贸易,同时也经营农牧业、旅游业、金融服务业、交通运输业、邮电通信业以及其他一些行业,对区域经济的发展具有重要的意义。

我国的经济特区深圳、珠海、汕头、厦门和海南等不是境内关外,而是关境以内的实行某些特殊经济政策的特定区域。中国的经济特区是在坚持四项基本原则的前提下设置的,是经济特区,而不是政治特区。我国经济特区的设立,吸取了国外出口加工区、自由贸易区的成功经验和失败教训,同时结合了我国的具体国情,是一项开创性的实践。

第二节 出口管制措施

出口管制指一国政府为达到特定的政治、军事和经济目的,通过法令和行政措施对本国出口实行管理和控制的过程或行为,是管制制度在贸易出口领域的具体运用。出口管制在第二次世界大战以后表现得比较明显。

一国实行出口管制的原因主要有:①政治原因,某一国家通过禁止向某国或某国家集团出售产品与技术,作为推行外交政策的一种手段;②军事原因,某国通过限制或禁止某些可能增强其他国家军事实力的物资、特别是战略物资的对外出口,来维护本国的政治利益与安全;③经济原因,某国对出口商品进行管制,可以限制某些短缺物资的外流,有利于本国对商品价格的管制,减少出口需求对国内通货膨胀的冲击。同时,出口管制有助于保护国内经济资源,使国内保持一定数量的物资储备。另外,一个国家实行出口管制还有其他原因,比如美国的出口管制还考虑防止核扩散。

一、出口管制的对象

实行出口管制的商品一般有以下几类。

（一）战略物资和先进技术产品

战略物资是指对国计民生和国防具有重要作用的物质资料，如军事设备、武器、军舰、飞机、先进的电子计算机和通信设备等。对这类商品实行出口管制，主要是从“国家安全”和“军事防务”的需要出发，以及从保持科技领先地位和经济优势的需要考虑。

世界各国因资源状况、经济技术发展水平和军事战略不同，战略物资的选定标准和具体分类也不尽相同。但从总体上看，确定战略物资一般从三个方面考虑：一是对国计民生的重要性，重要的物资要列入；二是本国资源和生产能力情况，蕴藏量少、产量低、依赖国外供应可靠性差的物资要列入；三是本国科技水平和工业生产水平，经济技术发展水平高的国家，一般把稀有金属等确定为战略物资。如苏联把对国计民生有特殊重要性的矿产原料、燃料、化工产品和农产品统统列入战略物资，而不论其来源状况如何。

有关的尖端技术和先进技术产品也是出口管制的重要对象，比如核能与核技术、航天和空间技术、信息技术、激光技术、生物技术。

（二）国内生产和生活紧缺的物资

管理这些物资出口的目的是保证国内生产和生活需要，抑制国内该商品价格上涨，稳定国内市场。如西方各国往往对石油、煤炭等能源商品实行出口管制，也有的国家对水和粮食实行出口限制。

（三）实行“自动”限制出口的商品

为了缓和与进口国的贸易摩擦，在进口国的要求或压力下，出口国对“自动”限制出口的商品实行出口管制。例如，根据纺织品“自限协定”，纺织品出口国必须自行管理本国某些纺织品的出口数量。

（四）历史文物和艺术珍品

出于保护本国文化艺术遗产和弘扬民族精神的需要，该类商品一般禁止出口。

（五）出口国或组织垄断的商品

这类商品的出口实行管制，目的是为了稳定国际市场价格，保证正常的经济收入。比如,欧佩克(OPEC)对成员国的石油产量和出口量进行控制,以稳定石油价格。

(六)为保持生态平衡而要保护的某些动植物产品

如象牙、犀牛角、虎骨及珍稀动物药材等,均在禁止出口商品的范围。

二、出口管制的形式

国际出口管制体系分为两种形式,一个是国家单边出口管制,另一个是国际多边出口管制。

(一)单边出口管制

它是指一国根据本国的出口管制法律,设立专门的执行机构,对本国某些商品的出口进行审批和发放出口许可证。单边出口管制完全由一国自主决定,不对他国承担义务与责任。

如,美国1917年通过的《与敌国贸易法》规定,禁止在战时或国家紧急时期与敌对国进行财政金融和商业上的贸易。美国的出口管制体系是世界上最为完备的,而且历史也较长。在第二次世界大战期间,美国开始实行战略紧缺物资的出口控制制度,冷战时期,这一制度成为美国对社会主义国家实施封锁的重要工具。目前,美国的出口控制制度已经发展为一个较为严密的管制体系。特别是在"9·11"以后,美国出于反恐和国际形势变化的需要,在制度立法、清单管理、机构设置、部门协调等诸多方面加大了力度,管制日趋严厉。

另外,作为一个特殊的国家集团组织,欧盟在出口管制方面拥有超国家层面的统一立法,成员国以此为指导原则通过各自的立法实行出口管制。2001年,欧盟理事会根据形势变化通过了新的条例,将控制出口产品清单从单一军品扩大到了军民两用技术产品。2003年,理事会又将出口管制法做了进一步完善。

(二)多边出口管制

多边出口管制是指几个国家的政府,通过一定的方式建立国际性的多边出口管制机构,商讨和编制多边出口管制货单,规定出口管制的办法,以协调彼此的出口管制政策与措施,达到共同的政治与经济目的。国际多边出口管制机制主要包括:"瓦森纳协议"(WA)、"导弹及其出口管制制度"(MTCR)、"澳大利亚集团”(AG)、“核供应国集团”(NSG)等,这些机制近年均得到不同程度的加强。

在美国的操纵下,以西方国家为主的33个国家于1996年7月在奥地利维也纳签署的《瓦森纳协定》(简称“瓦协”)。该联盟是个自愿组织,成立初期并没有设立强制性规定,但近年来在出口管制方面出现了明显的法制化和规范化倾向,而且管制物项不断增多,参加成员逐步扩大。2004年,“瓦协”召开大会,首次邀请了50多个非联盟成员国家、非政府组织或企业参加会议,谋求共同推广该协议的管制规定。联合国作为全球影响力最大的国际组织,近年来也开始在国际出口管制领域发挥独特作用。2004年,安理会通过1540号文件,首次提出成员国必须加强出口管制,并要向安理会提交出口管制报告。

三、出口管制的措施

按照国家对出口进行管制的手段,出口管制措施主要可以分为出口关税措施和出口数量限制措施。

(一)出口关税措施

出口关税措施是指一国政府设置在边境的海关根据本国制定的法规,对输出境外的商品征收的关税。

由于征收出口关税会提高本国商品的成本和在海外市场的售价,削弱其在国外市场的竞争力,所以不利于本国商品的出口。采用出口税限制出口的国家主要是发展中国家和不发达国家,主要对木材、渔产品、矿产品和金属材料、毛皮、皮革产品及农产品征收出口关税。

(二)出口数量限制措施

出口数量限制措施主要包括最低出口价格、出口配额和出口许可证措施。

1. 最低出口价格。最低出口价格是指出口国对某特定产品的出口价格进行限定,也就是人为限定产品的出口价格,排除供求关系、竞争环境等因素而对出口进行规制的一种措施。

2. 出口配额。出口配额是指一国政府在一定时期内对某些商品的出口数量或金额规定一个最高限额。限额内商品可以出口,超过限额的商品不准出口或者予以处罚。出口配额在实践中可分为两种形式:主动配额和被动配额。

3. 出口许可证。在配额的管理和发放中,各国通常结合出口许可证方式使用。配额只是表示对某些出口商品在数量上进行的限制,而出口许可证才是货物准许出口的证明。这种管理方式有利于对配额数量的管理,防止超配额出口而对国家造成各种不利影响。

出口许可证根据出口管理的松紧程度分为一般许可证和特殊许可证。一般许可证又称为普通许可证,这种许可证的取得相对容易,出口商无须事先向有关机构专门申请,只要在出口报关单上填写这类商品的普通许可证编号,经过海关核实后就办妥了出口许可证手续。出口属于特种许可范围的商品,必须事先向有关机构申请特殊许可证。这种情况下,出口商要在许可证上填写清楚商品的名称、数量、管制编号以及输出用途,再附上有关交易的证明书和说明书报批,获得批准后方能出口,如不予批准就禁止出口。

一国政府通常事先公布必须申领出口许可证的商品目录,凡被列入出口许可证管理目录的商品如需出口,必须向有关部门提出申请,取得出口许可证才能出口。许可证的颁发与否,不取决于出口商而取决于该商品的性质、性能以及出口的国家或地区。各国实行出口管制最常见和最有效的手段是通过出口审批对本国商品或技术出口进行限制,因而在出口管制的主要手段中,一般把重点放在出口许可证措施上。各国都会制定需要取得许可证才能出口的管制清单。管制清单有国别清单和物品管制清单两种。

(1)国别清单。许多国家制订了出口管制目标国家清单,对不同国家采取不同程度的出口管制。不同国家的国别管制清单在具体内容上不尽相同。如美国对伊朗的出口控制较严,而欧洲国家倾向于与伊朗进行经济接触,出口管制相对宽松。

(2)物品管制清单。物品管制清单主要规定哪些物项的出口是必须被禁止的,除非取得出口许可证。各国均是通过物品管制清单来确定本国出口许可证措施的适用范围。但各国在物品管制清单方面也存在着较大差异,主要表现在两方面:第一,在物品管制清单的设置模式方面,有单一清单模式和多清单模式的区别。有些国家不区分军品或军民两用品,在一个单一物品管制清单中规定所有出口受限的物品;而有些国家则区分军品和军民两用品,分别设置管制清单,并由不同部门负责不同清单内管制物品的变更和调整。第二,各国物品管制清单所列具体物项存在差异。

总之,在出口控制中,最常见的是清单控制,也就是把国家许可出口的、不允许出口的,以及限制出口的物项归类成不同的清单,由相关政府部门按照清单中的规定来进行管制。管制清单并不能涵盖所有物项,清单外的物项出口往往不需要取得许可证。但非清单类物品仍可能具有军事用途,如大规模杀伤性武器的制造并非取决于尖端技术产品,某些普通的实验设备和不在管制范围内的机床以及钢材等物品,仍然可能用来制造大规模杀伤性武器。因此,为了防止大规模杀伤性武器的扩散,各国逐渐采取"全面管制"的方法。

全面管制的主要目的是解决清单外物项的出口管制问题。"全面管制"原则起源于20世纪80年代的美国,美国政府用"全面管制"原则来控制那些虽不在管制清单内但其最终用途与核相关的物项的出口。

中国出口管制措施主要有出口税、最低出口价格、出口配额和出口许可证四种。中国《对外贸易法》第16条和第17条为中国出口管制措施提供了法律依据。在出口关税方面,我国自2006年11月1日起开始对原油、煤炭等4项能源类产品加征5%的出口关税,同时还以暂定税率的形式对110项商品加征10%~15%的出口关税,其中磷灰石、稀土金属矿、金属矿砂等44项矿产品的出口暂定税率为10%,铜、镍、电解铝等11项有色金属产品为15%,铁合金、生铁、钢坯等30项钢铁产品为10%,稀土化合物、木地板、一次性筷子等21项产品为10%。根据2009年关税实施方案的规定,中国对黄磷征收70%的出口关税,对矾土征收15%的出口关税,对焦炭征收40%的出口关税,对氟石征收15%的出口关税,对镁征收10%的出口关税,对锰征收15%~20%的出口关税,对金属硅征收15%的出口关税,对锌征收25%~35%的出口关税。2009年6月,中国取消对黄磷征收的50%特别关税,而仅维持了继续征收20%的出口关税。在出口配额方面,中国对铝土矿、焦炭、氟石以及碳化硅等实施出口配额限制,如根据《2009年度碳化硅出口配额第一次公开招标公告》,碳化硅的出口配额10.8万吨;根据《2009年度氟石块(粉)出口配额第一次公开招标公告》,氟石块(粉)出口配额为35万吨。

案例与分析

灰色清关

一、案例介绍

2009年6月,俄罗斯以打击"灰色清关"为名,突然关闭了莫斯科切尔基佐夫斯基大市场,给在该市场经营多年的数万名华商造成了巨大经济损失，华商在这次事件中的直接经济损失大约400亿元人民币，这次事件中俄方查封华商货物的唯一理由是中国商人不能提供这些货物合法报关的相关文件。试分析该事件反映了什么问题？

二、案例分析

上述事件实际暴露出中俄民间贸易存在着灰色清关的问题。正规清关是按货物真实的数量、价格和品种报关纳税，而灰色清关介于黑色清关与正规清关之间，它是委托一些与海关有密切联系或者有实权后台的清关公司，通过在数量、价格或品名上做假的方式办理货物清关，使进口货物以低于法定水平的税率进入俄罗斯市场。从上述莫斯科切尔基佐夫斯基大市场事件来看，除关税措施外，许多非关税措施也会让外国公司蒙受损失。

思考练习题

思考题

1. 你如何看待中国在加入世贸组织时的“取消所有商品出口补贴”的承诺？

2. 外汇倾销必须具备哪些条件才能对出口起到促进作用？

3. 美国对华限制高技术产品出口是否合理？

练习题

一、单项选择题

1. 构成倾销的三个条件，不包括以下哪一项(　　)。

　A. 产品价格低于正常价值

　B. 给对方国家同类产业造成实质损害

　C. 给本国的同类产业造成实质伤害

　D. 低价与损害之间存在因果关系

2. 我国的经济特区不包括以下哪一个城市(　　)。

　A. 深圳　　B. 珠海　　C. 青岛　　D. 海南

二、多项选择题

1. 出口信贷是对(　　)提供的信贷。

　A. 本国出口商　　B. 外国出口商　　C. 本国进口商　　D. 外国进口商

2. 出口信贷国家担保制担保的对象是(　　)。

A. 本国出口商　　　　　　　　　　B. 本国进口商

C. 提供出口信贷的银行　　　　　　D. 面向所有银行

三、简答题

1. 生产补贴和出口补贴有何区别?

2. 既然出口国政府对本国出口企业的补贴增加了进口国的福利,为什么进口国政府要征收反补贴税?

3. 一国为什么要对出口进行管制?

第四部分　实践篇

第九章　区域经济一体化

学习目标和要求

本章的学习要点是关税同盟理论中的贸易创造效应和贸易转移效应、协议性国际分工理论和大市场理论。要求了解区域经济一体化的概念和形式，了解世界主要经济一体化组织的发展情况。

引导案例

朴先生该怎么办?

朴先生是一家韩国服装厂的老板，产品主要销往美国和加拿大，同墨西哥同类产品相比，他的产品质优价廉。但当北美自由贸易协定签订后，朴先生对工厂前景感到困惑。服装业的竞争非常激烈，业内竞争主要取决于成本和应对市场需求变化的速度。按照北美自由贸易协定的规定，三国间的所有纺织品贸易关税在10年内取消，墨西哥的纺织品可以免税进入美国和加拿大，产品成本和价格会下降，而且墨西哥紧邻美国，对于美国市场的需求能够及时做出反应，因此，墨西哥纺织品的竞争优势将得到极大提高。

在这种情况下，朴先生该怎么办?

自由贸易区的建立，会对区域内外的国家贸易产生不同的影响，会改变一国的贸易流量和贸易方向。对于区域内的国家，以上述纺织品为例，美国消费者可以用更低廉的价格购买墨西哥的产品，社会福利得到改善，墨西哥的生产商也可以扩大市场规模，获取规模经济效益，获得贸易扩大效应。对于区域外的国家来说，区域一体化组织的建立，使其产品在区域内市场上丧失了竞争优势，处于不利的局面。

对于朴先生来说，一个可行的办法是将对外贸易改为对外投资，充分利用墨西哥相对便宜的劳动力和北美自由贸易协定给予的低关税或免关税政策来获取竞争优势。实际上,在北美自由贸易协定签署后,许多亚洲生产商纷纷在墨西哥直接投资建厂,一方面利用墨西哥廉价的劳动力,一方面利用 NAFTA 的有利条件,将墨西哥作为进入美国市场的跳板。NAFTA 的建立,对北美各国乃至世界经济都产生了重大影响。那么我们应该如何看待区域一体化组织呢?本章将研究区域一体化组织的相关问题。

第一节　区域经济一体化概述

一、区域经济一体化的含义

区域经济一体化(Regional Economic Integration)是指区域内两个或两个以上的国家或地区,为逐步取消所有的歧视性障碍和其他非贸易壁垒,实现彼此之间在货物、服务和要素方面的自由流动,促进相互间的经济发展,通过协商并缔结经济条约或协议而形成某种形式的经济联合,或组成区域性经济组织的过程。

经济一体化往往通过条约的形式,组成各种类型松散的经济联合,建立起超国家的决策和管理机构,制定共同的政策措施,实施共同的行为准则,规定较为具体的共同目标,实现成员国的产品甚至生产要素在本地区内自由流动,促进地区性的专业分工,从而发挥规模经济效益,推动生产技术的发展,不断提高成员国的经济福利。

二、区域经济一体化的形式

美国经济学家巴拉萨把区域经济一体化的进程分为四个阶段:第一阶段为贸易一体化,即取消对商品流动的限制,从消除贸易壁垒和市场开放做起,形成区域共同发展的共识;第二阶段为要素一体化,即在区域内实现生产要素的自由流动,包括劳动力的自由往来、基础设施的共建以及产业转移等;第三阶段为政策一体化,即在区域内实现国家经济政策的协调一致,包括共同制定区域合作机制、区域规划,以及在对外政策上保持一致;第四阶段为完全的经济一体化,即区域内所有的政策保持一致。

理论界一般按照开放程度将区域经济一体化从低到高分为以下 6 种:

（一）优惠贸易安排

优惠贸易安排（Preferential Trade Arrangement，PTA）是指各成员国之间，通过协定或其他形式，对全部或部分商品规定特别的关税优惠，但各国仍然保留原有的关税制度和结构。优惠贸易安排是区域经济一体化组织中最低级、最松散的一种组织形式。这种组织形式的区域经济一体化，限制产品和生产要素自由流动的各种歧视并没有完全消除。早期的东南亚国家联盟就属于这种一体化组织。

（二）自由贸易区

自由贸易区（Free Trade Area，FTA）是指签订自由贸易协定的国家组成的区域贸易集团。其成员国之间废除关税与数量限制，使区域内各成员国的商品可以完全自由流动，但各成员国保持对外部世界非成员国的贸易壁垒。这依然是一种松散的经济一体化组织，其基本特点是用关税措施突出了成员国与非成员国之间的差别待遇。例如北美自由贸易区、欧洲自由贸易联盟、拉丁美洲自由贸易协会等。

（三）关税同盟

关税同盟（Customs Union，CU）是指由两个或两个以上国家取消关税或其他贸易壁垒，并对非成员国实行统一的关税税率而缔结的贸易同盟。各成员国取消相互间贸易的一切限制，实现内部的自由贸易，对非成员国商品进口建立统一的关税制度。由于关税同盟不仅完全消除了一体化前存在的产品贸易障碍，还创造了组建关税同盟前不存在的共同对外关税，所以是一种比自由贸易区高一级的一体化形式，它开始带有超国家的性质。世界上最早、最著名的关税同盟是比利时、卢森堡和荷兰组成的关税同盟。欧洲共同体在1968年实现了关税同盟。

（四）共同市场

共同市场（Common Market，CM）是在关税同盟基础上进一步的经济一体化。它除了废除各成员国之间的贸易障碍和建立共同的关税制度外，还取消了对生产要素流动的限制，允许劳动、资本等要素在成员国之间自由流动。欧洲共同体统一大市场就是典型的例子。

（五）经济联盟

组成经济联盟的成员国之间，不仅允许商品和生产要素完全自由流动，对外建立统一关税，而且还制定并执行某些共同的经济和社会政策，如货币、财政、经济发展、社会福利政策以及有关贸易与生产要素流动政策等，并拥有一个制定这些政策的超国家的共同机构。

（六）完全经济一体化

完全经济一体化（Complete Economic Integration）是指各成员国之间除了具有经济同盟的特征之外，还统一了所有的重大经济政策，实现了每个成员国政治、外交和军事上的合作或者政策协调，并建立起共同体一级的中央机构对所有事务进行控制。它是区域经济一体化的最高形式，超国家的协调管理机构享有相当充分的超国家主权。目前的欧洲联盟就属于这类一体化组织。

第二节 区域经济一体化的相关理论

区域经济一体化的发展引起了经济学家的关注和浓厚兴趣，许多经济学家试图从理论上来解释这种经济现象，得出了许多理论研究成果。

一、关税同盟理论

1950年，美国经济学家维纳（J. Viner）在其代表性著作《关税同盟理论》中系统地提出了关税同盟理论。后来李普希（R. G. Lipsey）等其他经济学家对关税同盟理论进行了补充和完善，使之成为一种较为成熟的理论。维纳等人认为，完全形态的关税同盟应该具备三个条件：一是完全取消参加国之间的关税；二是对来自非成员国或地区的进口设置统一的关税；三是通过协商方式在成员国之间分配关税收入。因此，关税同盟有着相互矛盾的两种职能：对成员国内部实行贸易自由化，对成员国以外实行差别待遇措施。关税同盟理论主要研究关税同盟形成以后，关税体制的变更（即对内取消关税、对外设置共同的关税）对国际贸易产生的静态效应和动态效应。

（一）关税同盟的静态效应

关税同盟的静态效应指的是，在假定经济总量、技术条件不变的情况下，区域经济一体化对集团内各成员国的贸易、经济及社会福利所产生的影响。它主要是由贸易创造效应(Trade Creating Effect)和贸易转移效应(Trade Diverting Effect)组成的。

贸易创造效应是指关税同盟实行自由贸易后,各国将用同盟内成本低的成员国产品代替成本高的本国产品,从成员国的进口增加,创造出过去没有的新的贸易。其效果是:第一,由于取消关税,成员国由原来生产并消费本国高成本高价格的产品,转向购买其他成员国低价格的产品,从而使消费者福利增加。第二,提高了生产效率,降低了生产成本。生产从高成本的国家转向低成本的国家,同盟内部的生产资源可以重新配置,提高了资源的配置效率。

所谓贸易转移效应,是指由于关税同盟内部取消关税,对外实行统一关税,使得某一成员国的进口从生产成本较低的非成员国转为生产成本较高的成员国,从而发生了贸易转移。其结果是生产资源的重新配置降低了生产效率,提高了生产成本。由于这种转移对低效率的生产者有利,阻止了资源的有效利用,所以使整个世界的福利水平降低。

除了贸易创造和贸易转移效应外,关税同盟还会带来其他静态效应,首先是贸易扩大效应,即关税同盟成立后,会带来区域内及世界贸易量的增加。其次是可以减少走私活动,减少成员国行政费用的支出。最后是可以在国际贸易谈判中增强集团谈判力量。

(二)关税同盟的动态效应

除了上述静态效应以外,关税同盟的建立还具有动态效应,即刺激各成员国的经济增长,并带来国民收入的持续增长。这些动态效应会通过下列渠道表现出来:

1. 提高资源使用效率。关税同盟的出现,打破了各国原来受保护的市场,提高了市场竞争性。关税同盟建立以后,商品可以在各成员国之间自由流通,由此可以提高成员国的专业化分工程度,提高资源使用效率,提高成员国的经济福利水平。

2. 实现规模经济效应。依据美国经济学家巴拉萨的观点,关税同盟可以使生产厂商获得重大的内部与外部规模经济之利。内部规模经济主要来自对外贸易的增加,以及随之带来的生产规模的扩大和生产成本的降低。外部规模经济则来源于整个国民经济或一体化组织内的经济发展,国民经济各部门之间是相互关联的,某一部门的发展可能在许多方面带动其他部门的发展,这就有利于推动企业生产规模和生产专业化的扩大。而且通过一体化区域合作和市场扩大也有助于基础设施实现规模经济，这些对小国来说尤为明显。

3. 刺激投资。通过多国协定的约束，区域一体化扩大了市场规模，改善了投资环境。这样，它对成员国内部的投资者和非成员国的投资者的投资吸引力都大大加强。关税同盟从以下几方面使投资增加：首先，关税同盟成立后，成员国市场变成统一的大市场，需求增加，从而企业投资增加；其次，商品的自由流通，使同行业竞争加剧；最后，由于关税同盟的建立，减少了从其他国家的进口，迫使非成员国为了避免贸易转移的消极影响，到成员国内进行直接投资，以绕开关税壁垒。

二、大市场理论

大市场理论也称为共同市场理论，其代表人物是西托夫斯基（T. Scitovsky）和德纽（J. F. Deniau）。该理论认为，以前各国之间推行狭隘的只顾本国利益的贸易保护，把市场分得过于细小，同时又缺乏弹性，使得现代化的生产设备不能得以充分利用，无法实现规模经济效益。而建立大市场能为研究开发、降低生产成本和促进消费创造良好的环境。区域经济一体化组织为各成员国提供了扩大市场范围的效应。各成员国之间取消贸易障碍后，向成员国企业提供了更大规模或容量的市场，这种大市场给企业创造了专业化生产带来的技术优势和加剧竞争、降低成本以及资源合理配置带来的经济优势，创造了实现生产“规模经济”的条件。

总之，大市场理论的核心有两点：一是通过扩大市场才有可能获得规模经济，从而实现技术利益；二是依靠因市场扩大化而竞争激化的经济条件，实现上述目的。

三、协议性国际分工理论

（一）协议性国际分工理论的内容

协议性国际分工理论是日本教授小岛清于1975年提出的。他认为仅仅依靠比较优势进行国际分工可能导致各国企业生产的垄断和集中，影响共同体内部分工和贸易的和谐稳定发展。因此，他提出各国必须进行协议性国际分工，以尽可能地维持和促进竞争性贸易的稳定性。

所谓协议性国际分工，是指一国放弃某种商品的生产并把国内市场提供给另一国，而另一国放弃另一种商品的生产并把国内市场提供给对方，即两国达成互相提供市场的协议，实行生产品种的专业化分工。协议性分工不能指望通过价格机制自动实现，而必须通过当事国的某种协议来实现，即通过经济一体化的制度把协议性分工组织化。目前，拉美中部共同市场的统一产业政策，就是由国家间的计划决定的分工。

（二）协议性国际分工的条件

实行协议性国际分工必须具备以下条件：

1. 参加协议的国家生产要素禀赋没有多大的差别，工业化水平和经济发展水平相近，因而协议性分工的对象商品在哪个国家都能生产。

2. 作为协议分工对象的商品，必须是能获得规模经济的商品，一般是重工业、化学工业的商品。

3. 每个国家自己实行专业化生产的商品和让给对方专业化生产的商品之间没有优劣之分，否则不易达成协议。这种优劣主要取决于规模扩大后的成本降低率和随着分工而增加的需求量及其增长率。

上述三个条件表明，经济一体化必须在比较优势接近的国家之间形成，而不能在发达工业国与初级产品生产国之间建立。另外，在发达工业国之间可以进行协议性分工的商品范畴较广，因而利益较大。生活水平和文化等比较相似的地区容易达成协议，并且容易保证相互需求的均等增长。

第三节　世界主要经济一体化组织的发展

一、欧盟联盟

欧洲联盟（European Union，EU），简称欧盟，由早期的欧洲共同体发展而来，是一个集政治实体和经济实体于一身、一体化程度最高的、在世界上具有重要影响的区域一体化组织，其总部设在比利时首都布鲁塞尔。

两次世界大战给欧洲各国造成了巨大的损失，因此许多欧洲领导人认为，确保欧洲和平的途径是让他们的国家在经济和政治上走向联合。欧洲各国相近的经济发展水平和毗邻的地理位置给他们之间的联合提供了有利条件。但是由于政治地位和经济利益的差异，欧洲各国对相互联合的目标和实施程度主张不一。鉴于此，联盟思想的倡导者（如法国的让·莫里等人）认为应该首先从经济领域入手来逐步推进一体化。受到让·莫里的启发,法国外交部部长舒曼倡议整合西欧煤钢工业。

1951 年 4 月,法国、联邦德国、意大利、比利时、荷兰、卢森堡六国政府签订了《欧洲煤钢共同体条约》,成立了欧洲煤钢共同体,统一计划和协调各国的煤钢生产。欧洲煤钢共同体的成功促使六国决定进一步整合经济领域的其他部分,于是在 1957 年,上述六国签订了《罗马条约》,建立了欧洲经济共同体和欧洲原子能共同体。在此之后,各国着手消除贸易壁垒,实施共同农业政策和建立关税同盟。1965 年,六国签订了《布鲁塞尔条约》,决定将欧洲煤钢共同体、欧洲经济共同体和欧洲原子能共同体合并,统称欧洲共同体(European Community,EC)。1991 年 12 月,欧洲共同体马斯特里赫特首脑会议通过了以建立欧洲经济货币联盟和欧洲政治联盟为目标的《欧洲联盟条约》,即《马斯特里赫特条约》,按照该条约,1993 年 11 月 1 日,欧洲共同体更名为欧洲联盟。这标志着,欧洲共同体从经济实体向经济政治实体过渡。

欧盟经济一体化的措施主要有:

第一,建立了关税同盟,实行共同外贸政策。1967 年起欧共体对外实行统一的关税率;1968 年 7 月起成员国之间取消商品的关税和限额,建立关税同盟;1973 年,欧共体实现了统一的外贸政策;1994 年 2 月又取消此前由各国实行的 6 400多种进口配额。

第二,实施共同农业政策。首先是实行统一的农产品价格管理制度,农产品价格通过欧洲共同体的收购或投放办法,保证其在"目标价格"和"干预价格"之间的波动。其次是对部分农产品进口征收差价税,实行农产品出口补贴制度。最后是设立"欧洲农业指导和保证基金",促进农业的机械化和现代化。

第三,建立欧洲货币体系。欧洲货币体系于 1979 年 3 月正式建立,它是为促进内部贸易、保证各成员国货币的相对稳定而建立的国家间货币联盟。其主要内容是:设立欧洲货币单位(European Currency Unit, ECU);成员国之间实行固定汇率,对外实行联合浮动,从而形成一个相对稳定的汇率制度;建立欧洲货币基金,向成员国提供中短期贷款,借以干预外汇市场、稳定汇率、调节国际收支。1999 年 1 月 1 日欧元正式发行。2002 年 7 月 1 日欧元取代货币联盟成员国原货币,成为货币联盟内部的单一货币。

第四,建成内部统一大市场。内部市场的目标是 1985 年 6 月由欧洲经济共同体委员会在其发展规划的白皮书中提出来的,其内容是逐步取消各种非关税壁垒,包括有形障碍(海关关卡、过境手续、卫生检疫标准等)、技术障碍(法规、技术标准)和财政障碍(税制、税率差别)。1987 年 7 月《欧洲一体化文件》开始生效,其中规定“内部市场由一个没有内部边界的区域构成,在内部,商品、人员、劳务和资本的自由流动得到本协定的保证。”1993 年 1 月 1 日起,内部市场开始运行,它标志着欧洲共同体一体化发展进入了一个崭新的阶段。

第五,成员国采取统一的增值税制,实行统一的贸易政策、法规。

第六,建立政治合作制度,成立政治联盟。政治合作制度始于 1970 年 10 月,1987 年生效的《欧洲单一文件》把在外交领域进行政治合作正式列入欧共体条约。1993 年《马斯特里赫特条约》生效后,政治合作制度被纳入欧洲政治联盟活动范围。另外,在 1991 年召开的马斯特里赫特首脑会议上通过了政治联盟条约,其内容是十二国实行共同的外交和安全政策,以及共同的防务政策。

二、北美自由贸易区(NAFTA)

战后特别是 20 世纪 70 年代以后,随着欧洲经济一体化的发展、日本经济的崛起以及亚洲和拉美一些发展中国家经济的快速发展,使美国在世界经济中的霸主地位受到越来越多的挑战。为了加强美国与世界其他经济体特别是欧洲经济共同体相抗衡的能力,美国前总统里根在 1980 年竞选时提出了北美自由贸易区的设想。1987 年 10 月,美、加经过一年多的协商与谈判达成协议,1988 年双方正式签署了《美加自由贸易协定》,经美国国会和加拿大联邦议会批准,该协定于 1989 年 1 月生效。在《美加自由贸易协定》生效一年以后,美国决定将自由贸易区扩大到墨西哥。这是因为墨西哥通过长期发展已经具备一定的经济基础,而且劳动力低廉,生产成本低,又是美国的近邻,是美国理想的投资场所和产品市场。经过两年多的谈判,1992 年 8 月 12 日,美国、加拿大、墨西哥三国政府代表签订了《北美自由贸易协定》,该协定于 1994 年 1 月 1 日起正式生效,北美自由贸易区宣告成立。

北美自由贸易区的成立旨在消除贸易壁垒、促进公平竞争、优化投资环境、建立符合三方利益的贸易争端解决机制。其内容主要涉及:一是关税方面,在墨西哥占有劳动力优势的纺织品和成衣方面,除了取消一部分产品的关税外,对于墨西哥生产的符合原产地规则的纺织品和成衣,美、加取消其配额限制,并将关税水平从 45% 降到 20%;对于汽车产品,美、加逐步取消了对墨西哥汽车征收的关税,其中轻型卡车的关税从 25% 减到 10%,并在 5 年内全部取消;对于重型卡车、公共汽车、拖拉机的关税则在 10 年内取消。墨西哥则将在 10 年内取消美、加汽车产品的关税及非关税壁垒,其中对轻型卡车在 5 年内取消关税。

另外,美、加分别取消其对墨西哥农产品征收的61%和85%的关税;墨西哥则取消对美、加农产品征收的36%和4%的关税。二是在运输业、通信业方面,三国对过境陆上运输完全开放,三国的通信企业可以不受任何歧视地进入通信网络和公共服务业。三是在金融保险业方面逐步放开,美、加的保险公司与墨西哥的保险公司组成合资企业,其中外国企业的控股权可逐年增加。另外,还规定对投资者给予国民待遇,对投资者不得规定诸如一定的出口比例、原产品限制、贸易收支、技术转让等限制条件。作为补充,美、加、墨在1998年又就取消500种关税达成协议。该协议从1998年8月1日生效,并规定美国免税进口墨西哥产的纺织品、成衣、钟表、帽子等,墨西哥则对美国的化工产品、钢铁制品、玩具等商品开放其市场。此协议实施后,使大约93%的墨西哥商品能享受到美国的免税优惠,使大约60%的美国商品直接免税进入墨西哥市场。这就形成了自由贸易区内比较自由的商品流通大格局。四是保护知识产权。五是取消三个成员国之间对外直接投资的大部分限制。六是规定了争端的解决程序,特别是制定了倾销和补贴案件中专家小组的条款。

北美自由贸易区对促进区域贸易和经济发展起到了积极的作用:第一,它促进了地区贸易增长。1993~2008年的15年间,地区贸易增长了三倍多。第二,它促进了区域内直接投资的增长。1993~2008年的15年间,三国之间的直接投资增加了四倍。第三,增加了就业机会。北美自由贸易区的成立,带来了额外的就业机会,美、加、墨三国的就业人数都有显著的增长。第四,促进了墨西哥经济的发展。北美自由贸易区成立后,墨西哥的国内生产总值、人均生产总值和出口额增长了3~5倍。

北美自由贸易区是典型的南北双方为共同发展与繁荣而组建的区域经济一体化组织,与欧盟相比,具有以下特点:①南北合作型。北美自由贸易区既有经济实力强大的发达国家(如美国),也有经济发展水平较低的发展中国家,区内成员国的综合国力和市场成熟程度差距很大,经济上的互补性较强。各成员国在发挥各自比较优势的同时,通过自由的贸易和投资,推动区内产业结构的调整,促进区内发展中国家的经济发展,从而减少与发达国家的差距。②大国主导。北美自由贸易区是以美国为主导的自由贸易区,美国的经济运行在区域内占据主导和支配地位。由于美国在世界上经济发展水平最高,综合实力最强,因此,北美自由贸易区的运行方向与进程在很大程度上体现了美国的意愿。③减免关税的不同步性。由于墨西哥与美国、加拿大的经济发展水平差距较大,而且三国在经济体制、经济结构和国家竞争力等方面存在较大的差别,因此,自《美加自由贸易协定》生效以来,美国对墨西哥的产品进口关税平均下降84%,而墨西哥对美国的产品进口关税只下降43%。墨西哥在肉、奶制品、玉米等竞争力较弱的产品方面,有较长的过渡期,同时,一些缺乏竞争力的产业部门有10~15年的缓冲期。④战略的过渡性。美国积极倡导建立的北美自由贸易区,实际上只是美国战略构想的一个前奏,其最终目的是为了在整个美洲建立自由贸易区。美国试图通过北美自由贸易区来主导整个美洲,一来为美国提供巨大的潜在市场,促进其经济的持续增长;二来为美国扩大其在亚太地区的势力,与欧洲争夺世界的主导权。1990年6月27日美国总统布什在国会提出了开创"美洲事业倡议",随后美国于1994年9月正式提出"美洲自由贸易区"计划,同年12月,在美国迈阿密举行了由北美、南美和加勒比海(古巴除外)共34个国家参加的"美洲首脑会议"。2005年11月,举行了第四次美洲首脑会议,不过,由于美洲各国在美洲自由贸易区谈判问题上存在严重分歧,有关美洲自由贸易区的谈判尚未取得实质性的进展。

三、东南亚国家联盟(ASEAN)

东南亚国家联盟(简称东盟)的前身是马来西亚、菲律宾和泰国于1961年7月31日在曼谷成立的东南亚联盟。1967年8月,印度尼西亚、新加坡、泰国和菲律宾四国外长和马来西亚副总理在泰国首都曼谷举行会议,发表了《东南亚国家联盟成立宣言》,即《曼谷宣言》,正式宣布了东南亚国家联盟(Association of Southeast Asian Nations, ASEAN)的成立。1984年文莱独立后加入东盟,越南于1995年加入东盟,1997年缅甸和老挝加入东盟,1999年4月,柬埔寨成为东南亚地区最后一个加入东盟的国家。东盟10个对话伙伴是:澳大利亚、加拿大、中国、欧盟、印度、日本、新西兰、俄罗斯、韩国和美国。东盟成立的宗旨和目标:以平等与协作精神共同努力促进本地区的经济增长、社会进步和文化发展;遵循正义、国家关系准则和《联合国宪章》,促进本地区的和平与稳定;促进经济、社会、文化、技术和科学等问题的合作与相互支援;在教育、专业和技术及行政训练和研究设施方面互相支援;在充分利用农业和工业、扩大贸易、改善交通运输、提高人民生活水平方面进行更有效的合作;促进对东南亚问题的研究;同具有相似宗旨和目标的国际和地区组织保持紧密和互利的合作,探寻与其更紧密的合作的途径。东盟成立以后,长期停留在优惠贸易安排阶段,由于各国考虑自身利益较多,并未带来预期的效果。1992年东盟决定向自由贸易区发展,但由于各成员国降低关税的步伐不一致以及东南亚金融危机的影响,使得期限延长。目前东盟自贸区虽然建立了,但由于该地区政局不稳,各成员国经济的互补性相对较弱,所以其进一步的发展还有待于各国的努力。

四、亚太经济合作组织(Asia – Pacific Economic Cooperation, APEC)

亚太经济合作组织的全称是亚洲及太平洋经济合作组织,它是亚太地区的一个主要经济合作组织,也是目前全球最大的区域经济一体化组织。1989 年 1 月,澳大利亚总理霍克访问韩国时建议召开部长级会议,讨论加强亚太经济合作问题。经与有关国家磋商,1989 年 11 月 5 日至 7 日,澳大利亚、美国、加拿大、日本、韩国、新西兰和东盟六国在澳大利亚首都堪培拉举行亚太经济合作组织首届部长级会议,这标志着亚太经济合作组织的成立。目前该组织共有 21 个成员:澳大利亚、文莱、加拿大、智利、中国、中国香港、印度尼西亚、日本、韩国、墨西哥、马来西亚、新西兰、巴布亚新几内亚、秘鲁、菲律宾、俄罗斯、新加坡、中国台北、泰国、美国和越南。成员分布在美洲、欧洲、亚洲和大洋洲。1997 年,亚太经济合作组织宣布进入调整期,暂不接纳新成员。

自 1989 年起,亚太经济合作组织每年举行一次由各成员方参加的年会,召开 3 ~ 4 次高级官员会议,并就某一专题举行部长级特别会议。1991 年 11 月,在韩国汉城举行的亚太经济合作组织第三届部长级会议通过了《汉城宣言》,正式确定亚太经济合作组织的宗旨和目标:相互依存,共同受益,坚持开放性多边贸易体制和减少区域内贸易壁垒。1993 年亚太经济合作组织在西雅图领导人非正式会议宣言中提出了 APEC 精神,即 APEC 大家庭精神,建立亚太经济的大家庭,在这个大家庭中要深化开放和伙伴精神,为本地区人民创造稳定和繁荣的未来,为世界经济做出贡献并支持开放的国际贸易体制。2001 年 6 月,亚太经济合作组织贸易部长级会议通过了《主席声明》,要求各成员方继续推进开放的贸易政策,为多边贸易体制多做贡献。同时,会议还就促进各成员方投资自由化和便利化、加强经济技术合作、新经济和电子商务问题展开了讨论,并达成了诸多共识。

由于亚太经济合作组织成员的历史、文化、宗教不同,政治和经济制度以及价值观各异,特别是成员的经济体制、经济发展水平、贸易和投资自由化程度差别很大,同时,亚太地区还存在数个次区域性贸易集团,如北美自由贸易区、东盟自由贸易区、澳新密切经济关系和贸易协定,所以成员之间达成合作共识有一定的难度,影响了亚太经济合作组织成员的合作向深度和广度的进一步发展。

亚太经济合作组织始终坚持“开放的地区主义”原则。因此，从严格意义上讲，亚太经济合作组织还算不上是一个经济一体化组织，它是一个松散的、具有特色的论坛式的组织。

第四节 区域经济一体化与经济全球化的关系

经济全球化与区域经济一体化是既相互联系又相互区别的两个范畴：区域经济一体化表达的是各国经济在机制上的统一，而经济全球化表达的是世界经济在范围上的扩大；区域经济一体化指的是世界各国经济高度融合的状态，经济全球化则反映了各个相对独立的国民经济之间联系越来越密切的事实。区域经济一体化是全球经济一体化的前提条件，是经济全球化的内在机制，经济全球化则是区域经济一体化的外在形式。可以形象地将区域经济一体化与经济全球化比喻为纵向深化与横向扩张的关系，也可以将区域一体化看成是经济国际化发展的质变，经济全球化则是经济国际化过程中的量变。

一、二者的联系

（一）区域经济一体化是经济全球化的必经阶段

世界上为数众多的国家和地区不可能同时实现贸易一体化，更不用说更高层次的生产一体化和金融一体化了。而一些在地域、文化传统、经济上密切相关的国家和地区首先实现区域经济一体化，有助于推进经济全球化进程。因为与分散孤立的各国经济相比，组成区域性经济一体化组织不仅在实际上在全球经济的不同部分、不同层次实现了经济一体化，而且也更有可能和更容易通过联合或合并的方式向经济全球化的完成形式——全球经济一体化过渡。正如欧洲的经济一体化组织不断扩大，最终将形成全欧洲的经济一体化一样，全球经济一体化也将以同样的形式得到实现。

此外，区域经济一体化的发展为经济全球化进一步发展提供了范例和模式，也有助于推动经济全球化进程。未来的全球经济将向何处发展？全球经济一体化包括哪些内容、它能够实现到何种程度？区域经济一体化组织、特别是欧共体所做的巨大努力和尝试，为其探索了发展方向和实施步骤。无论是统一大市场的建设，还是单一货币的设想与启动以及区域性中央银行的建设等，这些都为经济全球化过程的发展指明了一个可供借鉴的发展方向。正是区域经济一体化的出现,才有实际的、超出国界的经济全球化过程的不断发展。

(二)区域经济一体化和经济全球化相互适应

初级阶段的经济全球化以贸易全球化作为核心内容,此时区域经济一体化也处于开始起步的阶段,主要采取关税同盟或自由贸易区等形式,基本目标是解决一定范围内的贸易自由化问题。早期的区域经济一体化理论与经济全球化理论也是基本一致的。比如,区域经济一体化理论中包括了对资本和中间产品流动的分析,并且基本上不涉及从事跨国经济活动的基本单位(企业)。当经济全球化进入到生产全球化、金融全球化阶段时,区域经济一体化理论也就把国际直接投资以及跨国公司等作为研究范畴。

(三)区域经济一体化和经济全球化相互促进

从某一个角度看,经济全球化与区域经济一体化所追求的目标是一致的,即实现规模经济、提高经济效益和增强产品竞争力,只不过是范围大小的不同而已。区域经济一体化是经济全球化过程的有机组成部分,既是经济全球化的一个步骤或阶段,又是经济全球化进一步发展直至形成全球经济一体化的基础。

世界贸易组织所倡导的经济全球化和众多区域经济一体化组织倡导的区域经济一体化实质上都是世界经济向一体化发展的过程,即超出国界而进行的国际分工、国际投资、国际生产、国际贸易等,使各国经济成为一个相互依存的整体。区域经济一体化不仅使成员方之间的贸易额大大增加,而且区域内外之间的贸易额也有增长,其比重也在提高。区域经济一体化对经济全球化的促进作用表现在:区域经济一体化内部实行生产要素的自由流动,必将加速资本的相互渗透,深化成员方之间的相互依存和国际分工,从而进一步推动全球的生产一体化和金融一体化的过程。此外,各区域经济一体化组织除了追求区域内要素自由流动,还追求从整个世界贸易中获得更多的好处。以北美自由贸易区为例,北美地区的内部贸易只占美国、加拿大和墨西哥三国贸易总额的36%。所以,区域经济一体化会加速世界经济全球化过程,最终形成全球经济一体化。

尽管区域经济一体化组织具有某些内向性、保护主义的色彩,但如果区域性经济一体化组织的成立不对区域外国家和地区形成额外的经济自由交往壁垒,那么,它在世界经济全球化过程中就起着积极而不是消极的作用。况且,区域经济一体化组织接受世界贸易组织的领导,在全球多边经济合作体系的保护、协调、控制和管理之下，其消极作用得到限制，积极作用得到肯定和支持。因此，经济全球化的发展，将保障日益兴起的区域经济一体化健康发展，并使之成为全球经济一体化发展的推动力。

二、二者的区别

经济全球化是指世界各国的经济运行在生产、分配、消费等方面所发生的一体化趋势。区域经济一体化是经济全球化的一个中间过程。二者的区别十分明显。

（一）产生的条件不同

区域经济一体化大多产生于同一区域或经济结构相近的国家之间，是区域内各国突破了主权国家的界限，放松主权约束，以国家出面签订协约为基础而建立起来的一种国际经济合作的组织形式。它以主权国家为核心，还渗入了政治因素。与区域经济一体化不同的是，经济全球化是一种自发的市场行为，是一种超主权的概念。市场经济无限高度发展的结果，就是经济全球化。因此，经济全球化要求最低限度的政府干预，是一种超国家主权的概念。经济全球化的超主权性质决定了它缺乏区域经济一体化中那种有效的政府间协作与对市场的监督。

（二）范围不同

有时区域经济一体化趋势与经济全球化趋势不完全一致，区域经济一体化组织的某些规定在一定程度上不利于经济全球化的发展。如欧共体对亚洲产品实行配额制和反倾销措施，使日本等国深受其害。北美自由贸易协定对成员国商品的免税待遇实行原产地规则，导致其贸易具有内向性，并对区域外贸易产生排他性。

（三）行为主体不同

经济全球化是微观经济行为主体的活动带来的，是跨国公司在市场力量作用下的生产、贸易、投资、金融等经济行为在全球范围内的大规模活动，是生产要素的全球配置与重组，是世界各国经济逐渐高度依赖和融合的过程。因此，经济全球化主要由企业带动，是从下到上的一种微观经济行为，有人称之为企业逐步走出原有国境的离心运动。区域经济一体化要求成员国之间消除各种贸易壁垒以及阻碍生产要素自由流动的因素，是通过一系列协议和条约形成具有一定约束力和行政管理能力的地区经济合作组织，因此，它主要由政府出面推动，是一种以政府参与制定双边或多边协定、微观经济主体在协定框架内活动的向心运动。经济全球化是一种功能性一体化，是现实经济领域中各种壁垒的消除，形成市场的扩大和融合，是各国市场经济在生产力发展的推动下向外扩张的内在要求。区域经济一体化是制度性一体化，是通过签订条约和建立超国家组织的主观协调，由国家出面让渡那些阻碍经济行为跨国界活动的主权，以保证该过程顺利进行。可以说，区域经济一体化已经造就了维护自己存在的上层建筑，而经济全球化的上层建筑仍在进一步探索、形成之中。

此外，经济全球化与区域经济一体化的理论依据不同。经济全球化的主要理论依据是李嘉图的自由贸易理论，区域经济一体化的主要理论依据是产业结构相似理论和关税同盟理论。

案例与分析

中国—东盟自由贸易区

一、案例介绍

2004 年 11 月，在老挝万象召开的第八次中国—东盟领导人会议期间，中国与东盟签署了中国—东盟自由贸易区《货物贸易协议》和《争端解决机制协议》。其中，《货物贸易协议》规定了双方全面启动降税进程的时间表。

从 2005 年 7 月 1 日起，中国和东盟将按照商定的时间表全面启动降税进程。其中，中国和东盟中的六个老成员国（文莱、印度尼西亚、马来西亚、菲律宾、新加坡、泰国）将在 2010 年把绝大多数正常产品的关税降为零，东盟 4 个新成员（缅甸、柬埔寨、老挝、越南）则在 2015 年将大多数正常产品的关税降为零。上述两个协议的签署意味着什么？

二、案例分析

这两个协议的签署，标志着中国—东盟自由贸易区进入实质性全面启动的阶段，对双边经贸关系的发展具有重大的意义，对亚洲区域经济一体化进程也将产生积极和深远的影响。中国与东盟的政治经济联手，会在西太平洋沿岸划出一条经济带，使分散的亚洲经济力量开始集结。

思考练习题

思考题

1. 中国—东盟自由贸易区建成的意义是什么？

2. 自由贸易区、关税同盟和共同市场有什么相同之处和不同之处？

练习题

一、单项选择题

1. 区域经济一体化程度最高的是(　　)。

A. 欧盟　　B. 亚太经济合作组织

C. 北美自由贸易区　　D. 东盟

2. 下列哪种是经济一体化比较低级和松散的形式(　　)。

A. 优惠贸易安排　B. 自由贸易区　C. 关税同盟　D. 共同市场

3. 以下哪项国际贸易理论是由日本教授小岛清提出的(　　)。

A. 大市场理论　　B. 协议性国际分工理论

C. 关税同盟理论　　D. 绝对优势理论

二、多项选择题

1. 关税同盟的静态效果包括(　　)。

A. 贸易创造效果　　B. 贸易转移效果

C. 减少行政支出　　D. 减少走私

2. 经济一体化的形式有(　　)。

A. 优惠贸易安排　　B. 自由贸易区

C. 关税同盟　　D. 共同市场

E. 经济同盟

3. 目前国际上三个影响较大的区域经济一体化是(　　)。

A. 欧盟　　B. 亚太经济合作组织

C. 关贸总协定　　D. 世贸组织

E. 北美自由贸易区

三、论述题

1. 当代区域经济一体化迅速发展的原因有哪些？

2. 区域经济一体化对中国经济的发展有什么影响？

3. 区域经济一体化对成员国的国民福利会产生怎样的影响？

第十章　跨国公司与国际贸易

学习目标和要求

本章的学习要点是跨国公司的概念、特征，跨国公司的相关理论，以及跨国公司的发展对国际贸易产生的影响。要求通过本章的学习，能够正确认识跨国公司战后迅速发展的原因，了解跨国公司的内部贸易与传统意义上的国际贸易的不同，掌握国际生产折中理论，正确看待跨国公司的活动对国际贸易产生的影响。

引导案例

西雅图风暴

1999年11月30日，世贸组织第三届部长级会议在美国西雅图市开幕，会场外云集了来自世界各地的反全球化人士。他们砸毁了全球化象征的麦当劳快餐店，还与警察发生了暴力冲突，致使会议无果而终，此次事件被称为"西雅图风暴"。在自由贸易的旗帜下，在优化资源配置和发挥各国比较优势的利益驱动下，全球化的脚步在不断向前迈进。从贸易领域到生产领域和金融领域，经济全球化已将世界各国的经济紧密联系了起来，极大地促进了各国间的经济交流。但是近些年来为什么会出现大规模的反全球化运动，而且有愈演愈烈的趋势呢？

这是因为并不是所有人都能分享到全球化带来的福利，全球化过程中存在着严重的利益分配不均的问题，使世界范围内贫富分化日趋严重。一方面，发达国家及其跨国公司凭借自己强大的经济实力，利用发展中国家廉价的资源和劳动力进行生产，并从中获得丰厚的利益。另一方面，跨国公司为了增强竞争力，将很多投资都转移到国外，这在一定程度上造成了其国内的产业空心化，使本国的工人面临失业威胁，所以反全球化中很重要的一股力量是发达国家的劳工组织。另外,在全球化过程中,跨国公司将那些高耗能、高污染和高排放的生产活动转移到了发展中国家,给当地的生态环境造成了严重的破坏,影响了这些国家的可持续发展,所以,各国环保人士也加入到了反全球化的大军中。

跨国公司有何特点?为什么在战后能迅速发展?它的发展对各国经济产生了什么具体影响?这些问题是本章所要学习和研究的。

第一节 跨国公司概述

一、跨国公司的定义

长期以来,关于跨国公司的概念界定在学术界存在分歧:有的认为跨国公司是从事对外直接投资并在一个以上国家拥有或控制从事增值企业的机构;有的强调按所有权标准对跨国公司进行界定,认为跨国公司是在一个以上国家建有下属分支企业和机构的国际经营企业;也有的侧重于按经营管理特征对跨国公司进行界定或是以所有权的法律基础来限定跨国公司的属性等。由于界定标准有差异,因而形成了多种多样的定义表述。

联合国跨国公司委员会认为,跨国公司应具备以下三个要素:第一,跨国公司是指一个工商企业,组成这个企业的实体在两个或两个以上国家内经营业务,而不论其采取何种法律形式经营,也不论其在哪一个经济部门经营;第二,这种企业有一个中央决策体系,因而具有共同的反映企业全球战略目标的政策;第三,各个实体通过股权或其他方式联系起来,各个实体分享知识资源和分担责任。

20 世纪 80 年代后,国际社会对于联合国提出的跨国公司定义的三大要素已基本达成共识。据此,我们概括出一个简洁定义,即跨国公司是指具有全球性经营动机和一体化的经营战略,在多个国家拥有从事生产经营活动的分支机构,并将它们置于统一的全球性经营计划之下的大型企业。

二、跨国公司的特点

跨国公司大多是由一国垄断资本建立的,只有极少数是由两个或两个以上国家的垄断资本联合建立的。跨国公司由母公司(总公司)和分布在世界各国的子公司(分公司)组成。跨国公司的来源国被称为母国,子公司所在国被称为东道国。子公司的资产所有权由母公司控制,并服从母公司的全球经营战略。

跨国公司具有如下特征：

（一）以对外直接投资形式发展

跨国公司的国际化经营以对外直接投资为主要手段。对外直接投资是指在国外进行"直接"所有权的投资，而不是"间接"债券的投资。所有权投资与债权投资差别很大：债权投资，债权人可以不必操心公司业务的运转，可以获得固定利息；所有权投资，所有权人必须参与公司的管理和经营活动，承担公司经营风险，只有公司获利后才能得到投资收益。跨国公司的对外直接投资活动一般分为两个阶段：第一阶段，主要是商品输出和在国外建立销售分公司，这是最简单的所有权式的投资；第二阶段，随着竞争的加剧，为绕开贸易壁垒，争夺世界市场，在国外建立生产基地和销售网，具体做法有两种，一种是对外直接投资，就地创建新企业，另一种是兼并东道国原有的企业。

跨国公司对外投资，早期为了对企业进行严密的控制、为了技术和经营方针的"保密"、为了减少企业管理和利润分成等方面的矛盾，倾向于单一的独资经营方式。战后，由于有些发展中国家对外国企业实行国有化，对外资实行有限的控制和管理，迫使跨国公司在股权问题上采取灵活的做法，逐步向多种形式发展，大量的采取了合资形式。

（二）目标的全球化

跨国公司以全球作为活动的舞台，以世界市场作为角逐的目标，在进行经营决策时，从世界范围考虑原料来源、劳动力雇用、产品销售和资金运用，从而使生产要素得到合理配置，以达到经营成果最大化的目的。跨国公司的全球战略所考虑的不是某一子公司的局部得失，而是整个公司的最大利益。跨国公司不仅要考虑公司当前的利益，而且要考虑未来的发展，追求公司长期的整体利益。

（三）管理体制集中化

跨国公司实现全球战略的关键在于实行"公司内部一体化"原则。这一原则要求实行高度集中的管理体制，即以母公司为中心，把遍布世界各地的子公司统一为一个整体。所有国内外子公司的经营活动都必须服从母公司的利益，在母公司的统一指挥下，遵循一个共同的战略，合理利用人力和财力资源，进行全球性经营活动。近几年来，跨国公司日益向混合型多种经营方向发展，国外经营业务更为复杂,这就要求跨国公司的经营管理权高度集中在母公司手中,由母公司的最高决策机构掌握整个公司的产权、财权和人事权。对子公司的生产组织、产品销售、利润分配、资金筹措与运用以及人事安排等方面的决策,母公司都在一定程度上拥有管理权。

(四)内部化

跨国公司的生产、经营活动有相当一部分是在公司内部进行的,这种内部化可以减少交易成本、降低经营风险、加强公司对整个经营活动的控制。同时,研究与开发活动以及科技成果转让的内部化,有利于保持跨国公司的竞争力。

(五)技术领先

跨国公司为了在国际市场竞争中占据优势,通常把开发新技术和研制新产品放在头等重要的位置上,使自己始终在新技术上占据领先地位。比如,20 世纪 80 年代,最大的 866 家跨国公司的国外总产值中有 60% 集中在先进技术部门,23% 集中在中等技术部门,而简单的技术部门仅占 17%。战后迅速发展起来的新技术工业,如电子、制药、石化、飞机工业等,几乎全部为跨国公司所控制。

跨国公司之所以能保持技术优势,在于其巨额的研究开发投资。跨国公司每年要从销售收入中拨出大量资金,从事研究与开发工作。如德国西门子公司每年投入的科研费用达 10 亿美元以上,占该国工业研究费用 1/8。国际商用机器公司每年的研究费用相当于营业额的 5% 左右,20 世纪 80 年代以来,每年的研究费用达 15 亿美元。另外,跨国公司的技术优势,还得益于其特有的技术转让战略。跨国公司的技术转让战略是,在全球范围内进行生产成本的比较,选择最佳生产基地,以确保利润最大化。其具体做法是:首先,把研制的专利技术应用于母国的国内生产,垄断国内市场,并通过产品的出口满足国外市场的需要,以此获得垄断性高额利润。其次,经过一个时期后,将新技术转让给设在其他发达国家的子公司,取得当地市场的技术优势。最后,又经过一段时间,向发展中国家的子公司转让技术。这种分期分批的技术转让战略,无疑可以延长技术独占时间。

三、跨国公司的类型

(一)按经营项目分类

跨国公司按经营项目可分为:

1. 资源开发型跨国公司。资源开发型跨国公司以获得母国所短缺的各种资源和原材料为目的,对外直接投资主要涉及种植业、采矿业、石油业和铁路等领域,这是跨国公司早期积累时经常采用的形式。资源开发型跨国公司集中于采矿业和石油开采业,如著名的埃克森—美孚公司(Exxon - Mobil)、英荷壳牌公司(Royal Dutch Shell)等属于此类。

2. 加工制造型跨国公司。加工制造型跨国公司主要从事机器设备制造和零配件中间产品的加工业务,以巩固和扩大市场份额为主要目的。这类公司以生产加工为主,进口大量投入品,生产各种消费品,供应东道国或附近市场,或者对原材料进行加工后再出口。这类公司主要经营诸如金属制品、钢材、机械及运输设备等产品。随着当地工业化程度的提高,公司经营会逐步进入到资本货物部门和中间产品部门。加工制造型跨国公司是当代一种重要的跨国公司形式,被大多数东道国所欢迎。美国通用汽车公司(General Motors)就属于此种。

3. 服务提供型跨国公司。服务提供型跨国公司主要是指向国际市场提供技术、管理、信息、咨询、法律服务以及营销技能等无形产品的公司。这类公司包括跨国银行、保险公司、咨询公司、律师事务所以及注册会计师事务所等。20世纪80年代以来,随着服务业的迅猛发展,服务业逐渐成为当今最大的产业部门,服务提供型跨国公司也成为跨国公司的一种重要形式。

(二)按经营结构分类

跨国公司按经营结构可分为:

1. 横向型跨国公司。横向型跨国公司是指母公司和各子公司从事同一种产品的生产和经营活动的公司。在公司内部,母公司和子公司之间在生产经营上专业化分工程度很低,生产制造工艺、过程和产品基本相同。这类跨国公司的特点是母子公司之间在公司内部相互转移生产技术、营销诀窍和商标专利等无形资产,有利于增强各自的竞争优势与公司的整体优势、减少交易成本,从而形成强大的规模经济。横向型跨国公司的特点是地理分布区域广泛,通过在不同的国家和地区设立子公司就地生产与销售,以克服东道国的贸易壁垒,巩固和拓展市场。

2. 垂直型跨国公司。垂直型跨国公司是指母公司和各子公司之间实行纵向一体化专业分工的公司。纵向一体化专业分工又有两种具体形式:一是指母子公司生产和经营不同行业的相互关联产品,如自然资源的勘探、开发、提炼、加工制造与市场销售等;二是指母子公司生产和经营同行业不同加工程序和工艺阶段的产品,如专业化分工程度较高的汽车行业与电子行业的关联产品。垂直型跨国公司把具有前后衔接关系的社会生产活动国际化,母子公司之间的生产经营活动具有显著的投入产出关系。这类公司的特点是全球生产的专业化分工与协作程度高,各个生产经营环节紧密相扣,便于公司按照全球战略发挥各子公司的优势。而且由于专业化分工,每个子公司只负责生产一种或少数几种零部件,有利于实现标准化、大规模生产,获得规模经济效益。

3. 混合型跨国公司。混合型跨国公司是指母公司和各子公司生产和经营互不关联的产品。混合型跨国公司是企业在世界范围内实行多样化经营的结果,它将没有联系的各种产品及其相关行业组合起来,加强了生产与资本的集中,规模经济效果明显。同时,跨行业非相关产品的多样化经营能有效地分散经营风险。但是由于经营多种业务,业务的复杂性会给企业管理带来不利影响。

(三)按决策行为分类

跨国公司按决策行为可分为:

1. 民族中心型公司(Ethnocentric Corporations)。民族中心型公司的决策是以本民族为中心,其决策行为主要体现母国与母公司的利益。公司的管理决策高度集中于母公司,对海外子公司采取集权式管理体制。这种管理体制强调公司整体目标的一致性,优点是能充分发挥母公司的中心调整功能,更优化地使用资源,缺点是不利于发挥子公司的自主性与积极性,一般东道国不太欢迎此模式。跨国公司发展初期,大多采用这种传统的管理体制。

2. 多元中心型公司(Polycentric Corporations)。多元中心型公司的决策行为倾向于体现众多东道国与海外子公司的利益,母公司允许子公司根据自己所在国的具体情况独立地确定经营目标与长期发展战略。公司的管理权力较为分散,母公司对子公司采取分权式管理体制。这种管理体制强调的是管理的灵活性与适应性,有利于充分发挥各子公司的积极性和责任感,且受到东道国的欢迎。但这种管理体制的不足在于母公司难以统一调配资源,而且各子公司除了自谋发展外,完全失去了利用公司内部网络发展的机会,局限性很大。在跨国公司迅速发展的过程中,东道国在接受外来投资的同时逐渐培养起民族意识,目前大多数跨国公司的管理体制从民族中心型转变为多元中心型。

3. 全球中心型公司(Geocentric Corporations)。全球中心型公司既不以母公司也不以子公司为中心，而是以公司的全球利益最大化为中心。公司采取集权与分权相结合的管理体制，这种管理体制吸取了集权与分权两种管理体制的优点，事关全局的重大决策权和管理权集中在母公司的管理机构，但海外子公司可以在母公司的总体经营战略范围内自行制定具体的实施计划、调配和使用资源，有较大的经营自主权。这种管理体制的优点是在维护公司全球经营目标的前提下，各子公司在限定范围内有一定的自主权，有利于调动子公司的经营主动性和积极性。

四、战后跨国公司迅速发展的原因

战后，伴随着产业资本的大规模国际化，跨国公司得到广泛而迅速的发展，并取代国际卡特尔成为当代私人国际垄断组织的主要形式。战后跨国公司出现并迅速发展的原因是多方面的，可概括为如下几点。

（一）各国政府的支持

主要资本主义国家经过半个多世纪的垄断统治，尤其经历了战后资本主义经济的黄金发展时期，积累了大量的垄断资本，国内有限的投资场所和相对昂贵的投资成本促使过剩资本向外寻求发展机会，以获得高额利润。为此，发达资本主义国家政府提供各种支持，设立专门银行向跨国公司提供各种优惠贷款，鼓励本国企业走出去，到海外投资设厂。

（二）科技革命的爆发

第三次科技革命爆发后，国际分工由垂直型渐变为水平型，以自然资源为基础的传统国际分工已逐渐转变为以产品、零部件、工艺专业化为基础的新的国际分工，各国根据自身的条件，选择作为产品生产线上的某一个环节，这种新的国际分工为垄断资本主义国家在全球最佳地点配置生产力提供了现实的基础。同时，信息技术、交通运输技术的迅猛发展，为生产领域的大规模国际经济联系提供了必要条件。现代交通技术使原料、劳动、产品能便捷安全地从一地移动到另一地，通信技术则使以思想、指令、符号等体现的信息在各地之间输送，这两类技术彻底改变了世界经济，使得要素与产品以前所未有的速度在世界范围内流动，市场成了全球市场，投资成了国际投资，生产成了跨国生产。

（三）贸易保护政策的影响

战后，各国由于利益所在，保护贸易的政策倾向依然普遍存在。通过对外直接投资，开展跨国经营，可以绕过贸易壁垒，这是促使跨国公司迅速发展的外部因素。

（四）实现要素优化组合的需要

由于世界各国自然环境和经济发展水平存在差异，如果只在一个地方进行生产，就很难兼顾各种有利条件。跨国公司通过在世界各地设立子公司进行生产，开展跨国经营活动，就可以合理地把劳动密集型产品放到发展中国家进行生产，而把资本、技术密集型产品的生产放到发达国家进行，实现生产要素的最佳组合。

第二节　跨国公司的相关理论

第二次世界大战后，随着跨国公司的迅速发展，以跨国公司为载体的对外直接投资成为世界经济发展的重要推动力量，而传统产业理论和资本理论无法有效解释跨国公司的对外直接投资行为。在这种情况下，西方学者纷纷开始研究跨国公司的对外直接投资活动，从不同角度研究对外直接投资的动因、国际市场进入方式及跨国经营的区位选择，形成了既相互区别又互为补充的国际直接投资的理论体系。

一、垄断优势理论

1960 年美国学者斯蒂芬·海默（Stephen Hymer）在其博士论文《国内企业的国际经营：对外直接投资研究》中，率先对传统理论提出了挑战，提出了特定优势理论。该理论后来经过其导师金德尔伯格的补充和发展，成为垄断优势理论，用以阐明当代跨国公司在海外投资原因。鉴于海默和金德尔伯格对该理论做出的巨大贡献，该理论又被称为“海默—金德尔伯格传统”（H－K Tradition）。

（一）垄断优势理论的基本观点

该理论的核心内容是，跨国公司对外直接投资的根本原因是利用不完全竞争市场所产生的企业垄断优势对海外业务进行控制。海默和金德尔伯格认为，传统的国际资本流动理论所说的企业面对的海外市场是完全竞争的,即市场参与者所面对的市场条件均等,且无任何因素阻碍正常的市场运作的观点是不正确的。完全竞争只是一种理论研究上的假定,在现实中基本不存在,普遍存在的是受企业实力、垄断产品差异等因素影响所形成的有阻碍和干预的市场。市场的不完全性体现在:商品市场的不完全、要素市场的不完全、规模经济引起的市场不完全和政府干预形成的市场不完全。这种市场的不完全性是对外直接投资的根本原因。在市场不完全的基础上,对外直接投资是为了充分利用自己具备的"独占性生产要素"即垄断优势,这种垄断优势足以抵消跨国竞争和国外经营所面对的种种困难而使企业处于有利地位。企业凭借其拥有的垄断优势排斥东道国企业的竞争,维持垄断高价,即跨国公司的垄断优势是对外直接投资获利的条件。

对垄断优势的构成,海默、金德尔伯格以及后来的约翰逊(H. G. Johnson)、卡夫斯(R. E. Caves)以及曼斯菲尔德(E. Mansfield)等人进行了归纳概括,大致可分为技术与知识优势、规模经济、资金优势、营销以及组织管理能力等几方面。海默特别强调了技术与知识的核心优势作用。这些优势后来被邓宁总结为"所有权优势",并成为其国际生产折中理论的重要组成部分之一。

(二)理论评价

海默的垄断优势理论为海外直接投资理论的发展奠定了基础。该理论突破了国际资本流动导致对外直接投资的传统贸易理论框架,指出对外直接投资是以不完全竞争为前提的,是一种企业寡头垄断和市场集中相联系的现象,并突出了知识和技术优势在形成跨国公司中的重要作用,开创了以国际直接投资为对象的新研究领域,使国际直接投资的理论研究开始成为独立学科。这一理论既解释了跨国公司为了在更大范围内发挥垄断优势而进行横向投资,也解释了跨国公司为了维护垄断地位而将部分工序,尤其劳动密集型工序,转移到国外生产的纵向投资,因而西方学者普遍认为,垄断优势理论奠定了当代跨国公司与对外直接投资理论研究的基础,并对以后的各种理论产生了深远的影响。

垄断优势理论的不足之处是它缺乏普遍意义,不能很好解释对外直接投资流向的产业分布或地理分布。由于它是以20世纪60年代初的美国为研究对象,依据当时美国对西欧进行大量投资的跨国公司的统计资料,因此对发展中国家企业的对外直接投资缺乏指导意义。另外,该理论忽略了时间因素和区位因素在对外直接投资中的动态作用。

二、内部化理论

内部化理论(the Theory of Internalization)是20世纪70年代由英国学者巴克利(Peter J. Buckley)、卡森(Mark C. Casson)以及加拿大的拉格曼(Alan M. Rugman)等人提出的,其思想源于科斯的交易成本说,主要是解释企业跨国投资的原因。

(一)理论的基本观点

内部化理论从外部市场不完全与企业内部资源配置的关系来说明对外直接投资的动因。该理论的出发点是市场不完全,认为市场不完全不仅在最终产品市场上存在,在中间产品市场上也同样存在。这里的中间产品除了通常意义上的原材料和零部件外,更重要的是指专有技术、专利、管理及销售技术等知识产品。内部化理论认为,由于外部市场里中间产品的交易成本过高,所以企业才选择跨国直接投资的方式,将中间产品交易内部化,即把本来应该在外部市场交易的业务转变为公司所属企业之间的业务,以维持垄断优势和降低交易成本。企业进行内部化的动因主要有:防止技术优势的流失、特种产品交易的需要、规模经济的追求以及转移定价。

根据内部化理论,企业通过对外直接投资形成内部市场,在全球范围内组织生产与协调分工,以避免外部市场不完全对其经营产生的影响。同时,企业内部交易可以有效防止技术迅速扩散,保护企业的知识财富。而且,内部交易使企业能够根据自己的需要进行内部资金、产品和生产要素的调拨,从而保证效益最优化。另外,内部化理论还分析了影响中间产品内部化的四个主要决定因素,即:①行业特定因素,主要是指产品性质、外部市场结构以及规模经济;②地区特定因素,包括地理位置、文化差别以及社会心理等引起的交易成本;③国别特定因素,包括东道国政治、法律、经济等方面政策对跨国公司的影响;④企业特定因素,主要是指企业组织结构、协调功能、管理能力等因素对市场交易的影响。

内部化理论认为,上述四组因素中,行业特定因素对市场内部化的影响最重要。当一个行业的产品具有多阶段生产特点时,如果中间产品的供需通过外部市场进行,供需双方关系既不稳定,也难以协调,企业有必要通过建立内部市场保证中间产品的供需。企业特定因素中的组织管理能力也直接影响市场内部化的效率,因为市场交易内部化也是需要成本的,只有组织能力强、管理水平高的企业才有能力使内部化的成本低于外部市场交易的成本，也只有这样，市场内部化才有意义。

（二）理论评价

内部化理论是西方学者跨国公司理论研究的一个重要转折。以前的理论主要研究发达国家（主要是美国）企业海外投资的动机与决定因素，内部化理论则研究各国企业之间的产品交换形式及企业国际分工与生产的组织形式，认为跨国公司正是企业国际分工的组织形式，更加符合当今国际生产的现实状况。另外，内部化理论从内部市场形成的角度阐述了对外直接投资理论，对跨国公司的内在形成机理有比较普遍的解释力，能解释大部分对外直接投资的动因，而其他国际直接投资理论仅从产品或生产要素等某个侧面来分析跨国公司对外直接投资的原因。内部化理论还解释了跨国公司从原料的采集到加工、提炼、制造等生产过程内部化的原因，说明了跨国公司垂直一体化经营的原因。

内部化理论的不足之处在于，该理论过分注重企业经营决策的内部因素，忽略了对影响企业运作的各种外部因素的分析，对跨国公司的国际分工和生产缺乏总体认识，对对外直接投资的区位选择等宏观因素也缺乏把握。

三、国际生产折中理论

国际生产折中理论（The Eclectic Theory of International Production）的代表人物是英国的约翰·哈利·邓宁（John Harry Dunning）。1977年，英国瑞丁大学教授邓宁在《贸易、经济活动的区位和跨国企业：一种折中主义方法的探索》中提出了国际生产折中理论。1981年，他在《国际生产和跨国企业》一书中对折中理论又做了进一步阐述。

（一）理论的基本观点

该理论的核心是，企业跨国经营是由所有权优势（Ownership）、内部化优势（Location）、区位优势（Internalization）综合作用的结果。只有当企业同时具备这三种优势时，才完全具备了对外直接投资的条件，这就是著名的OLI模式。

1. 所有权优势。所有权优势是进行国际投资的必要条件，它是指一国企业拥有的或是能获得的国外企业所没有或无法获得的特定优势。这种特定优势包括：①技术优势，即企业向外投资应具有的生产诀窍、销售技巧和研究开发能力等方面的优势；②企业规模优势，指企业生产规模大，有可能降低单位产品的生产成本，提高其竞争力；③管理优势，指企业合理的组织结构和科学的管理技能；④融资优势，指企业具有的良好的资金来源渠道和较强的融资能力。

2. 内部化优势。内部化优势是为避免不完全市场给企业带来的影响，将其拥有的资产加以内部化使用而带来的优势。跨国公司将其垄断优势内部化，既能保证跨国公司按照其战略目标配置技术资源，又能使其垄断优势得到充分发挥。

3. 区位优势。区位优势是指跨国公司在投资区位上具有的选择优势。它包括：直接区位优势，即东道国的有利因素；间接区位优势，即投资国的不利因素。形成区位优势有三个条件：①劳动力成本，直接投资一般把目标放在劳动力成本较低的地区，以寻求成本优势；②市场潜力，即东道国的市场必须能够让跨国公司进入，并具有足够的发展规模；③贸易壁垒，包括关税与非关税壁垒，这是国际企业选择出口或投资的决定因素之一。

国际生产折中论还认为，所有权优势、区位优势和内部化优势的组合不仅能说明跨国公司是否具有直接投资的优势，而且还可以帮助企业选择国际营销的途径和建立优势的方式。表 10－1 是邓宁教授提出的选择方案。

表 10－1

方式	所有权优势	内部化优势	区位优势
对外直接投资（投资式）	√	√	√
出口（贸易式）	√	√	×
无形资产转让（契约式）	√	×	×

注："√"代表具有或应用某种优势；"×"代表缺乏或丧失某种优势。

国际生产折中论的上述分析可以归纳为以下四个方面：

第一，国际直接投资是产品和要素市场不完全性的产物，市场不完全导致跨国公司拥有特定的所有权优势，所有权优势是保证跨国公司补偿国外生产经营的附加成本并在竞争中获得成功的必要条件。

第二，所有权优势不足以说明企业为什么一定要在国外进行直接投资，而不是通过发放许可证或其他方式来利用它的特定优势，必须引入内部化优势才能说明为什么直接投资优于许可证贸易。

第三，仅仅考虑所有权优势和内部化优势还不足以说明企业为什么把生产地点设在国外而不是在国内生产并出口产品，必须引入区位优势，才能说明企业在对外直接投资和出口之间的选择。

第四，产品拥有的所有权优势、内部化优势和区位优势，决定了企业对外直接投资的动机和条件。

（二）理论评价

邓宁的国际生产折中论吸取了各种直接投资理论的优点，它既肯定了绝对优势对国际直接投资的作用，也强调了诱发国际直接投资的相对优势，克服了传统的对外投资理论只注重资本流动方面研究的不足，将直接投资、国际贸易、区位选择等综合起来加以考虑，使国际投资研究向比较全面和综合的方向发展。同时该理论具有较强的适应性和实用性，因此使其成为解释国际直接投资行为最有影响力的理论，并且获得了国际直接投资理论"通论"的美誉。

但是，该理论所提出的对外直接投资条件过于绝对化，有一定的片面性。邓宁强调只有三种优势同时具备，一国企业才可能跨国投资，并把这一论断从企业推广到国家，因而解释不了并不同时具备三种优势的发展中国家迅速发展的对外直接投资行为，特别是向发达国家的大量直接投资活动。该理论是对三种优势说的简单综合，缺乏从国家利益的宏观角度来分析不同国家企业对外直接投资的动机。它局限在从微观上对企业跨国行为进行分析，并且没有摆脱垄断优势论、内部化理论、区位优势理论等理论的分析框架。此外，这个理论没有随时间变动进行动态分析。

第三节　跨国公司的内部贸易

跨国公司的内部贸易是指跨国公司的母公司与国外子公司，以及国外子公司互相之间进行的商品、技术和服务贸易。跨国公司的内部贸易发展迅速，目前已占到国际贸易总量的三分之一。跨国公司内部贸易的目的一般是降低外部市场交易的不确定性、降低交易成本、防止技术优势的扩散和丧失、增强公司在国际市场上的垄断地位等。

一、跨国公司的内部贸易价格

跨国公司内部贸易价格通常称为转移价格，指跨国公司内部母公司与子公司、子公司与子公司之间在进行货物和服务交换时，在公司内部所实行的价格。它是根据跨国公司全球经营战略的需要人为制定的价格，通常不受市场供求关系的影响。转移价格包括转移高价与转移低价。转移价格的运用可带来如下效益。

(一)减轻纳税负担

跨国公司的子公司分设在世界许多国家和地区,母公司与子公司所在国的税率差别较大,跨国公司利用各国税率之间的差异,通过转移价格人为地调整利润在母公司和子公司之间的分配,以把跨国公司总的所得税税负降至最低限度。

(二)提高子公司的竞争能力

跨国公司采用转移价格,降低子公司的成本,提高子公司的竞争能力及子公司在东道国的信誉,便于子公司在东道国发行证券或获得贷款。

(三)规避汇率风险

首先,通过转移价格,跨国公司可以降低或避免外汇汇率风险。当子公司所在的东道国货币对外贬值时,跨国公司就可以通过子公司高进低出的转移价格,将部分资产转移到国外,减少东道国货币对外贬值造成的损失。其次,可以利用转移价格逃避东道国的外汇管制。当子公司所在的东道国政府对外国公司利润和投资本金的汇回在时间上和数额上有限制时,跨国公司可以通过该子公司高进低出的转移价格将利润或资金调出东道国。

二、内部贸易在跨国公司的作用

(一)促进了国际分工

跨国公司内部贸易的发展开辟了全球范围内一体化生产的可能性,促进和健全了公司内部网络的形成,即把生产加工的不同阶段分设在不同国家,或者由各子公司专门生产整个生产线的某种特定部件,提高了公司的生产效率,并获得规模经济效益。同时,内部贸易还促进了跨国公司根据不同东道国在人才、科技实力以及科研基础设施上的比较优势,在全球范围内有组织地安排科研机构,推动技术创新,保持跨国公司的竞争力。

(二)攫取高额利润

内部贸易的定价是跨国公司根据全球战略目标制定的,通过转移高价和转移低价使整个公司的经营活动在全球战略目标指导下实现内部交换，在协调的基础上使各自的利益得到满足，并可减轻税负，实现内部资金配置，逃避东道国的价格控制，避免外汇汇率风险和东道国的外汇管制。如，当子公司所在国的外汇管制和利润汇出限制严、营业利润抽税高时，母公司就抬高供应给子公司的机器设备、原材料和劳务价格，使子公司生产成本增加，盈利减少，从而少纳税；当子公司产品面临东道国产品竞争时，母公司可以大幅度降低转移价格，从而降低子公司产品的生产成本，增强其竞争能力，以掠夺性价格打垮竞争对手，操纵和垄断当地市场，然后再提高价格；当子公司所在国货币将要贬值时，母公司就可以利用转移价格将子公司的利润和现金尽快汇出去；当子公司所在国货币坚挺时，母公司就利用转移价格使子公司扩资，从汇率中牟利。由此可见，转移价格已成为跨国公司弥补外部市场结构性和交易性缺陷的重要措施，它既是跨国公司建立内部市场的重要手段，又成为跨国公司内部贸易的强大支撑点，为其最终获取高额利润起了重大作用。

（三）保持技术优势

对技术的垄断是跨国公司的特有优势，也是其存在和发展的关键。如果公司的技术产品在公司外部交易的话，有可能被竞争对手模仿而受损失。内部贸易就可避免此类事情的发生，有助于公司增强其在国际市场上的垄断地位和竞争能力，实现全球利益的最大化。实践证明，实行内部贸易与公司拥有的技术水平有关，其技术水平越高，内部贸易的比重就越大。

（四）解决内部经济利益的矛盾

跨国公司的各子公司虽然隶属于同一母公司，但各子公司又是独立的利益主体，因此，在跨国公司的内部交换过程中，不能以利益的完全一致性为基础进行无偿调拨，而必须采取贸易形式，通过内部市场机制满足各方的利益要求，解决内部经济利益的矛盾。

（五）降低经营风险

受市场自发力量支配的企业经营活动面临如投入品供应数量、质量、价格不确定，以及不同生产工序和零部件由独立企业承担带来的协调问题等风险。公司内部贸易可以大大降低上述各种经营的不确定性，即跨国公司把上述经营活动内部化，通过合理计划，安排生产，从而降低外部市场中各种不确定的风险。

内部贸易在给跨国公司带来诸多利益的同时,也带来了一系列的负面影响。主要有:

第一,转移价格的定价机制改变了价格作为市场信号的贸易秩序。在母公司与子公司之间转移产品、服务、资金时,人为地调高或调低价格,在一定程度上削弱了市场自由竞争赖以存在的供求调节价格机制,破坏了国际市场价格与供求关系之间的联系,减弱了价格作为市场信号的作用,干扰了原本以市场价格为基础的贸易秩序。

第二,转移价格损害了东道国的利益。内部贸易采用转移价格手段,将资金调出东道国,规避东道国的税收,绕过东道国的关税壁垒等做法,侵吞了东道国合资方的利润,减少了东道国的税收收入。

第三,内部贸易降低了东道国引进外资的关联效应。很多东道国,特别是发展中国家,大力引进外资的目的之一就是通过跨国公司的投资带动上游产业或下游产业的发展。然而跨国公司从全球战略出发,经常高价进口国外子公司的原材料、半成品,因而降低了跨国公司在东道国直接投资的关联效应。

第四,跨国公司的内部贸易使国际经贸关系复杂化。一方面,跨国公司通过内部贸易侵占了东道国的利益。另一方面,内部贸易中的返销活动使得进出口国地位改变,从而改变了双方的贸易差额,不利于东道国的国际收支改善,而且造成国际经贸关系复杂化。

总之,跨国公司的内部贸易是国际贸易发展的一把“双刃剑”,如何运用好这把“双刃剑”引起了世界各国的普遍关注。美国、法国、日本等拥有大量对外直接投资的发达国家都已制定出专门法规,限制跨国公司转移价格的作用。发展中国家与跨国公司打交道的时间短,缺乏经验,要管制转移价格就比较困难。目前发展中国家应该从完善法令、法规入手,加强对外资企业财务报表的审核,并及时了解国际市场价格的变动情况及有关国家的税率差别,了解国际市场同行业利润率水平,及时发现问题,以对跨国公司转移价格进行限制,扬长避短,为我所用。

第四节　跨国公司对国际贸易的影响

跨国公司凭借其超越国家或地区界限的生产要素和资源优化组合优势,控制着当今世界的投资、贸易与资源。毫无疑问,跨国公司对世界经济和国际贸易发挥着巨大的作用。

一、促进了国际贸易总量和世界经济的增长

目前,全球跨国公司已达 6.3 万多家,其海外附属公司总计达 85 万家之多。自 1982 年以来,跨国公司成长非常迅速,跨国公司产值占全球总产值的 25%,几乎控制了近一半的全球产出、60% 的世界贸易、70% 的技术转让和 90% 的国际直接投资。由此可见,跨国公司的海外投资在世界经济中发挥着巨大的作用。事实上,跨国公司已成为当代国际经济、科学技术和国际贸易中最活跃、最有影响的力量。这种力量随着跨国公司投资的增长,还会进一步得到增强。

二、影响了国际贸易商品结构

20 世纪 80 年代以前,跨国公司对外直接投资主要集中在制造业部门,尤其是在资本、技术密集型产业,这使国际贸易商品结构发生了变化。这种变化的集中反映是制成品贸易所占比重上升、初级产品贸易所占比重下降。2000 年以后,在世界货物贸易中,工业制成品贸易的比重提高,其中,资本、技术密集型产品和高附加值产品在工业制成品中的比例迅速增加,机械设备出口已经占发达国家出口的 1/3 以上。此外,跨国公司内部专业化与协作生产的发展,使制成品贸易里中间产品的贸易比重不断上升。

另外,在制成品贸易方面,少数跨国公司控制着许多重要制成品的贸易。如 20 世纪 80 年代,22 家跨国汽车公司的产量占发达国家汽车产量的 97%,其中美国的国外汽车产量占国内产量的 59.2%。高科技产品领域更是如此,10 家跨国公司控制了世界半导体市场。日本、美国、瑞典和德国的跨国公司控制着世界机器人生产和销售的 73%,仅日本一国就占 50%。

三、使国际贸易地区分布发生了变化

目前,跨国公司对外直接投资的 3/4、海外子公司的 2/3 集中于发达国家或地区。跨国公司通过内部贸易和外部贸易促进了发达国家之间的贸易,带动了这些国家对外贸易的发展,使得发达国家成为国际贸易中的主要国家和主要贸易地区。自 20 世纪 80 年代以来,发达国家之间的贸易额一直占国际贸易总额的 70% 以上,而发展中国家或地区仅吸收了跨国公司对外直接投资的 1/4、海外子公司数的 1/3,跨国公司在发展中国家生产的产品大多为劳动密集型产品

和初级产品。

案例与分析

跨国公司对中国的R&D投资

一、案例介绍

1998年11月5日，微软公司宣布，微软中国研究院在北京正式成立！一石激起千层浪，这一新闻立即成为中国信息产业内外关注的焦点。其实，这不过是冰山一角。早在1995年，上海贝尔实验室、IBM中国研究中心就已经在中国成立，从而掀起了以世界500强为代表的世界知名跨国公司在华R&D投资热潮，宝洁、杜邦、联合利华、诺基亚、爱立信、摩托罗拉、日立、松下、罗克威尔等世界知名跨国公司相继在中国设立研究机构或实验室，而微软中国研究院和英特尔中国研究中心的设立更是将这一热潮推向了顶峰，使近年来世界知名跨国公司在中国的R&D投资不断升温。那么，中国为什么会成为跨国公司进行研究与开发投资的一块炙手可热的风水宝地呢？

二、案例分析

跨国公司在中国大量设置研发机构，其原因有：

第一，满足其控股公司在华发展需要。随着跨国公司在华企业的增加，在华业务迅速膨胀，跨国公司纷纷要求成立投资性控股公司，以便对在华企业和业务进行统一管理，中国政府及时满足了这一要求。1994年5月，日本欧姆龙（中国）有限公司成立，成为第一家获批准设立的投资性控股公司。之后，出现了大批投资性控股公司。这表明跨国公司在中国的投资已经进入到相当成熟的阶段，根据其对中国市场潜力的判断、对中国研发环境的分析以及其经营和研发全球化的综合考虑，跨国公司觉得有必要在中国建立专门的R&D机构，实现R&D当地化，为控股公司和其在华企业提供科技武装。

第二，中国市场潜力巨大。1996年，英特尔董事长贝瑞特和朗讯董事长麦金先后造访中国，分别留下了他们对中国市场的预测——前者预言“中国将是继美国之后的第二大计算机市场”，后者则认为“中国和美国将是最大的两个市场”“只要整个中国每秒多拍500张相片，便相当于多了一个与日本或美国相等的市场”，中国的市场潜力比其他任何地方都要深厚。但是，要在这个市场上取得成功并不容易，激烈的竞争使得跨国公司不得不拿出他们最新最先进的技术，特别是在信息产业方面。英特尔的奔腾Ⅱ型计算机芯片在中国的发布日期与美国相差1.5年，到1999年2月它的奔腾Ⅲ推出时，中国几乎与美国同步。这样，在中国当地设立研究机构、当地开发当地生产、缩短产品周期就成为跨国公司争取市场竞争制高点的利剑。另外，中国巨大的市场也有自己的特点，并不能一味照搬外国产品和技术，产品的当地适用性也要求跨国公司R&D投资的当地化。

第三，中国市场已经具备了人才条件。在美国，科技人才中有1/10是华人，有近1/8的科研成果出自华人。毫无疑问，中国人的才智是世界一流的，于是以世界500强为主力的跨国公司开始到中国来淘金。

另外，中国还有许多其他优势。比如，地理位置良好，劳动力成本低，资源丰富而且廉价，等等。

思考练习题

思考题

1. 战后跨国公司迅速发展的原因是什么？
2. 邓宁是如何分析跨国公司对外投资的？
3. 跨国公司对国际贸易秩序产生的不利影响有哪些？

练习题

一、单项选择题

1. 在跨国公司的来源国政府注册登记的法人实体，被称为（　　）。
   A. 母公司　　B. 分公司　　C. 子公司　　D. 以上都正确
2. 跨国公司在进行技术转让时，主要采取（　　）。
   A. 外部转移　　B. 内部转移　　C. 技术扩散　　D. 无偿赠予
3. 认为一国企业的对外直接投资是由所有权优势、内部化优势和区位优势三个基本因素共同决定的理论，被称为（　　）。
   A. 垄断优势论　　B. 产品生命周期论
   C. 内部化理论　　D. 国际生产折中论

二、多项选择题

1. 对于跨国公司来说，采用内部价格可以（　　）。
   A. 逃避税收　　B. 自由调拨资金
   C. 规避汇率风险　　D. 获得竞争优势
2. 解释跨国公司对外直接投资动因的理论主要有（　　）。

A. 垄断优势论　　　　　　B. 产品生命周期论

C. 内部化理论　　　　　　D. 国际生产折中论

3. 跨国公司的内部贸易有利于(　　)。

A. 降低外部市场的不确定性风险

B. 降低交易成本

C. 增强跨国公司在国际市场上的垄断地位和竞争力

D. 便于运用外部贸易价格

三、简答题

1. 跨国公司的内部贸易与一般意义上的国际贸易有什么不同?

2. 试分析“跨国公司到东道国去投资主要是因为东道国有廉价的劳动力”这一观点。

第五部分　实务篇

第十一章 国际贸易术语

学习目标和要求

本章的学习要点是贸易术语的概念、与贸易术语相关的国际贸易惯例以及常用的贸易术语的含义。通过本章的学习要求熟练掌握《2010 年国际贸易术语解释通则》与《2000 年国际贸易术语解释通则》的不同，正确使用 FOB，CFR 以及 CIF 术语，理解国际贸易术语使用的注意事项。

引导案例

国际贸易术语的重要性

中国 A 公司（买方）与澳大利亚 B 公司（卖方）于某年 3 月 20 日订立了 5 000公斤羊毛的买卖合同，单价为 314 美元/千克，CFR 张家港，规格为型号 T56FNF，信用证付款，装运期为当年 6 月，我公司于 5 月 31 日开出信用证。7 月 9 日卖方传真我方，称货已装船，但要在中国香港转船，香港的船名为 Safety，预计到达张家港的时间为 8 月 10 日。但直到 8 月 18 日 Safety 轮才到港。我方去办理提货手续时发现船上根本没有合同项下的货物，后经多方查找，才发现合同项下的货物已在 7 月 20 日由另一条船运抵张家港。但此时已造成我方迟报关和迟提货，被海关征收滞报金人民币 16 000 元。我方向出口方提出索赔。

在船名、船期通知错误这一问题上，责任在卖方是不容置疑的。因为根据 CFR A7 的规定，卖方有义务将转船的变化情况及时通知买方，以便买方能采取通常必要的措施来提取货物。可是本案的卖方没有这样做，使得我方不得不设法打听货物的下落甚至支付滞报金之类的额外费用。故仲裁庭裁决出口方赔偿滞报金给我方。

此案例涉及的贸易术语其含义是什么？国际贸易中经常使用什么贸易术

语？有关贸易术语的国际贸易惯例有哪些？如何正确选用国际贸易术语等问题。是本章将要研究和介绍的主要内容。

第一节　国际贸易术语概述

一、贸易术语的含义及作用

（一）贸易术语的含义

在国际贸易中，买卖双方所承担的义务会影响商品的价格。人们在长期的国际贸易实践中，逐渐把某些和价格密切相关的贸易条件与价格直接联系在一起，形成了若干种报价的模式。每一模式都规定了买卖双方在商品交易中所承担的义务。用来说明这种义务的术语，称为贸易术语。

国际贸易术语（Trade Terms of International Trade），又称价格术语。它是以简明的外贸语言、缩写的字母、国际代号来概括说明买卖双方在交易中的交货地点，货物交接的责任、费用以及风险划分，表明价格构成等方面的专门用语。贸易术语并非一成不变，随着国际贸易的发展需要，原有的术语要及时修订，新的术语也在不断产生。

（二）贸易术语的作用

贸易术语在国际贸易中有以下作用：

1. 有利于买卖双方洽商交易和订立合同。由于每种贸易术语都有其特定的含义，因此，买卖双方只要商定按何种贸易术语成交，即可明确彼此在交接货物方面所应承担的责任、费用和风险。这就简化了交易手续，缩短了洽商交易的时间，从而有利于买卖双方迅速达成交易和订立合同。

2. 有利于买卖双方核算价格和成本。由于贸易术语表示价格构成因素，所以，买卖双方确定成交价格时，必然要考虑采用的贸易术语中包含哪些从属费用，这就有利于买卖双方进行比价和加强成本核算。

3. 有利于解决履约当中的争议。买卖双方商订合同时，如对合同条款考虑欠周，使某些事项规定不明确或不完备，致使履约当中产生的争议不能依据合同的规定解决，在此情况下，可以援引有关贸易术语的一般解释来处理。因为贸易术语的一般解释已成为国际惯例，它是大家所遵循的一种类似行为规范的准则。

4. 有利于其他有关机构开展业务活动。业务活动中，离不开船运公司、保险公司和银行等机构，贸易术语及有关解释贸易术语的国际惯例的相继出现，为这些机构开展业务活动和处理业务实践中的问题提供了客观依据和有利条件。

二、有关贸易术语的国际惯例

在国际贸易业务实践中，各国法律制度、贸易惯例和习惯做法不同，因此，国际上对各种贸易术语的理解与运作互有差异，从而容易引起贸易纠纷。为了避免各国对贸易术语解释上出现分歧和引起争议，有些国际组织和商业团体就对某些贸易术语做出统一的解释与规定，其中影响较大的有：国际商会制定的《国际贸易术语解释通则》(International Rules for the Interpretation of Trade Terms，简称 INCOTERMS)；国际法协会制定的《华沙—牛津规则》(Warsaw-Oxford Rules)；美国一些商业团体制定的《1941 年美国对外贸易定义修订本》(Revised American Foreign Trade Definition 1941)。

(一) 国际贸易术语解释通则

《国际贸易术语解释通则》的宗旨是为国际贸易中最普遍使用的贸易术语提供一套解释的国际规则，以避免因各国不同解释而出现的不确定性，或至少在相当程度上减少这种不确定性。为此，国际商会(ICC)于 1936 年首次公布了一套解释贸易术语的国际规则，名为 INCOTERMS 1936，以后又于 1953 年、1967 年、1976 年、1980 年、1990 年、2000 年和 2010 年进行了修订，以便使这些规则更加适应国际贸易实践的发展需要。

(二)《华沙—牛津规则》

1932 年的《华沙—牛津规则》是国际法协会专门为解释 CIF 合同而制定的。这一规则对于 CIF 的性质、买卖双方所承担的风险、责任和费用的划分，以及货物所有权转移的方式等问题都做了比较详细的解释。由于该规则仅针对 CIF 术语做了解释和规定，所以在实际中使用的并不广泛。

（三）《1941 年美国对外贸易定义修订本》

《1941 年美国对外贸易定义修订本》是由美国 9 大商业团体制定并经美国全国对外贸易会议修改的有关贸易术语的国际贸易惯例。之后又经过多次修订，目前最新的文本为《1990 年美国对外贸易定义修订本》。此修订本在美洲国家很有影响力，其中所解释的贸易术语共有六种，分别为：Ex（Point of Origin）（产地交货）；FOB（Free on Board）（在运输工具上交货）；FAS（Free Along Side）（在运输工具旁边交货）；C&F（Cost and Freight）（成本加运费）；CIF（Cost，Insurance and Freight）（成本加保险费、运费）；Ex Dock（Named Port of Importation）（目的港码头交货）。

《美国对外贸易定义修订本》主要在北美国家采用。由于它对贸易术语的解释，特别是对第二种和第三种术语的解释与国际商会《国际贸易术语解释通则》有明显的差异，所以，在同北美国家进行交易时应加以注意。《美国对外贸易定义修订本》的序言明确指出，本定义并无法律的约束力，除非有专门的立法规定或为法院判决所认可，为使其对有关当事人产生法律上的约束力，建议买卖双方接受此定义作为买卖合同的一个组成部分。

第二节 《2010 年国际贸易术语解释通则》

一、《2010 年国际贸易术语解释通则》简介

国际商会（ICC）重新编写的《2010 年国际贸易术语解释通则》（INCOTERMS 2010），是国际商会根据国际货物贸易的发展需要，对《INCOTERMS 2000》的修订，它于 2010 年 9 月 27 日公布，2011 年 1 月 1 日起实施。《INCOTERMS 2010》较 2000 年通则具有更准确地表明各方承担货物运输风险和费用的责任条款，令船舶管理公司更易理解货物买卖双方支付各种收费时的角色，有助于避免码头处理费（THC）纠纷。此外，新通则也增加了大量指导性贸易解释和图示，以及电子交易程序的适用方式。

虽然《INCOTERMS 2010》于 2011 年 1 月 1 日正式生效，但并非 2000 年通则就自动作废。因为国际贸易惯例本身不是法律，对国际贸易当事人

不产生必然的强制性约束力。国际贸易惯例在适用的时间效力上并不存在"新法取代旧法"的说法,即《INCOTERMS 2010》实施之后并非2000年通则就自动废止。当事人在订立贸易合同时仍然可以选择适用2000年通则甚至是1990年通则。

二、《2010年国际贸易术语解释通则》的分类

相对2000年通则,《INCOTERMS 2010》主要有以下变化:①13种贸易术语变为11种;②贸易术语分类由4级变为2类;③使用范围扩大至国内贸易合同;④电子通信方式被《INCOTERMS 2010》赋予完全等同的功能。

《INCOTERMS 2010》中,按照所适用的运输方式,贸易术语被划分为适用于任何运输方式和适用于水上运输方式两大类,见表11-1与表11-2。表11-3列明了《INCOTERMS 2010》中各种贸易术语中买卖双方的基本义务。

表11-1 适用于任何单一运输方式或多种运输方式的术语

CIP——Carriage and Insurance Paid to	运费/保险费付至目的地
CPT——Carriage Paid To	运费付至目的地
DAP——Delivered At Place	目的地交货
DAT——Delivered At Terminal	目的地或目的港的集散站交货
DDP——Delivered Duty Paid	完税后交货
EXW——Ex Works	工厂交货
FCA——Free Carrier	货交承运人

表11-2 适用于海运和内河航运的术语

CFR——Cost and Freight	成本加运费
CIF——Cost, Insurance and Freight	成本、保险费加运费
FAS——Free Alongside Ship	装运港船边交货
FOB——Free On Board	装运港船上交货

表 11-3 《INCOTERMS 2010》各种贸易术语买卖双方的基本义务

卖方(Seller)	买方(Buyer)
A1 卖方的一般义务(General Obligations of the Seller)	B1 买方的一般义务(General Obligations of the Buyer)
A2 许可证,其他许可,安全清关和其他手续(Licences, Authorizations, Security Clearances and other Formalities)	B2 许可证,其他许可,安全清关和其他手续(Licences, Authorizations, Security Clearances and other Formalities)
A3 运输与保险合同(Contracts of Carriage and Insurance)	B3 运输与保险合同(Contracts of Carriage and Insurance)
A4 交货(Delivery)	B4 收货(Taking Delivery)
A5 风险转移(Transfer of Risks)	B5 风险转移(Transfer of Risks)
A6 费用分摊(Allocation of Costs)	B6 费用分摊(Allocation of Costs)
A7 通知买方(Notice to the Buyer)	B7 通知卖方(Notice to the Seller)
A8 交付单据(Delivery Document)	B8 交货证明(Delivery Proof of Delivery)
A9 核对-包装-标记(Checking-Packaging-Marking)	B9 货物检验(Inspection of Goods)
A10 信息协助和相关费用(Assistance with Information and Related Costs)	B10 信息协助和相关费用(Assistance with Information and Related Costs)

三、《2010 年国际贸易术语解释通则》的解释

(一)适用于多种运输方式的国际贸易术语

1. EXW 术语。

(1)Ex Works(insert named place of delivery),工厂交货(指定交货地点)。“工厂交货(……指定地点)”是指当卖方在其所在地或其他指定的地点(如工场、车间或仓库等)将货物交给买方处置时,即完成交货。卖方不需将货物装上任何运输工具,在需要办理出口清关手续时,卖方也不必为货物办理出口清关手续。EXW 要求尽可能明确地指定货物交付地点,因

为此时费用与风险由卖方承担。买方承担在双方约定的地点或在指定地受领货物后的全部费用和风险。EXW 是卖方承担责任最小的术语,它应遵守以下使用规则:

卖方没有义务为买方装载货物,即使在实际中由卖方装载货物可能更方便。若由卖方装载货物,相关风险和费用也由买方承担。如果卖方在装载货物中处于优势地位,则使用由卖方承担装载费用与风险的 FCA 术语更合适。

买方在与卖方使用 EXW 术语时应知晓,卖方仅在买方要求办理出口手续时负有协助的义务,但是,卖方并无义务主动办理出口清关手续。如果买方不能直接或间接地办理出口清关手续,建议买方不要使用 EXW 术语。

(2)买卖双方的义务。EXW 术语下的买卖双方的义务见表 11 – 4。

表 11 – 4　EXW 术语下的买卖双方的义务

A 卖方义务	B 买方义务
A1 卖方的一般义务 卖方必须按照销售合同提供货物和商业发票,以及合同可能要求的、用以证明货物符合合同规定的其他任何凭证。 所有在 A1 至 A10 条款中提及的文件,(均)可采用经当事人协定或约定俗成、具有同等作用的电子记录或者手续。	B1 买方的一般义务 买方必须按照买卖合同的规定支付货物价款。 所有在 B1 至 B10 条款中提及的文件,(均)可采用经当事人协定或约定俗成、具有同等作用的电子记录或者手续。
A2 许可证、批准、安全通关及其他手续 在需要办理海关手续时,应买方要求并由买方承当风险和费用时,卖方应协助买方办理出口货物必需的出口许可证或其他官方许可。 应买方要求并由其承担风险和费用,在需要办理海关手续时,卖方必须提供其掌握的货物安全检查所要求的任何信息。	B2 许可证、批准、安全通关及其他手续 在需要办理海关手续时,买方必须自担风险和费用,由其取得任何出口和进口许可证或其他官方许可,并办理货物出口的一切海关手续。

续表

A 卖方义务	B 买方义务
A3 运输合同与保险合同 a)运输合同。卖方没有为买方签订运输合同的义务。 b)保险合同。卖方没有义务与买方签订保险合同。然而,当买方请求或由其承担风险与(或有的)费用时,卖方必须向买方提供其获取保险所需要的信息。	B3 运输合同和保险合同 a)运输合同。买方没有为卖方签订运输合同的义务。 b)保险合同。买方没有与卖方签订保险合同的义务。
A4 交货 卖方应在约定点或在指定地点将未置于任何运输车辆上的货物交给买方处置。若在指定的地点内未约定具体交货点,或有若干个交货点可使用,卖方可选择最符合其目的之地进行交货。卖方需在约定地或约定时间内交货。	B4 受领货物(接收货物) 买方必须在卖方按照 A4 和 A7 规定交货时受领货物。
A5 风险转移 除发生 B5 中所描述灭失或损坏的情形外,卖方必须承当货物灭失或损坏的一切风险,直至已经按照 A4 规定交货为止。	B5 风险转移 自卖方按 A4 规定交货之时起,买方必须承担货物灭失或损坏的一切风险。 如果买方未按照 B7 的规定通知卖方,则自约定的交货日期或交货期限届满之日起,买方必须承当货物灭失或损坏的一切风险,但以该项货物已清楚地确定为合同项下货物为限。

续表

A 卖方义务	B 买方义务
A6 费用划分 除B6预设的可由买方支付的费用外,卖方必须承担与货物有关的所有费用,直到其按照A4规定交货为止。	B6 费用划分 买方必须支付: 自按照A4规定交货之时起与货物有关的一切费用。 在货物已交给买方处置而买方未受领货物或未按照B7规定给予卖方相应通知而发生的任何额外费用,但以该项货物已正式划归合同项下为限。 在需要办理海关手续时,货物出口应交纳的一切关税、税款和其他费用,以及办理海关手续的费用。 卖方按照A2规定给予协助时所发生的一切成本与费用。
A7 通知买方 卖方必须提供能使买方提货的所需通知。	B7 通知卖方 一旦买方有权确定在约定的期限内受领货物的具体时间和/或地点时,应就此给予卖方充分的通知。
A8 交货凭证 卖方无义务。	B8 交货证明 买方必须向卖方提供已受领货物的适当凭证。

续表

A 卖方义务	B 买方义务
A9 检查、包装、标志 卖方必须支付与 A4 规定一致的、以交付货物为目的的查对费用(如查对货物品质、丈量、过磅、点数的费用)。 卖方必须支付货物包装费用,除非是不需要包装便可进行运输的特殊货物。卖方应采取适宜运输的包装方式,除非买方在签订买卖合同前便告知卖方特定的包装要求。包装应做适当标记。	B9 货物检验 买方必须支付装船前检验的强制性费用,包括由出口国当局强制检查的费用。
A10 信息帮助和相关费用 应买方要求并由其承担风险和费用时,卖方须在合适的情况下为买方提供及时的帮助,以帮助买方取得其出口和/或进口货物以及将货物运至最后目的地所需的任何单据和信息,包括与安全有关的信息。	B10 信息帮助和相关费用 为使卖方可以履行 A10 规定,买方必须及时通知卖方其对于相关交易安全信息的要求。 买方必须补偿卖方(由于提供给买方获得 A10 中提到的信息和单据而可能)产生的所有费用和代价。

【应用案例 11 -1】

EXW 合同下买方未及时提货致损案

A 公司与 B 公司签订一份出口衬衫 3 000 打的合同。合同规定 15 美元一打 EXW 杭州,8 月 15 日前交货,支付方式为 B 公司验货合格后电汇。在得知货物备妥后,B 公司代表于 8 月 10 日飞抵杭州并在 A 公司陪同下到萧山 C 厂验货。11 日该批货物验收合格,该代表向 B 公司发出传真,称货已验收,A 公司收到货物汇款后即可提供商业发票和其他出口单证。12 日 A 公司收到 B 公司支付货款 45 000 美元,将全部有关票据和单证交给 B 方代表。这时,该代表向 A 公司提出货物暂放在 C 厂,等其与上海货运公司联系集装箱和出口报关事宜妥当后便来工厂提货。A 公司当即与 C 厂联系,C 厂同意将货物予以单独存放,随时可供提取。13 日 B 公司代表通知,将于14 日上午安排集装箱到 C 工厂仓库装货。不料在14 日凌晨 C 厂因隔壁一家化工厂爆炸突遭火灾,全部厂房和物资化为乌有。B 公司得知后要求 A 公司退还货款,理由 C 工厂并未开具货物出厂证,货物所有权仍在 A 公司,因此货物焚毁应由 A 公司负责。

问题:

(1)A 公司是否应退还货款,为什么?

(2)根据上述案例分析,我们采用 EXW 术语交货应注意哪些问题?

【案例点评】

(1)A 公司已在合同规定日期和指定交货地点将符合 B 公司要求的货物交付给了 B 公司,根据《INCOTERMS 2010》解释,按此交货条件达成的交易在形式上也类同于卖方做国内贸易。只要卖方按合同规定的时间、地点和品质将货物置于买方处置之下,就算完成了交货义务,风险也随之移交买方。因此,A 公司不应承担退还货款的责任。B 公司所遭受的损失以及 C 工厂因临厂爆炸着火应另案处理。

(2)本案 B 公司遭受损失的主要原因是对 EXW 术语下买方的风险估计不足,买方应事先做好各项准备工作,不能临时抱佛脚。如果买方在验货同时就与货代联系好订箱、运输及报关事宜,就可提前两天收货,不至于等到那场火灾临头。

(资料来源:帅建林. 案释国际贸易惯例. 北京:中国商务出版社,2005:156.)

2. FCA 术语。

(1)Free Carrier (insert named place of delivery),货交承运人(指定交货地点)。“货交承运人”是指卖方于指定地点将货物交付给买方指定的承运人,并办理了出口通关手续,即履行了交货义务。风险将在交货地点转移至买方。

(2)FCA 术语下买卖双方的义务见表 11 -5。

表 11 – 5　FCA 术语下的买卖双方的义务

A 卖方义务	B 买方义务
A1 卖方的一般义务 卖方应当提供符合销售合同规定的货物和商业发票以及合同可能要求的、证明货物符合合同规定的其他任何凭证。 A1 至 A10 所提到的文件可以是由当事人约定的或已成为惯例的、具有同等效力的电子档案或程序。	B1 买方的一般义务 买方应当支付销售合同中规定的货物价款。 B1 至 B10 所提到的文件可以是由当事人约定的或已成为惯例的、具有同等效力的电子档案或程序。
A2 许可证、批准、安全通关及其他手续 卖方应当自担风险和费用,并且在需要的时候取得任何出口许可证或其他官方许可,而且在办理海关手续时办理货物出口所需要的一切海关手续。	B2 许可证、批准、安全通关及其他手续 在需要的时候,买方可以获取一切进口许可证或其他官方许可,以及办理货物进口的海关手续和从他国过境的一切相关手续,并自担风险和费用。
A3 运输合同与保险合同 a)运输。卖方没有为买方订立运输合同的义务。但是,若经买方要求,或者依循商业惯例且买方未适时给予卖方相反指示,则卖方可以按照通常条件订立由买方承担风险与费用的运输合同。在任何一种情况下,卖方都可以拒绝订立此合同;如果拒绝,应立即通知买方。 b)保险。卖方没有义务为买方订立保险合同。但是,卖方应当按照买方的要求,向买方提供其所需的有关购买保险的信息,由此产生的任何风险、费用由买方承担。	B3 运输合同和保险合同 a)运输。买方应当自付费用订立从指定的交货地点运输货物的合同,卖方按照 A3 a) 规定订立合同的除外。 b)保险。买方没有义务为卖方订立保险合同。

续表

A 卖方义务	B 买方义务
A4 交货 若有约定具体的交货点，卖方应按照约定，在指定的地点于约定的日期或者期限内，将货物交付给承运人或者买方指定的其他人。 交货在以下情况完成： a)若指定的地点是卖方所在地，则当货物已装载于买方所提供的运输工具时； b)当装载于卖方的运输工具上的货物已达到卸货条件，且处于承运人或买方指定的其他人的处置之下时的任何其他情况。 若买方未按照 B7 条 d) 项规定，将在指定的地区内的具体交货地点通知卖方，且有几个具体交货点可供选择时，卖方可以在指定地点中选择最符合其目的的交货地点。 除非买方另有通知，否则，卖方可以根据货物的数量和/或性质的要求，将货物以适宜的方式交付运输。	B4 受领货物(接收货物) 买方应当在卖方按照 A4 规定交货时，收取货物。
A5 风险转移 卖方承担货物灭失或损害的一切风险，直至卖方已按照 A4 的规定交付货物，在 B5 描述的情况下产生的灭失或损害除外。	B5 风险转移 买方自卖方按照 A4 规定交货时起，承担货物灭失或损坏的一切风险。 若：

续表

A 卖方义务	B 买方义务
	a）买方没有按照 B7 规定将依 A4 规定对承运人或其他人的指定告知卖方或提醒其注意。 b)其按照 A4 规定指定的承运人或其他人未接管货物。 那么,买方按照下述规定承担货物灭失或损坏的一切风险:①自约定日期时起;②若没有约定日期,自卖方在约定的时期内依 A7 规定告知买方的日期起;③若没有告知日期,自任何约定的交货期限届满之日起,但以该货物已被清楚地确定为合同项下货物为限。
A6 费用划分 卖方应当支付: a)与货物有关的一切费用,直至已按照 A4 规定交货为止(除 B6 中规定的由买方支付的费用外)。 b)在适用情况下,货物出口应办理的海关手续费用及出口应交纳的一切关税、税款和其他费用。	B6 费用划分 买方应当支付: a）自按照 A4 规定的交货时起与货物有关的一切费用,除了 A6 条 b)中规定的货物出口办理海关手续的费用及其他货物出口应缴纳的关税、税款和其他费用。 b）因发生下述任一情况产生的任何额外费用:①由于买方未能按照 A4 规定指定承运人或其他人;②由于承运人或买方指定的人未能接管货物;③由于买方未能按照 B7 规定给予卖方相应通知,但以该货物已被清楚地确定为合同项下货物为限。 c）在必要时,货物进口应交纳的一切关税、税款和其他费用以及办理海关手续的费用及从他国过境的费用。

续表

A 卖方义务	B 买方义务
A7 通知买方 在买方自担风险和费用的情况下，卖方应当将货物已经按照 A4 的规定交付，或承运人或买方指定的其他人未能在约定的时间内提取货物的信息充分告知买方。	B7 通知卖方 买方应当： a)及时告知卖方其依 A4 规定指定的承运人或者其他人的名称，使卖方能够按照 A4 条款的规定发送货物。 b)在必要时，告知卖方被指定的承运人或其他人在约定的期限内收取货物的具体时间。 c)告知卖方由买方指定人采取的运输方式。 d)在约定地点内的具体取货位置。
A8 交货凭证 卖方应当自担费用地向买方提供证明按照 A4 规定已完成交货的通常凭证。 卖方应当根据买方的要求，给予买方一切协助以取得运输单据，风险和费用由买方承担。	B8 提货证据 买方应当接受卖方依 A8 规定提供的交货凭证。
A9 检查、包装、标志 卖方应当支付那些对实现按照 A4 的标准运输货物的目标必不可少的检查措施（比如说质量检查、测量、称重、计数）所产生的费用，以及任何为出口国当局规定的装运前检验的费用。 卖方应当由自己负担成本来包装货物，除非对该特定种类的交易来说，将这种被销售货物不加包装地运输是相关行业惯例。卖方可以将货物以适宜其运输的方式加以包装，除非买方在销售合同签订前向卖方通知了明确的包装要求。包装应当适当地标记。	B9 货物检验 买方应当支付任何装运之前强制检验的费用，但出口国强制进行的检验除外。

续表

A 卖方义务	B 买方义务
A10 信息帮助和相关费用 应买方的要求并由其承担风险和费用,卖方应当在需要时及时向买方提供或给予协助,以帮助买方取得为买方进口货物可能要求的和/或在运往目的地的过程中可能需要的包括与安全清关有关的信息在内的任何单据或信息。 卖方应当补偿买方因提供 B10 中协助其取得单据和信息的行为时的费用和要价。	B10 信息帮助和相关费用 买方应当及时告知卖方其关于安全清关信息方面的请求,使卖方能够履行 A10 中规定的义务。 买方应当对卖方因依 A10 规定所提供或给予的关于取得单据和信息的协助而产生的费用和要价进行补偿。 应卖方的要求并由其承担风险和费用,买方应当在需要时及时向卖方提供或给予协助,以帮助卖方取得为运输和出口货物和/或从他国过境时需要的包括与安全清关有关的信息在内的任何单据或信息。

【应用案例 11-2】

由谁负责装车

2009 年,中国 A 公司从新加坡 B 公司以 FCA 进口一批食糖,合同约定适用《2000 年通则》。买方 A 公司如期将租用的货车派至指定交货地点(即卖方 B 所在地)。A 请求 B 装车,后者以手头订单多、人手不够为由,拒绝装车。A 只好雇佣当地人装车,货刚刚装上车,还未来得及做好防护措施,突然天降大雨,致使部分货物脏包,减损了货物的商业价值。买方 A 可否要求卖方 B 支付装车费并赔偿货损?

【案例点评】

按照《2000 年通则》和《INCOTERMS 2010》的解释,交货地点的选择直接影响装卸货物的责任划分问题。本案双方约定的交货地点是在卖方所在地,则卖方要负责将货物装上买方安排的承运人所提供的运输工具上。所以,买方 A 可以要求 B 支付装车费并赔偿货损。如果本案的交货地点是在其他地方,例如新加坡港口,卖方则要自担风险和费用、自己提供运输工具将货物运至新加坡港口,在自己的运输工具上完成交货任务,无须负责卸货,更无须将货物换装至买方指定的运输工具上。

(资料来源:张肃. 国际贸易实务. 北京:北京大学出版社,2012:11.)

3. CPT 术语

(1)Carriage Paid to (insert named place of destination)运费付至(指定目的地)。“运费付至(……指定地点)”指卖方在指定交货地向承运人或由其(卖方)指定的其他人交货并且其(卖方)须与承运人订立运输合同,载明并实际承担将货物运送至指定目的地所产生的必要费用。

此规则有两个关键点,因为风险和成本在不同的地方发生转移。买卖双方当事人应在买卖合同中尽可能准确地确定以下两个点:发生转移至买方的交货地点;在其订立的运输合同中载明的指定目的地。如果使用多个承运人将货物运至指定目的地,且买卖双方并未对具体交货地点有所约定,则合同默认风险自货物由卖方交给第一承运人时转移,卖方对这一交货地点的选取具有排除买方控制的绝对选择权。如果当事方希望风险转移推迟至稍后的地点发生(如某海港或机场),那么他们需要在买卖合同中明确约定这一点。

由于将货物运至指定目的地的费用由卖方承担,因而当事人应尽可能准确地确定目的地中的具体地点,且卖方须在运输合同中载明这一具体的交货地点。指定目的地卸货时,如果产生了相关费用,卖方无权向买方索要,除非双方有其他约定。

CPT 贸易术语要求卖方,办理货物出口清关手续。但是,卖方没有义务办理货物进口清关手续、支付进口关税以及办理任何进口所需的海关手续。

(2)CPT 术语下买卖双方的义务见表 11-6。

表 11-6 CPT 术语下的买卖双方的义务

A 卖方义务	B 买方义务
A1 卖方的一般义务 卖方必须提供与销售合同规定一致的货物和商业发票,以及合同可能要求的证明货物符合合同规定的凭证。 按照双方约定或惯例,A1 至 A10 中提及的单据可以是具有同等效力的电子记录或者程序。	B1 买方的一般义务 买房必须按照销售合同规定支付货物价款。 按照双方约定或惯例,B1 至 B10 中提及的单据可以是具有同等效力的电子记录或者程序。

续表

A 卖方义务	B 买方义务
A2 许可证、批准、安全通关及其他手续 卖方必须自担风险和费用，取得任何出口许可证或其他官方核准文件，并办理货物出口以及货物在送达前从他国过境运输所需的一切海关手续。	B2 许可证、批准、安全通关及其他手续 买方在自行承担风险和费用的情况下，可以自由决定是否取得许可证或其他官方核准文件，并办理货物进口和经由他国过境运输的一切海关手续。
A3 运输合同和保险合同 a)运输合同。卖方必须订立运输合同，若约定了交付地点的，将货物从交付地的约定地点运至指定目的地，如果约定了目的地的具体交付货物地点的，也可运至目的地的约定地点。 卖方必须自付费用，按照通常条件订立运输合同，依通常路线及习惯方式，将货物运至指定的目的地的约定点。如未约定目的地的具体交付货物地点或未能依交易习惯予以确定该地点，则卖方可在指定的目的地选择最适合其目的的交货点。 b)保险合同。卖方没有向买方制定保险合同的义务。 应买方的请求，并由买方承担风险和可能存在的费用时，卖方必须向买方提供其需要的用于获得保险的相关信息。	B3 运输合同和保险合同 a)运输合同。买方没有向卖方制定运输合同的义务。 b)保险合同。买方没有向卖方制定保险合同的义务，但是，当卖方要求时，买方须向卖方提供获得保险的必要信息。

续表

A 卖方义务	B 买方义务
A4 交货 卖方必须在约定的日期或期限内依照 A3 的规定向订立合同的承运人交货。	B4 受领货物 买方必须在货物已经按照 A4 的规定交货时受领货物,并在指定的目的地从承运人处受领货物。
A5 风险转移 除 B5 所描述情形下的灭失或损坏外,卖方承担货物灭失或损坏的一切风险,直至已按照 A4 规定交货为止。	B5 风险转移 买方承担按照 A4 规定交货时起货物灭失或损坏的一切风险。 在货物已被清楚确定为合同项下的条件下,如买方未能按照 B7 规定向卖方发出通知,则买方必须从约定的交货日期或交货期限届满之日起,承担货物灭失或损坏的一切风险。
A6 费用划分 卖方必须支付: a)除 B6 规定外,卖方必须支付按照 A4 规定交货之前与货物有关的一切费用。 b)按照 A3 a)款规定所发生的运费和一切其他费用,包括根据运输合同规定应由卖方支付的装货费和在目的地的卸货费。 c)货物出口需要办理的海关手续费用及出口时应缴纳的一切关税、税款和其他费用,以及根据运输合同规定,由卖方支付的货物从他国过境的费用。	B6 费用划分 除 A3 a)款规定外,买方必须支付: a)自按照 A4 规定交货时起的一切与货物有关的费用,除了在 A6 中提到的在这些地方需要办理海关手续的情况下货物出口需要办理的海关手续费用及出口时应缴纳的一切关税、税款和其他费用。 b)货物在运输途中直至到达目的地为止的一切费用,除非这些费用根据运输合同应由卖方支付。 c)卸货费,除非根据运输合同应由卖方支付。 d)如买方未按照 B7 规定给予卖方通知,则自约定的装运日期或装运期限届满之日起,货物所发生的一切额外费用,但以该项货物已正式划归合同项下,即清楚地划出或以其他方式确定为合同项下之货物为限。

续表

A 卖方义务	B 买方义务
	e)货物进口应交纳的一切关税、税款和其他费用,及办理海关手续的费用,以及从他国过境的费用,除非这些费用已包括在运输合同中。
A7 通知买方 卖方必须通知买方按照 A4 规定交货。 卖方必须给予买方任何必要的通知,以便买方能够为领取货物采取通常必要的措施。	B7 通知卖方 一旦买方有权决定发送货物的时间和/或者指定的目的地或者指定接收货物的地点,买方必须就此给予卖方充分通知。
A8 交货凭证 如果依照惯例或者依照买方的要求,卖方必须向买方提供依据 A3 所订立的运输合同所签发的通常运输单据,且费用由卖方承担。 运输单据必须包括约定货物,其注明日期必须在约定的装运时间内。按照约定或/和依照惯例,该单据必须同时能够赋予买方在约定地点向承运人受领货物的权利以及通过向下一个买方转移单据或向承运人告知的方式在运输中卖出货物的权利。 当这样的运输单据是以转让的方式签发的,并且有多份正本时,全套的正本必须向买方提供。	B8 提货证据 如果符合合同规定,买方必须接受按照 A8 规定提供的运输单据。

续表

A 卖方义务	B 买方义务
A9 检查、包装、标志 卖方必须支付按照 A4 规定为交货所必需的核查(如核查品质、丈量、过磅、计数)费用,同时包括出口国当局强制的装运前的检验费用。 卖方必须自行承担费用为货物提供包装(除非此种货物通常无需包装)。 卖方应该提供适合运输的包装,除非买方在缔结买卖合同之前已经告知卖方特定的包装要求。包装上应适当地予以标记。	B9 货物检验 买方必须支付强制性的装运前的检验费用,但出口国当局强制进行检验的除外。
A10 信息帮助和相关费用 卖方应及时地提供或者实施帮助以使买方获得其在进口货物和/或者运输货物到最终目的地所需要的任何单据和信息,包括涉及安全的信息。 卖方必须偿付买方在提供或给予帮助获取单据和信息的过程中所遭受的损失和费用,与 B10 相对应。	B10 信息帮助和相关费用 任何有关安全信息的要求,买方必须及时通知卖方,以使其能履行 A10 规定的义务。 买方必须偿付卖方为提供或协助买方获得 A10 条所述单据和信息而产生的一切费用。 在卖方提出要求、承担风险并给付费用的情况下,买方必须及时向卖方提供或协助卖方获得卖方在出口货物和经由他国过境运输所需要的任何单据和信息,包括与安全有关的信息。

4. CIP 术语

(1)Carriage and Insurance Paid to 运费和保险费付至目的地。“运费和保险费付至”的含义是,在约定的地方(如果该地在双方间达成一致)卖方将货物交给其指定的承运人或其他人,并支付将货物运至目的地的运费。

卖方还必须订立保险合同以防货物在运输途中灭失或损坏。买方应注意到CIP(运费和保险费付至指定目的地)术语只要求卖方投保最低限度的保险险别。如买方需要更多的保险保障,则需要与卖方明确地达成协议,或者自行做出额外的保险安排。

在CPT,CIP,CFR和CIF这些术语下,当卖方将货物交付与承运人而不是货物到达目的地时,卖方已经完成其交货义务。

由于风险和费用因地点的不同而转移,该术语有两个关键点:特别建议买卖双方最好在合同中尽可能精确地确认交货地点、风险在这里转移至买方;卖方必须订立运输合同所到达的指定目的地。若将货物运输至约定目的地涉及多个承运人而买卖双方未就具体交货点达成一致,则默认为风险自货物于某一交货点被交付至第一承运人时转移,该交货点完全由卖方选择而买方无权控制。如果买卖双方希望风险在之后的某一阶段转移(如在一个海港或一个机场),则他们需要在买卖合同中予以明确。

由于将货物运输至具体交货地点的费用由卖方承担,因此双方最好尽可能明确在约定目的地的具体交货地点。如果卖方按照运输合同在指定的目的地卸货而支付费用,除非双方另有约定,卖方无权向买方追讨费用。

CIP术语要求卖方办理货物出口清关手续。但是,卖方不承担办理货物进口清关手续、支付任何进口关税或者履行任何进口报关手续的义务。

(2)CIP术语下买卖双方的义务见表11-7。

表11-7 CIP术语的买卖双方的义务

A 卖方义务	B 买方义务
A1 卖方的一般义务 卖方必须提供符合销售合同规定的货物和商业发票,以及合同可能要求的其他任何凭证。 如经双方当事人约定或者存在惯例,那么A1至A10中提及的任何文件都可以是一个等价的电子版的记录或程序。	B1 买方的一般义务 买方必须按照销售合同规定支付货物价款。 经买卖双方同意或依据惯例,B1至B10中所述的单据可以是同等作用的电子备案手续。

续表

A 卖方义务	B 买方义务
A2 许可证、批准、安全通关及其他手续 卖方必须自担风险和费用,取得任何出口许可证或其他官方授权,并办理货物出口及交货前货物从他国过境所需的一切海关手续。	B2 许可证、批准、安全通关及其他手续 买方应当自担风险与费用,取得任何进口许可证以及其他官方授权,并办理货物进口以及从他国过境的一切海关手续。
A3 运输合同与保险合同 a)运输合同。卖方必须订立一个货物运输合同,将货物从交付地区的约定的任何交付点,运送至指定的目的地,或者也可以运至指定地区约定的具体地点。 卖方必须自行承担费用,并按照通常条件订立运输合同。 若未约定或按照惯例也不能确定具体的地点,卖方可选择最符合其目的的交货点,以及在指定目的地的最适合其目的的交货点。 b)保险合同。卖方必须自付费用取得货物保险,该货物保险至少应按照《协会货物保险条款》(劳埃德市场协会/国际保险人协会)的条款或其他类似条款中的最低保险险别投保。保险合同应与信誉良好的保险人或保险公司订立,并赋予买方或任何其他对货物具有保险利益的人直接向保险人索赔的权利。	B3 运输合同和保险合同 a)运输合同。买方对卖方没有义务制订运输合同。 b)保险合同。买方对卖方没有义务制订保险合同。但是,应卖方要求,买方必须按照 A3 b)款的规定向卖方提供必要的信息,以便卖方应买方要求购买任何额外的保险。

续表

A 卖方义务	B 买方义务
当买方提出要求时,卖方应要求并且根据买方所提供的必要信息,在可行的情况下,由买方付费给予买方加投额外的保险。 保险金额最低限度应包括合同规定价款的另加10%(即110%),并应采用合同中约定的货币。 保险应当包括,从 A4 和 A5 中规定的发货起点起,至少到达指定目的地的货物。 卖方应向买方提供保险单或者其他保险范围的证据。 此外,卖方必须根据买方的要求、风险和费用(如果有的话),向买方提供买方需要投资额外保险的信息。	
A4 交货 卖方必须按照约定日期或期限,向按照 A3 规定订立合同的承运人交货。	B4 受领货物(接收货物) 买方必须在卖方按照 A4 规定交货时受领货物,并在指定的目的地从承运人处收受货物。
A5 风险转移 卖方在按照 A4 的规定交付商品之前,承担所有的货物毁损或灭失责任,但货物的毁损或灭失由于 B5 所述情况的除外。	B5 风险转移 买方承担按照 A4 规定交货后货物灭失或损坏的一切风险。 买方如未按照 B7 规定通知卖方,则必须从约定的交货日期或交货期限届满之日起,承担货物灭失或损坏的一切风险,但以该项货物明确规定为合同项下的货物为限。

续表

A 卖方义务	B 买方义务
A6 费用划分 卖方必须支付: a)按照 A4 的规定交货之前与货物有关的一切费用,除 B6 中规定的买家所需支付的费用。 b)按照 A3 条 a)款规定所发生的运费和其他一切费用,包括装船费和根据运输合同应由卖方支付的在目的地的卸货费。 c)按照 A3 条 b)款规定所发生的保险费用。 d)货物出口需要办理的海关手续费用,以及货物出口时应交纳的一切关税、税款和其他费用,以及根据运输合同由卖方支付的货物从他国过境的费用。	B6 费用划分 根据 A3 条 a)款的规定,买方应当支付: a)根据 A4 规定的从交货时起与货物有关的一切费用。 b)货物在运输途中直至到达约定目的地为止的一切费用,除非这些费用根据运输合同约定应由卖方支付。 c)卸载费,除非这些费用根据运输合同约定应由卖方支付。 d)如买方未按照 B7 规定给予卖方通知,则自约定的装运日期或装运期限届满之日起,货物所发生的任何额外费用,但以该项货物已经清楚地确定为合同项下的货物为限。 e)在需要办理海关手续时,货物进口应交纳的一切关税、税款和其他费用、办理海关手续的费用,以及从他国过境的费用,除非这些费用已包括在运输合同中。 f)在 A3 和 B3 之下,应买方要求购买任何额外保险的费用。
A7 通知买方 卖方必须通知买方货物已按照 A4 规定交货。 卖方必须给予买方任何有必要的通知,以便买方能够为接收货物而采取通常必要的措施。	B7 通知卖方 一旦买方有权决定发运货物的时间、指定的目的地或接收货物目的地的具体地点,买方必须就此给予卖方充分通知。

续表

A 卖方义务	B 买方义务
A8 交货凭证 如果依习惯或按照买方要求，卖方必须自付费用向买方提供按照 A3 订立的运输合同所涉及的通常运输单据。 这份运输单据必须包括合同货物并且要在约定的运输期间内签署。如果依照约定或习惯，这份单据也必须要让买方能在确定的地点向运输方领取货物，并且还要让买方能通过转让单据给下一个买家或告知运输方的方式卖出货物。 当这样一份单据以协商的形式订立并且有若干原件的时候，必须向买方提供所有原件。	B8 提货证据 买方必须接受按照 A8 规定提供的运输单据。
A9 检查、包装、标志 卖方必须支付为按照 A4 规定交货所需进行的查对费用（如核对货物品质、丈量、过磅、点数的费用）以及出口国有关机关装运前的强制检验费用。 卖方必须自付费用包装货物，除非按照相关行业惯例此类买卖货物无需包装发运。卖方可以以适合运输的方式包装货物，除非买方在销售合同签订前通知卖方具体的包装要求。包装应做适当标记。	B9 货物检验 买方必须支付任何强制性装运前检验费用，但出口国有关当局强制进行的检验除外。

续表

A 卖方义务	B 买方义务
A10 信息帮助和相关费用 如有需要，应买方的要求并由其负担风险与费用，卖方必须以适时的方法，提供或协助买方取得任何单据或信息，包括与货物出口安全和货物运送至最终目的地所需的有关信息。 卖方必须补偿买方依 B10 的情况因提供或给予协助取得所需单据或信息的所有费用。	B10 信息帮助和相关费用 买方必须及时通知卖方任何安全信息要求，以使卖方遵守 A10 的规定。 买方必须偿付卖方因给予协助和获取 A10 所述单据和信息所发生的一切费用。 当需要时，应卖方要求并由其承担风险和费用，买方必须及时向卖方提供或协助卖方获得任何单据和信息，包括卖方为了货物的运输和出口和从他国过境所需要的与安全相关的信息。

5. DAT 术语。

(1) Delivered At Terminal (insert named terminal at port or place of destination) 运输终端交货(指定目的港或目的地的运输终端)。“运输终端交货”是指，卖方在指定的目的港或目的地的指定终点站卸货后将货物交给买方处置即完成交货。“终点站”包括任何地方，无论约定或者不约定，包括码头、仓库、集装箱堆场或公路、铁路或空运货站。卖方应承担将货物运至指定的目的地和卸货期间所产生的一切风险和费用。

由于卖方承担交货前的风险，所以建议当事人尽量明确地指定终点站，如果可能，应指定在约定的目的港或目的地的终点站内的一个特定地点，建议卖方签订一份与这样一种选择准确契合的运输合同。

此外，若当事人希望卖方承担从终点站到另一地点的运输及管理货物所产生的风险和费用，那么此时 DAP(目的地交货)或 DDP(完税后交货)规则应该被适用。

DAT 规则要求卖方办理货物出口清关手续。但是，卖方没有义务办理货物进口清关手续并支付任何进口税或办理任何进口报关手续。

(2) DAT 术语下买卖双方的义务见表 11 - 8。

表 11－8　DAT 术语下买卖双方的义务

A 卖方义务	B 买方义务
A1 卖方的一般义务 卖方必须提供符合销售合同规定的货物和商业发票以及合同可能要求的、证明货物符合合同规定的其他凭证。 如果当事人有约定或者依据商业惯例的情况下，A1 至 A10 条款中提及的任何单据都可以是具有同等效力的电子记录或者手续。	B1 买方的一般义务 买方必须根据买卖合同中规定的货物价格履行交付义务。 如果买卖双方有约定或者有商业惯例的情况下，B1 至 B10 中提到的任何单据都可以是具有同等效力的电子记录或者手续。
A2 许可证、批准、安全通关及其他手续 卖方必须自担风险和费用，在交货前取得任何出口许可证或其他官方许可，并且在需要办理海关手续时办理货物出口和从他国过境所需的一切海关手续。	B2 许可证、批准、安全通关及其他手续 买方必须自担风险和费用，取得所需的进口许可证或其他官方许可证，并办理货物进口所需的一切海关手续。
A3 运输合同与保险合同 a）运输合同。卖方必须自付费用订立运输合同，将货物运至指定目的港或目的地的指定终点站。如未约定或按照商业习惯也无法确定具体交货点，卖方可在目的港或目的地选择最符合其交易目的的终点站。 b）保险合同。卖方没有为买方签订保险合同的义务。但是，卖方在买方的要求下，必须向买方提供买方借以获得保险服务的信息，其中如果存在风险和费用，一概由买方承担。	B3 运输合同和保险合同 a）运输合同。买方没有为卖方签订运输合同的义务。 b）保险合同。买方没有为卖方签订保险合同的义务。但是如果卖方要求，买方则须向卖方提供必要的关于获得保险的信息。

续表

A 卖方义务	B 买方义务
A4 交货 卖方必须在约定的日期或期限内,在目的港或目的地中按 A3 条 a)款所指定的终点站,将货物从运输工具上卸下,并交给买方处置,完成交货。	B4 受领货物(接收货物) 货物已按 A4 的规定交付时,买方必须受领货物。
A5 风险转移 除了 B5 条所描述的(货物)灭失或损坏的情形外,卖方必须承担货物灭失或损坏的一切风险,直至货物已经按照 A4 条的规定交付为止。	B5 风险转移 自货物已按 A4 条的规定交付时起,买方必须承担货物灭失或损坏的一切风险。 如果买方未按 B2 条的规定履行义务,买方承担由此产生的货物灭失或损坏的一切风险。 如果买方未按 B7 条的规定给予通知,自约定的交货日期或期间届满之日起,买方承担货物灭失或损坏的一切风险,但以该项货物已经被清楚地确定为合同货物为限。
A6 费用划分 卖方必须支付: a)除了按 B6 条规定的由买方支付的费用外,包括因 A3 条 a)款产生的费用,以及直至货物已按 A4 条的规定交付为止而产生的一切与货物有关的费用。 b)在必要的情况下,在按照 A4 条的规定交货之前,货物出口需要办理的海关手续费用及货物出口时应交纳的一切关税、税款和其他费用,以及货物经由他国过境运输的费用。	B6 费用划分 买方必须支付: a)自货物已按 A4 条的规定交付时起,与货物有关的一切费用。 b)任何因买方未按 B2 条规定履行义务或未按 B7 条给予通知而使卖方额外支付的费用,但以该项货物已经被清楚地确定为合同货物为限。 c)在必要的情况下,货物进口需要办理的海关手续费用及货物进口时应交纳的一切关税、税款和其他费用。

续表

A 卖方义务	B 买方义务
A7 通知买方 卖方必须提供买方需要的任何通知，以便买方能够为受领货物而采取通常必要的措施。	B7 通知卖方 一旦买方有权决定于约定期限内受领货物的时间和于指定的目的地受领货物的具体位置，买方必须就此给予卖方充分通知。
A8 交货凭证 卖方必须自付费用向买方提供提货单据，使买方能够如同 A4 或 B4 条的规定提取货物。	B8 提货证据 买方必须接受卖方提供的符合 A8 条款规定的交货单据。
A9 检查、包装、标志 卖方必须支付按 A4 条规定为交付货物目的所需的检查（如质检、度量、称重、计数）费用。同时，卖方也必须支付出口国当局强制进行的任何装船前检查所产生的费用。 卖方必须支出费用以包装货物，除非在特定贸易中所售货物通常以不包装的形式运输。卖方应该以适合运输的方式包装货物，除非买方在买卖合同成立之前指定了具体的包装要求。包装应该被合理地标记。	B9 货物检验 买方必须支付装船前强制检验的费用，但出口国当局强制装船前检验的除外。
A10 信息帮助和相关费用 根据买方的要求，卖方必须及时向买方提供或者协助买方获得其所需的进口货物或将货物运输至目的地的任何单据和信息，包括与安全相关的信息，其中如果存在风险和费用，一概由买方承担。 卖方必须偿还按照 B10 条规定的买方因提供或协助卖方获得文件和信息所花费的一切费用。	B10 信息帮助和相关费用 买方必须及时地告知卖方任何与货物安全信息要求相关的建议，以便卖方可以遵守 A10 条的相关规定。 买方必须偿还卖方依照 A10 条规定提供或协助买方获得单据和信息的过程中所花费的一切成本和费用。

续表

A 卖方义务	B 买方义务
	在必要的情况下，依照卖方的要求，买方必须及时向卖方提供或者协助卖方获得其所需的运输和出口货物及经由他国过境运输的任何单据和信息，包括与安全相关的信息，其中如果存在风险和费用，一概由卖方承担。

6. DAP 术语。

(1)Delivered At Place(insert named place of destination)目的地交货(指定目的地)。目的地交货的意思是:卖方在指定的目的地交货地点，将仍处于运输工具上尚未卸下的货物交给买方处置即完成交货。卖方须承担货物运至指定目的地的一切风险。

尽管卖方承担货物到达目的地前的风险，该术语仍建议双方将交货目的地尽量明确指定。建议卖方签订恰好匹配该种选择的运输合同。如果卖方按照运输合同承受了货物在目的地的卸货费用，那么除非双方达成一致，卖方无权向买方追讨该笔费用。

DAP 术语要求由卖方办理货物的出口清关手续，但卖方没有义务办理货物的进口清关手续、支付任何进口税或者办理任何进口海关手续，如果当事人希望卖方办理货物的进口清关手续、支付任何进口税和办理任何进口海关手续，则应适用 DDP 规则。

(2)DAP 术语下买卖双方的义务见表 11－9。

表 11－9　DAP 术语下的买卖双方的义务

A 卖方义务	B 买方义务
A1 卖方的一般义务 卖方必须提供符合销售合同规定的货物和商业发票以及该合同可能要求的其他凭证。 在 A1 至 A10 条款中涉及的任何单据均可以是具有同等效力的电子记录或程序。	B1 买方的一般义务 买方必须按照销售合同支付货物的价款。 在 B1 至 B10 条款中涉及的任何单据均可以是具有同等效力的电子记录和程序。

续表

A 卖方义务	B 买方义务
A2 许可证、批准、安全通关及其他手续 在需要办理海关手续时,卖方必须自担风险和费用取得任何出口许可证或其他官方许可,并且办理出口货物和交付前运输通过某国所必须的一切海关手续。	B2 许可证、批准、安全通关及其他手续 在需要办理海关手续时,买方必须自担风险和费用,取得任何进口许可证或其他官方许可,并且办理货物进口的一切海关手续。
A3 运输合同与保险合同 a)运输合同。卖方必须自付费用订立运输合同,将货物运至指定的交货地点。如未约定或按照惯例也无法确定指定的交货地点,卖方可在指定的交货地点选择最适合其目的的交货点。 b)保险合同。卖方对买方没有义务订立保险合同。但是如果买方提出需要保险合同的要求,并且自己承担风险和费用,那么卖方应该提供订立保险合同需要的全部信息。	B3 运输合同和保险合同 a)运输合同。买方对卖方没有义务订立运输合同。 b)保险合同。买方对卖方没有义务订立保险合同。但是如果买方想获得保险,就必须向卖方提出自己需要保险的要求,并且向卖方提供必要的信息。
A4 交货 卖方必须在约定日期或期限内,在指定的交货地点,将仍处于约定地点的交货运输工具上尚未卸下的货物交给买方处置。	B4 受领货物(接收货物) 买方必须在卖方按照 A4 规定交货时受领货物。

续表

A 卖方义务	B 买方义务
A5 风险转移 除 B5 规定之外,卖方必须承担货物灭失或损坏的一切风险,直至已经按照 A4 规定交货为止。	B5 风险转移 买方必须承担按照 A4 规定交货之时起货物灭失或损坏的一切风险。 如果: a)买方没有履行 B2 中规定的义务,则买方承担所有货物灭失或者毁损的风险。 b)买方没有按照 B7 中的规定履行其告知义务,则必须从约定的交货日期或交货期限届满之日起,承担货物灭失或损坏的一切风险。但是必须确认上面所讲的货物是合同中所指的货物。
A6 费用划分 卖方必须支付: a)除依 B6 规定由买方支付费用以外,按照 A3 条 a)款规定发生的费用及按照 A4 规定在目的地交货前与货物有关的一切费用。 b)根据运输合同约定,在目的地发生应由卖方支付的任何卸货费用。 c)货物出口要办理的海关手续费用及货物出口时应交的一切关税、税款和其他费用,以及按照 A4 规定交货前从他国过境的费用。	B6 费用划分 买方必须支付: a)自按照 A4 的规定交货时起与货物有关的一切费用。 b)在指定目的地将货物从交货运输工具上卸下以受领货物的一切卸货费,除非这些费用按照运输合同由卖方承担。 c)在这项货物已清楚地确定为合同项下货物的条件下,若买方未能按照 B2 规定履行义务或未按照 B7 规定给予卖方通知,卖方因此而产生的一切费用。 d)办理进口海关手续的费用及货物进口时应交纳的一切关税、税款和其他费用。

续表

A 卖方义务	B 买方义务
A7 通知买方 卖方必须给予买方必要的通知,以便买方能够为受领货物而采取通常必要的措施。	B7 通知卖方 一旦买方有权决定在约定期限内的时间点和指定受领货物的地点,买方必须就此给予卖方充分通知。
A8 交货凭证 卖方必须自付费用,按照 A4/B4 的规定,向买方提供可以据以提取货物的凭证。	B8 提货证据 买方必须接受卖方按照 A8 规定提供的交货单据。
A9 检查、包装、标志 卖方必须支付为按照 A4 规定交货所需进行的查对费用(如核对货物品质、丈量、过磅、点数的费用)以及出口国有关当局强制进行检验的费用。 卖方必须自己负担货物包装费用,除非是在特定交易中通常无需包装货物的情况。卖方需要以适合于运输的方式包装货物,除非买方在买卖合同缔结之前告知卖方具体的包装方式。包装应做适当标记。	B9 货物检验 买方必须支付任何强制的装船前检验的费用,但出口国有关当局强制进行的检验除外。
A10 信息帮助和相关费用 在需要办理海关手续时,应买方要求并由其承担风险和费用,卖方必须及时为买方提供其在货物进口或货物运输过程中所需的各类文本及信息协助,包括相关安全信息。 在获取单据或信息时,卖方必须偿付买方按照 B10 规定提供或给予协助的所有费用。	B10 信息帮助和相关费用 买方必须及时告知卖方所有的安全信息需求以便卖方能够遵守 A10 的规定。在获取单据或信息时,买方必须偿付卖方按照 A10 规定提供或给予协助的所有费用。 应卖方要求并由其承担风险和费用,买方必须及时为卖方提供其在货物进口或货物运输过程中所需的各类单据及信息协助,包括相关安全信息。

7. DDP 术语。

(1)Delivered Duty Paid (insert named place of destination)完税后交货(指定目的地)。“完税后交货”是指卖方在指定的目的地,办理完进口清关手续,将在交货运输工具上尚未卸下的货物交与买方,完成交货。卖方承担将货物运至指定的目的地的一切风险和费用,并有义务办理出口清关手续与进口清关手续。

DDP 术语下卖方承担最大责任。因为到达指定地点过程中的费用和风险都由卖方承担,建议当事人尽可能明确地指定目的地。如果卖方致使在目的地卸载货物的成本低于运输合同的约定,则卖方无权收回成本,当事人之间另有约定的除外。

如果卖方不能直接或间接地取得进口许可证,则不宜使用 DDP 术语。如果当事方希望买方承担进口的所有风险和费用,应使用 DAP 术语。

(2)DDP 术语下买卖双方的义务见表 11-10。

表 11-10　DDP 术语下的买卖双方的义务

A 卖方义务	B 买方义务
A1 卖方的一般义务 卖方必须提供符合销售合同规定的货物和商业发票以及合同可能要求的、证明货物符合合同规定的其他凭证。 其他凭证指在 A1 至 A10 中双方达成共识的或习惯的具有同等作用的电子记录或程序。	B1 买方的一般义务 买方必须按照销售合同的规定支付商品的价款。 在双方协商同意或遵循惯例的情况下,B1 至 B10 中所提到的任何文件可能是一种有同等作用的电子记录或程序。
A2 许可证、批准、安全通关及其他手续 卖方须自担风险费用,取得所有进出口许可证或其他官方许可,并办理进出口货物在他国运输的一切必要海关手续。	B2 许可证、批准、安全通关及其他手续 买方自担风险和费用,并且帮助卖方取得进口货物的许可证并办理官方的手续。

续表

A 卖方义务	B 买方义务
A3 运输合同与保险合同 a)运输合同。卖方必须自付费用订立运输合同,将货物运至指定目的地或者指定地点。如未约定或按照惯例也无法确定具体交货点,则卖方可在目的地选择最适合其目的的交货点。 b)保险合同。卖方没有义务与买方订立保险合同。但是,在买方要求、买方承担风险或者费用(如果有的话)的情形下,卖方必须告知买方需要取得保险。	B3 运输合同和保险合同 a)运输合同。买方没有义务订立运输合同。 b)保险合同。相对于卖方,买方没有义务订立保险合同,但是应卖方请求,买方应提供关于保险的必要信息。
A4 交货 卖方必须在约定的日期或者期限内,在位于指定目的地的约定地点(如果有约定),将运输工具上准备卸下来的货物交与买方处置。	B4 受领货物(接收货物) 买方必须在卖方按照 A4 规定交货时,受领货物。
A5 风险转移 除了 B5 所规定的情形以外,由卖方承担货物损毁或者灭失的所有风险,一直到货物已经按照 A4 的规定交货为止。	B5 风险转移 按照 A4 的规定受领货物之后,买方必须承担货物灭失或损坏的一切风险。 如果: a)买方没有履行 B2 规定的义务,那么他必须承担由此导致的货物灭失或者损坏的风险。 b)买方没有尽到 B7 所规定的通知义务,那么他必须承担自约定的交货日期或者自交货期限届满之日起的货物灭失或损坏的风险。 前提是,货物必须已经证明是合同中规定的货物。

续表

A 卖方义务	B 买方义务
A6 费用划分 卖方必须支付： a)除了由 A3 条 a)款之外所产生的费用，直到货物按照 A4 的规定交货之前，所有相关的一切费用，不包括 B6 中所提到的由买方支付的费用。 b)根据运输合同的规定，在交货地的任何卸货费用都由卖方承担。 c)在适用的情况下，出口和进口所必需的报关费用以及一切关税、税款和其他在出口和进口货物时应支付的费用，以及货物在交付之前，按照 A4 的规定运输途中因通过其他国家所产生的费用。	B6 费用划分 买方必须支付： a)从货物被交付之日起与货物相关的全部费用。 b)在指定目的地卸载必需品的所有费用，包括从运输方式到接收货物整个过程的所有费用，除非按照运输合同，这些费用是由卖方支付。 c)在货物已被确定为合同项下货物的前提下，如果没有按照 B2 履行其义务或没有按照 B7 发出通知所造成的额外的费用。
A7 通知买方 卖方必须给予买方任何需要通知，以便买方能够为受领货物而采取通常必要的措施。	B7 通知卖方 一旦买方有权确定在约定的期限内受领货物的具体时间和地点时，必须就此给予卖方充分的通知。
A8 交货凭证 卖方必须自付费用向买方提供单据，使授予权利的买方可以按 A4/B4 受领货物。	B8 提货证据 买方必须接受按照 A8 规定提供的交货凭证。
A9 检查、包装、标志 卖方必须支付为按照 A4 规定交货所需进行的查对费用（如核对货物品质、丈量、过磅、点数的费用）以及任何由出口国当局强制进行的装运前检验费用。	B9 货物检验 买方无义务向卖方支付由进出口国家相关部门进行运前强制性检验货物所引起的任何费用。

续表

A 卖方义务	B 买方义务
卖方必须自付包装货物的费用,除非按照相关行业惯例,运送此类货物无需包装。卖方可以按习惯用适合运输的方式来包装货物,除非买方在买卖合同签订之前告知了卖方特殊的包装要求。包装应做适当标记。	
A10 信息帮助和相关费用 在买方提出要求并同时承担风险和费用时,卖方必须及时给予买方协助,以帮助其获取任何所需的单据及信息,包括买方在货物从目的地约定区域至最终目的地的运输中需要办理海关手续时的相关投保信息。 卖方必须支付买方在为卖方获取 B10 所规定的单据及信息而提供的协作中发生的一切费用。	B10 信息帮助和相关费用 买方应当及时把一切安全信息要求通知卖方以便卖方按照 A10 履行义务。 买方必须支付卖方为获取 A10 所述单据或信息提供协助时所发生的费用。 应卖方要求并由其承担风险和费用时,买方必须及时对卖方提供协助,以帮助其取得货物进出口以及在任何国家运输过程中所需的一切单据和包括安全相关信息在内的所有信息。

(二)适用于海运及内河运输的国际贸易术语

1. FAS 术语。

(1)Free Alongside Ship(insert named port of shipment)装运港船边交货(指定装运港)。“船边交货”是指卖方在指定装运港将货物交到买方指定的船边(例如码头上或驳船上),即完成交货。买方需承担自那时起货物灭失或损坏的一切风险。买卖双方负担的费用也以船边为界。

此术语要求当事方应当尽可能明确指定装运港的具体装货地点,因为到这一地点的费用与风险由卖方承担,当事方在船边交付货物或者获得已经交付装运的货物。这里所谓的“获得”迎合了链式销售,在商品贸易中十分普遍。当货物通过集装箱运输时,卖方通常在终点站将货物交给承运人,而不是在船边。在这种情况下,船边交货规则不适用,而应当适用货交承运人规则。船边交货规则要求卖方在需要时办理货物出口清关手续,但是,卖方没有义务办理货物进口清关、支付任何进口税或者办理任何进口海关手续。

(2)FAS 术语下买卖双方的义务见表 11－11。

表 11－11　FAS 术语下的买卖双方的义务

A 卖方义务	B 买方义务
A1 卖方的一般义务 卖方必须提供符合销售合同规定的货物和商业发票以及合同可能要求的、证明货物符合合同规定的其他任何凭证。 如果双方达成协议或者是有惯例可循，A1 至 A10 条款中所述的单据可能是有同等效力的电子记录或手续。	B1 买方的一般义务 买方必须按照销售合同规定支付货物的价款。 如果双方达成协议或者是有惯例可循，B1 至 B10 条款中所述的单据可能是有同等效力的电子记录或手续。
A2 许可证、批准、安全通关及其他手续 在需要办理海关手续时，卖方必须自担风险和费用，取得任何出口许可证或其他官方许可，办理货物出口所需的一切海关手续。	B2 许可证、批准、安全通关及其他手续 在需要办理海关手续时，买方必须自担风险和费用，由买方取得任何进口许可证或其他官方许可，并办理货物进口和从他国过境所需的一切海关手续。
A3 运输合同与保险合同 a)运输合同。卖方没有订立运输合同的义务。但若买方要求，或者如果是商业惯例而买方未适时给予卖方相反指示，则卖方可按照通常条件订立运输合同，费用和风险由买方承担。在以上任何一种情况下，卖方都可以拒绝订立此合同；如果拒绝，应立即通知买方。	B3 运输合同和保险合同 a)运输合同。买方必须自行承担运费，订立自指定装运港运输货物的合同。卖方按照 A3 条 a)款订立了运输合同时除外。 b)保险合同。买方有订立货物运输保险合同的义务。

续表

A 卖方义务	B 买方义务
b)保险合同。卖方没有订立保险合同的义务。但是应买方要求并由其承担风险和费用(如果有费用产生),卖方必须提供给买方订立保险时所需要的信息。	
A4 交货 卖方必须在买方指定的装运港,在买方指定的装货地点(如果有指定的装货地点),将货物交至买方指定的船边。不论用哪种方式,卖方必须在约定的日期或者期限内,按照该港的习惯方式交付货物。 如果买方没有指定特别的装货地点,卖方可以在指定的装运港内选择最符合其目的的地点。如果双方约定在一定时期内交付货物,则买方可以在约定时期内选择交货日期。	B4 受领货物(接收货物) 买方必须在卖方依照 A4 的规定交货时受领货物。
A5 风险转移 除 B5 规定的情况外,卖方必须承担货物灭失或损坏的一切风险,直至已按照 A4 规定交货为止。	B5 风险转移 自依照 A4 的规定交货时起,买方承担货物灭失或损坏的一切风险。 如果买方没有按照 B7 的规定通知卖方,或者买方指定的船只未按时到达、未接收货物、较 B7 通知的时间提早停止装货,那么自约定的交货日期或期限届满时起,如果明确确定该项货物为合同项下货物,买方承担货物灭失或损坏的一切风险。

续表

A 卖方义务	B 买方义务
A6 费用划分 卖方必须支付： a)直至已经按照 A4 规定交货为止的与货物有关的一切费用,除了按照 B6 规定的应由买方支付的。 b)在需要时,货物出口时办理的海关手续费用,及应交纳的一切关税、税款和其他费用。	B6 费用划分 买方必须支付： a)自按照 A4 的规定交货时起的与货物有关的一切费用,除了 A6 条 b)款规定的在需要办理海关手续时,货物出口需要办理的海关手续费用,及货物出口时应交纳的一切关税、税款和其他费用。 b)因发生下列情况产生的一切额外费用:①买方未按照 B7 规定及时通知卖方;②在已经明确确定该项货物为合同项下货物的情况下,买方指定的货船没有及时到达,无法装载货物,或早于 B7 规定的时间停止装货产生的费用。 c)货物进口时办理海关手续的费用及应交纳的一切关税、税款和其他费用,以及从他国运输过境的费用。
A7 通知买方 卖方必须给予买方关于货物已按 A4 规定交付或者船舶未能在约定的时间内接收货物的充分通知。	B7 通知卖方 买方必须给卖方关于船舶的名称、装船地点,以及在约定期限内选定的交付时间的充分通知。
A8 交货凭证 卖方承担费用并向买方提供关于货物已按 A4 规定交付的通常证明。 除非上述证明是运输单据,应买方请求并由买方承担风险和费用,卖方必须协助买方取得运输单据。	B8 提货证据 买方必须接受按照 A8 规定所提供的交付证明。

续表

A 卖方义务	B 买方义务
A9 检查、包装、标志 卖方必须支付为了按照 A4 规定交货所必须进行的核对费用(如核对货物品质、丈量、过磅、点数的费用),以及出口国有关当局强制进行的任何装运前的检验费用。 卖方必须自付货物包装费用,除非按照相关行业惯例,该种货物无需包装发运。卖方可以提供符合其安排的运输所要求的包装,除非买方在销售合同成交前已通知卖方具体的包装要求。包装应做适当标记。	B9 货物检验 买方必须支付任何装运前检验的费用,但出口国有关当局强制进行的检验除外。
A10 信息帮助和相关费用 有需要时,应买方要求并由其承担风险和费用,卖方必须及时地提供或给予买方协助,以帮助买方取得任何文件和信息,包括买方为了货物进口和运送到最终目的地所需要的与安全有关的信息。 卖方必须偿还买方所有因买方在提供或给予 B10 规定的取得文件和信息方面的帮助时引起的花费和支出。	B10 信息帮助和相关费用 买方必须以及时的方式向卖方提出任何安全信息要求,这样卖方才可能遵守 A10。 买方必须偿还卖方所有因其在提供或给予 A10 规定的取得文件和信息方面的帮助时引起的花费和支出。 应卖方要求并由其承担风险和费用时,买方必须在适当的时候以及时的方式提供或给予卖方协助,以帮助卖方取得任何文件和信息,包括卖方为了货物运输和出口以及运经任何国家所需要的与安全有关的信息。

2. FOB 术语。

(1)Free On Board(insert named port of shipment)装运港船上交货(指定装运港)。"船上交货"是指卖方在指定的装运港,将货物交至买方指定的船只上,或者指中间销售商设法获取这样交付的货物。一旦装船,买方将承担货物灭失或损坏造成的所有风险。卖方被要求将货物交至船只上或者获得已经这样交付装运的货物。

这里所谓的“获得”迎合了链式销售，在商品贸易中十分普遍。

FOB不适用货物在装船前移交给承运人的情形。比如，货物通过集装箱运输，并通常在目的地交付，在这些情形下，适用FCA术语。在适用FOB时，销售商负责办理货物出口清关手续，但销售商无义务办理货物进口清关手续、缴纳进口关税或是办理任何进口报关手续。

(2)FOB术语下买卖双方的义务见表11-12。

表11-12 FOB术语的买卖双方的义务

A 卖方义务	B 买方义务
A1 卖方的一般义务 卖方必须提供符合销售合同规定的货物和商业发票，以及合同可能要求的、证明货物符合合同规定的其他任何凭证。 根据双方合意或交易习惯，任何A1至A10提及的单据都可能是同等效力的电子凭证或手续。	B1 买方的一般义务 买方必须按照销售合同规定支付价款。 根据双方合意或交易习惯，任何B1至B10提及的单据都可能是同等效力的电子凭证或手续。
A2 许可证、批准、安全通关及其他手续 在条约适用的情况下，卖方必须自担风险和费用，取得任何出口许可证或其他官方许可，并办理货物出口所需的一切海关手续。	B2 许可证、批准、安全通关及其他手续 买方在自担风险和费用的情况下，自行决定是否取得任何进口许可证或其他官方许可，或办理货物进口和在必要时从他国过境时所需的一切海关手续。
A3 运输合同与保险合同 a)运输合同。卖方没有义务为买方订立运输合同。但如果根据买方要求或交易习惯且买方没有及时提出相反要求，由买方承担风险和费用的情况下，卖方可以按一般条款为买方订立运输合同。在上述任一种情况下，卖方有权拒绝为买方订立运输合同。如果卖方订立运输合同，应及时通知买方。	B3 运输合同和保险合同 a)运输合同。买方自己付费，必须签订从指定装运港运输货物的合同，除非卖方已经按照A3条a)款的规定制定了运输合同。 b)保险合同。买方没有义务向卖方提供保险合同。

续表

A 卖方义务	B 买方义务
b)保险合同。卖方没有义务向买方提供保险合同。但是当买方要求的时候,卖方必须向买方提供获得保险时所需要的信息,此时一切风险和费用由买方承担。	
A4 交货 卖方必须将货物运到买方所指定的船只上,或送到买方的指定装运港由中间商获取这样的货物。在这两种情况下,卖方必须按约定的日期或期限内按照该港习惯方式运输到港口。 如果买方没有明确装运地,卖方可以在指定的装运港中选择最符合其目的的装运点。	B4 受领货物(接收货物) 买方必须在卖方按照 A4 规定交货时受领货物。
A5 风险转移 卖方要承担货物灭失或者损坏的全部风险,直至已经按照 A4 中的规定交付货物为止,但 B5 规定的货物灭失或者损坏的情况除外。	B5 风险转移 自货物按照 A4 规定交付之时起,买方要承担货物灭失或损失的全部风险。 若: a)买方没有按照 B7 规定通知指定的船只。 b)买方指定的船只没有按期到达,以致卖方无法履行 A4 规定,或指定船只没有接管货物,或者指定船只较按照 B7 通知的时间提早停止装货。 那么,自以下所述之日起买方承担货物灭失或损失的全部风险:①自协议规定的日期起;②若没有协议约定的日期,则自卖方按照 A7 规定的协议期限内的通知之日起;③若没有约定通知日期时,则自任一约定的交付期限届满之日起。

续表

A 卖方义务	B 买方义务
	但前提是,该货物已经被准确无疑地确定是合同规定的货物。
A6 费用划分 卖方必须支付: a)除由 B6 规定的理应由买方支付的以外,卖方必须支付货物有关的一切费用,直到已经按照 A4 规定交货为止。 b)货物出口需要办理的海关手续费用及出口时应交纳的一切关税、税款和其他费用。	B6 费用划分 买方必须支付: a)自按照 A4 规定交货之时起与货物有关的一切费用,除了货物出口需要办理的海关手续费用及出口时应交纳的一切关税、税款和在 A6 条 b)款提到的其他费用。 b)以下两种情形将导致额外费用:①由于买方未能按照 B7 规定给予卖方相应的通知;②买方指定的船只未按时到达,或未接收上述货物,或较按照 B7 通知的时间提早停止装货。 c)货物进口应交纳的一切关税、税款和其他费用,以及货物从他国过境的费用。
A7 通知买方 卖方必须给予买方说明货物已按照 A4 规定交货或者船只未能在约定的时间内接收上述货物的充分通知。	B7 通知卖方 买方必须给予卖方有关船名、装船点,以及需要时在约定期限内所选择的交货时间的充分通知。

续表

A 卖方义务	B 买方义务
A8 交货凭证 卖方必须自付费用向买方提供证明货物已按照A4 规定交货的通常单据。 除非前项所述单据是运输单据,否则应买方要求并由其承担风险和费用,卖方必须给予买方协助,以取得运输单据。	B8 提货证据 买方必须接受按照 A8 规定提供的交货凭证。
A9 检查、包装、标志 卖方必须支付为按照 A4 规定交货所需进行的查对费用(如核对货物品质、丈量、过磅、点数的费用),以及出口国有关当局强制进行的装运前检验的费用。 卖方必须自付费用包装货物,除非按照相关行业惯例,运输的货物无需包装销售。卖方必须以适合运输的形式包装货物,除非买方在订立销售合同前已经告知卖方特定的包装要求。包装应做适当标记。	B9 货物检验 买方必须支付任何装运前检验的费用,但出口国有关当局强制进行的检验除外。
A10 信息帮助和相关费用 在适用的情况下,应买方要求并由其承担风险和费用,卖方必须及时地给予买方一切协助,以帮助其取得他们所需要的货物进口和运送到最终目的地的一切单据及信息(包含与安全因素相关的信息)。 卖方必须向买方支付所有买方因提供或帮助卖方得到 B10 中规定的单据或信息而产生的费用。	B10 信息帮助和相关费用 买方必须及时告诉卖方其对任何与安全有关的信息的要求,以使卖方可以遵循 A10 的规定。 买方必须支付全部费用以及在 A10 中规定的卖方提供和给予协助使买方获取单据和信息所发生的一切费用。 应卖方要求并由其承担风险和费用,买方必须及时地提供或给予一切协助,以帮助其取得他们所需要的货物的运送和出口以及过境运输的一切单据及信息(包含与安全因素相关的信息)。

【应用案例11-3】

我国青海西宁某出口公司于2015年9月向日本出口30吨冬虫夏草,每吨50箱,共1 500箱,每吨售价为20 000美元。FOB新港,共600 000美元,即期信用证,装运期为9月28日之前,货物必须装集装箱。该出口公司在天津设有办事处,于是在9月上旬便将货物运至天津,由天津办事处负责订箱装船。不料货物在天津存仓后第二天,仓库着火,抢救不及,1 500箱全部烧毁。办事处立即通知公司总部要求尽快补发30吨,否则无法按期装船。结果因货源不足,公司只好要求日商将信用证有效期和装运期延长。此案中我国出口公司在选用贸易术语时是否存在问题?为什么?

【案例点评】

由以上案例可知,如果本案当初采用FCA术语,出口公司在当地将1 500箱货物交中转站,不仅风险转移给买方,而且凭当地承运人签发的货运单据即可在当地银行办理议付结汇。可是,该公司习惯性地采用了FOB,舍近求远,自担风险将货物运到天津,再装集装箱出口,这不仅加大了自身的风险,还推迟了结汇,教训深刻。随着集装箱运输越来越发达、货运量越来越大,内地省市的出口单位应尽量使用设在当地的一些集装箱网点提供的货运服务,改变过去传统做法(即在沿海港口设立办事处,再通过办事处办理货物出口)。传统做法不仅增加自身风险,而且费用较大,增加出口商品的成本,减少公司的收益。

3. CFR术语。

(1)Cost and Freight(insert named port of destination)成本加运费(指定目的港)。"成本加运费"是指卖方交付货物于船舶之上,货物损毁或灭失的风险从货物转移至船舶之上时转移,卖方应当承担并支付必要的成本加运费以使货物运送至目的港。当使用CPT,CIP,CFR或CIF术语时,卖方在将货物交至已选定运输方式的运送者时,其义务即已履行,而非货物抵达目的地时方才履行。

该术语中风险转移地和运输成本的转移地是不同的。尽管合同中通常会确认一个目的港,却未必指定装运港(风险转移给买方的地方)。如果装运港关乎买方的特殊利益,建议双方就此在合同中尽可能精确地加以确认。建议双方对于目的港的问题也尽可能准确确认,因为由此产生的成本加运费由卖方承担,并订立与此项选择精确相符的运输合同。

成本加运费对于货物在装上船舶之前即已交给承运人的情形不适

用，例如通常在终点站交付的集装箱货物，在这种情况下，宜使用 CPT 术语。成本加运费原则要求由卖方办理出口清关手续，但是，卖方无义务为货物办理进口清关、支付进口关税或者完成任何进口地海关的报关手续。

(2)CFR 术语下买卖双方的义务见表 11－13。

表 11－13 CFR 术语的买卖双方的义务

A 卖方义务	B 买方义务
A1 卖方的一般义务 卖方应当提供符合销售合同规定的货物和商业发票，以及其他任何可能要求的证明货物符合合同要求的凭证。 如果买卖双方达成一致或者依照惯例，任何 A1 至 A10 中所要求的单据都可以是具有同等作用的电子记录或手续。	B1 买方的一般义务 买方应当依销售合同支付商品价款。 如果买卖双方达成一致或者依照惯例，任何 B1 至 B10 中所要求的单据都可以是具有同等作用的电子记录或手续。
A2 许可证、批准、安全通关及其他手续 卖方应当自担风险和费用，取得任何出口许可证或者其他官方授权，并办妥一切货物出口所必需的海关手续。	B2 许可证、批准、安全通关及其他手续 买方有义务在自担风险与费用的情况下获得任何进口许可证或其他的官方授权，并为货物进口以及其在国内的运输办妥一切海关报关手续。
A3 运输合同与保险合同 a)运输合同。卖方应当在运输合同中约定一个协商一致的交付地点，如在目的地的指定港口，或者经双方同意在港口的任意地点。卖方应当自付费用，按照通常条件订立运输合同，经由惯常航线，将货物用适宜船舶加以运输。 b)保险合同。卖方无义务为买方订立一份保险合同。但是，卖方应当按照买方的要求，在买方承担风险和费用的前提下为其提供投保所需的信息。	B3 运输合同和保险合同 a)运输合同。买方无义务为卖方订立运输合同。 b)保险合同。买方无义务为卖方订立保险合同，但是根据卖方请求，买方须提供投保所需要的必要信息。

续表

A 卖方义务	B 买方义务
A4 交货 卖方应当通过将货物装至船舶之上或促使货物以此种方式进行交付。在任何一种情形下,卖方应当在约定的日期或期间内依惯例交付。	B4 受领货物(接收货物) 买方必须在卖方按照 A4 规定交货时受领货物,并在指定目的港从承运人处收受货物。
A5 风险转移 除 B5 中描述的毁损灭失的情形之外,在货物按照 A4 的规定交付之前,卖方承担一切货物毁损灭失的风险。	B5 风险转移 买方必须承担货物按照 A4 规定交付后毁损灭失的一切风险。 如果买方未按照 B7 规定给予卖方通知,买方必须从约定的装运日期或装运期限届满之日起,承担货物灭失或损坏的一切风险,假如货物已被清楚地确定为合同中的货物。
A6 费用划分 卖方必须支付: a)所有在货物按照 A4 交付完成之前所产生的与之相关的费用,B6 中规定应由买方承担的可支付的部分除外。 b)货物运输费用及由 A3 条 a)款规定(即运输合同)而产生的一切其他费用,包括装载货物的费用,以及按照运输合同约定由卖方支付的在约定卸货港口卸货产生的费用。	B6 费用划分 除 A3 条 a)款的规定费用之外,买方必须支付: a)从货物以 A4 规定的方式交付起与之有关的一切费用,除了出口所必要的清关费用,以及在 A6 条 c)款中所涉及的所需的一切关税、赋税及其他各项应付出口费用。 b)货物在运输途中直至到达目的港为止的一切费用,除非这些费用根据运输合同应由卖方支付。

续表

A 卖方义务	B 买方义务
c)因海关手续产生的一切费用,以及出口货物所需缴纳的一切关税、税赋及其他应缴纳的费用,以及根据运输合同应由卖方承担的因经过任何国家所产生的过境费用。	c)卸货费用,包括驳船费和码头费,除非该成本和费用在运输合同中规定由卖方支付。 d)任何额外的费用,如果没有在既定日期或运送货物的既定期间的到期日前按照 B7 的规定发出通知,但是货物已被清楚地确定为合同中的货物。 e)货物进口应交纳的一切关税、税款和其他费用,及办理海关手续的费用,以及需要时从他国过境的费用,除非这些费用已包括在运输合同中。
A7 通知买方 卖方应当给予买方任何其需要的通知,以便买方能够采取通常必要的提货措施。	B7 通知卖方 当能够在指定的目的港之内确定装运货物的时间或者接收货物的具体地点时,买方必须充分给予卖方通知。
A8 交货凭证 卖方应当自负费用、毫不延误地向买方提供表明载往约定目的港的通常运输单据。 运输单据须载明合同货物,其日期应在约定的装运期内,使买方得以在目的港向承运人提取货物,并且除非另有约定,应使买方得以通过转让单据或通过通知承运人,向其后手买方出售在途货物。 若此运输单据为可以流通、可以议付形式(银行根据信用证付钱)或有数个正本,应向买方提供全套正本。	B8 提货证据 买方必须接受按照 A8 规定提供的运输单据,如果该单据符合合同规定的话。

续表

A 卖方义务	B 买方义务
A9 检查、包装、标志 卖方应当支付为遵循 A4 条款运输货物所需的进行核对的费用(比如核对货物质量、尺寸、重量、点数),同时还需支付国家出口机关规定的进行装船检查的费用。 卖方必须自付费用提供货物的包装,除非在此行业中这种货物无包装发运、销售是普遍的现象。卖方应当用适于运输的方式包装货物,除非买方在交易合同生效前对卖方提出了特殊的包装要求。包装应当适当做标记。	B9 货物检验 买方必须支付任何装运前检验的费用,但出口国有关当局强制进行的检验除外。
A10 信息帮助和相关费用 在买方承担风险与费用的前提下,向买方提供帮助,以使买方能够获得任何单据与信息,包括买方进口货物或者为保证货物到达目的地所需的安全信息。 卖方应当偿付所有买方基于 B10 的义务提供单据或信息的帮助所产生的一切费用。	B10 信息帮助和相关费用 买方必须在合适的时候告知卖方任何安全保障要求,以便卖方做到与 A10 规定相符。 买方必须支付给卖方所有由卖方为获得与 A10 相符的相关单据和信息所产生的费用和花费。 买方必须在合适的情况下,及时地提供给卖方帮助,以便根据卖方的要求,由卖方承担风险、费用条件下,获得任何单据和信息,包括与安全有关的信息、卖方运输和出口货物以及通过任何国境的信息。

4. CIF 术语。

(1)Cost,Insurance and Freight(insert named port of destination)成本、保险加运费(指定目的港)。“成本、保险费加运费”指卖方将货物装上船或指中间销售商设法获取这样交付的商品。货物灭失或损坏的风险在货物于装运港装船时转移给买方。卖方须自行订立运输合同,支付将货物装运至指定目的港所需的运费和费用。

卖方须订立货物在运输途中由买方承担的货物灭失或损坏风险的保险合同。买方须知晓在 CIF 术语下卖方有义务投保的险别仅是最低保险险别,如买方希望得到更为充分的保险保障,则需与卖方明确地达成协议或者自行做出额外的保险安排。当CPT,CIP,CFR或者CIF术语被适用时,卖方须在向承运方移交货物之时而非在货物抵达目的地时,履行已选择的术语相应规范的运输义务。

CIF术语因风险和费用分别于不同地点转移而具有以下两个关键点。合同惯常会指定相应的目的港,但可能不会进一步详细指明装运港(风险向买方转移的地点),如买方对装运港尤为关注,那么合同双方最好在合同中尽可能精确地确定装运港。当事人最好尽可能确定在约定的目的港内的交货地点,卖方承担至交货地点的费用。当事人应当在约定的目的地港口尽可能精准地检验,由卖方承担检验费用。卖方应当签订确切适合的运输合同。如果发生了运输合同之下的于指定目的港的卸货费用,卖方无需为买方支付该费用,除非当事人之间有约定。

卖方必须将货物送至船上或者由中间销售商承接已经交付的货物并运送到目的地。除此之外,卖方必须签订一个运输合同或者提供这类的协议。这里的"提供"是为一系列的多项贸易过程服务,尤其在商品贸易中很普遍。

CIF术语并不适用于货物在装上船以前就转交给承运人的情况,例如通常运到终点站交货的集装箱货物,在这样的情况下,应当适用CIP术语。

"成本、保险费加运费"术语要求卖方办理货物出口清关手续,然而,卖方没有义务办理货物进口清关手续、缴纳任何进口关税或办理进口海关手续。

(2)CIF术语下买卖双方的义务见表11-14。

表11-14 CIF术语下的买卖双方的义务

A 卖方义务	B 买方义务
A1 卖方的一般义务 卖方必须提供符合销售合同的货物和商业发票,以及买卖合同可能要求的、证明货物符合合同规定的其他任何凭证。 在A1至A10中的任何单据都可能是在双方合意或习惯性用法中使用的同等作用的电子记录或程序。	B1 买方的一般义务 买方必须按照买卖合同规定支付价款。 在B1至B10中任何有关的文件都可能是在双方合意或习惯性用法中使用的同等的电子记录或程序。
A2 许可证、批准、安全通关及其他手续 卖方须自负风险和费用,取得一切出口许可和其他官方许可,并办理货物出口所需的一切海关手续。	B2 许可证、批准、安全通关及其他手续 买方需要在自负风险和费用的前提下获得进口执照或其他政府许可并且办理所有进口货物的海关手续。

A 卖方义务	B 买方义务
A3 运输合同与保险合同 a)运输合同。卖方必须自行订立或者参照格式条款订立一个关于运输的合同,将货物从约定交付地运输到目的地的指定港口。运输合同需按照通常条件订立,由卖方支付费用,并规定货物由通常可供运输合同所指货物类型的船只、经由惯常航线运输。 b)保险合同。卖方须自付费用,按照至少符合《协会货物保险条款》(LMA/IUA)C 款或其他类似条款中规定的最低保险险别投保。这个保险应与信誉良好的保险人或保险公司订立,并保证买方或其他对货物具有保险利益的人有权直接向保险人索赔。应买方要求、由买方负担费用且提供一切卖方需要的信息,则卖方在可投保的情况下应提供额外的保险。例如《协会货物保险条款》(LMA/IUA)中的条款(A)或条款(B)或任何类似的条款中提供的保险、《协会战争险条款》和《协会罢工险条款》(LMA/IUA)或其他类似条款符合的保险。 最低保险金额应当包括合同中所规定的价款另加10%(即 110%),并应用合同货币。 保险应当承保 A4 和 A5 条款中规定的从发货点发出至少到指定的目的港的货物。 卖方必须提供给买方保险单或其他保险承保的证据。 此外,应买方的要求,并由买方自负风险及费用的情况下,卖方必须提供给买方所需要的任何获取额外保险的信息。	B3 运输合同与保险合同 a)运输合同。买方无订立运输合同的义务。 b)保险合同。买方无订立保险合同的义务。但是,如果买方想附加 A3 条 b)款中所描述的保险,就须根据卖方要求,提供给卖方任何附加该保险所需的信息。

续表

A 卖方义务	B 买方义务
A4 交货 卖方必须将货物装船运送或者由承运人获取已经运送的货物,在上述任一情况下,卖方必须在合意日期或者在达成合意的期限内依港口的习惯进行交付。	B4 受领货物(接收货物) 买方在货物以 A4 规定的方式送达时受领货物,并必须在指定的目的港受领货物。
A5 风险转移 卖方直到货物以 A4 规定的方式送达之前都要承担货物灭失或者损坏的风险,除非货物是在 B5 描述的情况下灭失或者损坏。	B5 风险转移 买方自货物按 A4 规定的方式送达后承担所有货物灭失或者损坏的风险。 如果买方未按照 B7 规定给予卖方通知,那买方就要从递送的合意日期或者递送合意期限届满之日起承担货物灭失或者损坏的风险,前提是货物必须被清楚地标明是合同项下的货物。
A6 费用划分 卖方必须支付: a)除在 B6 中规定的应由买方支付的费用外的与货物有关的一切费用,直至按 A4 规定交货为止。 b)按照 A3 条 a)款规定的所有其他费用,包括在港口装载货物的费用以及根据运输合同由卖方支付的在约定卸货港的卸货费。 c)A3 条 b)款规定所发生的保险费用。 d)货物出口需要办理的海关手续费以及出口应缴纳的一切关税、税款和其他费用,以及根据运输合同规定的由卖方支付的货物从他国过境的费用。	B6 费用划分 除 A3 条 a)款规定外,买方必须支付: a)按照 A4 规定交货之时起与货物有关的一切费用,但不包括 A6 条 d)款中规定的在需要办理海关手续时,货物出口需要办理的海关手续费以及出口应缴纳的一切关税、税款和其他费用。 b)运输至到达目的地港口过程中与货物有关的一切费用,运输合同中规定由卖方承担的除外。 c)运费和码头搬运费在内的卸货费用,运输合同中规定由卖方承担的除外。

续表

A 卖方义务	B 买方义务
	d)按照 B7 规定在约定日期或运送的协议期限到期时给予卖方相应通知而发生的任何额外费用,但以该项货物已正式划归合同项下为限。 e)货物进口应交纳的一切关税、税款和其他费用,货物进口需要办理的海关手续费,以及从他国过境的费用,已包含在运输合同所规定的费用中的除外。 f)根据 A3 条 b)款和 B3 条 b)款,任何因买方要求而产生的附加保险费用。
A7 通知买方 卖方必须给予买方一切必要的通知,以便买方采取必要的措施来确保领受货物。	B7 通知卖方 当买方有权决定装运货物的时间和在目的港内接收货物的地点,买方必须给予卖方充分的通知。
A8 交货凭证 卖方必须自付费用、毫不迟延地向买方提供表明载往约定目的港的通常运输单据。此单据必须载明合同货物,其日期应在约定的装运期内,使买方得以在目的港向承运人提取货物。并且,除非另有约定,应使买方得以通过转让单据或通过通知承运人,向其后手买方出售在途货物。 若此运输单据有不同形式且有数份正本,则应向买方提供全套正本。	B8 提货证据 买方必须接受按照 A8 规定提供的运输单据,如果该单据符合合同规定的话。

续表

A 卖方义务	B 买方义务
A9 检查、包装、标志 卖方必须支付为了使运输货物符合 A4 的要求而产生的所有核对费用(例如核对货物品质、丈量、过磅、点数),以及出口国当局强制要求的运前检验。 卖方必须自负费用包装货物,但所运输货物通常无需包装即可销售的除外。卖方应当采用使货物适宜运输的包装方式,除非买方在买卖合同签订前告知卖方以特定方式包装。包装应当适当做标记。	B9 货物检验 买方必须支付所有强制性运前检验的费用,但出口国当局强制要求的检验除外。
A10 信息帮助和相关费用 应买方要求,并由其承担风险和费用时,卖方必须及时地提供或给予协助以帮助买方取得货物进口和运输至最终目的地所需要的、包括安全相关信息在内的一切单据和信息。 对于买方由于提供或协助卖方获取 B10 所规定的所有相关单据和信息而支出的所有费用,卖方必须予以偿付。	B10 信息帮助和相关费用 买方必须及时地告知卖方获取相关安全信息的要求,以便卖方能够遵守 A10 中的规定。 卖方由于履行 A10 所述的规定,提供和协助买方获得相关信息所支出的费用,买方必须予以偿付。 应卖方要求,并由其承担风险和费用时,买方必须及时地提供或给予协助以使卖方获取其运输和货物出口通过任何国家所需要的、包括安全相关信息在内的一切单据和信息。

案例与分析

真假 CIF 合同争议案

一、案例介绍

2015 年 H 公司与英国 D 公司签订一份出口轻工产品的 CIF 合同。合同中订立两项特殊条款:①当年 10 月由中国上海港运至英国某港口,D 公司必须于当年8月底前将有关信用证开到H公司,H公司则保证运载船只不迟于12月1日抵达目的港;②如果载运船迟于12月1日抵达目的港,D公司可以撤销合同,如届时货款已收妥,则须将所收货款如数退回D公司。合同签订后,H公司在清理合同过程中对该合同CIF性质发生异议:一种意见认为该合同虽然订有两项特殊条款,但仍属于CIF合同;另一种意见相反。请问:你支持哪一种意见?为什么?

二、案例分析

该合同已不是CIF合同,可以从以下看出:①D公司把实际交货作为付款条件;②风险转移从起运港扩展至目的港;③改变CIF凭单据付款的性质。

因此,当签订CIF合同并附加某些限制条款时,要考虑是否扩大卖方风险和变更合同性质。如要接受这些条款时,也不能误认为它就是CIF合同,并按此履行义务,以免因附加条件给自己带来意想不到的风险。

思考练习题

练习题

一、名词解释

贸易术语　国际贸易惯例　CIF　CPT　CIP　DAT　DAP　FAS　CFR

二、简答题

1. 简述FCA,CPT,CIP三种贸易术语同FOB,CFR,CIF三种贸易术语的区别与联系。

2. 简述《国际贸易术语解释通则2010》。

3. 在具体业务中,采用CPT术语时应注意哪些问题?

三、判断题

1. 在合同中做出的规定必须与惯例的解释相符,否则无效。(　　)

2. 当合同中对某一问题未做出规定时,应参照有关贸易惯例。(　　)

3. 惯例是由国际组织制定的,对合同的当事人具有强制约束力。(　　)

4. 相对《2000通则》,《2010通则》由13种贸易术语变为11种。(　　)

5.《2010通则》新增加两种D组贸易术语,即DAT与DAF。(　　)

6. 就《2010通则》而言,承运人是指签署运输合同的一方。(　　)

7.《华沙—牛津规则》是国际法协会专门为解释CIF合同而制定的。(　　)

8. CIF 条件下,卖方交货地点是在装运港而不是目的港。( )

9. 按 CIF 术语成交,买方履行其交单义务。( )

10. 采用 CFR 术语时,卖方应承担的基本义务包括:租船订舱、将货物装船并支付正常运费、办理货运保险、办理出口通关手续。( )

四、选择题

1. 下列术语中卖方不负责办理出口手续及支付相关费用的是( )。
A. FCA B. FAS C. FOB D. EXW

2. 象征性交货指卖方的交货义务是( )。
A. 不交货 B. 既交单又实际性交货
C. 凭单交货 D. 实际性交货

3. CIF Ex Ship's Hold 属于( )。
A. 内陆交货类 B. 装运港船上交货类
C. 目的港交货类 D. 目的地交货

4. 我方出口大宗商品,按 CIF 新加坡术语成交,合同规定采用租船运输,如我方不想负担卸货费用,我方应采用的贸易术语变形是( )。
A. CIF Liner Terms Singapore B. CIF Landed Singapore
C. CIF Ex Ship's Hold Singapore D. CIF EX Tackle Singapore

5. 在以 CIF 和 CFR 术语成交的条件下,货物运输保险分别由卖方和买方办理,运输途中货物灭失和损坏的风险( )。
A. 前者由卖方承担,后者由买方承担
B. 均由卖方承担
C. 均由买方承担
D. 前者由买方承担,后者由卖方承担

6. 按照《2010 通则》的规定,以 FOB 贸易术语成交,买卖双方风险的划分界限是( )。
A. 货交承运人 B. 货物在装运港越过船舷
C. 货物在装运港装到船上 D. 装运港码头

7.《2010 通则》中添加了( )术语,主要是为了适应集装箱多式联运的不断发展和自由贸易区日益扩大的新特点。
A. DAF 和 DAT B. DEQ 和 DAP C. DAT 和 DAP D. DES 和 DDU

8. CIF Ex Ship's Hold 与 DES 相比,买方承担的风险( )。
A. 前者大 B. 两者相同

C. 后者大　　　　　　　　　　　　D. 买方不承担任何风险

9. 在交货地点上,《1941 年美国对外贸易定义修订本》中对(　　)的解释与《2010 通则》中对 FOB 的解释相同。

A. FOB Under Tackle　　　　　　　B. FOB

C. FOB Vessel　　　　　　　　　D. FOB Liner Terms

10. 根据《2010 通则》的解释,CFR 术语仅适用于水上运输,如果卖方先将货物交到货站或使用滚装与集装箱运输时,应采用(　　)为宜。

A. FCA　　　B. CIP　　　C. CPT　　　D. DDP

五、案例分析

1. 2015 年 3 月,A 公司与 B 公司签订了以 FOB 术语成交的 2 000 吨甜菜籽销售合同,装运期不迟于 8 月 20 日。A 公司于 8 月 15 日将货物运至港口。码头工人 16 日下午开始作业装船(当天未装完),17 日上午由于第九号台风影响,装卸工人作业时,突降阵雨,持续 5 分钟左右。由于来不及关闭舱盖和采取其他防雨措施,使得 108 吨货物全部淋湿。当时双方都在现场,考虑运输途中淋湿部分可能霉变、在没有考虑由谁承担风险情况下,将淋湿部分全部扒舱,19 日全部装船完毕。A 公司认为此 108 吨货物在下雨时,已越过船舷,风险已经转移给买方,货损由买方承担。但买方和船方均认为只收到 1 892 吨货物,拒不签发 2 000 吨货物的提单。A 公司几经交涉,毫无结果。此时船已抵达目的港,无法提货,且货轮滞港费极大。考虑此种情况,B 公司电告船方签发 2 000 吨货物提单。

问题:(1)双方的责任和义务如何划分?

(2)此案中采用 FAS 比 FOB 优点在哪儿?

2. 我国某公司出口一批机械设备,双方在合同中规定使用 DAP 贸易术语,不可撤销信用证付款。2015 年 12 月 15 日交货,开证行凭货到目的地检验合格后由双方会签的货物交接凭证付款。我方在 11 月上旬货物起运,但由于海上风浪过大,12 月 18 日才到达目的港。买方要求降价,经过我方努力争取,对方才未追究。卸货后,买方派人检验设备,声称设备不完全符合合同规定,拒绝在货物交接凭证上签字,经过我方艰难交涉并降价 5% 买方才签字。我方蒙受了不小的损失。

问题:使用 DAP 术语应注意哪些问题?

3. 有一份 CIF 合同在美国订立,由美国商人 A 出售一批 IBM 电脑给香港商人 B,按 CIF 香港条件成交。双方在执行合同的过程中,对合同的形式及合同有关条款的解释发生争议。请分析解决此项纠纷应适用哪方的法律?

第十二章　国际贸易货物运输

学习目标和要求

本章的学习要点是国际贸易中各种货物运输方式的特点、运输单据的概念、UCP600的规定以及运输条款订立时应注意的事项。要求通过本章的学习，能够正确使用各种运输方式，掌握UCP600的相关规定，会计算运费，掌握国际贸易合同中运输条款的主要内容及所涉及的各种运输单据。

引导案例

英“阿登纳斯”案

英国进口方A公司租用船方B公司的“阿登纳斯”号船运送一批进口的中国柑橘，双方约定该船应直接驶往利物浦。但B公司签发的提单上写明“船可以用任何方式，经由任何航线驶往目的港。”实际上该船先到了比利时的安特卫普港，再到利物浦时正赶上英国提高进口柑橘的关税，而且大批中国柑橘已到货，其市场价格下跌。A公司因此受到损失，于是向法院起诉，认为B公司违约。

运输合同一般是双方约定的，提单只能作为证明运输合同的一种方式。所以本案中B公司的行为违反了运输合同，应对A公司赔偿。

在国际贸易中，货物的运输是买卖双方履行国际贸易合同的一个关键环节。为了顺利完成国际贸易货物运输，必须熟悉货物进出等方面的相关知识。本章将介绍如何选择运输方式，正确制订合同中的运输条款，从而保证合同的顺利履行和货物交接任务的顺利实现。

第一节　国际贸易货物运输方式

在国际货物贸易中，涉及的运输方式很多，包括海洋运输、铁路运输、航空运输、邮政运输、公路运输、管道运输、大陆桥运输以及由各种运输方式组合的国际多式联运等，这就需要根据货物类型和地理特点选择适合的交通运输工具。

一、海洋运输

（一）海洋运输的特点

在国际货物运输中，海洋运输是应用最广的国际货物运输方式。海洋运输是指使用船舶（或其他水上运输工具）通过海上航道，实现货物的转移。与其他国际货物运输方式相比，海洋运输有下列明显的特点：

1. 海洋运输具有广阔性。地球上 2/3 以上的面积被海洋所覆盖，海洋运输可以利用四通八达的天然航道，它不像火车、汽车受轨道和道路的限制，所以其通过能力很大，具有极大的广阔性。国际货物运输总量中 80% 以上都是通过海洋运输来完成的。

2. 海洋运输的运载量大、运输成本低、运输费用低。海洋运输船舶的运载能力远远大于铁路运输车辆和公路运输车辆，如一艘万吨船舶的载重量相当于 250～300 个车皮的载重量。海洋运输费用远远低于航空运输等方式，运输费用低。

3. 运输距离远。海洋运输距离遥远，容易受到自然条件和气候条件的影响，航行速度较慢，风险也较大。

（二）海洋运输方式

1. 班轮运输。班轮运输（Liner Transport）是指船舶在固定的航线和港口按事先公布的船期表航行，从事客货运输业务，并按已公布的固定的运费率收取运费。

（1）班轮运输的特点，可以概括为以下方面：

第一，班轮运输实行“四定”，即航线固定，航行的时间固定，沿线停靠的港口固定，运费费率相对固定。

第二,班轮承运货物的数量比较灵活。一般情形下,不论货物数量多少,只要有舱位,船公司都会承运。因此,非大宗货物通常都用班轮运输。

第三,班轮运费中包括装卸费。采用班轮运输时,港口的装卸费由船方负担。

(2)班轮运费的计算。班轮运输条件下,其运费由基本运费和附加运费组成。

第一,基本运费(Basic Rate)是指货物在班轮航线的基本港口之间运输所收取的费用,是全程运费的主要部分。根据班轮所承运货物的性质、特点,基本运费的计算通常采用下列标准:

a. 按承运货物的毛重计收,也称重量吨(Weight Ton),在班轮运价表中用字母"W"表示。

b. 按承运货物的体积(容量)计收,也称尺码吨(Measurement Ton),在班轮运价表中用"M"表示。

c. 按承运货物的价格计收,也称为从价费,在运价表中用"A. V. "表示。一般按货物的FOB货价的百分之几计算运费,适用于高价值货物。

d. 按承运货物的重量或体积计收,在班轮运价表中用"W/M"表示,通常,由船公司在两者之间选择收费较高的作为计费吨。按惯例,凡是积载系数(体积/毛重)大于1的称为"轻货",按体积计费;反之,称为"重货",按重量吨计费。

e. 按承运货物的件数计收,例如对轿车、卡车的运输,按车辆数量收取运费。

f. 按承运货物质量、体积、价值三者中最高的计收运费。

第二,附加运费(Surcharge)是指船方为了弥补在航行中所产生的额外开支所征收的费用。在班轮运费中,所谓附加费名目繁多,是根据不同的条件或在不同的事件下,对货物进行特殊处理所需要收取的费用。如超长附加费、超重附加费、选择卸货港附加费、燃油附加费、港口拥挤费、直航附加费、转船附加费等。

a. 燃油附加费(Bunker Surcharge)是由于燃油价格上涨,使船舶的燃油费用支出超过原核定的运输成本中的燃油费用,承运人在不调整原定运价的前提下,为补偿燃油费用的增加而计收的附加费。

b. 港口拥挤附加费(Port Congestion Surcharge)是由于港口拥挤,船舶抵港后需要长时间等泊位而产生额外费用,为补偿船舶延误损失而计收的附加费。

c. 超长附加费(Long Length Additional)是由于单件货物的外部尺寸超过规定的标准,运输时需要特别操作,从而产生额外费用,承运人为补偿这一费用所计收的附加费。

d. 转船附加费(Transshipment Additional)是运输过程中货物需要在某个港口换装另一船舶运输时,承运人计收的附加费。

e. 洗舱附加费(Cozening Fee)是船舶装载了污染货物后,或因为有些货物外包装破裂导致内容物外泄时,为不再污染以后装载的货物,必须在卸完污染物后对货舱进行清洗,承运人对由此而支出的费用所征收的附加费。

f. 超重附加费(Heavy Life Additional)是指每件商品的毛重超过规定质量时所征收的附加费。

g. 直航附加费(Direct Additional)是托运人要求承运人将其托运的货物从装货港不经过转船而直接运抵航线上某一非基本港时所征收的附加费。

h. 变更卸货港附加费(Alteration of Discharging Port Additional)是由于收货人变更、交货地变更或清关问题等需要,有些货物在装船后需变更卸货港,而货物不在提单上原定的卸货港卸货而征收的附加费。

i. 绕航附加费(Deviation Surcharge)是指因某一段正常航线受战争影响、运河关闭或航道阻塞等意外情况的发生,迫使船舶绕道航行、延长运输距离而征收的附加费。

j. 旺季附加费(Peak Season Surcharge)是目前在集装箱班轮运输中出现的一种附加费。在每年运输旺季时,承运人根据运输供求关系状况而加收的附加费。

k. 超额责任附加费(Additional for Excess of Liability)是托运人要求承运人承担超过提单上规定的赔偿责任限额时,承运人征收的附加费。

(3)班轮运费的计算公式,具体是:

$$班轮运费 = 总货运量 \times 基本运费率 \times (1 + 附加费率之和)$$

【例 1】从日本大阪港口到上海某港口,船运一批汽车 HB8,运费计收标准按件数计收,运费每件 4 250 日元,共 205 件,特殊燃油附加费为 5%,港口拥挤费为 10%,试计算 205 件的运费是多少?

$$班轮运费 = 205 \times 4\ 250 \times (1 + 5\% + 10\%)$$
$$= 1\ 001\ 937.5(日元)$$

(4)班轮运输中有关的货运单据，具体包括：①Booking Note (B/N)——托运单；②Shipping Order(S/O)——装货单；③Mate's Receipt(M/R)——收货单/大副收据；④Bill of Lading(B/L)——提单；⑤Loading List (L/L)——装货清单；⑥Manifest (M/F)——载货清单；⑦Dangerous Cargo List——危险品清单；⑧Delivery Order(D/O)——提货单。

2. 租船运输。租船运输(Carriage of Goods by Chartering)又称不定期船运输(Tramp Shipping)，对于汽车商品等大宗货物的运输，通常采用包租整船的方式。它是相对于班轮运输的另一种海上运输方式，既没有固定的船舶班期，也没有固定的航线和停靠港，而是根据租船人和船主双方签订的租船合同来安排船舶航行计划，组织货物运输。有关船舶的航线、停靠的港口、运输货物的种类以及航行时间等，均按租船人的要求，经船主确认后，将船租给租船人使用，租船人按双方约定的运价支付运费。相对班轮运输业务，各国政府对租船运输业务几乎不采取任何管制，在不影响各国公共利益的情况下，按照"合同自由"的原则，由承租双方自由协商。

(1)租船运输的特点，可以概括为如下方面：

第一，租船运输的运价(或租金率)比班轮运输要低。因为租船运输适合于大宗散货运输，这些货物批量大，附加值低，包装也相对简单。

第二，按照船舶所有人与承租人双方签订的租船合同，安排船舶航线，组织运输，没有船期表和固定航线。

第三，舱位的租赁主要根据租船合同来确定。船主一般以提供整船或部分舱位为主。承租人也可以将舱位或整船再租与第三人。

第四，租船运输中，根据租船合同规定，由船舶所有人和承租人分担并计算船舶港口使用费、装卸费及船期延误费，而班轮运输中船舶的一切正常营运支出均由船方负担。

第五，租船合同中规定了承租人与船舶所有人之间的权利和义务、船舶营运中的风险以及有关费用的负担责任等情况。

第六，租船运输中提单的性质完全不同于班轮运输，它不是一个独立的文件，对于承租人和船舶所有人，仅相当于货物收据。这种提单要受租船合同约束，银行不愿意接受这种提单，除非信用证另有规定。当承租人将提单转让给第三人时，提单起着权利凭证作用，而在第三人与船舶所有人之间，提单则是货物运输合同的证明。

(2)租船运输的方式。目前,租船运输主要有定程租船、定期租船、光船租船等基本形式,还有包运租船和航次期租等形式。

第一,定程租船(Voyage Charter)又叫程租船或航次租船,是指按航程租赁船舶,租船人按双方协定支付运费。在定程租船方式下,船方要对船舶进行日常经营管理,负责船舶在航行中的各项费用(如对船舶的维护修理费用),按租船合约的规定,完成规定航程的货物运输任务。

在定程租船方式下,若租船人未能在合同规定的期限内将货物装卸完毕,导致船舶在港停留时间加长,增加了船方的费用支出,则租船方将按约定每日赔付一定金额给船方,称为滞期费;相反,若租船人在合同规定的期限内提前将货物装卸完毕,从而缩短了船舶在港停留时间,减少了船方的费用支出,则船方按约定将其获益的一部分支付给租船方作为奖励,称为速遣费。通常情况下,速遣费为滞期费的1/2。

第二,定期租船(Time Charter)又称期租船或期租,是指由船舶所有人将特定的船舶,按照租船合同的约定,以一定期限租赁船舶的一种方式。这种租船方式以约定的使用期限为船舶租期,而不以完成航次数多少来计算。在定期租船中,租期的长短完全由船舶所有人和承租人根据实际需要约定。

船舶租赁以整船出租,租金按船舶的载重吨、租期以及商定的租金率计收。船舶所有人负责船舶营运的固定费用,并负责配备船员,负担其工资和伙食。在租赁期间,承租人负担船舶营运中的可变费用,可根据租船合同规定的航行区域自由使用和调度船舶。

定期租船与定程租船的区别:①在定期租船方式下,船方要负责对船舶的日常养护和保证船员的工资,而船舶的调度、货物的运输以及在租期内因运营管理所产生的其他费用支出一概由租船人负责。在定程租船方式下,船方除负责船舶的日常经营管理外,还要负责将货物运送到合同规定的目的港。②在定程租船方式下,要规定装卸期限和装卸率,用以计算滞期费和速遣费,在定期租船方式下则无需规定此项内容。

二、铁路运输

（一）铁路运输的特点

在国际货物运输中，铁路运输（Rail Transport）是仅次于海洋运输的主要运输方式，海洋运输的进出口货物，也大多是靠铁路运输进行货物的集中和分散的。铁路运输也有其自身特点：

1. 铁路运输的业务手续相对海洋运输更为简捷，买卖双方均可在就近的始发站和目的站办理托运和提货手续。

2. 铁路运输受自然气候条件的影响较小，可基本上保证全年的日常运输，具有较高的连续性。

3. 铁路运输速度快，载运量大，在运输途中可能遭受的风险较小。

（二）铁路运输的组成

在我国，货物的铁路运输包括国际铁路联运、对中国香港地区的铁路运输和国内铁路运输。

1. 国际铁路联运。国际铁路联运是按照我国与苏联、东欧国家、蒙古、朝鲜、越南等12个国家签订的《国际铁路货物联运协定》（简称《国际货协》）的规定进行的。根据《国际货协》的规定，凡参加该协定的成员国的进出口货物，在采用国际铁路联运的货物运输过程中，只要在始发站办妥托运手续，使用一份统一的国际铁路联运单据，就可以在两个以上的国家之间实现货物的全程运输。当在不同国家的铁路之间移交货物时，无需发货人或收货人到场，因而大大提高了业务操作的便利性。

2. 对中国香港地区的铁路运输。对中国香港地区的铁路运输是先由国内产地将货物由铁路运至深圳北站，经当地外运公司接货、报关后，再统一向铁路租车，原车过轨，并委托香港地区中国旅行社续办港段铁路的托运、押送和在终点站交付收货人的工作。因此，它的特点是“租车方式、两票运输”。

在采用国际铁路联运运输方式时，铁路运单和运单副本是发货人、收货人与铁路之间缔结的运输契约，对双方都具有法律效力。运单随同货物自始发站到终点站运行，货到终点站，运单作为通知、清点和交付货物的凭证连同货物一并交给收货人。运单副本在始发站经铁路加盖承运日期戳后，退回给发货人，它是发货人连同其他单证向银行办理结汇的主要单据之一。但采用我国香港地区的铁路运输方式时,由于国内铁路签发的运单不能作为对外结汇的凭证,故一般由各地外贸运输公司以承运人的身份签发承运货物收据,以其作为向银行办理结汇的凭证。

3. 国内铁路运输。国内铁路运输按铁路运输总公司颁布的《国内铁路货物运输规程》的规定办理。《国内铁路货物运输规程》(简称《货规》)是铁路运输公司和托运人、收货人组织货物运输、划分权利义务和承担经济责任的基本规章,对双方都具有约束效力。在货物运输过程中,铁路运输公司和托运人、收货人都有应遵守《货规》的规定。

三、航空运输

航空运输(Air Transport)速度快、运行时间短,能节省包装费和保险费,货物中途破损率小,并且不会受地面条件限制。但航空运输运量有限、运费较高,适合运送急需物资、小件物品和贵重物品等。随着国际贸易的迅速发展和扩大,以及国际货物运输技术的不断现代化,采用航空运输显得越来越重要。航空运费的计收通常是按重量或体积计算,两者中以其中收费较高者为准。

四、大陆桥运输和国际多式联运

大陆桥运输(Land Bridge Transport)是指使用横贯大陆的铁路或公路运输系统作为中间桥梁,把大陆两端的海洋运输连接起来的连贯运输方式。目前使用较广的是西伯利亚大陆桥及亚欧大陆桥。

国际多式联运(International Multimodal Transport)是指按照多式联运合同,以至少两种不同的运输方式,由多式联运经营人将货物从一国境内接收货物的地点运往另一国境内指定交付货物的地点。国际多式联运大多以集装箱为媒介,把海洋运输、铁路运输、公路运输、航空运输等单一运输方式有机地结合起来,构成一种连贯的运输,是实现门到门运输的有效方式。

【应用案例 12 -1】

选择空运反而比海运合算

某香港时装公司主要面向欧美出口,过去一直通过海运。近年来,经过仔细核算发现,选择海运还不如选择空运。

(1)海运集装箱起码运费较高,每次出运货量太小不合算,出运货量太大又占压资金，而且不能适应时装市场变化快、小批量、多批次成交的需要。空运则可以弥补此缺憾。

(2)海运到货周期较长，容易造成缺货、市价跌落等损失。如果利用纽约和香港的时差，纽约时装店打烊时，可以将补货订单传给香港。这时，香港是早上，可以迅速打样、裁制、熨烫、包装，再利用高级成衣集装箱装运，甚至当天即可交空运，3～7天即可在纽约时装店上架销售，便于抢行就市，不容易因缺货、市价跌落等造成损失。

【案例点评】

固守海运便宜的观点不可取，应充分分析各种运输方式的利弊，合理选择适当的运输方式。

（资料来源：外贸学习网 http://www.fobvv.com/）

第二节　国际贸易货物运输的装运条款

国际贸易合同中的装运条款有装运期、装运港、目的港、运输方式和运输线路、能否分批装运和转船、装运通知、装卸时间、滞期费和速遣费等内容。合理地规定装运条款，是保证进出口合同顺利履行的重要条件。

一、装运期(Time of shipment)

(一)概念

装运期就是卖方装运货物的期限，它是买卖合同的主要条件，如果卖方违反该条件，买方有权撤销合同，并要求卖方赔偿其损失。

装运期的规定办法：

1. 明确规定具体装运时间，这种方式较为普遍。
2. 规定在收到信用证后若干天或若干月装运。
3. 笼统规定近期装运。

(二)规定装运时间应注意的问题

1. 买卖合同中装运时间的规定，要明确具体，装运期限应当适度。
2. 应注意货源情况、商品的性质和特点，以及交货的季节性等。
3. 应考虑交货港、目的港的特殊季节因素。

4. 在规定装运期的同时,应考虑开证日期的规定是否明确合理。

二、装运港和目的港

装运港(Port of Shipment)是指货物起始装运的港口。目的港(Port of Destination)是指最终卸货的港口。

一般情况下,装运港和目的港分别规定一个。按实际业务需要,也可分别规定两个或两个以上。在磋商交易时,如明确规定一个或几个装卸港有困难,可以采用选择港(Optional Ports)办法。

确定国外装运港(地)和目的港(地)的注意事项:

一是对国外装运港或目的港的规定,应力求具体明确。在磋商交易时,如国外商人笼统地提出以"欧洲主要港口"或"非欧洲主要港口"为装运港或目的港时,不宜轻易接受。

二是不能接受内陆城市为装运港或目的港的条件。

三是必须注意装卸港的具体条件。

四是应注意国外港口有无重名问题。

五是如采用选择港口,要注意各选择港口不宜太多,一般不超过三个,而且必须在同一航区、同一航线上。同时在合同中应明确规定:如所选目的港要增加运费、附加费,应由买方负担,同时要规定买方宣布最后目的港的时间。

三、分批装运和转运

(一)分批装运

分批装运(Partial Shipment)是指一笔成交的货物,分若干批次装运。但同一船只、同一航次中多次装运货物,即使提单表示不同的装船日期及(或)不同装货港口,也不作为分批装运论处。

一般来说,允许分批装运,对卖方来说比较主动。根据惯例,除非信用证有相反规定,可准许分批装运。

根据惯例,其中任何一批未规定分批装运,则本批及以后各批均告失效。

(二)转运

货物在运输过程中从一种运输工具上卸下再装上另一种运输工具,或由一种运输方式转向另一种运输方式的行为称为转运(Transshipment)。

根据规定,除非信用证有相反的规定,可准许转运。

四、装船通知

卖方在将货物装上船后,应及时向买方发出已装船通知(Shipping Advice),以确保买方能及时安排接船接货以及在必要的时候及时投保。

装船通知的内容通常包括:①合同号(订单号或信用证号以及相应日期)、发票金额等;②货物的名称、规格、重量、数量、唛头等;③装货港名称、船公司名称、船名、预计开航日期以及预计抵达日期(ETA)等;④提单号或装运单据号等。

五、装卸时间

装卸时间是指承租人在港口完成装卸任务的时间期限,它一般以天数或小时数来表示。

在装卸条款中常见的时间表示方法有:①天或连续天(Days or Running Days);②工作日(Working Days);③晴天工作日(Weather Working Days);④累计24小时工作日(Working Days of 24 Hours);⑤连续24小时晴天工作日(Weather Working Days of 24 Consecutive Hours)。

六、滞期费和速遣费(Demurrage and Dispatch Money)

在大宗交易商品采用程租船运输的买卖合同中,租船人为了约束对方,促使其按照约定时间定额完成装卸任务,需要规定滞期速遣条款。如果在约定的允许装卸时间内未能将货物装卸完,致使船舶在港内停泊时间延长,给船方造成经济损失,则延迟期间的损失,应按约定每天若干金额补偿给船方,这项补偿金叫滞期费。滞期费/速遣费计算单是船舶代理人根据装卸时间事实记录,具体计算滞期费和速遣费金额的一种单证。

【应用案例12-2】

装卸时间、滞期费和速遣费计算实例

1. 装卸时间分别计算实例

租船合同规定装货和卸货时间分别为5个和5个良好天气工作日且分别计算,星期日、节假日除外,罢工除外。滞期时间连续计算,速遣时间按节省全部时间计算,滞期费每天10 000美元,速遣费为滞期费的一半。假设装货港和卸货港时间事实记录如下：

装货港			卸货港		
2/4	Mon.	全天装货	25/4	Wed.	全天卸货
3/4	Tue.	全天装货	26/4	Thu.	全天卸货
4/4	Wed.	全天装货	27/4	Fri.	罢工
5/4	Thu.	全天装货	28/4	Sat.	罢工
6/4	Fri.	全天装货	29/4	Sun.	停工
7/4	Sat.	因雨停工	30/4	Mon.	卸货完毕
8/4	Sun.	停工	1/5	Tue.	节假日
9/4	Mon.	全天装货	2/5	Wed.	工作日
10/4	Tue.	装货完毕	3/5	Thu.	工作日

(1)根据租船合同的规定和上述装卸时间记录，由于滞期时间连续计算，速遣时间按节省全部时间计算，可以得出装货港共滞期 4 天，卸货港则速遣 3 天。承租人需要向出租人支付 4 天滞期费共 40 000 美元，出租人支付 3 天速遣费 15 000美元，合计承租人需付 25 000 美元。

(2)如果滞期时间非连续计算，速遣时间按节省工作时间计算，可以得出装货港共滞期 2 天，卸货港则速遣 2 天。承租人需要向出租人支付 2 天滞期费共 20 000 美元，出租人支付 2 天速遣费 10 000 美元，合计承租人需付 10 000 美元。

2. 装卸时间可调节使用时间计算实例(仍用上述例子)

按照装卸可调节使用时间来计算的话，在装货港共用了 7 天时间(扣除 2 天除外时间)，那么在卸货港还有 3 天可用时间，应该到 4 月 30 日用完装卸时间(27、28、29 三天属于除外时间)，恰好卸货完毕，没有滞期或者速遣。

3. 装卸时间平均计算实例

按照装卸时间平均计算，由于滞期时间连续计算，速遣时间按节省全部时间计算，可以得出装货港共滞期 4 天，卸货港则速遣 3 天。用卸货港节省的时间抵冲装货港产生的滞期时间，总的滞期时间便为 1 天。承租人仅需支付 1 天的滞期费 10 000 美元。如果滞期时间非连续计算，速遣时间按节省工作时间计算，可以得出装货港共滞期 2 天，卸货港则速遣 2 天。按照装卸时间平均计算，用卸货港节省的时间冲抵装货港产生的滞期时间，没有滞期或者速遣。

(资料来源：货运代理考试网 http://www.233.com)

七、国际货物贸易合同中的装运条款英文实例

1. shipment during Oct/Nov/Dec, 2015, with partial shipment and transshipment allowed.

2. shipment during Jan/Feb, 2015, in two about equal lots.

3. shipment during Jan/Feb, 2015, in two equal monthly lots (in two equal monthly shipments), transshipment to be allowed.

4. shipment during Mar. /Apr, 2015, in two shipment, transshipment is prohibited.

第三节 海上货物运输单据

一、海运提单

海运提单(Bill of Lading, B/L)是承运人或其代理人在收到货物后签发给托运人的一种证件,它体现了承运人与托运人之间的相互关系。

(一)海运提单的性质

1. 货物收据。海运提单是承运人或其代理人出具的货物收据,证明其已按提单的记载收到托运人的货物。

2. 物权凭证。海运提单是代表货物所有权的凭证,提单的持有人拥有支配货物的权利。因此,提单可以用来向银行议付货款和向承运人提取货物,也可用来抵押或转让。

3. 运输契约证明。海运提单是承运人和托运人双方订立的运输契约证明。

(二)海运提单的格式和内容

1. 海运提单的格式。提单的格式很多,每个船公司都有自己的提单格式,但基本内容大致相同,通常包括下列事项:托运人、收货人、被通知人、收货地或装货港、目的地或卸货港、船名及航次、唛头及件号、货名及件数、重量和体积、运费预付或运费到付、正本提单的张数、船公司或其代理人的签章、签发提单的地点及日期等。

要注意的是，承运人签发的正本提单有一式若干份，凭其中任何一份提货后，其余各份均失效。提单日是指装船的最后一天。

2. 海运提单正面的内容。提单的正面内容主要列示：①托运人(Shipper)；②收货人(Consignee)；③通知方(Notify Party)；④装运港(Place of Receipt or Port of Loading)；⑤目的港(Destination or Port of Discharge)；⑥船名(Vessel's Name & Voyage Number)；⑦唛头(Shipping Marks & Numbers)；⑧货物(Description of Goods & Number of Package)；⑨重量和体积(Weight & Measurement)；⑩运费(Freight Prepaid or Freight to Collect)；⑪提单号码(Number of or B/L)；⑫承运人(Name & Signature of the Carrier)；⑬出单的地点和时间(Place & Date of Issue)。

(三)海运提单的种类

1. 根据货物是否已装船，分为已装船提单(Onboard B/L)和备运提单(Received for Shipment B/L)。

已装船提单，表明货物已全部装船的提单。

备运提单，是指承运人已收到托运货物等待装运期间所签发的提单。

2. 根据提单上有无对货物外表状况的不良批注可分为清洁提单(Clean B/L)和不清洁提单(Unclean B/L)。

清洁提单，没有在提单上对货物的表面状况做出货损或包装不良之类批注的提单，它表明承运人在接收/装船时，该货物的表面状况良好。

不清洁提单，货物包装及表面状态出现残损、不坚固等情况，船方可以在提单上加以批注，即为不清洁提单。

3. 根据提单收货人抬头不同可为记名提单(Straight B/L)、不记名提单(Bearer B/L)和指示提单(Order B/L)。

记名提单，指规定将货物运给记名人而不载明待指定或待分配(to order or assigns)的提单。

不记名提单，提单内没有任何收货人或ORDER字样，即提单的任何持有人都有权提货。

指示提单，通常有未列名指示(仅写"凭指定")、列名指示("凭托运人的指定"或"凭××公司、××银行指定")。此种提单通过指示人背书后可以转让。

4. 按运输方式分类，分为直达提单(Direct B/L)、转船提单(Transshipment

B/L)、联运提单(Through B/L)。

5. 根据船舶营运方式的不同,分为班轮提单(Liner B/L)和租船提单(Charter Party B/L)。

6. 根据提单内容的繁简,可分为全式提单(Long Form B/L)和略式提单(Short Form B/L)。

7. 根据提单使用效力,可分为正本提单(Original B/L)和副本提单(Copy B/L)。

8. 按签发提单的时间,分为倒签提单(Anti - dated B/L)和预借提单(Advanced B/L)。

9. 按收取运费的方式,划分为运费预付提单(Freight Prepaid B/L) 和运费到付提单(Freight to Collect B/L)。

【应用案例 12 - 3】

一批由中国出口到美国旧金山的货物,信用证明确规定禁止转船。船方签发了直达提单,但后来船方援引海运提单背面的“自由转船条款”在中途转船。请分析船方是否应对上述情况承担责任?托运人能否顺利结汇?

【案例点评】

船方不承担责任。因为提单背面订有“自由转船条款”,承运人在必要情况下可自由转船。托运人凭取得的直达提单可顺利结汇,因为“自由转船条款”并不影响信用证中禁止转船,只要提单正面不明确表示“转船”字样,银行仍可接收。

(资料来源:外贸学习网 http://www.fobvv.com/)

二、海运单

海运单(Sea - way Bill)是证明国际海上货物运输合同和货物由承运人接管或装船以及承运人保证将货物交给指定收货人的一种不可流通的单证。

海运单与传统 B/L 有一定的区别:

(1)提单是货物收据、运输合同,也是物权凭证。海运单只具有货物收据和运输合同这两种性质,不是物权凭证。

(2)提单可以是指示抬头形式,可以背书流通转让。海运单是一种非流通性单据,海运单上标明了确定的收货人,不能转让流通。

(3)提单的合法持有人和承运人凭提单提货和交货。海运单上的收货人不必出示海运单,仅凭提货通知或其身份证明提货,承运人凭收货人出示适当身份证明交付货物。

三、电子提单

电子提单是一种利用 EDI 系统对海运途中的货物所有权进行转让的程序。它的特点是:①所有权的快速、准确转移;②可防冒领和避免误交。

四、电放提单

电放提单(Telex Release B/L)是由托运人向船公司发出委托申请并提交保函后,由船公司或船代以电传通知目的港代理,货物无须凭正本提单提货,收货人可凭收货人公司签章的电放提单换取提货单以清关提货的海运操作方式。

【学习专栏】集装箱运输和滚装船运输

一、集装箱运输

(一)定义

集装箱运输(Container Transport),是指以集装箱这种大型容器为载体,将货物集合组装成集装单元,以便在现代流通领域内运用大型装卸机械和大型载运车辆进行装卸、搬运作业和完成运输任务,从而更好地实现货物"门到门"运输的一种新型、高效率、高效益的运输方式。

(二)集装箱运输的发展

集装箱运输虽然是一种现代化的运输方式,但其发展却经历了漫长的过程。集装箱运输的发展可分为以下几个阶段:

1. 集装箱运输发展的初始阶段(19 世纪初 ~ 1966 年)。集装箱运输起源于英国。早在 1801 年,英国的詹姆斯·安德森博士已提出将货物装入集装箱进行运输的构想。1845 年英国铁路曾使用载货车厢互相交换的方式,视车厢为集装箱,使集装箱运输的构想得到初步应用。19 世纪中叶,在英国的兰开夏已出现运输棉纱、棉布的一种带活动框架的载货工具,这是集装箱的雏形。

正式使用集装箱来运输货物是在20世纪初期。1900年,在英国铁路上首次试行了集装箱运输,后来相继传到美国(1917年)、德国(1920年)、法国(1928年)及其他欧美国家。

1966年以前,虽然集装箱运输取得了一定的发展,但在该阶段集装箱运输仅限于欧美一些先进国家,主要从事铁路、公路运输和国内沿海运输;船型以改装的半集装箱船为主,其典型船舶的装载量不过500TEU(20英尺集装箱换算单位,简称"换算箱")左右,速度也较慢;箱型主要采用断面为8英尺×8英尺,长度分别为24英尺、27英尺、35英尺的非标准集装箱,部分使用了长度为20英尺和40英尺的标准集装箱;箱的材质开始以钢质为主,到后期铝质箱开始出现;船舶装卸以船用装卸桥为主,只有极少数专用码头上有岸边装卸桥;码头装卸工艺主要采用海陆联运公司开创的底盘车方式,跨运车刚刚出现;集装箱运输的经营方式是仅提供港到港的服务。

以上这些特征说明,在1966年以前集装箱运输还处于初始阶段,但其优越性已经得以显示,这为以后集装箱运输的大规模发展打下了良好的基础。

2. 集装箱运输的发展阶段(1967~1983年)。在这一阶段,集装箱运输的优越性越来越被人们承认,以海上运输为主导的国际集装箱运输发展迅速,是世界交通运输进入集装箱时代的关键时期。

1970年约有23万TEU,1983年达到208万TEU,集装箱船舶的行踪已遍布全球范围。随着海上集装箱运输的发展,各港纷纷建设专用集装箱泊位,世界集装箱专用泊位到1983年已增至983个。世界主要港口的集装箱吞吐量在20世纪70年代的年增长率达到15%。专用泊位的前沿均装备了装卸桥,并在鹿特丹港的集装箱码头上出现了第二代集装箱装卸桥,每小时可装卸50TEU。码头堆场上轮胎式龙门起重机、跨运车等机械得到了普遍应用,底盘车工艺逐渐趋于没落。在此时期,传统的件杂货运输管理方法得到了全面改革,与先进运输方式相适应的管理体系逐步形成,电子计算机也得到了更广泛的应用,尤其是1980年5月在日内瓦召开了有84个贸发会议成员国参加的国际多式联运会议,通过了《联合国国际货物多式联运公约》。该公约对国际货物多式联运的定义、多式联运单证的内容、多式联运经营人的赔偿责任等问题均有所规定。公约虽未生效,但其主要内容已为许多国家所援引和应用。

虽然在20世纪70年代中期,由于石油危机的影响,集装箱运输发展速度减慢,但是这一阶段发展时期较长,特别是许多新工艺、新机械、新箱型、新船型以及现代化管理都是在这一阶段涌现出来的,世界集装箱向多式联运方向发展也孕育于此阶段之中,故称之为集装箱运输的发展阶段。

3. 集装箱运输的成熟阶段(1984 年以后)。1984 年以后,世界航运市场摆脱了石油危机所带来的影响,开始走出低谷,集装箱运输又重新走上稳定发展的道路。有资料显示,发达国家件杂货运输的集装箱化程度已超过 80%。据统计,到 1998 年世界上约有各类集装箱船舶 6 800 多艘,总载箱量达 579 万 TEU,集装箱运输已遍及世界上所有的海运国家。随着集装箱运输进入成熟阶段,世界海运货物的集装箱化已成为不可阻挡的发展趋势。

集装箱运输进入成熟阶段的特征主要表现在以下两个方面:

(1)硬件与软件的成套技术趋于完善。干线全集装箱船向全自动化、大型化发展,出现了 2 500TEU ~4 000TEU 的第三代和第四代集装箱船,一些大航运公司纷纷使用大型船舶组织了环球航线。为了适应大型船停泊和装卸作业的需要,港口大型、高速自动化装卸桥也得到了进一步发展。为了使集装箱从港口向内陆延伸,一些先进国家对内陆集运的公路、铁路和中转场站以及车辆、船舶进行了大量的配套建设。在运输管理方面,随着国际法规的日益完善和国际管理的逐步形成,实现了管理方法的科学化、管理手段的现代化,一些先进国家已从原仅限于港区管理发展为与口岸相关各部门联网的综合信息管理,一些大公司已能通过通信卫星在全世界范围内对集装箱实行跟踪管理。先进国家的集装箱运输成套技术为发展多式联运打下了良好的基础。

(2)开始进入多式联运和“门到门”运输阶段。实现多种运输方式的联合运输是现代交通运输的发展方向,集装箱运输在这方面具有独特优势。先进国家由于建立和完善了集装箱的综合运输系统,使集装箱运输突破了传统运输方式的“港到港”概念,综合利用各种运输方式的优点,为货主提供“门到门”的优质运输服务,从而使集装箱运输的优势得到充分发挥。“门到门”运输是一项复杂的国际性综合运输系统工程,先进国家为了发展集装箱运输,将此作为专门学科,培养了大批集装箱运输高级管理人员、业务人员及操作人员,使集装箱运输在理论和实务方面都得到逐步完善。

(三)集装箱运输特点

1. 高效益。集装箱运输经济效益高,主要体现在以下几方面:

(1)简化包装,大量节约包装费用。为避免货物在运输途中受到损坏,必须有坚固的包装,而集装箱具有坚固、密封的特点,其本身就是一种极好的包装。

使用集装箱可以简化包装,有的甚至无须包装,实现件杂货无包装运输,可大大节约包装费用。

(2)减少货损货差,提高货运质量。由于集装箱是一个坚固密封的箱体,货物装箱并铅封后,途中无须拆箱倒载,一票到底,即使经过长途运输或多次换装,不易损坏箱内货物。集装箱运输可减少被盗、潮湿、污损等引起的货损和货差,深受货主和船公司的欢迎,并且由于货损货差率的降低,减少了社会财富的浪费,也具有很大的社会效益。

(3)减少营运费用,降低运输成本。由于集装箱的装卸基本上不受恶劣气候的影响,船舶非生产性停泊时间缩短,又由于装卸效率高,装卸时间缩短,对船公司而言,可提高航行率,降低船舶运输成本。对港口而言,可以提高泊位通过能力,从而提高吞吐量,增加收入。

2. 高效率。传统的运输方式具有装卸环节多、劳动强度大、装卸效率低、船舶周转慢等缺点,而集装箱运输完全改变了这种状况。

(1)普通货船装卸一般每小时为35吨左右,而集装箱装卸每小时可达400吨左右,装卸效率大幅度提高。同时,由于集装箱装卸机械化程度很高,每班组所需装卸工人数很少,平均每个工人的劳动生产率大大提高。

(2)由于集装箱装卸效率很高,受气候影响小,船舶在港停留时间大大缩短,因而船舶航次时间缩短,船舶周转加快,航行率大大提高,船舶生产效率随之提高,从而提高了船舶运输能力,在不增加船舶艘数的情况下,可完成更多的运量,增加船公司收入,这样高效率导致高效益。

3. 高投资。集装箱运输虽然是一种高效率的运输方式,但它同时又是一种资本高度密集的行业。

(1)船公司必须对船舶和集装箱进行巨额投资。根据有关资料表明,集装箱船每立方英尺的造价约为普通货船的3.7~4倍。集装箱的投资相当大,开展集装箱运输所需的高额投资,使得船公司的总成本中固定成本占有相当大的比例,高达2/3以上。

(2)集装箱运输中的港口投资也相当大。专用集装箱泊位的码头设施包括码头岸线和前沿、货场、货运站、维修车间、控制塔、门房,以及集装箱装卸机械等,耗资巨大。

(3)为开展集装箱多式联运,还需有相应的设施及内陆货运站等,为了配套建设,这就需要兴建、扩建、改造、更新现有的公路、铁路、桥梁、涵洞等,这方面的投资更是惊人。可见,没有足够的资金开展集装箱运输,实现集装箱化是困难的,必须根据国力量力而行,最后实现集装箱化。

4. 高协作。集装箱运输涉及面广、环节多、影响大,是一个复杂的运输系统工程。集装箱运输系统包括海运、陆运、空运、港口、货运站以及与集装箱运输有关的海关、商检、船舶代理公司、货运代理公司等单位和部门,如果互相配合不当,就会影响整个运输系统功能的发挥,如果某一环节失误,必将影响全局,甚至导致运输生产停顿和中断。因此,要求整个运输系统各环节、各部门之间高度协作。

5. 多式联运。由于集装箱运输在不同运输方式之间换装时,无需搬运箱内货物而只需换装集装箱,这就提高了换装作业效率,适于不同运输方式之间的联合运输。在换装转运时,海关及有关监管单位只需加封或验封转关放行,从而提高了运输效率。

此外,由于国际集装箱运输与多式联运是一个资金密集、技术密集及管理要求很高的行业,是一个复杂的运输系统工程,这就要求管理人员、技术人员、业务人员等具有较高的素质才能胜任工作,才能充分发挥国际集装箱运输的优越性。

(四)集装箱运输方式的分类

集装箱运输根据集装箱数量和方式可以分为整箱和拼箱两种。

1. 整箱(Full Container Load,FLO)。整箱是指货主将货物装满整箱之后,以箱为单位托运的集装箱。一般做法是由承运人将空箱运到工厂或者仓库后,货主把货装入箱内,加封、铅封后交给承运人,并取得站场收据,最后由站场收据换取提单。

2. 拼箱(Less than Contain Load,LCL)。拼箱是指承运人或者代理人接受货主托运数量不足以整箱的小票货物之后,根据货类性质和目的地进行分类、整理、集中、装箱、交货等工作,上述工作均在承运人码头集装箱货运站(VFS)或者内陆集装箱转运站进行。

(五)交接方式

集装箱运输中,整箱货和拼箱货在船货双方之间的交接方式有以下几种:

1. 门到门(Door to Door),由托运人负责装载集装箱,在其货仓或工厂仓库交承运人验收后,由承运人负责全程运输,直到收货人的货仓或工厂仓库交箱为止,这种全程连线运输称为“门到门”运输。

2. 门到场(Door to CY),由发货人货仓或工厂仓库至目的地或卸箱港的集装箱装卸区堆场。

3. 门到站(Door to CFS),由发货人货仓或工厂仓库至目的地或卸箱港的集装箱货运站。

4. 场到门(CY to Door),由起运地或装箱港的集装箱装卸区堆场至收货人的货仓或工厂仓库。

5. 场到场(CY to CY),由起运地或装箱港的集装箱装卸区堆场至目的地或卸箱港的集装箱装卸区堆场。

6. 场到站(CY to CFS),由起运地或装箱港的集装箱装卸区堆场至目的地或卸箱港的集装箱货运站。

7. 站到门(CFS to Door),由起运地或装箱港的集装箱货运站至收货人的货仓或工厂仓库。

8. 站到场(CFS to CY),由起运地或装箱港的集装箱货运站至目的地或卸箱港的集装箱装卸区堆场。

9. 站到站(CFS to CFS),由起运地或装箱港的集装箱货运站至目的地或卸箱港的集装箱货运站。

集装箱出口货运特有的单证是设备交接单。

(六)集装箱运输出口程序

1. 订舱。发货人根据贸易合同或信用证条款的规定,在货物托运前一定时间内填好集装箱货物托运单,委托其代理或直接向船公司申请订舱。

2. 接受托运申请。船公司或其代理公司根据自己的运力、航线等具体情况并考虑发货人的要求,决定接受与否,若接受申请就着手编制订舱清单,然后分送集装箱堆场,集装箱堆场据以安排空箱及办理货运交接。

3. 发放空箱。通常整箱货货运的空箱由发货人到集装箱码头堆场领取,有的货主有自备箱。拼箱货货运的空箱由集装箱货运站负责领取。

4. 拼箱货装箱。发货人将不足一整箱的货物交至货运站,由货运站根据订舱清单和场站收据负责装箱,然后由装箱人编制集装箱装箱单。

5. 整箱货交接。由发货人自行负责装箱,并将已加海关封志的整箱货运到集装箱堆场。集装箱堆场根据订舱清单,核对场站收据及装箱单验收货物。

6. 集装箱的交接签证。集装箱堆场在验收货物和箱子后,在场站收据上签字,并将签署后的D/R交还给发货人。

二、滚装运输(Roll－on and Roll－off Transportation)

我国汽车工业和汽车贸易的不断发展,带来了对汽车滚装船的旺盛需求,我国滚装船运输面临着良好的发展机遇。

(一)滚装运输定义

滚装运输是把装有集装箱的货车、装有货物的带轮的托盘、各种机动车作为货运单元,牵引进船的货舱然后进行运输的一种运输方式。

滚装船又称“开上开下”船,或称“滚上滚下”船,是利用运货车辆来载运货物的专用运输船舶,用牵引车牵引载有箱货或其他件货的半挂车或轮式托盘直接进出货舱装卸。滚装船有多种,主要用于运输货物,另外也包括客滚船。

(二)滚装船发展历史

滚装船是在汽车轮渡的基础上发展演变而来的。第二次世界大战后,英国曾用退役的登陆艇开辟一条通往德国汉堡的定期航线,装载货物的车辆可直接登上陆地,由此在海洋运输方式中开创了新的形式——滚装运输。

从20世纪50年代后期,美国、英国自从集装箱船诞生后,人们在使用集装箱船过程中发现,装卸集装箱并不方便,要动用许多吊货装置和起重设备。人们设想将集装箱的装卸方式改为用运货车辆直接上下集装箱船,将货物装卸方式从吊上吊下改为水平方向的作业。

世界上第一艘滚装船“彗星”号是美国于1958年建造的。直到1966年,丹麦才建成了北欧第一艘滚装船“苏墨赛特”号。20世纪60年代末,在集装箱船基础上,有些国家又出现了一种新型船舶——集装箱滚装船。这样,可以省去许多装卸、起重设备,简化装卸程序,还可以使集装箱船能在一般码头停靠,不需要对港口码头进行大规模改造。现代货运船舶中的滚装船就是指这种集装箱滚装船。由于北欧地区海岸的潮差较小,公路运输网稠密,利用滚装船可构成海上运输和公路运输的集成运输系统,所以滚装船在北欧迅速发展,20世纪末约占全世界滚装船运输总量的一半。20世纪后期,滚装船发展很快,截至21世纪初,世界上已有2 000余艘。滚装船正向着速度更高、装载量更大、性能更完善的方向发展,中国的海上航线应用也很多,在烟台—大连、海口—湛江等轮渡口岸都有广泛的应用。

（三）滚装船运输的优缺点

1. 滚装船运输优点。滚装船与集装箱船一样，装卸效率高，它是通过车辆活动来装卸集装箱，每小时可达 1 000 ~ 2 000 吨，能节省大量装卸劳动力，减少船舶停靠时间，提高船舶利用率。船舶周转快和水陆直达联运方便，实现了从发货单位到收货单位的"门到门"直接运输，减少了运输过程中的货损和差错。

滚装船运输，船与岸都不需起重设备，即使港口设备条件很差，滚装船也能高效率装卸。滚装船还有比集装箱船更胜一筹的地方，便是码头上不需要起重设备，也不需要大规模改造、扩建码头，增添装卸设备。

滚装船具有更大适应性，它除了能装载集装箱外，还能运载特种货物和各种大件货物，有专门装运钢管、钢板的钢铁滚装船，专门装运铁路车辆的机车车辆滚装船，专门装运钻探设备、农业机械的专用滚装船，还可以混装多种物资及用于军事运输。由此可见，滚装船具有广阔的应用前景。

2. 滚装船运输缺点。滚装船的缺点是重心高，稳定性较差。滚装船船体结构的特点是甲板层数多，一般有 2 ~ 6 层，为使车辆在舱内通行无阻，货舱内不设横舱壁，舱内支柱也很少，因此，滚装船的结构强度和抗沉性较差。

案例与分析

买卖双方关于卸货港口意见不一致引发的贸易纠纷

一、案例介绍

我国某出口公司按 CFR 条件向日本出口红豆 250 公吨，合同规定卸货港为日本口岸。发货时，正好有一船驶往大阪，我公司打算租用该船。在装运前，我方主动去电询问哪个口岸。卸货时货价下跌，日方故意让我方在日本东北部的一个小港卸货，我方坚持要在神户、大阪等港卸货。双方争执不下，日方就此撤销合同。试问我方做法是否合适？日本商人是否违约？

二、案例分析

不合适。选择港的使用：合同规定的卸货港为日本口岸，按照惯例，进口商在装运前应通知出口商，否则出口商可自行决定，可在进口商境内任何一个港口卸货。我方去电询问纯属多此一举，这种做法不妥。违约的原因是价格下跌，属正常商业风险，不能作为撤销合同的理由。

（资料来源：外贸学习网 http://www.fobvv.com/）

思考练习题

练习题

一、名词解释

联运提单　滞期费　多式联运　海运提单　班轮运输　多式联运单据　邮包收据　班轮基本运费　指示提单　转运提单　集装箱提单　定期租船　直达提单　已装船提单　装卸率　清洁提单　定程租船

二、简答题

1. 什么是班轮运输？班轮运输有何特点？

2. 班轮运输与租船运输相比有哪些优点？其特点是什么？

3. 什么是分批装运？什么是转运？

4. 在汽车贸易中，海运提单的性质与作用是什么？

5. 试述滚装运输的特点和发展趋势。

6. 销售合同中的运输条款包括哪些？

7. 试述集装箱运输的运输特点。

8. 租船运输适合哪些商品？运费如何计算？

三、判断题

1. 航空运输比海运计算运费的起点低。(　　)

2. 定程租船下，船方不负担装卸费和理舱与平舱费。(　　)

3. 按惯例，速遣费通常为滞期费的一半。(　　)

4. 凡装在同一航次、同一条船上的货物，即使装运时间和装运地点不同，也不做分批装运。(　　)

5. 记名提单和指示提单同样可以背书转让。(　　)

6. 国际铁路货运联运的提单副本，可以作为发货人据以结算货款的凭证。(　　)

7. 装运期就是交货期。(　　)

8. 清洁提单是指不载有任何批注的提单。(　　)

9. 航空运单可作为货物所有权凭证进行转让和抵押。(　　)

10. 记名提单比不记名提单风险大，故很少使用。(　　)

四、选择题

1. 我国对北美出口货物通常所使用的运输单据是(　　)。

A. 铁路运单正本　B. 承运货物收据　C. 海运提单　D. 航空运单

2. 按《UCP500》解释，若信用证条款中未明确规定是否允许“分批装运”“转运”，则应视为(　　)。

A. 可允许分批装运
B. 可允许分批装运和转运
C. 可允许装运，但不允许分批装运
D. 不允许分批装运和转运

3. 海运提单日期应理解为(　　)。

A. 货物开始装船的日期
B. 货物装船过程中任何一天
C. 货物装船完毕的日期
D. 签订运输合同的日期

4. 关于租船装卸费用划分问题，使用较多的是(　　　)。

A. FO
B. FIO
C. FOB Liner Terms
D. FI

5. 班轮运输应该(　　)。

A. 包括装卸费，但不计滞期费、速遣费
B. 包括装货费，但不计滞期费、速遣费
C. 包括装卸费和滞期费，但不计速遣费
D. 包括装卸费和速遣费，但不计滞期费

6. 下列单据中，只有(　　)才可用来结汇。

A. 大副收据
B. 铁路运单副本
C. 场站收据副联
D. 铁路运单正本

7. 经过背书才能转让的提单是(　　)。

A. 指示提单
B. 不记名提单
C. 记名提单
D. 清洁提单

8. 签发多式联运提单的承运人的责任是(　　)。

A. 只对第一程运输负责
B. 必须对全程运输负责
C. 对运输不负责
D. 只对最后一程运输负责

9. 我国某公司与外商签订一份CIF出口合同，以L/C为支付方式。国外开来信用证中规定：“信用证有效期为8月10日，最迟装运期为7月31日。”我方加紧备货出运，于7月21日取得大副收据，并换回正本已装船清洁提单，我方应不迟于(　　)向银行提交单据。

A. 7 月 21 日　　B. 7 月 31 日　　C. 8 月 10 日　　D. 8 月 11 日

10. 信用证的到期日为 12 月 31 日，最迟装运期为 12 月 16 日，最迟交单日期为运输单据出单后 15 天，出口人备妥货物安排装运的时间是 12 月 10 日，则出口人最迟应于(　　)交单。

A. 12 月 16 日　　B. 12 月 25 日　　C. 12 月 28 日　　D. 12 月 31 日

五、案例分析

1. 我国向科威特出口茶叶 600 箱，合同和信用证均规定“从 4 月份开始，连续每月 200 箱”，问：我方于 4 月份装 200 箱，5 月份没装，6 月份装 200 箱，7 月份装 200 箱，可否？

2. 我国对日本按 CFR 合同出口一批化工原料，合同规定 3 ~4 月份装运，国外来证也如此，无其他字样，但我方在租船订舱时发生困难，因出口量大一时租不到足够的舱位，须分三次装运。问在这种情况下，是否需要国外修改信用证的装运条款？

3. 我国对新加坡出口 2 000 公吨大米，国外开来信用证规定：不允许分批装运。如果我们在规定的期限内分别在烟台、连云港各装 1 000 公吨于同一航次的同一船上，提单也注明了不同的装运地和不同的装船日期，请问这是否违约？银行能否议付？

第十三章　国际货物运输保险

学习目标和要求

本章的学习要点是保险原则、海上货物运输保障的风险、海上货物运输损失的种类、海上货物运输保障的费用、中国保险条款、伦敦保险协会货物条款以及保险业务的处理。要求通过本章的学习，熟知保险原则，了解 CIC 条款和 ICC 条款的险别种类，了解仓至仓条款的含义，掌握保险金额、保险费的计算方法，掌握我国进出口货物保险的基本做法。

引导案例

中国某进出口公司诉中国太平洋保险公司海上货物运输保险合同纠纷

2015 年 2 月，中国某进出口公司与大连的海运公司签订了运输散装冷冻鱼到马赛的协议，合同签订后，该公司又向保险公司就该批货物的运输投保了平安险，保险公司向该进出口公司签发了保险单。2 月 20 日，该批货物装船完毕起航，2 月 25 日，装载该批货物的轮船在海上遇上大风暴，船体受损严重，于 2 月 26 日沉没。3 月 20 日，该进出口公司向保险公司就该批货物索赔，保险公司以该批货物因自然灾害造成损失为由拒绝赔偿。

保险公司拒绝赔偿进出口公司的理由是否成立，取决于对如下相关法律规定的正确理解。平安险的英文意思为“单独海损不赔”，其责任范围主要包括：

A. 被保险货物在运输途中由于恶劣气候、雷电、海啸、地震、洪水等自然灾害造成的整批货物的全部损失或推定全损。

B. 由于运输工具遭受搁浅、触礁、沉没、互撞、与流冰或其他物体碰撞以及失火、爆炸等意外事故造成货物的全部或部分损失。

C. 在运输工具已经发生搁浅、触礁、沉没、焚毁等意外事故的情况下，货物在此前后又在海上遭受恶劣气候、雷电、海啸等自然灾害所造成的部分损失。

D. 在装卸或转运时由于一件或数件整件货物落海造成的全部或部分损失。

E. 被保险人对遭受承保责任内遇险的货物采取抢救、防止或减少货损的措施而支付的合理费用,但以不超过该批被救货物的保险金额为限。

F. 运输工具遭遇海难后,在避难港由于卸货所引起的损失以及在中途港、避难港由于卸货、存仓及运送货物所产生的特别费用。

G. 共同海损的牺牲、分摊和救助费用。

H. 运输合同中订有"船舶互撞责任"条款,根据该条款规定应由货方偿还船方的损失。

从上述案例所给材料来看,船体沉没应该属于全损,因此保险公司的理由不能成立。

(资料来源:国际经济法网 http://ielaw.uibe.edu.cn/)

国际货物运输(尤其是海运)路途远、风险大,因此,保险和运输一样,已经成为国际贸易的必要组成部分。但由于实际操作中情况千差万别,因此如何灵活运用保险、转移出口货物运输中的风险,是技巧性很强的专业工作。本章将对国际货物运输保险的范围、险别及多种运输方式下如何办理货物的保险业务做主要介绍。

第一节 海上货物运输保险的范围

海上货物运输保险承保的范围,包括海上风险、海上损失与费用,以及外来原因所引起的风险损失。

一、海上风险与损失

(一)海上风险

1. 海上风险的定义及内容。海上风险(Perils of the Sea)又称海难,是指被保险货物及船舶在海上运输过程中发生的风险。海上风险包括自然灾害和意外事故,海上风险必须具有偶然性或不可预见性。正常的自然磨损、蒸发消耗或自然渗漏,都不属于海上风险。

(1)自然灾害(Natural Calamity)。自然灾害是指恶劣气候、雷电、洪水、流冰、地震、海啸以及其他人力不可抗拒力量造成的灾害。

(2)意外事故(Accidents)。意外事故是指偶然的、不可预料的因不可抗力原因所造成的事故。根据中国 1981 年 1 月 1 日修订的“海洋运输货物保险条款”,意外事故指运输工具搁浅、触礁、沉没、与流冰或其他物体碰撞、互撞以及失踪、失火、爆炸等。

2. 基本风险与特别风险。海上风险是保险人承保的主要基本风险,即保险单概括载明或者具体列举的基本承保风险。除此以外,保险人承保的基本风险还包括:

(1)火灾。火灾是指在时间和空间上失去控制的燃烧所造成的灾害。

(2)投弃。投弃是指为了船货的共同安全,人为、合法地将货物或船上设备抛入海中的行为。它具有共同海损性质。

(3)船长和船员的不法行为。船长和船员的不法行为,是指船长、船员基于非法目的,故意损害被保险人(船东或货主)的利益,以致船舶或货物遭受损害的行为。常见的不法行为有:船员、船长合伙走私,船员私装禁运品,恶意弃船,纵火,盗卖船货,将船凿沉等。但此类不法行为若是得到了船东的纵容、共谋或授意,则不在承保范围内,保险人不负赔偿责任。

基本风险以外的特别风险,只有经双方特别约定,保险人才承担保险责任。保险单所列除外风险造成的损失不属于承保范围,保险人不承担赔偿责任。除外风险一般有:①被保险人的故意行为或过失;②被保险船舶或货物的本身特性或本质缺陷所引起的损失;③自然消耗或磨损;④虫蛀鼠咬;⑤航行迟延或交付迟延所造成的损失。

(二)海上损失

海上损失是指被保险货物在海运过程中,由于海上风险所造成的损坏和损失。根据惯例,还包括与海运连接最近的一段陆路运输或内河运输所发生的损失。按照海上损失的程度不同,可以分为全部损失和部分损失。

1. 全部损失。所谓全部损失(Total Loss),是指运输中的整批货物或不可分割的一批货物的全损。根据情况不同,全部损失又分为实际全损和推定全损。

(1)实际全损(Actual Total Loss)。构成被保险货物“实际全损”的情况有四种:①保险标的发生保险事故后完全灭失(或沉没);②保险标的受到严重损坏完全失去原有形体、效用(如茶叶被水浸泡);③保险标的不能再归被保险人所拥有（如被海盗劫去）；④载货船舶失踪经过相当长时间（一般为半年）仍无音讯等情况。

（2）推定全损（Constructive Total Loss）。推定全损是指保险标的发生保险事故后，虽然没有完全毁灭，但实际全损已不可避免，或者为避免发生实际全损，恢复、修复、施救、收回及运送货物到原定目的地，所需支付的全部费用之和超过保险价值的情况。

保险标的发生实际全损时，保险人按保险金额全部赔付。当保险标的发生推定全损时，保险人进行损失赔偿则分为两种情况：①被保险人获得全损的赔偿；②被保险人获得部分损失的赔偿。若想获得全损的赔偿，被保险人必须无条件地把保险标的物的所有权委付给保险人。

所谓委付（Abandonment）是指保险人同意将受损的保险标的视为推定全损，在补偿被保险人全部损失的同时，获得该受损标的物的所有权。保险人接受委付后，可以通过对标的物的处理，接受大于赔偿金额的收益，例如向第三方的求偿权应由保险人享受、处理标的时超过保险金的部分归保险人所有。

英国1906年《海上保险法》第61～63条规定，发生实际全损的，无须发送委付通知。在我国，推定全损被认为是委付的必要前提，我国《海商法》第249条规定 ："保险标的发生推定全损，被保险人要求保险人按照全部损失赔偿的，应当向保险人委付保险标的。保险人可以接受委付，也可以不接受委付，但是应当在合理的时间内将接受委付或者不接受委付的决定通知被保险人。委付不得附带任何条件。委付一经保险人接受，不得撤回。"

办理委付的必备条件有四个：①委付必须由被保险人向保险人提出；②委付应是就保险标的物的全部提出请求；③委付不得附有条件；④委付必须经过保险人的同意。

2. 部分损失。所谓部分损失（Partial Loss），是指保险标的物的部分损失或灭失，即不属于实际全损和推定全损的损失。按损失的性质不同，分为共同海损与单独海损。

（1）共同海损（General Average，G. A.）。根据1974年国际海事委员会制定的《约克—安特卫普规则》的规定：共同海损是指在同一海上航程中，当船舶、货物和其他财产遭遇共同危险时，为了共同安全，有意地、合理地采取措施所直接造成的特殊牺牲和支付的特殊费用。

共同海损的表现形式为共同海损牺牲和共同海损费用。

共同海损牺牲包括抛弃货物、为扑灭船上火灾而造成的货损船损、割弃残损物造成的损失、有意搁浅所致的损害、机器和锅炉的损害、作为燃料而使用的货物、船用材料和物料、在卸货的过程中造成的损害等。

共同海损费用包括救助报酬、搁浅船舶减载费用,以及因此而受的损害、避难港费用、驶往和在避难港等地支付给船员的工资及其他开支、修理费用、代替费用、垫付手续费和保险费、共同海损损失的利息等。

共同海损是为了使船舶或船上货物避免共同危险,而有意地、合理地做出的特殊牺牲或支付的特殊费用。共同海损损失应由船、货(包括不同的货主)各方共同负担,所采取的共同海损措施称为共同海损行为。这种行为,例如引海水入舱、将承运的货物抛入大海、自动搁浅等,在正常航行中都不得进行,但在船舶遇难时,为灭火而引海水入舱、为减轻船舶负荷而将全部或部分货物抛入大海、为进行船舶紧急修理而自动搁浅等,则均属合法。因共同海损行为处理共同海损损失、理算共同海损的费用,称为共同海损理算。为处理共同海损费用所编制的报告称为共同海损理算书。共同海损一词,包含共同海损行为、共同海损牺牲和费用、共同海损分摊三个方面。

构成共同海损的要素包括:①船舶在航行中行将受到危险或已遭遇真实的而非推测的海难;②共同海损行为一定是人为的、故意的、合理的、有效的;③损失和开支必须是特殊的,例如船舶顶强风开船、机器因超过负荷受损,不属于共同海损,而若船已搁浅,为脱浅而使机器超过负荷受损,则属于共同海损;④为了共同的而不是船方或某一货主货物单独的安全;⑤属于共同海损后果直接造成的损失;⑥共同海损行为原则上应由船长指挥,但在意外情况下,例如船长病重、被俘,可由其他人甚至敌国船长指挥。

【应用案例 13-1】

某货轮在航行途中因电线失火,第三舱内发生火灾,经灌水灭火,船体个别部位的船板被烧,急需补漏。为了船货的共同安全,船长决定就近靠港修船。为此,将部分货物卸到岸上并存仓,卸货过程中部分货物受损。事后统计:①被火烧毁货物价值5 000 美元;②船体个别部位船板被烧,损失10 000 美元;③因灌水救火被水浸坏货物损失6 000 美元;④灭火、修理额外发生10 000 美元的费用;⑤卸货过程中部分货物受损1 000 美元。

问题:以上哪些损失属于共同海损?

【案例点评】

根据构成共同海损的要素,①②是因为火灾造成的直接损失,属于单独海损。③④⑤是因维护共同安全而造成的特殊损失和产生的额外费用,属于共同海损。

（资料来源：冷柏军．国际贸易实务．北京：高等教育出版社，2010）

(2)单独海损(Particular Average, P. A.)。单独海损是指保险标的物在海上遭受承保范围内的风险所造成的部分灭失或损害，即指除共同海损以外的部分损失。这种损失只能由标的物所有人单独负担。

与共同海损相比较，单独海损的特点是：①它不是人为有意造成的部分损失；②它是保险标的物本身的损失；③单独海损由受损失的被保险人单独承担，但其可根据损失情况从保险人那里获得赔偿。根据英国海商法，货物发生单独海损时，保险人应赔金额的计算，等于受损价值与完好价值之比乘以保险金。

(3)单独海损与共同海损的区别。单独海损是指仅涉及船舶或货物所有人单方面的利益的损失，它与共同海损的主要区别是：

造成海损的原因不同。单独海损是承保风险所直接导致的船、货损失，共同海损则不是承保风险所直接导致的损失，而是为了解除或减轻共同危险人为地造成的一种损失。

承担损失的责任不同。单独海损的损失一般由受损方自行承担，共同海损的损失则应由受益的各方按照受益大小的比例共同分摊。

损失的内容不同。单独海损仅指损失本身，共同海损则包括损失及由此产生的费用。

货物保险中，保险人对保险标的的部分损失所应承担的赔偿额计算方法如下：

$$\text{部分损失的赔偿金额} = \text{保险金额} \times \frac{\text{实际完好价值} - \text{货损后的实际价值}}{\text{实际完好价值}}$$

其中：货物的实际完好价值和受损后的实际价值，一般以货物抵达目的地的市场价值为准。如果受损货物在途中处理，不再运往目的地，则以处理地的市场价格为准。如果是足额保险，船舶部分损失的赔偿金额可以为船舶合理的修复费用。

(三)单独费用

单独费用(Particular Charges)指为了防止货物遭受承保风险造成的损失或灭失而支出的费用。由于保险单上通常都载有“诉讼与营救条款”(Sue and Labour Clause，又称“损害防止条款”)，因此，单独费用都能得到保险公司补偿。单独费用包括施救费用和救助费用。

施救费用是指当被保险货物遇到保险责任范围内的灾害事故时，被保险人、其代理人、雇佣人员、保险单上受让人等为防止损失的进一步扩大，采取措施所付出的费用。

救助费用(Salvage Charges)是指当被保险货物遇到保险责任范围内的灾害事故时，由无契约关系的第三者采取救助行动，获得成功，而向其支付的报酬。

二、外来风险与损失

(一)外来风险

外来风险(Extraneous Risks)是指由于自然灾害和意外事故以外的其他外来原因造成的风险，但不包括货物的自然损耗和本质缺陷。依风险的性质可分为一般外来风险和特殊外来风险两类：

1. 一般外来风险是指由于一般外来原因所造成的风险，主要包括：偷窃、渗漏、短量、碰损、钩损、生锈、雨淋、受热受潮等。

2. 特殊外来风险是指由于军事、政治、国家政策法令和行政措施等，以及其他特殊外来原因(如战争、罢工、交货不到、被拒绝进口或没收等)而造成的风险。

(二)损失

由外来风险导致的损失需要通过提前投保附加险加以规避，如一般附加险和特殊附加险的险别设置分别对应一般外来风险和特殊外来风险。

第二节　海上货物运输保险的险别

中国人民保险公司根据中国保险业务的实际情况，参照国际保险市场的习惯做法，制定了各种涉外保险业务条款，总称为“中国保险条款”(China Insurance Clauses，简称 CIC)。一般在我国进出口合同、信用证中注明按照 1981 年 1 月 1 日(现行版本)修订的 CIC 条款由买方/卖方投保，基本上满足了我国对外贸易过程中对保险的要求。保险人承保责任范围的大小，取决于不同保险险别。我国海上货物保险条款包括以下险别。

一、基本险

基本险，又称主险，是可以独立投保的险别。基本险主要包括平安险、水渍险和一切险。

（一）平安险

平安险（Free from Particular Average，简称 F. P. A.）这一名称在我国保险行业中沿用甚久，其英文原意是指单独海损不负责赔偿。根据国际保险界对单独海损的解释，它是指保险标的物在海上运输途中遭受保险范围内的风险直接造成的船舶或货物的灭失或损害。因此，平安险的原来保障范围只赔全部损失，但在长期实践的过程中对平安险的责任范围进行了补充和修订，当前平安险的责任范围已经超出只赔全损的限制。

平安险的承保责任范围包括：

1. 被保险货物在运输途中由于恶劣气候、雷电、海啸、地震、洪水等自然灾害造成整批货物的全部损失或推定全损。

2. 由于运输工具遭受搁浅、触礁、沉没、互撞、与流冰或其他物体碰撞以及失火、爆炸等意外事故造成货物的全部或部分损失。

3. 在运输工具已经发生搁浅、触礁、沉没、焚毁意外事故的情况下，货物在此前后又在海上遭受恶劣气候、雷电、海啸等自然灾害所造成的部分损失。

4. 在装卸或转运时由于一件或数件货物整件落海造成的全部或部分损失。

5. 被保险人对遭受承保责任内危险的货物采取抢救、防止或减少货损的措施而支付的合理费用，但以不超过该批被救货物的保险金额为限。

6. 运输工具遭难后，在避难港由于卸货所引起的损失，以及在中途港、避难港由于卸货、存仓和运送货物所产生的特别费用。

7. 共同海损的牺牲、分摊和救助费用。

8. 运输合同订有“船舶互撞责任”条款，根据该条款规定应由货方偿还船方的损失。

从字面意义来看，无论是“平安险”还是“单独海损不赔”都不能准确反映出这个险别的承保责任范围，它仅对由于自然灾害所引起的单独海损不赔偿，而对上述第②项指定的意外事故造成的单独海损、第③项中的自然灾害与意外事故共有情形下的单独海损负赔偿责任。在三个基本险别中，平安险的承包责任范围最狭窄，多用于大宗、低值的散装或裸装货，如矿石、废金属等。

（二）水渍险

水渍险（With Particular Average，简称 W. P. A.）英文的含义是“负责单独海损”。在水渍险中，保险人承保两个方面的保险责任：

1. 承保上述平安险的各项损失和费用。

2. 负责被保险货物由于恶劣气候、雷电、海啸、地震、洪水等自然灾害所造成的部分损失。水渍险一般适用于不易损坏或不因生锈而影响使用的货物，如五金材料，旧汽车、机械、机床、散装金属原料等。

（三）一切险

一切险（All Risks）是海上货物运输保险中承保范围最大的一种基本险别，其保险费率也最高。在一切险中，保险人承保两个方面的保险责任：

1. 承保上述平安险和水渍险的各项损失和费用。

2. 负责被保险货物在运输途中由于外来原因所致的全部或部分损失。

外来原因通常所致的损失有：锈损、包装破裂、钩损、受热、受潮、串味、碰损、破碎、渗漏、混杂、玷污、短量、淡水雨淋以及偷窃、提货不着。

二、附加险

附加险是基本险责任的扩大和补充，它不能单独投保，附加险分为一般附加险、特别附加险以及特殊附加险。

一般附加险有 11 种，它们包括在一切险范围内，具体有：偷窃、提货不着险（Theft, Pilferage and Non－delivery，简称 T. P. N. D），淡水雨淋险（Fresh Water and/or Rain Damage），短量险（Risk of Shortage in Weight），渗漏险（Risk of Leakage），混杂、玷污险（Risk of Intermixture and Contamination），碰损、破碎险（Risk of Intermixture and Contamination），串味险（Risk of Odour），受潮受热险（Sweating and Heating Risk），钩损险（Hook Damage Risk），包装破裂险（Breakage of Packing Risk），锈损险（Risk of Rust）。

特别附加险包括：交货不到险（Failure to Deliver Risk），进口关税险（Import Duty Risk），舱面险（On Deck Risk），拒收险（Rejection Risk），黄曲霉素险（Aflatoxin Risk），卖方利益险（Seller's Contingent Risk），出口货物到香港或澳门存仓火险责任扩展条款。

特殊附加险包括罢工险（Strikes Risk）和战争险（Ocean Marine Cargo War Risk）两种。

与主险相比，附加险虽然不能单独投保，只能依附一个主险，但它有着主险无法比拟的优势：第一，附加险预定营业费分摊较少，使得保费低廉。第二，拥有更细致更独特更广泛的保障，使保障内容丰富。第三，附加险是各大保险公司展现专业、创意、服务的根本出发点。

三、保险责任起讫

根据中国人民保险公司海洋运输货物条款的规定,保险责任起讫采用“仓至仓条款”,即保险责任自货物运离保险单所载明的启运地发货人的仓库或储存处所时开始,在正常运输过程中继续有效,直至货物送达保险单所载明的目的地收货人的仓库或储存处所时为止。如货物在目的地或先于目的地送达被保险人所选择的任何其他仓库或储存处所,既不是在正常运输过程之中,也不是为了分拨或分送,则保险责任应在货物送达该选择地点时终止。如果在最后卸货港自远洋船卸毕时起60天内未发生最后交货,则保险责任应于该60天届满时终止。如卸货后货物须运往另一目的地,则保险责任应于货物一经开始运往该目的地时起即行终止。

战争险责任的起讫是从货物装上海轮之后开始,到货物在最后卸货港卸离海轮时为止,或海轮到达最后卸货港当夜12时起满15天为止。如果是转船货物,从原海轮到达中途港当夜12时起满15天即告终止。

在我国对外贸易业务中,除有时在国外保险中使用伦敦保险协会的条款外,经常大量使用的还是中国人民保险公司所制订的保险条款。中国人民保险公司的CIC条款是参照国际保险市场的习惯并结合我国保险业务的实际而制订的,各种基础险别承保责任的起讫期限均采用国际保险业务惯用的“仓至仓条款”。战争险的责任起讫不采用“仓至仓条款”。

第三节 伦敦保险协会海运货物保险条款

在世界海运保险中,英国是一个历史悠久且业务比较发达的国家,长期以来,它所制订的各种保险规章制度(其中包括海运保险单格式和保险条款)对世界各国有着广泛的影响。在国际保险市场上,许多国家和地区的保险公司在国际货物运输保险中都采用英国伦敦保险协会制订的《协会货物险条款》(Institute Cargo Clauses, ICC),或者在制订本国保险条款时参考或采用了上述条款,因此我们对其必须了解。

一、《协会货物险条款》的险别种类

《协会货物险条款》最早制订于1912年,后经多次修订,目前采用的是1993

年的修订版。《协会货物险条款》包括六种险别:协会货物A险条款;协会货物B险条款;协会货物C险条款;协会战争险条款(货物);协会罢工险条款(货物);恶意损害险条款。

在上述六种险别条款中,除A,B,C三种险别可以单独投保外,战争险和罢工险在需要时,也可在征得保险公司同意的基础上,作为独立的险别投保。因为除恶意损害险外,其余五种险别均可划分为八个部分:承保范围、除外责任、保险期限、索赔、保险利益、减少损失、防止延迟和法律惯例。

二、协会货物保险条款的承保风险与除外责任

(一)协会货物A险条款

协会货物A险条款[Institute Cargo Clauses A,ICC(A)]的承保责任范围较广,相当于中国人民保险公司所规定的一切险,它采用"一切风险减除外责任"的规定方式,即除了除外责任外,其他风险导致的损失均予负责。A险的除外责任有下列四类:

1. 一般除外责任。所谓一般除外责任,是指下列几种情况:被保险人故意违法行为造成的损失或费用;直接由于延迟引起的损失或费用;保险标的自然渗漏、重量或容量的自然损耗或自然磨损;因船舶所有人、经理人、租船人经营破产或不履行债务造成的损失或费用;因包装或准备不足或不当造成的损失或费用;因使用任何原子武器或热核武器造成的损失或费用;因保险标的内在缺陷或特征造成的损失或费用。

2. 不适航、不适货除外责任。所谓不适航、不适货除外责任,是指被保险人或其受雇人在保险标的物装船时已知船舶不适航,以及船舶、集装箱、运输工具等不适货。

3. 战争除外责任。所谓战争除外责任,是指因内战、战争、敌对行为等造成的损失或费用;因拘留、捕获、扣留等(海盗除外)造成的损失或费用;因鱼雷、漂流水雷等造成的损失或费用。

4. 罢工除外责任。所谓罢工除外责任,是指因罢工或被迫停工造成的损失或费用;因罢工者、被迫停工工人等造成的损失或费用;任何恐怖主义者或出于政治动机而行动的人导致的损失或费用。

（二）协会货物 B 险条款

协会货物 B 险条款[Institute Cargo Clauses B,ICC(B)]的承保责任范围相当于中国人民保险公司所规定的水渍险。它采用“列明风险”的方式,即把应承担的风险逐一列举,凡属承保责任范围内的损失,无论是全损还是部分损失,保险人均按损失程度给予赔偿。

1. 承保的风险。灭失和损害的原因在于:爆炸、火灾;在避难港卸货;火山爆发、地震、雷电;共同海损牺牲;船舶或驳船搁浅、触礁、沉没或倾覆;陆上运输工具倾覆或出轨;船舶、驳船或运输工具同水以外的任何外界物体碰撞;海水、湖水或河水进入船舶、驳船、运输工具、集装箱、大型海运箱或储存处所;抛货;浪击落海;货物在装卸时落海或跌落造成整件全损。

2. 除外责任。ICC(B)险与 ICC(A)险的除外责任大体相同,仅有两点区别:一是在 A 险中恶意损害险被列为承保风险,而在 B 险中保险人对此风险不负赔偿责任;二是在 A 险中“海盗行为”属于承保范围内的责任,而在 B 险中该风险属于除外责任。

（三）协会货物 C 险条款

协会货物 C 险条款[Institute Cargo Clauses C,ICC(C)]的承保风险要小于 ICC(A)险和 ICC(B)险,它采用“列明风险”的方式,不承保自然灾害及非重大意外事故的风险,仅承保重大意外的风险。ICC(C)险承保的风险和除外责任如下所述。

1. 承保的风险。灭失和损害的原因在于:爆炸、火灾;在避难港卸货;共同海损牺牲;船舶或驳船搁浅、触礁、沉没或倾覆;陆上运输工具倾覆或出轨;船舶、驳船或运输工具同除水以外的任何外界物体碰撞;抛货。

2. 除外责任。ICC(C)险的除外责任与 ICC(B)险完全相同,在此不再赘述。

表 13-1　ICC(A),ICC(B),ICC(C)的承保风险对比

风险	ICC(A)	ICC(B)	ICC(C)
①火灾、爆炸	√	√	√
②船舶或驳船触礁或搁浅、沉没、倾覆	√	√	√
③陆上运输工具倾覆或出轨	√	√	√
④船舶、驳船或运输工具同水以外的任何外界物体碰撞	√	√	√
⑤在避难港卸货	√	√	√

续表

风险	ICC(A)	ICC(B)	ICC(C)
⑥地震、火山爆发或雷电	√	√	×
⑦共同海损牺牲	√	√	√
⑧抛货	√	√	√
⑨浪击落海	√	√	×
⑩海水、湖水或河水进入船舶、驳船、运输工具、集装箱、大型海运箱或储存处	√	√	×
⑪货物在船舶或驳船装卸时落海或跌落造成的任何整件的全损	√	√	×
⑫海盗行为	√	×	×
⑬恶意损害行为	√	×	×
⑭由于一般外来风险造成的损失	√	×	×

注:"√"表示承保风险,"×"表示不承保风险。

由表 13-1 可以看出,ICC(A)类似于我国的一切险。ICC(B)承保的范围比 ICC(A)略小一些,它采用列明风险的形式,对保险条款列明的风险予以承保。ICC(C)只承保重大意外事故,对于非重大意外事故和自然灾害所遭受的损失一律不予以承保,它类似于我国的平安险。

第四节　其他运输方式的货运保险

除海洋运输外,其他运输方式下的货物也需要办理保险。随着国际贸易规模的不断扩大,其他运输方式在国际货物运输中的比重明显上升。陆运、航空运输、邮包运输及多式联运货物保险业务也相应形成独立的保险险别。

一、陆上运输货物保险

货物在陆运过程中,可能遭受各种自然灾害和意外事故。常见的风险有:车辆碰撞、倾覆和出轨,路基坍塌、桥梁折断和道路损坏,以及火灾和爆炸等意外事故;雷电、洪水、地震、火山爆发、暴风雨以及霜雪冰雹等自然灾害;战争、罢工、偷窃、货物残损、短少、渗漏等外来原因所造成的风险。上述这些风险会给运输途中的货物造成损失,货主为了转嫁风险损失,就需要办理陆运货物保险。

根据中国人民保险公司制定的《陆上运输货物保险条款》的规定,陆运货物保险的基本险别有陆运险和陆运一切险两种。此外,还有陆上运输冷藏货物险,它也具有基本险性质。

(一)责任范围

1. 陆运险的责任范围。陆运险的责任范围包括:

(1)被保险货物在运输途中遭受暴风、雷电、洪水、地震自然灾害,或由于运输工具遭受碰撞、倾覆、出轨或在驳运过程中因驳运工具遭受搁浅、触礁、沉没、碰撞,或由于遭受隧道坍塌、崖崩或失火、爆炸意外事故所造成的全部或部分损失。

(2)被保险人对遭受承保责任范围内危险的货物采取抢救、防止或减少货损的措施而支付的合理费用,但以不超过该批被救货物的保险金额为限。

2. 陆运一切险的责任范围。除包括上述陆运险的责任外,还负责被保险货物在运输途中由于外来原因所致的全部或部分损失。

(二)除外责任

陆运货物保险对下列损失不负赔偿责任:

1. 被保险人的故意行为或过失所造成的损失。

2. 属于发货人责任所引起的损失。

3. 在保险责任开始前,被保险货物已存在的品质不良或数量短差所造成的损失。

4. 被保险货物的自然损耗、本质缺陷、特性以及市价跌落、运输延迟所引起的损失或费用。

5. 保险公司陆上运输货物战争险条款和货物运输罢工险条款规定的责任范围和除外责任。

(三)责任起讫

陆运险的责任起讫采用“仓至仓”条款,自被保险货物运离保险单所载明的起运地仓库或储存处所开始运输时生效,包括正常运输过程中的陆上和与其有关的水上驳运在内,直至该项货物运达保险单所载目的地收款人的最后仓库或储存处所或被保险人用做分配、分派的其他储存处所为止,如未运抵上述仓库或储存处所,则以被保险货物运抵最后卸载的车站满60天为止。

（四）被保险人的义务

被保险人应按照以下规定的应尽义务办理有关事项，如因未履行规定的义务而且影响保险公司利益时，保险公司对有关损失有权拒绝赔偿。

1. 当被保险货物运抵保险单所载目的地以后，被保险人应及时提货，当发现被保险货物遭受任何损失，应立即向保险单上所载明的检验、理赔代理人申请检验。如发现被保险货物整件短少或有明显残损痕迹，应即向承运人、受托人或有关当局索取货损货差证明，如果货损货差是由于承运人、受托人或其他有关方面的责任所造成，应以书面方式向他们提出索赔，必要时还需取得延长时效的认证。

2. 对遭受承保责任内危险的货物，应迅速采取合理的抢救措施，防止或减少货物损失。

3. 在向保险人索赔时，必须提供下列单证：保险单正本、提单、发票、装箱单、磅码单、货损货差证明、检验报告及索赔清单。如涉及第三者责任还须提供向责任方追偿的有关函电及其他必要单证或文件。

（五）索赔期限

陆运货损的索赔时效，从被保险货物在最后目的地车站全部卸离车辆后计算，最多不超过两年。

二、航空运输货物保险

航空运输货物保险包括航空运输险和航空运输一切险。此外，还有一般附加险和航空运输货物战争险等特殊的附加险。

（一）责任范围

1. 航空运输险的责任范围。航空运输险的责任范围包括：

（1）被保险货物在运输途中遭受雷电、火灾、爆炸或由于飞机遭受恶劣气候或其他危难事故而被抛弃，或由于飞机遭碰撞、倾覆、坠落或失踪等自然灾害和意外事故所造成的全部或部分损失。

（2）被保险人对遭受承保责任内危险的货物采取抢救、防止或减少货损的措施而支付合理费用，但以不超过该批被救货物的保险金额为限。

2. 航空运输一切险的责任范围。除包括上列航空运输险责任外，还负责被保险货物由于外来原因所致的全部或部分损失。

（二）除外责任

航空运输险对下列损失不负赔偿责任：

1. 被保险人的故意行为或过失所造成的损失。

2. 属于发货人责任所引起的损失。

3. 保险责任开始前，被保险货物已存在的品质不良或数量短差所造成的损失。

4. 被保险货物的自然损耗、本质缺陷、特性以及市价跌落、运输延迟所引起的损失或费用。

5. 保险公司航空运输货物战争险条款和货物运输罢工险条款规定的责任范围和除外责任。

（三）责任起讫

1. 采用“仓至仓”条款，自被保险货物运离保险单所载明的起运地仓库或储存处所开始运输时生效，包括正常运输过程中的运输工具在内，直至该项货物运达保险单所载明目的地收货人的最后仓库或储存处所或被保险人用做分配、分派或非正常运输的其他储存处所为止。如未运抵上述仓库或储存处所，则以被保险货物在最后卸载地卸离飞机后满 30 天为止。如在上述 30 天内被保险的货物需转送到非保险单所载明的目的地时，则从该项货物开始转运时终止。

2. 由于被保险人无法控制的运输延迟、绕道、被迫卸货、重新装载、转载或承运人运用运输契约赋予的权限所做的任何航行上的变更或终止运输契约，致使被保险货物运到非保险单所载目的地时，在被保险人及时将获知的情况通知保险人，并在必要时加缴保险费的情况下，本保险仍继续有效，保险责任按下述规定终止：①被保险货物如在非保险单所载目的地出售，保险责任至交货时为止，但不论任何情况，均以被保险的货物在卸载地卸离飞机后满 30 天为止；②被保险货物在上述 30 天期限内继续运往保险单所载原目的地或其他目的地时，保险责任仍按上述第①款的规定终止。

（四）被保险人的义务

被保险人应按照以下规定的应尽义务办理有关事项，如因未履行规定的义务而影响保险公司利益时，保险公司对有关损失有权拒绝赔偿。

1. 当被保险货物运抵保险单所载目的地以后，被保险人应及时提货，当发现被保险货物遭受任何损失，应即向保险单上所载明的检验、理赔代理人申请检验，如发现被保险货物整件短少或有明显残损痕迹，应即向承运人、受托人或有关当局索取货损货差证明。如果货损货差是由于承运人、受托人或其他有关方面的责任所造成，应以书面方式向他们提出索赔，必要时还须取得延长时效的认证。

2. 对遭受承保责任内危险的货物，应迅速采取合理的抢救措施，防止或减少货物损失。

3. 在向保险人索赔时，必须提供下列单证：保险单正本、提单、发票、装箱单、磅码单、货损货差证明、检验报告及索赔清单，如涉及第三者责任还须提供向责任方赔偿的有关函电及其他必要单证或文件。

（五）索赔期限

保险索赔时效，从被保险货物在最后卸载地卸离飞机后起计算，最多不超过两年。

三、邮包运输货物保险

邮包运输保险是指承保邮包通过海、陆、空三种运输工具在运输途中由于自然灾害、意外事故或外来原因所造成的包裹内物件的损失。根据《中国人民保险公司邮包保险条款》的规定，邮包运输保险的险别分为邮包险和邮包一切险。

（一）责任范围

1. 邮包险的责任范围。邮包险的责任范围包括：

（1）被保险邮包在运输途中由于恶劣气候、雷电、海啸、地震、洪水自然灾害，或由于运输工具遭受搁浅、触礁、沉没、碰撞、倾覆、出轨、坠落、失踪，或由于失火、爆炸意外事故所造成的全部或部分损失。

（2）被保险人对遭受承保责任内危险的货物采取抢救、防止或减少货损的措施而支付的合理费用，但以不超过该批被救货物的保险金额为限。

2. 邮包一切险的责任范围。除包括上述邮包险的各项责任外，还负责被保险邮包在运输途中由于外来原因所致的全部或部分损失。

（二）除外责任

邮包运输保险对下列损失不负赔偿责任：

1. 被保险人的故意行为或过失所造成的损失。

2. 属于发货人责任所引起的损失。

3. 在保险责任开始前，被保险邮包已存在的品质不良或数量短差所造成的损失。

4. 被保险邮包的自然损耗、本质缺陷、特性以及市价跌落、运输延迟所引起的损失或费用。

5. 保险公司邮包战争险条款和货物运输罢工险条款规定的责任范围和除外责任。

（三）责任起讫

保险责任自被保险邮包离开保险单所载起运地寄件人的处所运往邮局时开始生效，直至该项邮包运达本保险单所载目的地邮局，自邮局签发到货通知书当日午夜起算满 15 天终止。但在此期限内邮包一经递交至收件人的处所时，保险责任即行终止。

（四）被保险人的义务

被保险人应按照以下规定的应尽义务办理有关事项，如因未履行规定的义务而影响保险公司利益时，保险公司对有关损失有权拒绝赔偿。

1. 当被保险邮包运抵保险单所载明的目的地以后，被保险人应及时提取包裹，当发现被保险邮包遭受任何损失，应立即向保险单上所载明的检验、理赔代理人申请检验。如发现被保险邮包整件短少或有明显残损痕迹，可向邮局索取短、残证明，并应以书面方式向他们提出索赔，必要时还须取得延长时效的认证。

2. 对遭受承保责任内危险的邮包，应迅速采取合理的抢救措施，防止或减少邮包的损失，被保险人采取此项措施，不应视为放弃委付的表示，保险公司采取此项措施，也不得视为接受委付的表示。

3. 在向保险人索赔时，必须提供下列单证：保险单正本、邮包收据、发票、装箱单、磅码单、货损货差证明、检验报告及索赔清单。如涉及第三者责任，还须提供向责任方追偿的有关函电及其他必要单证或文件。

（五）索赔期限

保险索赔时效，从被保险邮包递交收件人时起算，最多不超过两年。

第五节　国际货物买卖合同中的保险条款

保险条款所涉及的内容有保险金额、投保险别、保险费、保险单证和保险适用条款等。因为保险条款与价格条款有着必然的联系，所以采用不同的价格条款、投保人不同，保险条款的订立方法也不相同。

一、保险条款的订立

在以 EXW，FAS，FOB，FCA，CFR，CPT，DAT，DAP 贸易术语签订合同时，保险条款可做如下规定："保险由买方办理。"（insurance is to be covered by the buyers.）

在以 CIF，CIP，DDP 贸易术语签订合同时，保险条款可做如下规定："保险由卖方办理。"（insurance is to be covered by the sellers.）

另外，在以 CIF 或 CIP 贸易术语签订合同时，保险条款须明确规定投保险别及确定保险金额的方法和保险适用条款，并注明该条款的生效时间。

保险金额是指保险公司可能赔偿的最高金额，习惯上按发票金额加 10% 预期利润和业务费用，也可根据国外客户要求提高加成数。

保险金额的加成、保险险别的选择和适用的保险条款，都需在合同中做相应规定。在 CIF，CIP 合同中，保险条款可做如下规定：

"由卖方按发票金额的 110% 投保一切险和战争险，按 1981 年 1 月 1 日中国人民保险公司海洋运输货物保险条款投保。"（Insurance is to be covered by the Sellers for 110% of the invoice value against All Risks and War Risks as per Ocean Marine Cargo Clan－ties of the People's Insurance Company of China dated Jan. 1，1981.）

保险金额的计算公式是：

$$保险金额 = CIF 货价 \times (1 + 投保加成率)$$

二、办理货物运输保险的基本做法

（一）出口货物运输保险

凡按CIF或CIP条件订立的出口合同，由出口方负责投保。出口方企业在向当地保险公司办理投保手续时，应根据出口合同或信用证规定，在备妥货物、确定运输工具和装运日期后按规定格式填写投保单，送交保险公司，交付保险费并取得保险单。投保人交付保险费是保险合同生效的前提条件。

计收保险费的公式是：

$$保险费=保险金额\times保险费率$$

如按CIF或CIP价加成投保，则上述公式应改为：

$$保险费=CIF（或CIP）价\times(1+投保加成率)\times保险费率$$

【例1】中国A公司对外出售货物一批，合同规定：数量100公吨，单价每公吨1 000英镑CIF伦敦，卖方按发票金额加10%投保水渍险和短量险，保险费率分别为0.3%和0.2%。试计算A公司的投保金额是多少？应付多少保险费？

$$\begin{aligned}保险金额&=CIF价\times(1+投保加成率)\\&=1\,000\times100\times(1+10\%)\\&=110\,000（英镑）\end{aligned}$$

$$\begin{aligned}保险费&=保险金额\times保险费率\\&=110\,000\times(0.3\%+0.2\%)\\&=55（英镑）\end{aligned}$$

所以，A公司的投保金额是110 000英镑，应付55英镑的保险费。

（二）进口货物运输保险

凡按FOB，CFR，FCA，CPT条件订立的进口货物买卖合同，由进口方负责投保。外贸企业为了防止漏保和延误投保，也为了简化手续，大都采用预约保险做法，即由外贸企业与保险公司事先签订进口预约保险合同（Open Cover），又称预约保单（Open Policy）。按照预约保险合同规定，外贸企业无需逐笔填送投保单。在进口货物时，只需将国外客户的装运通知送交保险公司，即视为办理了投保手续。

三、保险单据

保险单据是保险人与被保险人之间权利、义务的契约，是被保险人索赔和保险人理赔的依据，是进出口贸易结算的主要单据之一。保险单据可以背书转让。常用的保险单据主要有保险单、保险凭证、预约保单。

（一）保险单

保险单（Insurance Policy）是一种正规的保险合同。其正面内容一般包括：被保险人名称和地址、保险标的、运输标志、运输工具、起讫地点、承保险别、保险币种和金额、出单日期等项目；背面印有保险人与被保险人之间权利和义务的条款。我国国内保险公司大都出具保险单作为保险凭证。

保险公司在出立保险单后，被保险人如需要补充、更改保险内容，保险公司可应被保险人的申请，出具修改保险内容的凭证——批单，该批单必须粘贴在原保险单上，并加盖骑缝章。

（二）保险凭证

保险凭证（Insurance Certificate）是一种简化的保险合同。

保险凭证的内容，除背面未印有详细条款外，正面内容与保险单相同，在法律上与保险单具有同等法律效力。在信用证保险条款中，一般都规定保险单与保险凭证均可接受，但若信用证规定提交保险单，则议付行不接受保险凭证。

（三）预约保险单

预约保险单（Open Policy）是指保险公司与被保险人双方签订的预约保险合同，它规定了总的保险范围、保险期限、保险种类、总保险金额、航程区域、运输工具、保险条件、保险费率和保险结算办法等。在这个范围内的被保险货物一经起运，保险公司即自动承保。被保险人在获悉每批货物装运时，应及时将装运通知书送交保险公司，并缴纳保险费，即完成了投保手续。

在我国实际业务中，预约保单适用于按 FOB 或 CFR 条件进口的货物和出口展卖的展卖品。

案例与分析

大兴号有无灭火义务

一、案例介绍

我国货船大兴号在驶往目的地新加坡港的途中，为避免某一外轮违章行驶而造成碰船，偏离航线触礁并引起火灾。大兴号在启程前以自己的名义投了一切险。根据我国《海商法》的规定，问：

(1) 大兴号在上述情况下是否有灭火的义务？为什么？

(2) 大兴号从保险公司获得赔偿后能否对已从保险公司获得的赔偿部分再向外轮请求赔偿？为什么？

(3) 保险公司从何时开始方可向外轮行使代位求偿权？

二、案例分析

大兴号在上述情况下具有灭火义务。因为碰船和火灾均属于承保责任，对遭受承保责任内危险的货物，被保险人有施救义务，否则保险公司可以拒绝赔偿扩大的损失。

根据补偿原则，大兴号从保险公司获得赔偿后不能对已从保险公司获得的赔偿部分再向外轮请求赔偿。

保险公司先进行保险赔付，随即取得向外轮的代位求偿权。我国《保险法》第45条第1款规定：因第三者对保险标的的损害而造成保险事故的，保险人自向被保险人赔偿保险金之日起，在赔偿金额范围内代位行使被保险人对第三者请求赔偿的权利。

（资料来源：冷柏军．国际贸易实务．北京：高等教育出版社，2010）

思考练习题

练习题

一、名词解释

单独海损　共同海损　仓至仓条款　施救费用　救助费用　保险险别　实际全损　推定全损　委付

二、简答题

1. 简述共同海损与单独海损的区别与联系。

2. 中国人民保险公司海运货物保险的基本险有几种？

3. 简述航空运输险的承保责任范围。

4. 简述陆运险的责任范围。

5. 简述委付与代位求偿权的基本含义。

三、判断题

1. 海上保险业务中的意外事故,仅局限于发生在海上的意外事故。(   )

2. 船舶失踪达到半年以上可做推定全损处理。(   )

3. 单独海损是由承保风险所直接造成的被保险货物的部分损失。(   )

4. 共同海损是部分海损中的一种。(   )

5. 共同海损要由受益各方根据获救利益大小按比例分摊。(   )

6. 当被保险货物遭受承保范围内的灾害事故时,由保险人或被保险人以外的第三者采取救助行为而花费的费用叫施救费用。(   )

7. 因为共同海损属于部分海损,所以,在投保平安险的情况下,对于因自然灾害产生的共同海损,保险公司是不负责赔偿的。(   )

8. "一切险"的承保范围包括由自然灾害、意外事故以及一切外来风险所造成的被保险货物的损失。(   )

9. 保险公司对战争险的责任起讫与基本险的责任起讫相同,都采用仓至仓条款。(   )

10. 根据英国"协会货物条款"的规定,三种基本险按由小到大的顺序应为:ICC(C),ICC(B),ICC(A)。(   )

四、选择题

1. 我出口稻谷一批,因保险事故被海水浸泡多时而丧失其原有用途,货到目的港后只能低价出售,这种损失属于(   )。

   A. 单独损失　　B. 共同损失　　C. 实际全损　　D. 推定全损

2. CIC"特殊附加险"是指在特殊情况下,要求保险公司承保的险别,(   )。

   A. 一般可以单独投保

   B. 不能单独投保

   C. 可单独投保两项以上

   D. 在被保险人同意的情况下,可以单独投保

3. 一批出口货物投保了水渍险,在运输过程中由于雨淋致使货物遭受部分损失,这样的损失保险公司将(   )。

   A. 负责赔偿整批货物

B. 负责赔偿被雨淋湿的部分

C. 不给予赔偿

D. 在被保险人同意的情况下,可以单独投保

4. 有一批出口服装,在海上运输途中,因船体触礁导致服装严重受浸,如果将这批服装漂洗后再运至原定目的港所花费的费用已超过服装的保险价格,这批服装应属于(　　)。

A. 共同海损　　B. 实际全损　　C. 推定全损　　D. 单独海损

5. 我方按CIF条款成交出口一批罐头食品,卖方投保时,按下列(　　)投保是正确的。

A. 平安险+水渍险

B. 一切险+偷窃、提货不着险

C. 水渍险+偷窃、提货不着险

D. 平安险+一切险

6. 在海洋运输货物保险业务中,共同海损(　　)。

A. 是部分损失的一种

B. 是全部损失的一种

C. 有时为部分损失,有时为全部损失

D. 是推定全损

7. 根据我国"海洋货物运输保险条款"规定,一切险包括(　　)。

A. 平安险加11种一般险

B. 一切险加11种一般附加险

C. 水渍险加11种一般附加险

D. 11种一般附加险加特殊附加险

8. 预约保险以(　　)代替投保单,说明投保的一方已办理了投保手续。

A. 提单　　B. 国外的装运通知

C. 大副收据　　D. 买卖合同

9. 按国际保险市场惯例,投保金额通常在CIF总值的基础上(　　)。

A. 加一成　　B. 加二成　　C. 加三成　　D. 加四成

10. "仓至仓"条款是(　　)。

A. 承运人负责运输起讫的条款

B. 保险人负责保险责任起讫的条款

C. 出口人负责交货责任起讫的条款

D. 进口人负责付款责任起讫的条款

五、案例分析

1. 南京某外贸公司按CFR马尼拉价格出口一批仪器，投保一切险“仓至仓”条款。该公司将货物用卡车发货，在运送途中一辆货车翻车，致使车上所载部分仪器损坏。问该项损失应由哪方负责？保险公司是否应给予赔偿？

2. 我国某进出口公司A与英国某实业公司B以CIF伦敦价格签订一份出口1万吨大米的合同，货物由承运人C远洋运输公司从上海装船运输，货物运输中由保险公司D办理了海洋运输货物保险。运输途中，因海员过失，延迟30天才到达目的港，并使1/3大米变质，英国B公司因此提出索赔，问B公司应向谁索赔？

第十四章 国际贸易货款支付

学习目标和要求

本章的学习要点是国际贸易结算工具和国际贸易结算方式。要求通过本章的学习，了解国际贸易结算中主要票据的概念、特点与分类，掌握信用证、汇付、托收的定义和流程。

引导案例

国际贸易结算中的信用证欺诈案

2014年6月，A公司向B银行提交了由B银行所在地C银行通知的信用证和一套信用证项下单据，该信用证金额为604 500美元。经审核后，B银行发现此证系由电传开立，按惯例电传开证应加具密押，密押经通知行核查相符，即可证明电开信用证的真实性。此证注明没有密押，但加盖了C银行的通知章。根据UCP600的规定，C银行已将该证通知A公司，即认同了该信用证的表面真实性。在该证真实的前提下，B银行又对该证项下单据进行了合理、审慎的审核。

经审核，B银行发现此套单据存在不符点。首先，信用证单据条款要求FULL SET OF CLEAN ON BOARD BILL OF LADING(全套清洁已装船提单)，而A公司提供的是NEGOTIABLE FIATA BILL OF LADING（运输行出具运输单据，简称FBL)，即以FBL代替B/L。其次，信用证要求提单以开证行为抬头，而A公司在FBL后做空白背书。B银行按惯例向A公司提示不符点，并向A公司提出两种处理方案：一是由A公司提交以开证行为抬头的B/L，撤换原来的FBL；二是由B银行向开证行电提上述不符点，待对方同意后再行寄单。A公司表示货物已装船，无法再由船公司出具B/L，接受第二种方案。于是B银行立即向开证行电提上述不符点，并要求开证行尽快给予答复。在这之后的三天内，B银行一直没有收到开证行的回复。三天后，A公司向B银行提示由C

银行通知的该证的修改书,该修改书写明删除由申请人出具检验证这一不利于A公司的软条款,同时将单据条款修改为B/L或FBL。A公司表示,此项修改已删除该信用证的软条款,并且B/L或FBL二者具备其一即可,这已经表明申请人和开证行接受电提的不符点,已经达到了B银行的要求,所以A公司要求办理出口押汇,且押汇金额仅为10万美元,远低于信用证金额。

B银行并没有听信A公司的一面之词,反而提出了疑问:按照惯例,如果开证行接受上述不符点,它应该在电传中明确表示申请人接受上述不符点,不日将付款,并将这一内容以电传方式通知B银行,而不是采用信用证修改的方式通知,更不应该将此修改发给B银行。这些违反常规的做法引起了B银行的警惕,B银行坚持等待开证行的电传通知,在此期间,将单据留存,既不寄单,也不为A公司办理出口押汇。五天后,开证行开立电传通知,声明申请人拒绝接受上述不符点,此时A公司已不见踪迹。

至此,这起诈骗案已真相大白。事后据B银行调查,该信用证项下的货物并未如A公司所述已装船,而是留在A公司所在国境内,并没有出口。

(资料来源:外贸学习网 http://www.fobvv.com/)

要想理解上述案例中所存在的问题,需要学习什么是信用证?信用证与合同是什么关系?银行在信用证业务中起什么作用?国际货款结算都有哪些方式?这些方式是如何使用的?这些都属于国际贸易支付的研究内容。

支付方式是国际贸易环节中最关键的部分之一。灵活便捷的支付方式,无疑会利于订单的获得。而获得订单安排生产的最终目的,是为了获得安全高效的支付。因此,从事或即将从事外贸行业的人员都有必要深入了解国际贸易支付方式,充分利用结算技巧,达到进出口合作伙伴双赢的目的。本章主要阐述常用的支付工具、支付方式以及不同支付方式的选择使用。

第一节 国际贸易支付工具

国际贸易支付是买卖双方经济利益的重要体现,其含义是指在买卖双方之间对货款及其附属费用的计价结算以及支付方式和手段。支付工具是实现经济活动的一种交易方式,它是随着商品赊账买卖的产生而出现的。最初的支付工具是货币,随着经济的高速发展,支付工具越来越多,并向电子化方向发展。国际贸易支付结算中使用的支付工具包括汇票、本票和支票,其中以汇票为主。

一、汇票

（一）汇票的含义

按照《英国票据法》的规定，汇票是由一人向另一人签发的无条件书面支付命令，要求对方（接受命令的人）即期或定期或在可以确定的将来时间，向某人或指定人或持票人支付一定金额。汇票是国际结算中使用最广泛的一种信用工具。从以上定义可知，汇票是一种无条件支付的委托，有三个当事人：出票人、付款人和收款人。

出票人（Drawer），是开立票据并将其交付给他人的法人、其他组织或者个人。出票人对收款人及正当持票人承担票据在提示付款或承兑时必须付款或者承兑的保证责任。出票人一般是出口方、债权人。

付款人（Drawee/Payer）就是"受票人"，即接受支付命令的人。进出口业务中，通常为进口人或银行。在托收支付方式下，付款人一般为买方或债务人；在信用证支付方式下，一般为开证行或其指定的银行。

收款人（Payee）又叫"汇票的抬头人"，是指受领汇票所规定的金额的人。进出口业务中，收款人一般填写出票人提交单据的银行。

（二）汇票的种类

根据不同的标准，汇票可以分为以下四种：

1. 按出票人的不同分为银行汇票和商业汇票。银行汇票（Banker's Draft）是出票人和付款人均为银行的汇票。商业汇票（Commercial Draft）是出票人为企业法人、公司、商号或者个人，付款人为其他商号、个人或者银行的汇票。

2. 按有无附属单据分为光票汇票和跟单汇票。光票汇票（Clean Bill）本身不附带货运单据，银行汇票多为光票。跟单汇票（Documentary Bill）又称信用汇票、押汇汇票，是需要附带提单、仓单、保险单、装箱单、商业发票等单据，才能进行付款的汇票。商业汇票多为跟单汇票，在国际贸易中经常使用。

3. 按付款时间分为即期汇票和远期汇票。即期汇票（Sight Bill，Demand Bill）指持票人向付款人提示后对方立即付款，又称见票即付汇票。远期汇票（Time Bill，Usance Bill）是在出票一定期限后或特定日期付款的汇票。在远期汇票中，记载一定的日期为到期日，于到期日付款的，为定期汇票；记载于出票日后一定期间付款的，为计期汇票；记载于见票后一定期间付款的，为注期汇票;将票面金额划为几份,并分别指定到期日的,为分期付款汇票。

4. 按承兑人分为商业承兑汇票和银行承兑汇票。商业承兑汇票(Commercial Acceptance Bill)是以银行以外的任何商号或个人为承兑人的远期汇票。银行承兑汇票(Banker's Acceptance Bill)指承兑人是银行的远期汇票。

(三)汇票的基本内容

汇票的要项必须齐全,即应当具备必要的形式和内容。我国《票据法》第22条规定,汇票上必须记载以下事项:①应载明“汇票”字样;②无条件支付命令;③确定的金额;④付款人名称;⑤收款人名称;⑥出票日期;⑦出票人签字。汇票上未记载上述规定事项之一的,汇票无效。

各国票据法对汇票内容的规定不同,我国《票据法》第23条针对相对必要记载事项,做了下述具体规定:①付款日期,如果汇票上未记载付款日期的,推定为见票即付;②付款地,如果出票人未做记载,付款人的营业场所、住所或者经常居住地为付款地;③出票地,汇票的出票地不依实际出票地,而是以票据上的记载为准,所以,汇票上应当明确记载,但如果汇票上未记载的,以出票人的营业场所、住所或者经常居住地为出票地。

(四)汇票的使用

汇票的使用有出票、提示、承兑、付款等。如需转让,通常经过背书进行转让。汇票遭到拒付时,还要涉及做成拒绝证书和行使追索等法律权利。

1. 出票。出票(Issue)又称发票,是指出票人签发票据并将其交付给收款人的票据行为。依此规定,汇票的出票有做成票据和交付票据两部分,两个行为缺一不可。做成票据是出票人依照票据法的规定,在票据上记载法定内容并签名或盖章的行为。交付票据是指出票人将已做成的票据实际交给收款人占有的行为。出票是创设票据权利的行为,属基本票据行为,构成了其他票据行为的基础。如果没有出票行为,也就不存在背书、承兑、保证等附属票据行为。在出票时,对收款人通常有三种规定方法:

(1)限制性抬头。例如:“仅付甲公司(pay A Co. only)”“付××公司,不准流通(pay ×× Co. not negotiable)”。

(2)指示性抬头。例如:“付××公司或指定人(pay ××Co. or order, pay to the order of ××Co.)”。

(3)来人抬头。例如:“付给来人(pay bearer)”。

在实际业务中,汇票的抬头多以开出指示性抬头为主,目的是方便汇票的流通转让。

此外,我国票据法强调汇票的原因关系和资金关系。根据《票据法》规定,签发汇票应当具有真实的交易关系和债权债务关系,同时要求汇票的出票人必须与付款人之间具有真实的委托付款关系,并且具有支付汇票金额的可靠资金来源。

2. 提示。提示(Presentation)是持票人将汇票提交付款人要求承兑或付款的行为,是持票人要求取得票据权利的必要程序。提示又分付款提示和承兑提示。

3. 承兑。承兑(Acceptance)指付款人在持票人向其提示远期汇票时,在汇票上签名,承诺于汇票到期时付款的行为。具体做法是付款人在汇票正面写明“承兑(Accepted)”字样,注明承兑日期,签章后交还持票人。付款人一旦对汇票做出承兑即成为承兑人,以主债务人的地位承担汇票到期时付款的法律责任。持票人向付款人提示承兑时,必须将汇票临时交给付款人。付款人在做出承兑或者拒绝承兑的决定后,应将票据交还给持票人,否则承兑行为不发生法律效力。

4. 付款。付款(Payment)指付款人在汇票到期日,向提示汇票的合法持票人足额付款。持票人将汇票注销后交给付款人作为收款证明,汇票所代表的债务债权关系即告终止。

5. 背书。背书(Endorsement)是转让汇票的法定手续,根据我国《票据法》规定,除非出票人在汇票上记载“不得转让”外,汇票的收款人可以用记名背书的方式转让汇票权利。即在汇票背面签上自己的名字,并记载被背书人的名称,然后把汇票交给被背书人即受让人,受让人成为持票人,是票据的债权人。受让人有权以背书方式再行转让汇票的权利。在汇票经过不止一次转让时,背书必须连续,即被背书人和背书人名字前后一致。对受让人来说,所有以前的背书人和出票人都是他的前手。对背书人来说,所有他转让以后的受让人都是他的“后手”,前手对后手承担汇票得到承兑和付款的责任。在金融市场上,最常见的背书转让为汇票的贴现,即远期汇票经承兑后,尚未到期,持票人背书后,由银行或贴现公司作为受让人,从票面金额中扣减按贴现率结算的贴息后,将余款付给持票人。贴现后余额的计算公式是:

贴现后余额 = 票面金额 - (票面金额 × 贴现率 × 日数/360) - 有关费用

【应用案例 14 -1】

A 签发银行承兑汇票一张,金额为 500 万元,付款期限为 3 个月,经 D 银行承兑后交给了收款人 B。B 将该汇票转让给 C,并在背书时记载“不得再行转让”字样。C 因急需资金周转,持票向 E 银行申请贴现。E 银行经审查后为其办理了贴现手续。该汇票到期后,E 银行向 D 银行提示付款时,遭到拒绝。

根据这一案例,请回答:E 银行是否享有票据权利? 为什么?

【案例点评】

此案涉及票据背书的连续性规定,即指在票据转让中,转让票据的背书人与受让票据的被背书人在票据上的签章依次前后衔接。即票据上第一次背书的背书人应当是票据上记载的收款人;如果票据上有两次以上的转让背书,从第二次转让背书起,每次背书的背书人必须是前一次背书的被背书人;最后的持票人必须是最后一次背书的被背书人。

背书的连续性是票据法规定的形式上的要求,对于每次背书是否真实有效,法律并无特别要求。只要背书连续,持票人无须证明自己为真正的票据权利人,就可以行使票据权利。但是,如果持票人确实不是票据的真正权利人,并且票据债务人也能够证明时,即使票据上的背书具有连续性,持票人也不能享有票据权利。

(资料来源:外贸学习网 http://www.fobvv.com/)

6. 拒付和追索(Dishonor & Recourse)。持票人向付款人提示,付款人拒绝付款或拒绝承兑,均称拒付。另外,付款人逃匿、死亡或宣告破产,以致持票人无法实现提示,也称拒付。出现拒付,持票人有追索权,即有向其前手(背书人、出票人)要求偿付汇票金额、利息和其他费用的权利。在追索前必须按规定做成拒绝证书和发出拒付通知。拒绝证书用以证明持票已进行提示而未获结果,由付款地公证机构出具,也可由付款人自行出具退票理由书或有关的司法文书。拒付通知用以通知前手关于拒付的事实,使其准备偿付并进行再追索。

二、本票

(一)本票的含义

本票(Promissory Note)是一人向另一人签发的,保证即期或在可以确定的将来时间,由自己无条件支付给持票人一定金额的票据。我国《票据法》第 73

条规定本票的定义是：本票是由出票人签发的，承诺自己在见票时无条件支付确定的金额给收款人或持票人的票据。《票据法》接着规定：本法所指的本票是指银行本票，不包括商业本票，更不包括个人本票。

本票因其支付结算过程的方便快捷而备受广大公司用户的青睐，对于促进整个经济贸易的发展而言，本票的意义也是十分重要的，它主要承担着远期付款、借贷、筹资等作用。

（二）本票的基本内容

按照我国《票据法》第76条的规定，本票必须记载的基本内容事项如下：①表明“本票”字样；②无条件支付承诺；③确定的金额；④收款人姓名；⑤出票日期和地点；⑥出票人签字。本票上未记载规定事项之一的，本票无效。在我国，本票的出票人资格由中国人民银行审定。

（三）本票的种类和用途

1. 商业本票和银行本票。本票按照出票人的不同，分为商业本票和银行本票。商业本票是由工商企业或个人签发的本票，也称为一般本票。商业本票可分为即期和远期的商业本票，一般不具备再贴现条件，特别是中小企业或个人开出的远期本票，因信用保证不高，因此很难流通。在我国，《票据法》规定，只允许开立自出票日起，付款期限不超过两个月的即期记名银行本票。

2. 本票的用途。在国际贸易结算中使用的本票大多是银行本票。在实务操作中，本票主要的用途有以下四种：

（1）商品交易中的远期付款，可先由买主签发一张以约定付款日为到期日的本票，交给卖方，卖方可凭本票如期收到货款，如果急需资金，他可将本票贴现或转售他人。

（2）用做金钱的借贷凭证，由借款人签发本票交给贷款人收执。

（3）企业向外筹集资金时，可以发行商业本票，通过金融机构予以保证后，于证券市场销售获取资金，并于本票到期日还本付息。

（4）客户提取存款时，银行本应付给现金，如果现金不够，可发给存款银行开立的即期本票交给客户，以代替支付现钞。

三、支票

（一）支票的含义

支票（Cheque，Check）是以银行为付款人的即期汇票。具体说就是出票人（银行存款人）对银行（受票人）签发的，要求银行见票时立即付款的票据。出票人签发支票时，应在付款行存有不低于票面金额的存款。如存款不足，持票人提款会遭拒付，这种支票称为空头支票。开出空头支票的出票人要负法律责任。开立支票存款账户和领用支票，必须有可靠的资信，并存入一定的资金。

（二）支票的基本内容

根据我国《票据法》第85条规定，支票必须记载下列事项：①表明“支票”字样；②无条件支付委托；③确定的金额；④付款人名称；⑤出票日期；⑥出票人签章。以上是票据法规定必填的记载事项，欠缺某一项记载事项则该票据无效。

（三）支票的种类

在实务操作中，支票常见的类型包括：

1. 记名支票。记名支票是出票人在收款人栏中注明“付给某人”“付给某人或其指定人”。这种支票转让流通时，须由持票人背书，取款时须由收款人在背面签字。

2. 不记名支票，又称空白支票，抬头一栏注明“付给来人”。这种支票无须背书即可转让，取款时也无须在背面签字。

3. 划线支票。划线支票是指在支票的正面划两条平行的横向线条，此种支票的持票人不能提取现金，只能委托银行收款入账。使用划线支票的目的是为了在支票遗失或被人冒领时，还有可能通过银行代收的线索追回票款。

4. 保付支票。保付支票是为了避免出票人开空头支票，收款人或持票人可以要求付款行在支票上加盖“保付”印记，以保证到时一定能得到银行付款。支票一经保付，付款责任即由银行承担，出票人、背书人都可免于追索。付款银行对支票保付后，即将票款从出票人的账户转入一个专户，以备付款，所以保付支票提示时不会退票。

5. 转账支票。转账支票出票人或持票人在普通支票上载明“转账支付”，以对付款银行在支付上加以限制。

6. 现金支票。现金支票是专门制作的用于支取现金的一种支票。当客户需要使用现金时，随时签发现金支票，向开户银行提取现金，银行在见票时无条件支付给收款人确定金额的现金的票据。

7. 旅行支票。旅行支票是银行或旅行社为旅游者发行的一种固定金额的支付工具，是旅游者从出票机构用现金购买的一种支付手段。其金额比较小，没有指定的付款人和付款地点，可在出票银行、旅行社的国外分支机构或代办点取款，而且不规定流通期限。由于发行旅行支票要收取手续费，占用资金不用付息，有利可图，所以，各银行和旅行社竞相发行旅行支票。

第二节　国际贸易支付方式

国际贸易中所使用的支付方式主要有三种：汇付（Payment by Remittance）、托收（Collection）和信用证（Letter of Credit）。以汇付方式支付债款是顺汇法；以托收和信用证方式收取债款是逆汇法，又称出票法。此外，还有两种或两种以上方式结合使用以及记账（Open Account）、分期付款（Installment）、延期付款（Deferred Payment）、交单付现（Cash against Documents）、交货付现（Cash on Delivery）等较少采用的支付方式。

一、汇付

汇付是指付款人（债务人）主动将款项交给银行，委托其使用某种结算工具，通过其在国外的分支行或代理行，将款项付给国外收款人的一种结算方式。它是产生最早、使用最简单的结算方式，也是其他各种结算方式的基础。

（一）汇付的当事人

汇付方式涉及四个基本当事人：

1. 汇款人（Remitter），即付款人，在进出口交易中，通常是进口商。

2. 收款人（Payee），即收取款项的人，在进出口交易中通常是出口商。

3. 汇出行（Remitting Bank），即受汇款人的委托汇出款项的银行，通常是进口商所在地的银行。

4. 汇入行（Receiving Bank）又称解付行，即接受汇出行的委托，解付汇款的银行。通常是收款人所在地的银行。

（二）汇付的种类

汇付按照使用的结算工具不同，可以分为电汇、信汇和票汇。

1. 电汇（Telegraphic Transfer，T/T）。电汇是汇款人委托银行以电报、电传、环球银行间金融电讯网络方式，指示出口地某银行作为汇入行，解付一定金额给收款人的汇款方式。

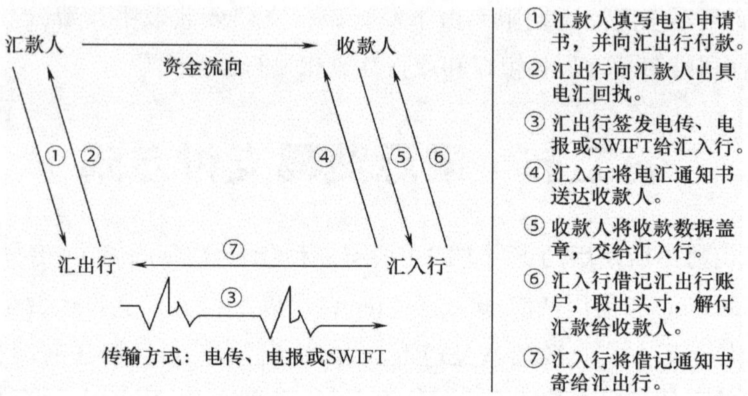

图 14－1　电汇业务程序图

2. 信汇（Mail Transfer，M/T）。信汇是汇出行应汇款人申请，将信汇委托书（M/T Advice）或支付委托书（Payment Order）邮寄给汇入行，授权其解付一定金额给收款人的一种汇款方式。

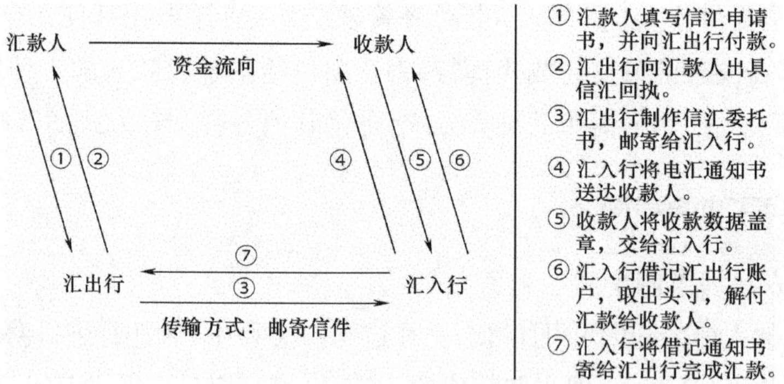

图 14－2　信汇业务程序图

3. 票汇（Banker's Demand Draft，D/D）。票汇是汇出行应汇款人的申请，代汇款人开立以其分行或代理行为付款人的银行即期汇票，并交还汇款人，由汇款人自寄或自带给国外收款人，由收款人到汇入行凭票取款的汇款方式。

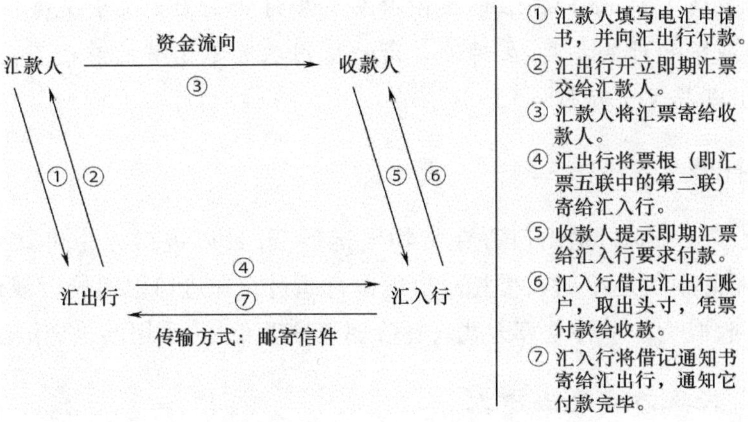

图 14－3　票汇业务程序图

汇付的三种方式，在汇款速度上，电汇最快，信汇次之，票汇与信汇相同，但如付款银行在非收款人所在国，票汇最慢。所以，电汇是目前采用的主要汇付方式，银行收取的费用也最高。

（三）汇付在国际贸易中的应用

按货物、货款的运送及支付顺序不同，汇付方式在国际贸易实务中有两种主要运用方式：预付货款和货到付款。预付货款对于出口商而言较为有利，既可以降低货物出售的风险，同时减轻了资金负担；货到付款对于进口商较为有利，既可降低资金风险，也能先收货后筹款，相当于得到资金融通，如付款的期限较长，甚至可以将货物售出后，用所售收入支付款项。因此，用汇付方式进行结算，风险承担和资金负担在买卖双方之间不均衡。结算的风险（如货物运出后能否顺利收回货款以及货款付出后能否顺利地收到货物）和资金压力完全由一方承担，另一方则相对有利。

【应用案例 14－2】

中国西安 A 化工企业与伊朗 B 进口商签订一笔化工产品出口合同。合同约定使用 T/T 支付货款，并指定中国 C 银行作为收款银行。A 企业按合同规定向伊朗发货，但发货后两个月也未获得伊朗进口商的付款，A 企业多次向伊朗进口商催款无果后，要求 C 银行承担相应的责任，并提出 C 银行垫款请求，但遭到 C 银行的拒绝。于是 A 企业感叹："银行是晴天送伞，雨天收伞。"

【案例点评】

A 企业应该吸取的主要教训有：T/T 支付方式在收款人收到货款前，汇款人可以随时取消汇款；银行在汇付业务中没有垫付资金的责任和义务；这种以商业信用为基础的付款方式，在对进口商的信用状况不了解的前提下，最好选择L/C付款，或是T/T预付。

二、托收

托收（Collection）是出口方在货物装运后，开具以进口方为付款人的汇票（随附或不随附货运单据），委托出口地银行通过它在进口地的分行或代理行代表出口方收取货款一种结算方式。托收属于商业信用，采用的是逆汇法。

（一）托收方式的当事人

根据国际商会于1996年1月1日付诸实施的《托收统一规则》（URC522）的规定，托收方式的当事人有委托人、托收行、代收行和付款人。

1. 委托人（Principal），即开出汇票委托银行向国外付款人代收货款的人，也称为出票人（Drawer），通常为出口人。

2. 托收行（Remitting Bank），即接受出口方的委托代为收款的出口地银行。

3. 代收行（Collecting Bank），即接受托收行的委托代为收取货款的进口地银行。

4. 付款人（Payer或Drawee），汇票上的付款人即托收的付款人，通常为进口方。

上述当事人中，委托人与托收行之间、托收行与代收行之间都是委托代理关系，付款人与代收行之间则不存在任何法律关系。委托人能否收到货款，完全视进口方的信誉好坏，代收行与托收行均不承担责任。在办理托收业务时，委托人要向托收行递交一份托收委托书，在该委托书中标出各种指示，托收行以及代收行均按照委托的指示向付款人代收货款。

（二）托收的种类

1. 根据托收时是否向银行提交货运单据，托收分为光票托收和跟单托收两种。

光票托收，是指在托收时汇票不附任何货运单据，而只附有“非货运单据”（如发票、垫付清单等），叫光票托收。这种结算方式多用于贸易的从属费用、货款尾数、佣金、样品费的结算和非贸易结算等。

跟单托收有两种情形：附有商业单据的金融单据的托收和不附有金融单据的商业单据的托收。在国际贸易中所讲的托收多指前一种。

2. 根据交单条件的不同,跟单托收可分为付款交单和承兑交单两种。

(1)即期付款交单(DOCUMENT AGAINST PAYMENT AT SIGHT,简称 D/P 即期),指开出的汇票是即期汇票,进口商见票后立即付款,只有付完货款,才能拿到商业单据。

(2)远期付款交单(DOCUMENTS AGAINST PAYMENT OF USANCE BILL),指出口商开出远期汇票,进口商向银行承兑,于汇票到期日付清货款后,再领取货运单据的交单方式。就风险程度而言,选择做"D/P 即期"比做"D/A 远期"较为安全。因为 D/P 即期中银行一定要等进口商付了货款之后才交单,出口商不会落得"货财两空"的境地。从理论上来说,只要进口商未付款,货运单据仍在银行,货权仍归出口商,出口商仍可将货物转卖给他人或者运回。

(3)承兑交单(DOCUMENT AGAINST ACCEPTANCE,简称 D/A),指代收银行在进口商承兑远期汇票后向其交付单据的一种方式。相对来说,"D/A 远期"风险比较大,因为进口商有可能不来承兑,或者签署了承兑书、取走提单等单据后,到期日不来付款或者少付款,银行和出口商无可奈何。"商业信用"的风险就在这里。

(三)托收的特点

跟单托收结算方式的性质是商业信用,手续简便迅速。在跟单托收中,出口商以控制代表货权的单据来控制货物、托收银行以交付代表货物的单据代表交货,而交单又以进口商的付款或承兑为条件。因此,在一般情况下"即期交单付款"的托收结算,出口商有一定的保障,不会受到"财货两空"的损失。进口商只要付了款,或者进行了承兑,即可得到代表货权的单据,此做法相对来说,比"汇款结算方式"要安全。在国际商业银行的业务中,有时在接到托收业务和代收业务时,银行也可能对其客户提供资金的融通,此做法的融资显然已经超越了银行托收业务的范围。相对信用证业务而言,"托收业务"费用比较低廉,手续比较简便。

(四)托收的国际惯例

国际商会为调和各有关当事人之间的矛盾,以利国际贸易和金融活动的开展,在 1958 年草拟了《商业单据托收统一规则》并建议各国银行采用该规则。后几经修订,于 1995 年公布了新的《托收统一规则》,简称 URC522,并于 1996 年 1 月生效。

【应用案例 14－3】

天津 M 出口公司出售一批货给香港 G 公司，价格条件为 CIF 香港，付款条件为 D/P 见票 30 天付款，M 出口公司同意 G 公司指定香港汇丰银行为代收行，M 出口公司在合同规定的装船期限内将货装船，取得清洁提单，随即出具汇票，连同提单和商业发票等委托中国银行通过香港汇丰银行向 G 公司收取货款。5 天后，所装货物安全抵达香港，因当时该商品的行市看好，G 公司凭信托收据向汇丰银行借取提单、提取货物并将部分货物出售。不料，因到货过于集中，货物价格随即下跌，G 公司以缺少保险单为由，在汇票到期拒绝付款。你认为 M 公司应如何处理此事，并说明理由。

【案例点评】

M 公司应通过中国银行要求香港汇丰银行付款。这是因为，香港汇丰银行在未经委托授权的情况下，自行允许 G 公司凭信托收据先行提货，这种不能收回货款的责任应由代收行(汇丰银行)负责。

三、信用证

在国际贸易活动中，买卖双方可能互不信任：买方担心预付款后，卖方不按合同要求发货；卖方也担心在发货或提交货运单据后买方不付款。因此需要两家银行作为买卖双方的保证人，代为收款交单，以银行信用代替商业信用。银行在这一活动中所使用的工具就是信用证。

(一)信用证的定义

信用证(Letter of Credit，简称 L/C)是一种银行开立的有条件的承诺付款的书面文件，它是一种银行信用。信用证是银行(即开证行)依照进口商(即开证申请人)的要求和指示，对出口商(即受益人)发出的、授权出口商签发以银行或进口商为付款人的汇票，保证在交来符合信用证条款规定的汇票和单据时，必定承兑和付款的保证文件。信用证以其是否跟随单据，分为光票信用证和跟单信用证两大类，在国际贸易中主要使用的是跟单信用证。

(二)信用证的特点

信用证结算方式有四个特点：

1. 信用证不依附于买卖合同，银行在审单时强调的是信用证与基础贸易相分离的书面形式上的认证。

2. 信用证是凭单付款,不以货物为准。只要单据相符,开证行就应无条件付款。

3. 信用证是一种银行信用,它是银行的一种担保文件。

4. 信用证坚持单证一致、单单一致的原则。

(三)信用证方式的当事人

1. 开证申请人(Applicant),向银行申请开立信用证的人,在信用证中又称开证人(Opener)。

2. 开证行(Opening/Issuing Bank),接受开证申请人的委托开立信用证的银行,它承担保证付款的责任。

3. 通知行(Advising/Notifying Bank),指受开证行的委托,将信用证转交出口人的银行,它只证明信用证的真实性,不承担其他义务。

4. 受益人(Beneficiary),指信用证上所指定的有权使用该证的人,即出口人或实际供货人。

5. 议付银行(Negotiating Bank),指愿意买入受益人交来跟单汇票的银行。

6. 付款银行(Paying/Drawee Bank),信用证上指定付款的银行,在多数情况下,付款行就是开证行。

7. 保兑行(Confirming Bank),受开证行委托对信用证以自己名义加以保兑的银行。

8. 承兑行(Accepting Bank),对受益人提交的汇票进行承兑的银行,也是付款行。

9. 偿付行(Reimbursement Bank),受开证行在信用证上的委托,代开证行向议付行或付款行清偿垫款的银行(又称清算行)。

(四)信用证的种类

按照信用证的性质、付款期限、流通方式等,可以将信用证做如下划分:

1. 以信用证项下的汇票是否附有货运单据,划分为跟单信用证及光票信用证。

(1)跟单信用证(Documentary Credit)是凭跟单汇票或仅凭单据付款的信用证。此处的单据指代表货物所有权的单据(如海运提单等),或证明货物已交运的单据(如铁路运单、航空运单、邮包收据)。

(2)光票信用证(Clean Credit)是凭不随附货运单据的光票(Clean Draft)付款的信用证。银行凭光票信用证付款,也可要求受益人附交非货运单据,如发票、垫款清单等。

在国际贸易的货款结算中，绝大部分使用跟单信用证。

2. 以开证行所负的责任为标准可以分为不可撤销信用证和可撤销信用证。

（1）不可撤销信用证，指信用证一经开出，在有效期内，未经受益人及有关当事人的同意，开证行不能片面修改和撤销，只要受益人提供的单据符合信用证规定，开证行必须履行付款义务。

（2）可撤销信用证，开证行不必征得受益人或有关当事人同意有权随时撤销的信用证，应在信用证上注明“可撤销”字样。但《UCP500》规定：只要受益人依信用证条款规定已得到了议付、承兑或延期付款保证时，该信用证即不能被撤销或修改。它还规定，如信用证中未注明是否可撤销，应视为不可撤销信用证。最新的《UCP600》规定银行不可开立可撤销信用证。

3. 以有无另一银行加以保证兑付，可以分为保兑信用证和不保兑信用证。

（1）保兑信用证，指开证行开出的信用证，由另一银行保证对符合信用证条款规定的单据履行付款义务。对信用证加以保兑的银行，称为保兑行。

（2）不保兑信用证。即开证行开出的信用证没有经另一家银行保兑。

4. 根据付款时间不同，可以分为即期信用证、远期信用证和假远期信用证。

（1）即期信用证，指开证行或付款行收到符合信用证条款的跟单汇票或装运单据后，立即履行付款义务的信用证。

（2）远期信用证，指开证行或付款行收到信用证的单据时，在规定期限内履行付款义务的信用证。

（3）假远期信用证。信用证规定受益人开立远期汇票，由付款行负责贴现，并规定一切利息和费用由开证人承担。这种信用证对受益人来讲，实际上仍属即期收款，在信用证中有“假远期”（Usance L/C Payable at Sight）条款。

5. 根据受益人对信用证的权利可否转让，可分为可转让信用证和不可转让信用证。

（1）可转让信用证，指信用证的受益人（第一受益人）可以要求授权付款、承担延期付款责任、承兑或议付的银行（统称“转让行”），或当信用证是自由议付时，可以要求信用证中特别授权的转让银行，将信用证全部或部分转让给一个或数个受益人（第二受益人）使用的信用证。开证行在信用证中要明确注明“可转让”（Transferable），且只能转让一次。

（2）不可转让信用证，指受益人不能将信用证的权利转让给他人的信用证。凡信用证中未注明“可转让”，即是不可转让信用证。

6. 循环信用证，指信用证被全部或部分使用后，其金额又恢复到原金额，可再次使用，直至达到规定的次数或规定的总金额为止。它通常在分批均匀交货情况下使用。在按金额循环的信用证条件下，恢复到原金额的具体做法有：

(1)自动式循环。每期用完一定金额，不需等待开证行的通知，即可自动恢复到原金额。

(2)非自动循环。每期用完一定金额后，必须等待开证行通知到达后，信用证才能恢复到原金额使用。

(3)半自动循环。即每次用完一定金额后若干天内，开证行未提出停止循环使用的通知，自第×天起即可自动恢复至原金额。

7. 对开信用证，指两张信用证申请人互以对方为受益人而开立的信用证。两张信用证的金额相等或大体相等，可同时互开，也可先后开立。它多用于易货贸易或来料加工和补偿贸易业务。

8. 对背信用证，又称转开信用证，指受益人要求原证的通知行或其他银行以原证为基础，另开一张内容相似的新信用证，对背信用证的开证行只能根据不可撤销信用证来开立。对背信用证的开立通常是中间商转售他人货物或两国不能直接办理进出口贸易时，通过第三者以此种办法来沟通贸易。原信用证的金额(单价)应高于对背信用证的金额(单价)，对背信用证的装运期应早于原信用证的规定。

9. 预支信用证，指开证行授权代付行(通知行)向受益人预付信用证金额的全部或一部分，由开证行保证偿还并负担利息。即开证行付款在前，受益人交单在后，与远期信用证相反。预支信用证凭出口人的光票付款，也有要求受益人附一份符合补交信用证规定单据的说明书，当货运单据交到后，付款行在付给剩余货款时，将扣除预支货款的利息。

10. 备用信用证，又称商业票据信用证、担保信用证，指开证行根据开证申请人的请求对受益人开立的承诺承担某项义务的凭证。即开证行保证在开证申请人未能履行其义务时，受益人只要凭备用信用证并提交开证人违约证明，即可取得开证行的偿付。它是银行信用，对受益人来说是备用于开证人违约时取得补偿的一种方式。

(五)信用证结算方式的程序

跟单信用证操作的流程简述如下：

1. 开证申请人根据合同填写开证申请书并交纳押金或提供其他保证，请开证行开证。

2. 开证行根据申请书内容,向受益人开出信用证并寄交出口人所在地通知行。

3. 通知行核对印鉴无误后,将信用证交受益人。

4. 受益人审核信用证内容与合同规定相符后,按信用证规定装运货物、备妥单据并开出汇票,在信用证有效期内,送议付行议付。

5. 议付行按信用证条款审核单据无误后,把货款垫付给受益人。

6. 议付行将汇票和货运单据寄开证行或其特定的付款行索偿。

7. 开证行核对单据无误后,付款给议付行。

8. 开证行通知开证人付款赎单。

(六)《跟单信用证统一惯例》

国际商会为明确信用证有关当事人的权利、责任、付款的定义和术语,减少因解释不同而引起各有关当事人之间的争议和纠纷,调和各有关当事人之间的矛盾,于 1930 年拟订一套《商业跟单信用证统一惯例》(Uniform Customs and Practice for Commercial Documentary Credits),并于 1933 年正式公布。

《跟单信用证统一惯例(1993 年修订本)》第 500 号出版物使用十余年后,从 2007 年 7 月起,被《跟单信用证统一惯例(2007 年修订本)》第 600 号出版物所代替,简称为《UCP600》。

【阅读资料】

信用证付款方式的利与弊

信用证支付方式是随着国际贸易的发展、银行参与国际贸易结算的过程而逐步形成的。由于货款的支付以取得符合信用证规定的货运单据为条件,避免了预付货款的风险,因此信用证支付方式在很大程度上解决了进出口双方在付款和交货问题上的矛盾。它已成为国际贸易中的一种主要付款方式。

对卖家而言,L/C 的最大好处是提供了一个可靠的账房——付款人,这就是银行,而且是指定的某大银行。如果他拿到的 L/C 不符合买卖合约,他就可以终止合约而不付运,另外再索赔(如有市场利用损失)。如果符合买卖合约,且没有特别难以达到的要求,他拿到后做一些该做的事情(如找船等),在最后一天的付运期之前把合约要求数量的某一品种的货物付运出去,然后取得一套单证,其中包括最重要的提单(B/L),即可前往结汇。L/C 要求的一般是清洁的 B/L,要求 B/L 的内容和 L/C 的内容一致。因此,卖家要严格按合约准时如数付运货物,否则拿到与 L/C 不一致的 B/L 就无法结汇了。

买卖合约和 L/C 不会规定不清洁的 B/L 也可以接受,因为什么是不清洁 B/L 这个尺度很难确定,若说全部烂掉是不清洁 B/L,而只有一点很小损坏在几百万美元的买卖里看起来算不了什么。可毕竟也有批注,也是不清洁 B/L,照常理这不应影响结汇,因为是在可接受的程度内,买家不应非难。可是问题不在这里,若事前双方同意,也许可以修改 L/C 或者买家告诉银行说怎样不妥的文件 L/C 仍可以接受,并不影响拿钱。可事前谁知道将来会有什么损失,程度如何,做什么批注?况且,作为买家要买的只是一批好货,即要清洁 B/L,而不是索赔。发货人只要拿到这样的 B/L(也叫"清洁"提单),才能保证到银行结汇一定能拿到钱。所以说,L/C 给卖家提供了一个可靠的账房,卖家利用 L/C 基本上可以跟世界上的任何买家做生意。他不管这个买家认识不认识、守不守信用,也不管这个买家所在的地方有无外汇管制及政治是否稳定,甚至不管这个买家是否会马上倒闭等。反正他相信的是银行,用 L/C 去结汇,银行必须支付。

对买家的好处则是货运出来后他才付钱。只要双方诚实地做生意,买家不会冒多大风险。因为至少卖家已经真把货付运了,拿到了已装船提单(B/L),而且其中的数量、日期及表面状况与买卖合约是一致的。不像邮购的方式,买家付了款后,连个单证也拿不到,买家也吃不准货到底邮寄出去与否。现在有了 B/L,买家看到合约的所有条件都已达到,他才经银行放钱。

当然,买家还可在 L/C 里规定这个航次他们所需要的其他文件。各种贸易有各种不同的文件要求,如果是进口食品,买家就可能要检验报告,这可在 L/C 里写明,银行就要根据整套文件来结汇。这样,买家拿到整套文件,就可等着拿货了,以后报关、缴税等进口手续也就好办了。

买家也可根据 L/C 要求银行给予信贷资助。国际上的买卖动辄几百万美元,而且费用很高。要立即掏钱出来做成买卖的话,即使是大公司也会造成资金紧张,这样经常就靠银行贷款。尤其是有些弱小的公司,自己没有足够的实力做大的买卖,但与他相熟的银行往往会给予支持。买家开 L/C,只要买家买的货物价值在若干限额以内,就可以到相熟银行去开 L/C,而不需要别的特别担保。

银行通过 L/C 这种做法,使买家不用钱或用很少的钱也可以去做较大的买卖,可以开 400 万美元的 L/C 买这票货。如果等货到目的港买家才给钱,卖家往往不同意,即使同意,买家也吃不消,拿出 400 万美元的担保(保证货到卸货港就付款)也不是那么简单的,而400万美元的L/C反而会容易开到。总有一天买家还是要用400万美元去换回单证的,可那是几个月后的事了。船到目的港都需一段时间,其间会产生很多第二买卖——买家可以整票或分批卖掉这些货,取得货款,自然不愁换不回单证了。

国际贸易利用L/C这个付款办法,可以减少很多费用,节省不少麻烦。很多买卖通过几次电传就可达成,并不要求大家去做更多工作,这样就减少了费用及时间。其中一项就是调查费——通过L/C,卖家不需去调查买家的资信就能成交。否则,几百几千万的合约怎么能用几个电传来解决呢?

当然,利用L/C也可能出一些问题。对于买家而言,唯一担心的就是L/C出毛病,主要是文件差错(Discrepancy)。尤其有时银行的审查可能会造成麻烦,查文件查得很严,打错一个字母也非得叫你修改不可。根据ICC的调查,L/C文件首次结汇(First Tender)时出毛病、银行退回的占40%左右。不过,一般不会构成太大的问题,因为卖家只需将文件略做修改,在信用证有效期内,在第二次结汇(Second Tender)时就能过关结汇。

另外,信用证付款方式的可靠与否,最主要还是看文件的繁简,如果一个文件只要自己签个字就可结汇的话,那么这个L/C肯定可靠;反之,如果它要求的文件很多,而且其中不少文件又不完全在你操纵之下,而是受制于他人,就要冒一定的风险。投保的话,货主只要付了保费就会有保单,万一有什么东西要改,货主叫人去改也容易。银行挑出发票的什么毛病,货主都可以回去自己随意修改。较为担心的单证就是需要出于第三者之手的B/L、验货报告或其他官方文件等,因为到时候不管怎样,人家都可以不出,或B/L要加批注、改格式等,货主根本没办法,结果结不了汇。因此,对卖家而言,L/C里的文件越少、越简单,就越可靠。

【应用案例14-4】

中国H公司向国外K公司出口一批农产品。国外开来信用证,其中规定:“500 M/T OF WINTER WHEAT, SHIPMENT FROM QINGDAO TO GOTEBORG NOT LATER THAN AUGUST 31, PARTIAL SHIPMENT PROHIBITED.”但H公司在装运前接到开证行的修改通知:“THE SHIPMENT CHANGED TO 250 M/T OF WINTER WHEAT FROM QINGDAO TO GOTEBORG AND 250M/T OF WINTER WHEAT FROM QINGDAO TO HELSINGBORG INSTEAD OF ORIGINAL STIPULATION.”于是H公司根据要求安排于8月19日在T轮装250公吨至哥德堡,于8月21日在M轮装250公吨至赫尔

辛堡。H公司在装运后备妥信用证项下的所有单据向议付行提示单据办理议付。8月26日接到拒付电:"信用证下的单据经审核发现单证不符;信用证规定不许分批装运,贵方却分两批装运,构成单证不符。"

【案例点评】

H公司应吸取的教训是,掌握信用证的使用技巧,针对上述案例则是对信用证的修改规则和注意事项应做充分了解。受益人接到修改通知书后再次进行审核,若仍有不能接受之处可继续提出修改,直到可以接受为止。若同意接受,则信用证项下修改正式生效。如受益人拒绝接受修改,将修改通知书正本退回通知行,并附表示拒绝接受修改的文件,则此项修改不能成立,视为无效。受益人对修改拒绝或接受的表态,可推迟至交单时。

第三节　国际贸易货款结算方式的选用技巧

为保证安全、及时收回外汇,加速资金周转,促进贸易的发展,进出口双方可以选择对自己有利的支付方式。在实际业务中,除采取一种支付方式外,也可以将各种不同的支付方式结合起来使用。下面将简单介绍在组合支付方式时应掌握的技巧。

一、支付方式选择时需要考虑的因素

由于各种支付方式的特点不同,因此国际货物贸易中选择合适的支付方式时应该考虑以下因素。

(一)客户信用等级的高低

如果客户的信用等级很一般或是贸易双方是首次进行交易,应该选用L/C的方式;如果客户的信用等级较高,可以选用D/P,既可以达到节省开证费的目的,也可以在一定程度上把握物权凭证的安全性;如果客户的信用等级非常高,就可以选用D/A甚至是直接T/T的方式。

(二)货物供求状况

如果是畅销的货品,卖方可选择对自身有利的支付方式,如要求用L/C进行结算,甚至要求买方预付货款。如果是滞销的货品,所选择的支付方式可能会有利于进口商,如D/A,甚至可以货到付款。

（三）选用的贸易术语和合同金额的高低

不同的贸易术语对于买卖双方的责任规定以及风险分担有所不同，因此应根据贸易术语不同来选择合适的支付方式。对于象征性交货组中的CIF和CFR，就可以选用托收和L/C的方式；对于EXW和实际交货的D组术语，一般就不会采取托收的形式进行结算；对于FOB和FCA等术语，由于运输的事宜是由买方安排的，出口人很难控制货物，所以在一般情况下也不会选择托收的方式。另外，合同金额如果不大，则可以考虑选择速度较快、费用低廉的T/T方式或光票托收方式。

选择支付方式的最终目的是尽量降低结算成本、分散结算风险、促使进出口贸易顺利进行。以上所列举的各个因素会因在不同的时间、不同的国家和地区、不同的历史阶段、不同的具体客观情况而对货款的支付有不同程度的影响。

二、综合支付方式的主要类型

从国际贸易实践来看，单纯某一种结算方式总是不能满足交易各方的要求。面对不断变化的市场，有必要采用综合支付方式进行结算。

（一）汇款和托收相结合

例如，先采取T/T的形式预付定金10%，在装船后付T/T合同款的40%，剩余的50%采用D/P即期付款的形式。这种选择既能保证供货方及时履行发货的义务，又能约束进口人及时付款，同时节省了更多银行费用的支出，也节约了宝贵的贸易时间。

（二）汇款和信用证相结合

例如，定金的部分以T/T办理，主要的货款采用L/C的方式进行支付，一些余款以T/T的方式进行。

需要注意的是，与托收、信用证等其他支付方式相比，汇款业务只是收付款人之间的结算安排，双方银行的参与程度比较低。因此，为了提高收汇速度、降低银行费用，收付款人要特别注意以下两点：

1. 确保客户名称、账号与银行信息的正确、完整。目前绝大部分银行的业务处理系统，已经实现了资金头寸与客户账户的自动匹配，这无疑大大提高了款项到账的速度，也更加安全可靠。但同时，对收款人提供信息的完整性、正确性提出了更高的要求。实务中,比较常见的问题有:①收款银行名称、地址错误或不详细;②收款人户名不完整;③收款人账号不规范。上述这些情况,都可能导致不必要的查询和耽搁,增加额外的银行费用。

2. 集中管理应收应付款项。对付款人来说,办理汇款一般要承担两部分费用:一是手续费,通常是按汇款金额的一定比例,且有最低收费;二是电报费,通常是固定金额,按笔数收取。对收款人来说,收取汇款一般要承担银行的清算费用,也是按笔数收取。进出口企业都要加强应收应付款项的管理,根据实际情况,对同一客户的多笔小额支付可以适当集中统一办理。显然,多笔小额汇款对收付款人来说,都将承担更多的费用,对双方都没有好处。

(三)托收与信用证结合使用

这样的组合既可尽量地避免不必要的开支,也能对作为物权凭证的单据起到保护的作用。如将 D/A、信用证和银行保函结合在一起使用,或要求使用由代收银行开具的银行承兑汇票,这样,原来的商业信用就被转变为银行信用,将出口商的风险转嫁给银行。但在结合使用这两种结算方式时,仍需注意以下问题:

1. 采用托收方式结算时,出口企业应该注意下面的问题:

(1)提供完整正确的代收行、进口企业名址。托收银行完全按照出口企业的指示来处理托收业务,包括代收行和客户信息,缮制出口托收函件并进行邮寄。一般情况下,托收银行几乎无法也不可能负责审核代收行的名称、地址等信息。实务中,经常有出口企业提供代收行、进口企业的名称或地址不完整、不正确的事。如果代收行邮寄地址错误,将导致收汇的延误,甚至是单据遗失而无法收汇。如果进口企业信息不完整(尤其是没有地址、电话),可能令代收行无法及时联系进口企业而延长收汇时间。

(2)使用明确规范的业务术语。如前所述,托收使用的术语主要有两种形式 D/A 和 D/P。这两种方式,在《托收统一规则》等国际惯例中都有详细的规定,进出口企业和相关银行很少发生争议。但是实务中,很多进出口企业可能被要求使用其他术语,比较常见的有 D/P 远期、CAD 等。D/P 远期,一般的理解是出口企业要求代收行,在远期到期日向进口企业提示单据并要求即期付款。但是,世界各国银行对 D/P 远期的理解并不完全一致,有的甚至差异很大,代收行对 D/P 远期托收方式的态度是出口企业在选择这种业务术语时必须要考虑的。CAD 也称交单付现，是目前比较流行的托收业务术语。应该说，如果“付现”的地点在出口企业所在地，那么此方式无疑对出口企业是有利的。但是，由于绝大多数银行尚未开发出与之配套的相关程序和产品，出口企业几乎无法真正实现在出口地获得支付。如果“付现”的地点在进口企业所在地，那么此术语实质上与 D/P 没有差别。此外，出口企业还应该注意到，《托收统一规则》并没有包括 CAD 这个术语，其可能会承担术语解释的不确定性风险。

2. 进口企业在开出信用证后才寻求修改信用证，出口企业在收到信用证后才研究如何制单交单，都是不可取的做法。进出口企业应未雨绸缪，充分做好以下工作是非常重要的：

（1）开证前。信用证支付方式下，单据及提交单据的行为对出口企业的重要性是不言而喻的。同时，进口企业为了取得合同货物及办理清关等手续，也需要获得必要的单据。进口企业和出口企业在开证前考虑清楚要求何种单据、由谁出具和交单期限等，可以避免在审单时发生的很多不必要费用、延误和争议。此外，进口企业还应该意识到，其将承担开立或修改信用证的指示不明确所导致的风险。因此，进口企业申请开立信用证或修改一定要清晰、准确，符合其与出口企业之间达成的协议。

（2）来证后。信用证的条款和条件的审核，是一项专业性很强的技术工作，超出了一般出口企业业务人员的能力范围。但是，出口企业对一些基本风险应有所认识，如信用证不应规定提交由开证申请人出具或副签的单据。如果信用证含有此类条款，受益人必须要求修改信用证，或者遵守该条款并承担无法满足这一要求的风险。大家知道，银行在处理信用证业务时，收取的费用要远远高于汇款和托收。因此，在审核信用证的问题上，一流的银行有责任提供专业的意见和建议。出口企业应当格外珍惜和充分利用银行服务，并尽可能与这样负责任的银行开展合作，规避业务风险，减少费用支出。

国际贸易支付方式选择是否恰当，会直接导致出口方是否能够安全、快捷地得到货款。在选择时，不仅要考虑自己的风险，也要考虑对方的成本，力图达到双赢的目标。所以，要根据对方的资信等级、货物的供求状况、合同金额的高低、运输方式和种类、财务结算成本高低等因素来决定。同时，灵活运用组合的、综合的支付方式来进行国际货物贸易的结算，以分散结算的风险。

案例与分析

一、案例1介绍

我国A公司向泰国B公司出口一批货物,付款方式为D/P 90天。货物出运后,汇票及货运单据通过出口地的托收银行寄抵国外代收行,B公司进行了汇票承兑。货抵目的港后,由于用货心切,B公司出具了信托收据向本地代收行借走货运单据,先行提货转售。当汇票到期时,B公司因经营不善,失去偿付能力。代收行以汇票付款人拒付为由通知托收行,并建议由A公司直接向B公司索取货款,此时距离汇票到期日还有30天。试分析A公司于汇票到期时收回货款的可能性,并提出处理该案的建议。

二、案例1分析

在远期付款交单的条件下,如果付款日期晚于到货日期,进口商为了抓住有利时机转售货物,可以采取两种做法:一是在付款到期日之前付款赎单,扣除提前付款日至原付款到期日之间的利息,作为进口商享受的一种提前付款的现金折扣。另一种做法是代收行对于资信较好的进口商,允许其凭信托收据借取货运单据,先行提货,于汇票到期时再付清货款,这是代收行自己向进口商提供的信用便利,而与出口商无关。因此,如代收行借出单据后,到期不能收回货款,则应由代收行负责。但如系出口商指示代收行借单,就是由出口商主动授权银行凭信托收据借单给进口商,即所谓远期付款交单凭信托收据借单方式,也就是进口商承兑汇票后凭信托收据先行借单提货,日后进口商到期拒付的风险应由出口商自己承担。因此,使用远期付款交单凭信托收据借单方式时出口商必须特别慎重。本案中,代收行以汇票付款人拒付为由通知托收行,并建议由A公司直接向B公司索取货款的处理意见值得商榷。如银行擅自放单,则由代收行承担责任;如出口商授权银行放单给进口商,其后果由自己承担。

三、案例2介绍

中国A公司与外国B公司签订补偿贸易合同,约定由A公司从B公司引进某食品加工生产线,价格为1 000万美元,A公司以20%现金及该生产线生产的产品作为价款,合同履行期限为4年。为了保证A公司履行合同,B公司要求A公司以备用信用证形式提供担保。A公司遂向国内C银行申请开立备用信用证。C银行根据A公司的委托,开出了一份以B公司为受益人、金额为800万美元的备用信用证。在C银行开立的备用信用证的担保下,B公司与A公司间的补偿贸易合同生效。后来,A公司未能于合同规定的日期内履约,B公司便签发汇票连同一份声明提交C银行,要求其支付备用信用证项下的款项。C银行对B银行提交的汇票和声明进行审查后认为"单证相符",便向B公司偿付了800万美元。

四、案例2分析

本案涉及一种特殊的信用证——备用信用证。开证行保证在开证申请人不履行其义务时,即由开证行付款。如果开证申请人履行了约定的义务,该信用证则不必使用。因此,备用信用证对于受益人来说,是备用于开证申请人发生违约时取得补偿的一种方式,具有担保的性质。同时,备用信用证又具有信用证的法律特征,开证行处理的是与信用证有关的文件,而与交易合同无关。综上所述,备用信用证既具有信用证的一般特点,又具有担保的性质。本案便是备用信用证的具体表现。

五、案例3介绍

国内某公司以D/P付款交单方式出口,并委托国内甲银行将单据寄由第三国乙银行转给进口国丙银行托收。后来得知丙银行破产收不到货款,该公司要求退回有关单据却毫无结果。请问托收银行应负什么责任?

六、案例3分析

根据《托收统一规则》,在托收方式下,银行只作为卖方的受托人行事,为实现委托的指示,托收银行可选择委托人指定的银行或自行选择由别的银行作为代收行,单据和托收委托书可直接或间接通过别的银行寄给代收行。但与托收有关的银行,对由于任何文件信件或单据在寄送途中的延误和丢失所引起的后果,或由于电报、电传或电子通信系统在传递中的延误、残缺和其他错误,以及由于不可抗力、暴动、内乱、战争或其他所不能控制的任何原因致使业务中断所造成的后果,不承担义务或责任。

所以,在本案例中,托收银行只要尽到"遵守信用,谨慎从事"义务,对托收过程中所发生的各种非自身所能控制的差错,包括代收行倒闭致使委托人货款无法收回且单据也无法收回,不负任何法律责任。

思考练习题

练习题

一、名词解释

汇票　信用证　背书　托收　D/P　D/A　电汇　假远期信用证

二、简答题

1. 简述汇付结算业务的种类及应用背景。

2. 跟单托收的交单条件有几种？各有何特点？

3. 简述信用证结算方式的特点。

4. 简述汇票、本票、支票的异同点。

5. 汇票的必填项目有哪些？

三、判断题

1. 对背信用证的修改无需原证开证人的同意。（ ）

2. 倘若一张汇票的要项不齐全，受票人有权拒付该汇票。（ ）

3. 所有的汇票在使用过程中均需经过出票、提示、承兑、付款几个环节。（ ）

4. 托收是一种收款人主动向付款人收取货款的方式。（ ）

5. 汇付方式是一种对买卖双方均有较大风险的支付方式。（ ）

6. 汇票和票汇是同一事物的不同称呼。（ ）

7. 支票出票人在签发支票后，对支票承担的法律责任是指对收款人担保支票的付款。（ ）

8. 信用证结算方式只对卖方有利。（ ）

9. 在开证行资信差或成交额较大时，一般采用保兑信用证。（ ）

10. 可转让信用证只能由被授权转让的银行办理。（ ）

四、选择题

1. 承兑是（ ）对远期汇票表示承担到期付款责任的行为。

A. 付款人 B. 收款人 C. 出口人 D. 开证行

2. 信用证上若未注明汇票的付款人，根据《UCP500》的解释，汇票的付款人应是（ ）。

A. 开证申请人 B. 开证行 C. 议付行 D. 出口商

3. 一张每期用完一定金额后，需等开证行通知到达，才能恢复到原金额继续使用的信用证是（ ）。

A. 非自动循环信用证 B. 半自动循环信用证

C. 自动循环信用证 D. 有时自动，有时非自动

4. 香港某公司出售一批商品给美国ABC公司，美国银行开来一份不可撤销可转让信用证，香港某银行按香港公司委托，将信用证转让给N省进出口公司，如信用证内未对转让费做明确规定，按惯例应由（ ）。

A. N省进出口公司负担

B. 香港某公司负担

C. 美国ABC公司负担

D. 香港某银行负担

5. L/C 与托收相结合的支付方式，其全套货运单据应(　　)。

A. 随信用证项下的汇票

B. 随托收项下的汇票

C. 50%随信用证项下的汇票，50%随托收项下的汇票

D. 单据与票据分列在信用证和托收汇票项下

6. 在其他条件相同的前提下，(　　)的远期汇票对收款人最为有利。

A. 出票后若干天付款

B. 提单签发日后若干天付款

C. 见票后若干天付款

D. 货到目的港后若干天

7. 信用证经保兑后，保兑行(　　)。

A. 只有在开证行没有能力付款时，才承担保证付款的责任

B. 和开证行一样，承担第一性付款责任

C. 需和开证行商议决定双方各自的责任

D. 只有在买方没有能力付款时，才承担保证付款的责任

8. 出口人开具的汇票，如遭付款人拒付时(　　)。

A. 开证行有权行使追索权

B. 保兑行有权行使追索权

C. 议付行有权行使追索权

D. 通知行有权行使追索权

9. 信用证的第一付款人是(　　)。

A. 进口商　　B. 开证行　　C. 议付行　　D. 通知行

10. 国外开来的不可撤销信用证规定，汇票的付款人为开证行，货物装船完毕后，闻悉申请人已经破产，则(　　)。

A. 由于付款人破产，货款将落空

B. 可立即通知承运人行使停运权

C. 只要单证相符，受益人仍可从开证行取得货款

D. 待付款人财产清算后方可收回货款

第十五章　检验、索赔与仲裁

学习目标和要求

本章的学习要点是国际贸易交易中商品检验、争议、索赔和理赔的含义和范围。通过本章的学习，应熟知商品检验、争议与索赔、不可抗力、仲裁、仲裁协议等概念，了解和掌握进出口商品检验的内容、依据、范围和程序，争议与索赔的产生和处理，不可抗力的产生和法律后果，以及仲裁的作用和程序。

引导案例

国际贸易商品检验问题

我国某省进出口公司于2014年11月9日与澳大利亚某公司签订一份由我方公司出口化工产品的合同。合同规定的品质规格是，TiO_2 含量最低为98%，重量17.59公吨，价格为CIF悉尼每公吨1 130美元，总价款为19 775美元，信用证方式付款，装运期为2014年12月31日之前，检验条款规定："商品的品质、数量、重量以中国进出口商品检验证书为最后依据"。我方收到信用证后，按要求出运货物并提交了单据，其中商检证由我国某省进出口商品检验局出具，检验结果 TiO_2 含量为98.53%，其他各项也符合规定。2015年3月，澳方公司来电反映我方所交货物质量有问题，并提出索赔，5月2日，澳方公司再次提出索赔，并将澳大利亚商检部门SGS出具的抽样与化验报告副本传真给我方。SGS检验报告称根据抽样调查，货物颜色有点发黄，有可见的杂质，TiO_2 的含量是92.95%。2015年6月我方公司对澳方公司的索赔做出答复，指出货物完全符合合同规定，我方有合同规定的商检机构出具的商检证书。但澳方认为，我方货物未能达到合同规定的标准，理由是：①经用户和SGS的化验，证明货物与合同规定"完全不符"；②出口商出具的检验证书不是合同规定的商检机构出具的，并且检验结果与实际所交货物不符。

后来，本案经我国驻悉尼领事馆商务室及贸促会驻澳代表处从中协调，由我方公司向澳方赔偿相当一部分损失后结案。

本案是涉及国际贸易商品检验问题的典型案例。商品检验是国际货物买卖的一个重要环节，检验条款是买卖合同的一项重要条款，商品检验是买卖双方交接货物、结算货款、处理索赔和理赔的重要依据。本案中的检验条款规定："以中国进出口商品检验证书为最后依据"，根据该规定，我方出具的某省进出口商检局检验证书不符合合同规定，没有法律效力，视为中方公司未提出商检证明。根据国际贸易惯例，买方有权行使复验权，并以复验结果作为货物品质规格的依据，根据澳大利亚 SGS 出具的商检报告，中方公司交货确实与合同不符，所以应当承担违约责任，赔偿澳方损失。

（资料来源：国际经济法网 http://ielaw. uibe. edu. cn/）

进出口商品检验是随着国际货物买卖的发展而产生和发展起来的，它在国际货物买卖中占有十分重要的地位。在国际货物买卖中，为了便于查明货损原因，确定责任归属，以利于货物的交接和交易的顺利进行，就需要商品检验机构对货物进行检验或鉴定。因此，进出口商品检验是国际货物买卖中不可缺少的一个环节。怎样进行进出口货物的商检？如何进行进出口商品的索赔？对争议如何仲裁？这些问题是本章的主要研究内容。

第一节 商品检验

在国际贸易买卖合同中，检验条款和品质、数量条款是有密切联系的。国际货物买卖合同中的货物检验条款一般包括有关检验权的规定、检验或复检的时间和地点、检验机构、检验项目和检验证书等。商品检验是国际贸易中的一个重要环节，不能忽视。凡列入《检验检疫商品目录》的进出口商品和其他法律、法规规定须经检验的进出口商品，必须经过出入境检验检疫部门或其指定的检验机构检验。法律、法规规定须经检验检疫机构检验的进口商品到货后，收货人必须向到货口岸或到达站的检验检疫机构办理进口商品的检验检疫；法律、法规规定须经检验检疫机构检验的出口商品，发货人应该在规定的地点和期限内，向检验检疫机构报检。进出口商品检验包括品质、规格、数量、重量、包装以及安全和卫生的检验。

一、商检的概念及目的

商品检验(Commodity Inspection)是指商品的产方、买方或者第三方在一定条件下,借助于某种手段和方法,按照合同、标准或国内外有关法律、法规、惯例,对商品的质量、规格、重量、数量、包装、安全及卫生等方面进行检查,并做出合格与否或通过验收与否的判定,或为维护买卖双方合法权益、避免或解决各种风险损失和责任划分的争议、便于商品交接结算而出具各种有关证书的业务活动。

商品检验是伴随着商品经济的产生发展而逐渐形成的一门应用技术学科,但商品检验正式成为一门科学,正式成立商品检验机构,则是在商品经济高度发达的现代社会。我国的对外贸易活动有悠久的历史,但是,现代化的贸易方式直至19世纪才逐渐发展起来,在我国沿海开放口岸和城市出现了从事国际贸易活动的洋行、轮船公司、银行等专门机构,一些专门检验机构也陆续产生。商检的目的是运用科学的检验技术和方法,正确地评定商品质量。1989年2月21日,我国公布了《中华人民共和国进出口商品检验法》(以下简称《商检法》),1992年10月经国务院批准发布《中华人民共和国进出口商品检验法实施条例》。它是现今最重要的关于我国进出口商品检验工作的原则性法律文件。《商检法》规定,进出口商品实施检验的内容,包括商品的质量、规格、数量、重量、包装以及是否符合安全、卫生要求。检验的依据主要以买卖合同(包括信用证)中所规定的有关条款为准。

二、商检的类型

(一)按检验目的不同,分为生产检验、验收检验和第三方检验

1. 生产检验又称第一方检验、卖方检验,是由生产企业或其主管部门自行设立的检验机构,对所属企业进行原材料、半成品和成品产品的自检活动。目的是及时发现不合格产品,保证质量,维护企业信誉。经检验合格的商品应有“检验合格证”标志。

2. 验收检验又称第二方检验、买方检验,是由商品的买方为了维护自身及其顾客利益,保证所购商品符合标准或合同要求所进行的检验活动。目的是及时发现问题,反馈质量信息,促使卖方纠正或改进商品质量。在实践中,商业或外贸企业还常派“驻厂员”,对商品质量形成的全过程进行监控,对发现的问题,

及时要求生产方解决。

3. 第三方检验又称公正检验、法定检验，是由处于买卖利益之外的第三方（如专职监督检验机构），以公正、权威的非当事人身份，根据有关法律、标准或合同所进行的商品检验活动，如公证鉴定、仲裁检验、国家质量监督检验等。目的是维护各方面合法权益和国家权益，化解矛盾，促使商品交换活动的正常进行。

（二）按检验商品的数量不同，分为全数检验、抽样检验和免于检验

1. 全数检验又称全额检验、百分之百检验，是对整批商品逐个（件）进行的检验。其特点是能提供较多的质量信息，给人一种心理上的放心感。缺点是由于检验量大，费用高，易造成检验人员疲劳而导致漏检或错检。

2. 抽样检验是按照已确定的抽样方案，从整批商品中随机抽取少量商品用做逐一测试的样品，并依据测试结果去推断整批商品质量合格与否的检验。它具有占用人力、物力和时间少的优点，具有一定的科学性和准确性，是比较经济的检验方式。但检验结果相对于整批商品实际质量水平，总会有一定误差。

3. 免于检验，即对于生产技术水平高和检验条件好、质量管理严格、成品质量长期稳定的企业生产出来的商品，在企业自检合格后，商业和外贸部门可以直接收货，免于检验。

（三）按商品内外销售情况，分为内销商品检验和进出口商品检验

1. 工厂签证，商业免检。工厂生产出来的产品，经工厂检验部门检验签证后，销售企业可以直接进货，免于检验程序。该形式多适用于生产技术条件好、工厂检测手段完善、产品质量管理制度健全的生产企业。

2. 商业监检，凭工厂签证收货。商业监检是指销售企业的检验人员对工厂生产的半成品、成品及包装，甚至原材料等，在工厂生产全过程中进行监督检验，销售企业可凭工厂检验签证验收。该形式适用于比较高档商品的质量检验。

3. 工厂签证交货，商业定期不定期抽验。对于某些工厂生产的质量稳定的产品、质量信得过的产品或优质产品，一般是工厂签证后便可交货，但为确保商品质量，销售企业可采取定期不定期抽验的方法。

4. 商业批检。商业批检是指销售企业对厂方的每批产品都进行检验，否则

不予收货。此种检验形式适用于质量不稳定的产品。

5. 行业会检。对于多个厂家生产同一种产品，在同行业中由工商联合组织行业会检。一般是联合组成产品质量评比小组，定期或不定期地对行业产品进行检验。

6. 库存商品检验。即仓储部门对贮存期内易发生质量变化的商品所进行的定期检验，目的是及时掌握库存商品的质量变化状况，达到安全贮存目的。

7. 法定检验，是根据国家法令规定，对指定的重要进出口商品执行强制性检验。其方法是根据买卖双方签订的经济合同或标准进行检验，对合格商品签发检验证书作为海关放行凭证。未经检验或检验不合格的商品，不准出口或进口。

8. 公证检验。公证检验是不带强制性的，完全根据对外贸易关系人的申请，接受办理的各项鉴定业务检验。商品检验机构以非当事人的身份和科学公正的态度，通过各种手段，来检验与鉴定各种进出口商品是否符合贸易双方签订的合同要求或国际上有关规定，得出检验与鉴定结果、结论，或是提供有关数据，以便签发证书或其他有关证明等。

9. 委托业务检验。委托业务检验是我国商检机构与其他国家商检机构，开展相互委托检验业务和鉴定工作。各国质量认证机构实行相互认证，大大方便了进出口贸易。

三、商品检验的范围

商品检验的范围包括：

对列入《种类表》的进出口商品的检验。

对出口食品的卫生检验。

对出口危险货物包装容器的性能鉴定和使用鉴定。

对装运出口易腐烂变质食品、冷冻品的船舱、集装箱等运载工具的适载检验。

对有关国际条约规定须经商检机构检验的进出口商品的检验。

对其他法律、行政法规规定须经商检机构检验的进出口商品的检验。

四、商检的主要内容

国际货物买卖合同中的检验条款主要包括检验时间与地点、检验机构、检验证书、检验依据与检验方法、商品复验等。

（一）检验时间与地点

对于检验时间与地点的规定，一般采取下列做法：①在出口国检验；②在进口国检验；③出口国装运港检验，进口国目的港复验；④装运港检验重量，目的港检验品质。

（二）检验机构

检验机构一般有如下类型：①官方机构；②非官方机构；③工厂企业、用货单位设立的化验室、检测室等。

我国的进出口官方检验机构是中华人民共和国国家进出口商品检验局（简称国家商检局），是国务院设立的主管全国进出口商品检验工作的政府机构。国家商检局在省、自治区、直辖市以及进出口商品的口岸、集散地设立的进出口商品检验局（统称商品检验机构）管辖所负责地区的进出口商品检验工作。我国各省市自治区商检局及商检主要机构共有35个。中国商检的英文名称及代号为：China import/export Commodity Inspection Bureau，CCIB。

（三）检验证书的种类

常见的检验证书有如下种类：

1. 品质检验证书。
2. 数量检验证书。
3. 重量检验证书。
4. 价值检验证书。
5. 产地检验证书。
6. 卫生检验证书。
7. 兽医检验证书。
8. 消毒检验证书。
9. 验残检验证书。

此外，常见的还有植物检疫证书、积货鉴定证书、船舱检验证书、货载衡量检验证书等。

（四）复验

为了加强进出口商品检验工作，规范进出口商品复验行为，维护对外贸易有关各方的合法权益，根据《中华人民共和国进出口商品检验法》及其实施条例的规定，我国国家质量监督检验检疫总局于2005年5月16日制定并公布了《进出口商品复验办法》，自2005年10月1日起施行。

【应用案例15-1】

某市中国银行分行收到新加坡某银行电开信用证一份，金额为100万美元，购花岗岩石块，目的港为巴基斯坦卡拉奇，证中有下述条款：

(1)检验证书于货物装运前开立并由开证申请人授权的签字人签字，该签字必须由开证行检验。

(2)货物只能待开证申请人指定船只并由开证行给通知行加押电通知后装运，而该加押电必须随同正本单据提交议付。

问：该信用证可不可以接受？

【案例点评】

此为“软条款”欺诈信用证，不可以接受。本案涉及信用证条款的内容，但细节中涉及的检验问题值得注意，国际贸易合同中各种条款最终都体现在结算中，在付款环节里的任何一项条款都得顾及，其合理性以及可行性问题是关键，因此要掌握该案例中的检验条款内容，才不至于出现如此被动的局面。

（资料来源：冷柏军．国际贸易实务．北京：高等教育出版社，2010.）

第二节　索赔

索赔(Claim)是指国际贸易业务的一方违反合同的规定，直接或间接地给另一方造成损害，受损方向违约方提出损害赔偿要求。涉及国际货物买卖的索赔，一般有三种情形，即货物买卖索赔、运输索赔和保险索赔。

一、争议与索赔

所谓争议(Disputes)，是指交易的一方认为对方未能部分或全部履行合同的责任和义务而引起的纠纷。

所谓索赔是指遭受损害的一方在争议发生后，向违约方提出赔偿的请求，在法律上是指主张权利，在实际业务中，通常是指受害方因违约方违约而根据合同或法律提出予以补救的主张。

国际贸易索赔发生的原因主要有以下五种。

（一）信用不佳

因交易对手信用不佳，不切实履行契约义务，导致另一方遭受损害而提出索赔，这是最常见的索赔原因。

（二）契约条件不完备或用词模棱两可

买卖双方订约未尽周详，契约内容不够完备，或契约用词模棱两可，无明确定义，致使履约发生问题时无法依约解决，亦是索赔发生的原因。

（三）法规惯例不一致

各国经贸发展背景不同，外汇贸易管制情况互异，常因贸易法规惯例不一致造成贸易遵循立场的困扰。

（四）语言文字不同（沟通落差）

语言文字了解程度难以一致，致使双方交易条件无法正确表达沟通，滋生执行上的偏差。

（五）不可抗力事故

例如，因天灾导致无法如期交货，或因政策法令变动而无法顺利汇出货款，只要契约中订明不可抗力事故条款，这类索赔通常较易解决。

二、国际贸易索赔的范围

（一）金钱的索赔

1. 拒付价款。例如因品质不佳、迟延装船等原因而拒付。

2. 要求减价或折价。例如因品质不佳、迟延装船等原因而要求减价或折价。

3. 要求赔偿损失。这分为买方索赔和卖方索赔。

（1）买方索赔，例如卖方迟延装货，致买方工厂停工而发生的损失。

（2）卖方索赔，例如买方不开或迟开信用证，或开立不合规的信用证。

（二）非金钱的索赔

1. 拒收货品并要求退还货款。同时，若因此影响工厂生产造成停工或因需另补进货物而发生损失，则这种附带损失也可一并向卖方索赔。

2. 调换货物。若货物不符契约规定，可一方面拒收货物，另外要求卖方另行补运符合契约的货物。

3. 补交。卖方短交时可要求其补交。

4. 修护。通常要求修护的情形以机器类居多。如故障或损坏可经修护而恢复的，经修护后，买方仍可要求卖方给予若干的赔款。

5. 要求履约。即卖方或买方要求对方按照契约条件履行。例如对于不交运契约货物时，买方要求卖方照约交运。又如买方迟迟不开立信用证时，卖方要求买方依约开立信用证。

6. 取消契约或取消契约余额。前者为要求取消全部契约，后者则要求取消未装运或未履行部分的契约。

7. 道德制裁。例如拒绝往来、通报同业、请贸易主管当局将其列入黑名单等。

三、合同中的索赔条款

国际贸易过程中的争议和索赔情况经常发生，直接关系贸易各方的经济利益，因此合同中索赔条款的完善与否是受损方索赔获得成功的关键。国际贸易的索赔条款大致可分为两种：一种是异议和索赔条款；一种是罚金条款。

（一）异议和索赔条款

在一般商品买卖合同中，多数只签订异议和索赔条款，同检验条款合并订在一起。该条款针对卖方交货品质、数量或包装不符合合同规定而订立，主要内容包括索赔依据和索赔期限。索赔依据主要是指双方认可的商检机构出具的检验证书。索赔期限根据不同商品由双方约定。该条款内容包括：

1. 明确一方如违反合同，另一方有权提出索赔，即规定索赔的权利问题。

2. 规定索赔时需提供的证件以及出证的机构。出口贸易合同一般应该注明："如发现品质或数量与本合同规定不符时，买方有权向卖方索赔，但必须提供卖方同意的公证机构出具的检验证书。"进口贸易合同一般应该注明："如发现品质或数量与本合同规定不符时，除属保险人或承运人负责外，买方可凭中国检验检疫机构出具的检验证书，在索赔有效期内向卖方提出退货或索赔。”

3. 明确索赔期限，包括索赔有效期和品质保证期。

（1）索赔有效期是指卖方未按合同约定要求提供商品时，买方向卖方提出赔偿要求的时间期限。索赔有效期的约定应根据进口商品的特点、运输、检验条件等情况而定，一般商品为45天、60天、90天。针对数量较多、技术较复杂、检测时间较长的商品，索赔有效期可适当延长，可订为120天、160天、180天。明确索赔期限另一个很重要的问题是索赔期开始计算时间，根据国际贸易惯例，开始计算的时间分为装货日期、进口日期、抵岸日期、卸毕日期。以卸毕日期最为合理，对买方也最为有利。

（2）品质保证期是指买方接受卖方货物后，在保存或使用中发现进口商品品质问题而向卖方提出赔偿要求的时间期限，一般情况订为一年、一年半。起始日期最好订为“从买方收货后检验、验收、启用之日起计算”或“安装调试完毕之日起计算”。

4. 赔偿损失的办法和金额等。例如规定所有退货或索赔所引起的一切费用（包括检验费）及损失均由卖方负担等。

（二）罚金条款

在买卖大宗商品或机械设备的合同中，一般还签订罚金条款。内容主要规定：一方如未履行合同所规定的义务时，应向对方支付一定数额的约定罚金，以补偿对方的损失。一般适用于卖方延期交货等，双方还根据延误时间长短预先约定赔偿的金额，同时规定最高罚款金额。

关于罚金条款，各国在法律上有不同的解释和规定。一些东欧国家都承认和执行该项条款，而英国、美国、澳大利亚、新西兰等国家的法律则有不同的解释。例如，在英国的法律中，对合同中订有固定赔偿金额条款，按其情况分为两种性质：一是“预计损害赔偿金额”，是指双方当事人在订立合同时事先在合同中规定赔偿的百分比；二是“罚款”，是指当事人为了保证合同的履行而对违约方收取的罚款。我国《合同法》中没有规定“罚金”，而规定“违约金”。我国《涉外经济合同法》第20条规定：“合同中约定的违约金视同违反合同的损失赔偿”，第20条第2款后半部分规定：“但是，约定的金额过分高于或低于违反合同所造成损失的，当事人可以请求仲裁机构或法院予以适当地减少或增加。”

上述两个索赔条款有的也与仲裁条款合并订在一起，附带明确合同双方产生纠纷时申请仲裁的机构。

【应用案例 15－2】

我国某公司 2014 年 6 月同英国某公司签订一份货物买卖合同,合同规定交货期为同年 9 月底,价格条件为 FOB。合同签订后,我公司积极组织货源,于 9 月中旬将全部货物运至港口,但对方公司迟迟不开具信用证及派船。在此期间,我公司多次与对方联系,对方称该批货物的最终用户倒闭,正在另寻买主,请求我公司推迟交货时间并表示愿意承担违约金。直至同年 12 月,对方提出不接受该批货物,并支付我公司违约金 10 万元人民币。但由于该货物价格下降,我公司卖掉货物后,差价加上滞港费、运输费等,损失达 35 万元,这样,我公司在收取违约金后,仍损失 25 万元,问,违约金同赔偿金是否相同,我公司可否要求对方赔偿 25 万元的损失?

【案例点评】

本案涉及违约金的性质问题,因各国法律及公约以及我国《合同法》《涉外经济合同法》等对违约金性质的规定均不相同,因此,只能先找到适用的法律才能确定违约金的性质。根据本案案情,英国不是《联合国国际货物销售公约》的缔约国,应适用我国《涉外经济合同法》的规定。我国《涉外经济合同法》第 20 条规定:"合同中约定的违约金视同违反合同的损失赔偿"。《最高人民法院关于适用〈涉外经济合同法〉若干问题的解答》(以下简称《解答》)六(二)规定:"当事人在合同中约定的违约金,是预定的赔偿金。"这些规定表明,依照我国《涉外经济合同法》的规定,违约金是一种预定的赔偿金,合同双方在签订合同时就已经对违约后的赔偿金额进行了约定,即违约金属于赔偿性质。但是,违约金并不等于赔偿金。区别之一是赔偿金只在合同一方有实际损失的情况下产生,没有实际损失,就没有赔偿金,而违约金的规定是,只要合同一方违反合同约定,另一方就可以请求,而不要求有实际损失,两者有实质区别。区别之二是赔偿金的数额等于实际损失发生额,而违约金的金额是固定的,且通常与实际损失发生额有出入。因违约金具有如上特点,很可能发生违约金额过分高于或低于实际损失的结果。为解决这一问题,我国《涉外经济合同法》第 20 条第 2 款后半部分规定:"但是,约定的金额过分高于或低于违反合同所造成损失的,当事人可以请求仲裁机构或法院予以适当地减少或增加。"《解答》六(二)中也规定:"如果合同约定违约金过分高于或低于违反合同所造成损失的,人民法院可根据当事人请求,酌情予以适当减轻。"

(资料来源:法帮网 http://www.fabang.com)

第三节　仲裁

仲裁是指买卖双方在纠纷发生之前或发生之后，签订书面协议，自愿将纠纷提交双方所同意的第三者予以裁决，以解决纠纷的一种方式。我国一向提倡并鼓励以仲裁的方式解决国际商事争议。早在1956年，中国的涉外商事仲裁机构便已宣告成立，多年来，该机构在审理案件中，坚持根据事实、依照法律和合同规定，参照国际惯例，公平合理地处理争议和做出裁决，其裁决的公正性得到国内外的一致认可，中国已成为当今世界上主要的国际商事仲裁中心之一。在中国进出口合同中一般都订有仲裁条款，以便在发生争议时通过仲裁方式解决争端。

一、仲裁协议的含义

所谓仲裁协议，是指双方当事人在自愿、协商、平等互利的基础上将他们之间已经发生或者可能发生的争议提交仲裁解决的书面文件，是申请仲裁的必备材料。可以从以下三个方面来理解仲裁协议这一概念。

（一）从性质上看，仲裁协议是一种合同

仲裁协议必须建立在双方当事人自愿、平等和协商一致的基础上，是双方当事人共同的意思表示，是他们同意将争议提交仲裁的一种书面形式，所以说仲裁协议是一种合同。

（二）从形式上看，仲裁协议是一种书面协议

一般的合同可以是书面形式也可以是口头形式，仲裁协议的形式具有特殊性，这种特殊性就是要求有书面形式，对此仲裁法有明确规定。《仲裁法》第16条规定，仲裁协议包括合同中订立的仲裁条款和以其他书面方式在纠纷发生前或者纠纷发生后达成的请求仲裁的协议。从仲裁法的这一规定可以看出，我国只承认书面仲裁协议的法律效力，以口头方式订立的仲裁协议不受法律保护。当事人以口头仲裁协议为依据申请仲裁的，仲裁机构不予受理。因此，在实践中当事人应用书面形式订立仲裁协议，如果是以口头形式订立的，应及时转化为书面协议。例如，如果双方当事人通过电话谈妥了将他们之间的纠纷提交仲裁的事宜，一方当事人应当及时整理出电话记录，并要求对方予以确认，否则仲

裁协议无效。

(三)从内容上看,仲裁协议是将争议提交仲裁解决的协议

当事人约定提交仲裁的争议可以是已经发生的,也可以是将来可能发生的。在仲裁协议中需要约定的是有关仲裁的内容。

二、仲裁协议的特征

仲裁协议作为整个仲裁活动的前提和基本依据,有着如下法律特征:

第一,仲裁协议只能由具有利害关系的合同双方(或多方)当事人或其合格的代理人订立。否则,就不可能在有关合同发生争议时约束各方当事人。如果有关当事人在仲裁程序开始时提出证据,证明他不是仲裁条款或仲裁协议的当事人,或订立时没有权利能力或行为能力,那么仲裁协议无效,对双方均无法律约束力。

第二,仲裁协议是当事人申请仲裁、排除法院管辖的法律依据。仲裁协议一经签订,就成为仲裁委员会受理合同争议的凭据,同时在申请法院执行时,也以它作为撤销裁决或强制执行的依据。

第三,仲裁协议具有相对的独立性。如果是以仲裁条款的形式写入合同,那就是合同的重要组成部分,其他条款的无效不影响仲裁条款的效力。如果双方当事人签订了单独的仲裁协议,则可视为一个独立的合同。仲裁协议与它所指的合同本身,由不同的法律、法规调整,前者是程序性合同,后者是实体性合同,是两个不同的合同。

三、合同中的仲裁条款

所谓仲裁条款,是指双方当事人在合同中订立的,将今后可能因该合同所发生的争议提交仲裁的条款。这种仲裁协议的特点是当事人就他们将来可能发生的争议约定提交仲裁解决,而且是在合同中用一个条款来约定。该条款作为合同的一项内容订立于合同中,是合同的组成部分。如当事人在购销合同中,除了规定货物的价款、数量、交货时间、地点等内容外,还规定了因履行合同引起争议提交仲裁解决,其中有关仲裁内容的规定是整个合同的一个条款,这个条款称为仲裁条款。仲裁条款是仲裁实践中最常见的仲裁协议形式。

（一）仲裁地点的规定

仲裁地点是买卖双方共同关心的一个十分重要的问题。在我国进出口合同中，关于仲裁地点通常有三种规定办法：：①力争规定在我国仲裁；②有时规定在被告所在国仲裁；③规定在双方同意的第三国仲裁。

（二）仲裁机构的选择

仲裁机构有常设的，也有由双方当事人共同制定仲裁员临时组成的仲裁庭。

我国常设仲裁机构是中国国际经济贸易仲裁委员会和海事仲裁委员会。

（三）仲裁程序法的适用

2005 年 1 月 11 日，由中国国际贸易促进委员会、中国国际商会修订并通过了《中国国际经济贸易仲裁委员会仲裁规则》，并于该年 5 月 1 日起实施。中国国际经济贸易仲裁委员会仲裁规则是：当事人在仲裁协议或合同中的仲裁条款订明由中国国际贸易促进委员会/中国国际商会仲裁或由中国国际贸易促进委员会/中国国际商会的仲裁委员会或仲裁院仲裁的前提下，根据中国国际经济贸易仲裁委员会仲裁规则规定，独立、公正地解决契约性或非契约性的经济贸易等争议问题。

（四）仲裁裁决的效力

仲裁裁决是终局的，对双方都有约束力。

（五）仲裁费用的负担

仲裁费用一般由败诉方承担，也有规定由仲裁庭酌情决定。

（六）仲裁程序

1. 提出仲裁申请。
2. 组织仲裁庭。
3. 审理案件，具体包括：①开庭审理；②调解；③收集证据；④保全措施的裁定。
4. 做出裁决。

案例与分析

中国同拉美的贸易关系

一、案例介绍

仲裁申请方可否向本国法院提请上诉？

甲方与乙方签订了出口某种货物的买卖合同一份，合同中的仲裁条款规定："凡因执行本合同所发生的一切争议，双方同意提交仲裁，仲裁在被诉人所在国家进行。仲裁裁决是终局的，对双方具有约束力。"在履行合同的过程中，乙方提出甲方所交的货物品质与合同规定不符，于是双方将争议提交仲裁。经仲裁庭调查审理，认为乙方的举证不实，裁决乙方败诉。事后，甲方因乙方不执行裁决向本国法院提出申请，要求法院强制执行，乙方不服。问：乙方可否向本国法院提请上诉？为什么？

二、案例分析

乙方不可以向本国法院提请上诉。因为，仲裁授予仲裁机构对争议案件的管辖权，而排除了法院对该案件的管辖权，且仲裁裁决的效力是终局的，对争议双方均具有约束力。本案中，乙方败诉，应该按照仲裁裁决的内容执行。

思考练习题

练习题

一、名词解释

检验　索赔　仲裁　罚金　商检标志

二、简答题

1. 简述商品检验的作用。
2. 简述仲裁的特点。
3. 简述交易中双方引起争议的原因。

三、判断题

1. 在国际贸易中，买卖双方凭样成交的，进行商品检验时应按合同进行检验。（　　）

2. 买方对货物的检验权是强制性的，是接收货物的前提条件。（　　）

3. 出境的交通工具和人员，必须在最后离开的国境口岸接受检

疫。(　　)

4. 凡是出口商品,必须经过商检机构的检验之后才能出口。(　　)

5. 在国际贸易中,争议双方当事人选择的仲裁规则与仲裁地点是一致的。(　　)

6. 我国商品检验机构对一般货物签发的证书,其有效期通常为 3 个月。(　　)

7. 如果合同中作为商检依据的品质条款和信用证规定不符时,商检机构按信用证的有关规定检验。(　　)

8. 调解结果和仲裁结果一样是终局性的。(　　)

9. 如果合同中未对进出口商品的检验标准做出明确规定,应首先以进口国标准作为检验依据。(　　)

10. 以装运港检验机构出具的证书为议付单据,以目的港检验结果为索赔依据,这种做法对买卖双方都有好处。(　　)

四、选择题

1. 发生(　　),违约方可援引不可抗力条款要求免责。

A. 战争　　B. 世界市场价格上涨

C. 生产制作过程中的过失　　D. 货币贬值

2. 在出口国检验、进口国复验这种检验条款的规定方法(　　)。

A. 对卖方有利

B. 对买方有利

C. 比较公平合理,它照顾了买卖双方的利益

D. 对保险公司有利

3. 按《公约》的解释,如违约的情况尚未达到根本性违反合同的规定,则受损害的一方(　　)。

A. 只可宣告合同无效,不能要求赔偿损失

B. 只能提出损害赔偿的要求,不能宣告合同无效

C. 不但有权向违约方提出损害赔偿的要求,而且可宣告合同无效

D. 可根据违约情况选择以上答案

4. 在我国的进出口合同中,关于仲裁地点的规定,我们应力争(　　)。

A. 在中国仲裁　　B. 在被告国仲裁

C. 在双方同意的第三国仲裁　　D. 在对买方有利的国家仲裁

5. 异议与索赔条款适用于品质、数量、包装等方面的违约行为,它的赔偿金

额(　　)。

A. 一般预先规定　　B. 一般不预先规定

C. 由第三方代为规定　　D. 由受损方确定

6. 广东某公司与德商签订一笔进口机器零件的合同。合同签订以后,德商的两间工厂都投入了生产。在生产过程中,两间工厂之一由于意外事故招致火灾,完全丧失了生产能力,德商(　　)。

A. 因遇不可抗力事故,可要求解除合同

B. 因遇不可抗力事故,可要求延期履行合同

C. 因遇不可抗力事故,可要求延期履行合同,但我方有索赔的权力

D. 不属于不可抗力事故,我方应要求德商按期履行合同

7. 根据《公约》的规定,买方向卖方提出索赔的最迟期限是(　　)。

A. 货物在装运港装运完毕即提单签发日期后两年

B. 货物到达目的港卸离海轮后两年

C. 出口商品检验机构得出检验结果后两年

D. 买方实际收到货物起两年

8. 仲裁裁决的效力是(　　)。

A. 终局的,对争议双方具有约束力

B. 非终局的,对争议双方不具有约束力

C. 有时是终局的,有时是非终局的

D. 一般还需要法院最后判定

9. 在国际货物买卖中,较常采用的不可抗力事故范围的规定方法是(　　)。

A. 概括规定　　B. 不规定　　C. 具体规定　　D. 综合规定

10. 以下(　　)不是检验证书的作用。

A. 作为证明卖方所交货物的品质、重量(数量)、包装以及卫生条件等是否符合合同规定及索赔、理赔的依据

B. 确定检验标准和检验方法的依据

C. 作为买方向银行议付货款的单据之一

D. 作为海关验关放行的凭证

五、案例分析

1. 2015年4月,我国某外贸公司与加拿大进口商签订一份茶叶出口合同,并要求采用合适的包装运输,成交术语为CIF渥太华,向中国人民保险公司投

保一切险。生产厂商在最后一道工序将茶叶的湿度降到了合同规定值，并用硬质筒盒作为容器装入双层纸箱，在装入集装箱后，货物于2015年5月到渥太华。检验结果表明：全部茶叶变质，湿霉，总共损失价值达10万美元。但是当时货物出口地温度与湿度适中，运输途中并无异常发生，完全为正常运输。试问以上货物的损失该由谁来赔偿？为什么？

2. 我方进口商以FOB条件从巴西进口橡胶，但是我方由于租船困难，不能在合同规定的时间内到装运港接运货物，从而出现了较长时间的货等船现象，于是巴西方面要求撤销合同并向我方进口商提出赔偿损失的要求。巴西出口商的做法是否合理？

3. 某企业以CIF条件出口1 000公吨大米，合同规定为一级大米，每公吨300美元，共300 000美元。卖方交货时，实际交货的品质为二级大米。按订购时的市场价格，二级大米每公吨250美元。分析：①根据《联合国国际货物销售合同公约》的规定，此案中，买方可以主张何种权利？②若买方索赔，其提出的索赔要求可包括哪些损失？

附录

汉英对照词汇精选

A

反倾销税	Anti – dumping Duty
从价税	Ad Valorem Duties
选择税	Alternative Duty
自主税则	Autonomous Tariff
申报	Application
绝对配额	Absolute Quotas
协议配额	Agreement Quotas
进口押金制	Advanced Deposit
航空运输	Air Transport
一切险	All Risks
意外事故	Accidents
委付	Abandonment
实际全损	Actual Total Loss

B

双边贸易	Bilateral Trade
易货贸易	Barter Trade
国际收支论	Balance – of – payment Argument
《布鲁塞尔税则目录》	Brussels Tariff Nomenclature, BTN
保税区	Bonded Area

出口退税	Border - tax Adjustments
买方	Buyer
基本运费	Basic Rate
燃油附加费	Bunker Surcharge
托运单	Booking Note
提单	Bill of Lading
银行汇票	Banker's Draft
银行承兑汇票	Banker's Acceptance Bill
票汇	Banker's Demand Draft

C

对外贸易商品结构	Composition of Foreign Trade
国家竞争优势	Competitive Advantage of Nations
集体行动	Collective Action
原产地证书	Certificate of Origin
反补贴税	Counter - vailing Duty
消费效应	Consumption Effect
海关税则	Customs Tariff
复式税则	Complex Tariff
协定税则	Conventional Tariff
查验	Customs Inspection
关税	Custom Duties Tariff
《关税合作理事会税则目录》	Customs Co - operation Council Nomenclature, CCCN
国别配额	Country Quotas
海关估价	Customs Valuation
合格评定程序	Conformity Assessment Procedures
关税同盟	Customs Union
共同市场	Common Market
完全经济一体化	Complete Economic Integration
运费/保险费付至目的地	Carriage and Insurance Paid to

成本加运费	Cost and Freight
成本保险费加运费	Cost, Insurance and Freight
运输与保险合同	Contracts of Carriage and Insurance
租船运输	Carriage of Goods by Chartering
推定全损	Constructive Total Loss
光票	Clean Bill
商业承兑汇票	Commercial Acceptance Bill
托收	Collection
交单付现	Cash Against Documents
交货付现	Cash on Delivery
托收	Collection
商品检验	Commodity Inspection
索赔	Claim

D

直接贸易	Direct Trade
对外贸易地理方向	Direction of Foreign Trade
对外贸易依存度	Degree of Dependence on Foreign Trade
商品分类目录	Description of Goods
征税	Duties Collection
歧视性政府采购政策	Discriminatory Government Procurement Police
直接出口补贴	Direct Subsidy
倾销	Dumping
目的地交货	Delivered At Place, DAP
交货	Delivery
完税后交货	Delivered Duty Paid
滞期费	Demurrage
速遣费	Dispatch Money
出票人	Drawer
付款人	Drawee/Payer

跟单汇票	Documentary Bill
拒付和追索	Dishonor & Recourse
延期付款	Deferred Payment
争议	Disputes

E

出口	Export
转口贸易	Entrepot Trade
出口关税	Export Tariff
有效关税	Effective Tariff
有效保护率	Effective Rate of Protection
出口补贴	Export Subsidy
出口加工区	Export Processing Zone
外汇倾销	Exchange dumping
出口信贷	Export Credit
出口信贷国家担保制	Export Credit Guarantee System
工厂交货	Ex Works
外来风险	Extraneous Risks

F

对外贸易	Foreign Trade
贸易顺差	Favourable Balance of Trade
要素禀赋学说	Factor Endowment Theory
公平贸易	Fair Trade
外贸乘数论	Foreign Trade Multiplier
财政收入效应	Fiscal Revenue Effect
外汇管制	Foreign Exchange Control
自由港	Free Port
自由贸易区	Free Trade Zone
对外直接投资	Foreign Direct Investment
货交承运人	Free Carrier

装运港船上交货	Free On Board
平安险	Free from Particular Average

G

总贸易体系	General Trade System
关税与贸易总协定	General Agreement on Tariff and Trade
普惠税	Generalized System of Preferences, GSP
毕业条款	Graduation Clause
绿色贸易壁垒	Green Barriers
全球配额	Global Quotas, Unallocated Quotas
共同海损	General Average

H

税目号	Heading No.

I

间接贸易	Indirect Trade
国际贸易	International Trade
进口	Import
无形贸易	Invisible Trade
国际货币基金组织	International Monetary Fund, IMF
国际复兴开发银行	International Bank for Reconstruction and Development
国际商品协定	International Commodity Agreement
国际贸易条约与协定	International Commercial Treaty and Agreement
商品综合方案	Integrated Program for Commodities
产业间贸易	Inter – industry Trade
产业内贸易	Intra – industry Trade
幼稚工业	Infant Industry
进口附加税	Import Surtax

进口关税	Import Tariff
国内税	Internal Taxes
进口配额制	Import Quotas System
间接出口补贴	Indirect Subsidy
间歇性或掠夺性倾销	Intermittent or Predatory Dumping
区位优势	Internalization
《国际贸易术语解释通则》	International Rules for the Interpretation of Trade Terms
协会货物(A)险条款	Institute Cargo Clauses(A)
协会货物(B)险条款	Institute Cargo Clauses(B)
协会货物(C)险条款	Institute Cargo Clauses(C)
保险凭证	Insurance Certificate
保险单	Insurance Policy
分期付款	Installment

L

比较优势原理	Law of Comparative Advantage
里昂惕夫之谜	Leontief Paradox
《洛美协议》	Lame Convention
班轮运输	Liner Transport
大陆桥运输	Land Bridge Transport
装卸条款	Loading and Discharge
信用证	Letter of Credit

M

多边贸易	Multilateral Trade
最惠国待遇条款	Most - favored Nation Treatment
重商主义	Mercantilism
中点选民模型	Median - votor Model
混合税	Mixed Duty
最低限价制	Minimum Price

跨国公司	Multinational Corporations
信汇	Mail Transfer

N

国民待遇条款	National Treatment
新贸易保护主义	New Trade Protectionism
名义关税	Nominal Tariff
名义保护率	Nominal Rate of Protection
国定税则	National Tariff System
非关税措施	Non - tariff Measures
自然灾害	Natural Calamity

O

海运提单	Ocean Bill of Lading
公开一般许可证	Open General License
所有权特定优势	Ownership
海洋运输	Ocean Transport
记账	Open Account

P

无纸贸易	Paperless Trade
支付协定	Payment Agreement
正和博弈	Positive - sum Game
价格效应	Price Effect
保护效应	Protective Effect
保护关税	Protective Tariff
特惠税	Preferential Duty
禁止进口	Prohibitive Import
持续性倾销	Persistent Dumping
优惠贸易安排	Preferential Trade Arrangement
价格术语	Price Term

装运港	Port of Shipment
分批装运	Partial Shipment
海上风险	Perils of the Sea
部分损失	Partial Loss
单独海损	Particular Average
收款人	Payee
汇付	Payment by Remittance

Q

对外贸易量	Quantum of Foreign Trade

R

互惠待遇条款	Reciprocally Treatment
财政关税	Revenue Tariff
原产地原则	Rule of Origin
税率	Rate of Duty
放行	Release
区域经济一体化	Regional Economic Integration
《美国对外贸易定义修订本》	Revised American Foreign Trade Definition
铁路运输	Rail Transport

S

服务贸易	Service Trade
现汇贸易	Spot Exchange Trade
专门贸易体系	Special Trade System
超保护贸易理论	Super – protective Trade Policy
战略性贸易政策	Strategic Trade Policy
单式税则	Single Tariff
《国际贸易标准分类》	Standard International Trade Classification, SITC
从量税	Specific Duties

特种进口许可证	Specific License
经济特区	Special Economic Zone
偶然性倾销	Sporadic Dumping
科学工业园区	Science – based Industrial Park
卖方	Seller
装货单	Shipping Order
救助费用	Salvage Charges
即期汇票	Sight Bill, Demand Bill

T

技术贸易	Technology Trade
过境贸易	Transit Trade
贸易条件	Terms of Trade
通商航海条约	Treaty of Commerce and Navigation
贸易协定	Trade Agreement
贸易议定书	Trade Protocol
产品生命周期理论	Theory of the Product Life Cycle
需求偏好相似论	Theory of Demand Preference Similarity
关税水平	Tariff Level
贸易效应	Trade Effect
税则号列	Tariff No, Heading No, Tariff It
《协调商品名称和编码制度》	the Harmonized Commodity Description and Coding System
技术贸易壁垒	Technical Barriers to Trade
技术法规	Technical Regulations
技术标准	Technical Standards
关税配额	Tariff Quotas
贸易创造效应	Trade Creating Effect
贸易转移效应	Trade Diverting Effect
内部化理论	the Theory of Internalization
国际生产折中理论	the Eclectic Theory of International Pro-

	duction
垄断优势理论	Theory of Monopolistic Advantage
转移价格	Transfer Pricing
风险转移	Transfer of Risks
定期租船	Time Charter
装运期	Time of Shipment
转运	Transshipment
全部损失	Total Loss
远期汇票	Time Bill, Usance Bill
电汇	Telegraphic Transfer

U

贸易逆差	Unfavourable Balance of Trade

V

有形贸易	Visible Trade
对外贸易值	Value of Foreign Trade
国际贸易值	Value of International Trade
差价税	Variable Levy
“自动”出口配额制	“Voluntary” Export Quotas
定程租船	Voyage Charter

W

世界贸易组织	World Trade Organization
福利效应	Welfare Effect
《华沙—牛津规则》	Warsaw – Oxford Rules
水渍险	With Particular Average

Z

零和博弈	Zero – sum Game

参考文献

1. 王铮 . 国际贸易理论与政策措施[M]. 北京:北京大学出版社,2005.
2. 陈同仇,张锡嘏 . 国际贸易[M]. 北京:对外经济贸易大学出版社,1998.
3. 白津夫 . WTO 理论与实务[M]. 北京:中国城市出版社,2002.
4. 世界贸易组织秘书处 . 乌拉圭回合协议导读[M]. 索必成,胡盈之 . 译 . 北京:法律出版社,2000.
5. 胡俊文 . 国际贸易[M]. 北京:清华大学出版社,2006.
6. 韩玉军 . 国际贸易学[M]. 北京:中国人民大学出版社,2010.
7. 范爱军 . 国际贸易学(第 3 版)[M]. 北京:科学出版社,2009.
8. 李宏,赵晓晨 . 国际贸易理论与政策[M]. 北京:北京交通大学出版社,2009.
9. 尹翔硕 . 国际贸易教程[M]. 上海:复旦大学出版社,2001.
10. 张玮,张宇馨 . 国际贸易学[M]. 北京:清华大学出版社,2009.
11. 金泽虎 . 国际贸易学[M]. 北京:中国人民大学出版社 . 2011.
12. 窦祥胜 . 国际贸易学教程[M]. 北京:北京大学出版社 . 2011.